重庆工商大学马克思主义学院思想政治理论课建设费资助

朱熹中和语言观研究

郑淑花 著

中国财经出版传媒集团
中国财政经济出版社
·北京·

图书在版编目（CIP）数据

朱熹中和语言观研究／郑淑花著． -- 北京：中国财政经济出版社，2024.11． -- ISBN 978 - 7 - 5223 - 3525 - 4

Ⅰ．H0

中国国家版本馆 CIP 数据核字第 20247AZ321 号

责任编辑：彭　波　　　　　责任校对：胡永立
封面设计：孙俪铭　　　　　责任印制：史大鹏

朱熹中和语言观研究
ZHUXI ZHONGHE YUYANGUAN YANJIU

中国财政经济出版社 出版

URL：http：//www.cfeph.cn
E - mail：cfeph@ cfeph.cn

（版权所有　翻印必究）

社址：北京市海淀区阜成路甲 28 号　邮政编码：100142
营销中心电话：010 - 88191522
天猫网店：中国财政经济出版社旗舰店
网址：https：//zgczjjcbs.tmall.com
北京厚诚则铭印刷科技有限公司印刷　各地新华书店经销
成品尺寸：170mm×240mm　16 开　20.25 印张　304 000 字
2024 年 11 月第 1 版　2024 年 11 月北京第 1 次印刷
定价：78.00 元
ISBN 978 - 7 - 5223 - 3525 - 4
（图书出现印装问题，本社负责调换，电话：010 - 88190548）
本社图书质量投诉电话：010 - 88190744
打击盗版举报热线：010 - 88191661　　QQ：2242791300

序

在中华文化的传承上，朱熹集理学之大成。朱熹的理学思想体系宏阔，博大精深，涉及经学、史学、文学、哲学、教育、伦理及自然科学等。《朱子语类》记载了朱熹与其门人讲学问答的14295条语录，分"理气""性理""治道"等二十六门，自天地万物之源，至一草一木之微，从自然界到人类本身，无所不及。学者往往偏重从哲学、文学、历史学、文化史、思想史等角度研读朱子语录，较少涉及其语言方面，尤其是其语言观的探究。

我国传统语言文字观具有深厚的人文精神。古人认为语言是人性的体现，体现了人的心声。人与世界具有你中有我、我中有你的关联，而体现和维系人与世界彼此间联系的语言也并非仅是纯粹的符号系统和工具。孔子说："不知言，无以知人也。"（《论语·尧曰》）"一言可以兴邦，一言可丧邦。"（《论语·子路》）孟子说："诐辞知其所蔽，淫词知其所陷，邪辞知其所离，遁辞知其所穷。"（《孟子·公孙丑上》）扬雄认为"言，心声也；书，心画也。声画形，君子小人见矣。"（《法言·问神》）语言又是天道的体现。朱熹认为"道者，文之根本。文者，道之枝叶。惟其根本乎道，所以发之于文，皆道也。三代圣贤之章，皆从此心写出，文便是道。"（《朱子语类》卷一百三十九）语言还体现了事物的本质，成为治理天下和宣教明化之本。《易》曰"鼓天下之动者存乎辞""观乎天文，以察时变；观乎人文，以化成天下"。许慎《说文解字叙》说："盖文字者，经艺之本，王政之始，前人所以垂后，后人所以识古，故曰：'本立而道生'，知天下之至赜而不可乱也。"表明了人只能通过语言来认识世界。

我国传统语言文字观还具有注重实践的理性精神。历代学人往往以语言文字研究的方式参与和介入所处时代的文化，表达对当时社会文化的评价，致力于去触及、理解和解决当时面临的某种重大和基本的文化问题。如先秦的名实之争就具有强烈的政治伦理和社会实践意义。孔子把正名看作社会和政治改革的核心，意在通过正名使政治制度中的一切关系符合理想的涵义。墨子提出取实予名，立言重视实据和实效。公孙龙认为相互制约中的名和实是一个统一体，名和实具有本质的联系。荀子在提出社会约定论的同时又把"正名"和"法后王"联系在一起，指出"若有王者起，必将有循于旧名，有作于新名"，表明了语言与社会实践的密切联系。由此可知，古人心目中的语言规范不仅是一种认识规范，而且也是一种道德规范。

郑淑花女士的《朱熹中和语言观研究》通过梳理散见于朱熹各类文献中关于语言的论说，从"言即理"与"言非理"、训诂"质疑"与"阙疑"、修辞"奇伟"与"安稳"、篇章要素与义理表达四个视角探讨朱熹的语言思想，提炼总结了其中和语言观。中和是我国古代重要哲学思想，也是中庸思想的核心，其基本内涵是不偏不倚，既不过度也不不及，要求人们在处事待物、言行举止、思想情感把握适度、适中的原则，以达到和谐、平衡的状态。朱熹在传承孔孟儒学及张载、二程理学"中和"说的基础上又有精辟阐发，重视言语行为因时、因地、因人、因物、因势而中的中和之道，认为万物皆为阴阳，语言是一个既对立又统一的系统，提出"凡言语，便有两端""大抵言语两端处，皆有阴阳"，强调言语蕴含着阴阳变化的复杂性和多面性。朱熹诠释经典秉承"中和"原则，主张敢于质疑、善于质疑，又强调"阙疑处不强解"，该疑则疑，该解则解；提出"文字奇而稳方好""下字，直是称轻等重"；主张篇章要素与义理表达的中和。鉴于目前学术界对朱熹语言观尚缺乏系统且深入的探讨和研究，郑淑花女士的《朱熹中和语言观研究》以朱熹关于语言问题的论说为研究对象，爬罗剔抉，张皇幽眇，着重梳理、提炼、阐述朱熹中和语言观，初步构建起朱熹中和语言观的体系，具有筚路蓝缕的开拓性，诚为难能可贵。

郑淑花女士十多年前就有志于朱熹语言词汇研究，发表了《〈朱子语类〉被字句的衍变》《〈朱子语类〉副词"没"的功能分析》《〈朱子语类〉"多少"量性的研究》《〈朱子语类〉助词"将"结构及功能研究》

《朱熹的"言意观"及其语言学价值》《中和辩证：朱熹文道观的新探解》等多篇论文，且2013年即有志攻读博士学位，拟与我一起研究朱子语录词汇，后由于工作调动而搁置。有志者事竟成，2020年她不远万里负笈新疆大学攻读博士学位，来电告知拟以《朱熹语言观研究》为论文选题。这个选题很有新意，也很有挑战性。我1992年曾撰有《王安石的语言文字观》，1997年又撰有《不离文字与不立文字——谈言和意》，故深知从事朱熹语言观研究这一选题的繁难与不易，不过我知道她勤奋好学，勇于提问，善于思考，具有矢志不渝追求实现理想的执着精神和一门心思探索未知疑难的不懈毅力，预感其定能胜任这一挑战。果然功夫不负有心人，今年6月她发来微信，告知已如期完成博士学业，且博士论文盲审得到5位专家的一致好评，兴奋之情溢于言表，诚为可喜可嘉可贺。

我与郑淑花女士虽至今未谋面，然我们曾多次电话或邮件一起探讨朱子语录词汇研究中的一些疑难问题。承其嘱托写序，却之恐有拂其眷顾盛意，且研究集理学之大成的朱熹语言观尚有待不断完善不断深化，尤其诚如入矢义高《〈朱子语类〉口语语汇索引》序所说："《朱子语类》的文章，是读了好久也不会减少难懂的部分。"① 我们皆深知朱子语录的研究还远未能毕其功于一役，在此由衷希望郑淑花女士再接再厉，将此大作的出版作为一个新的起点，续有研究朱子语录和朱熹语言观的更多新成果问世。

是为序。

徐时仪
2024年7月20日于海波金桂苑陋室

---

① ［日］盐见邦彦编：《〈朱子语类〉口语语汇索引》，北京：中文出版社1988年版，第4页。

目　录

导论 ··· 1

　　第一节　研究价值 ··· 2
　　第二节　研究现状 ··· 5
　　第三节　研究内容 ··· 25
　　第四节　研究方法 ··· 30

第一章　"中和"之义与朱熹"中和"说 ································ 32

　　第一节　"中和"的内涵 ·· 32
　　第二节　朱熹"中和"说 ·· 43
　　第三节　朱熹"中和"语言观 ··· 53

第二章　"言即理"与"言非理"的中和 ································ 69

　　第一节　"言意之辨"的流派与内涵 ································· 69
　　第二节　言即理："言语包含无限道理" ···························· 88
　　第三节　言非理："万语同理"和"同语异理" ················ 122
　　第四节　言理的难舍难分与语言学意义 ··························· 129

第三章　训诂"质疑"与"阙疑"的中和 ····························· 139

　　第一节　"质疑"之道及其训诂之创新 ··························· 139
　　第二节　"阙疑"之道及其训诂之守正 ··························· 154
　　第三节　训诂中和实践：《古文尚书》的质疑与辨伪 ······· 163

1

第四章　修辞"奇伟"与"安稳"的中和 …… 179

第一节　"修辞立其诚"的立说 …… 180
第二节　修辞"奇伟"之论说与践行 …… 201
第三节　修辞"安稳"之立说与践行 …… 222

第五章　篇章要素与义理表达的中和 …… 244

第一节　文势、语脉与义理表达 …… 244
第二节　修辞与义理表达 …… 267
第三节　"关键处"与义理表达 …… 275
第四节　《四书章句集注》结构与义理的中和 …… 280

参考文献 …… 293
后记 …… 312

导 论

朱熹（1130—1200），字元晦，后改仲晦，别号晦庵，晚年自称晦翁、遁翁、云谷老人等，是南宋著名的理学家、思想家、教育家、诗人。世人尊为"朱子"，是继孔子、孟子以来最杰出的儒学大家，理学集大成者。

据《宋史·朱熹传》记载，朱熹自幼聪颖，自小广涉博学，立志求道入圣。他从幼年跟随父亲朱松学习《论语》《孟子》等儒家经典，因朱松是程颢、程颐的再传弟子罗从彦的学生，很早就接触二程理学，后因父亲去世，遵照遗嘱受教于刘子翚、刘勉之、胡宪三先生。三先生信奉理学，喜好佛教禅学，学识渊博，且情操高尚，对朱熹产生了重要影响。据《朱子语类》记载："某旧时亦要无所不学，禅、道、文章、《楚辞》、诗、兵法，事事要学。"① 朱熹二十四岁时跟随李侗，致力于圣贤之学，学业日益精进。

朱熹有着宏伟的政治抱负，但仕途坎坷，十九岁进士及第后直到病逝，五任地方官，但在朝仅四十日，"仕于外者，仅九考，立于朝者，四十日。"② 一生大部分的时间从事学术研究和教育工作，取得卓然业绩。他修建了白鹿洞书院和岳麓书院，创建了寒泉精舍、云谷晦庵草堂、武夷精舍、沧州精舍（考亭精舍），创立了"闽学学派"。朱熹门人陈淳高度概括了他的学术贡献，曰："先生道巍而德尊，义精而仁熟，立言平正温润，清通的实。彻人心，洞天理，达群哲，会百圣，粹乎洙泗伊洛之绪。凡曩时有发端而未竟者，今悉该且备。凡曩时有疑辨而未莹者，今益信且白。宏纲大义，如指诸掌，扫千百年之谬误，为后学一定不易之准则。辞约而

---

① 黎靖德编，王星贤点校：《朱子语类》卷一百四，北京：中华书局2020年版，第3194页。
② 朱熹撰，朱杰人，严佐之，刘永翔主编：《朱子全书》第27册，《朱先生行状》，上海：上海古籍出版社，合肥：安徽教育出版社，2010年版，第559页。

理尽，旨明而味深，而其心度澄朗，莹无渣滓，工夫缜密，浑无隙漏，尤可想见于辞气间。故孔、孟、周、程之道，至先生而益明，所谓主盟斯世，独惟先生一人而已。"① 钱穆也指出："在中国历史上，前古有孔子，近古有朱子，此两人，皆在中国学术思想史及文化史上发出莫大声光，留下莫大影响。旷观全史，恐无第三人堪与伦比。孔子集前古学术思想之大成，开创儒学，成为中国文化传统中一主要骨干。北宋理学兴起，乃儒学之重光。朱子崛起南宋，不仅能集北宋以来理学之大成，并亦可谓其乃集孔子以下学术思想之大成。此两人，先后矗立，皆能汇纳群流，归之一趋。自有朱子，而后孔子以下之儒学，乃重获新生机，发挥新精神，直迄于今。"②

朱熹一生著述丰富，"朱子全部著述，如果包括整理编纂他人著作在内，总数量约在二千五百万字以上。"③ 其间有大量关于语言的论述，诸如"言理""言人""文道"语言关系论、"言行合一"语言原则论、"阴阳中和"语言方法论、"文质彬彬"语言修辞论、"超凡入圣"语言目标论等以及音韵、文字、训诂等的论说。这些论说散见于朱熹著述中，是朱熹在探讨理学、教育、政治、伦理、文学中形成的关于语言的论说，是朱熹思想的重要组成部分；同时，朱熹语言论说蕴含着丰富的语言观，与现代语言理论有诸多契合，凝聚着中华语言文明的精神和智慧。因此，有必要对朱熹语言论说进行系统的梳理分析和提炼总结。

第一节 研究价值

"中和"是中国哲学一个内涵博大精深的概念，是我国传统文化的核心精神，贯穿于中国传统文化发展的全过程，体现于中华民族上至治国安邦下至个人日用伦常的各层面，凝聚着中华民族的智慧、精神和个性特征。

---

① ［宋］陈淳著，熊国祯、高流水点校：《北溪字义》，北京：中华书局1983年版，第74页。
② 钱穆：《朱子学提纲》，武汉：长江文艺出版社2020年版，第3页。
③ 戴从喜：《朱子与文献整理》，华东师范大学博士学位论文，2006年。

朱熹是理学大家，也是语言学大师，"他注释的书如《诗集传》等，本身就是高水平的训诂学著作。他对古音也有较深的研究，其'叶韵说'等影响很大，值得认真清理。语言学大师王力指出，《诗经》的词义凡《毛传》、《郑笺》有异者，应以朱熹《诗集传》为断；著名训诂学家殷孟伦甚至称朱熹为宋代训诂学第一人，足见朱熹在语言学史上的地位。"① 其丰富的中和语言论述散见于理学著述及其与师友门人传道中，对朱熹中和语言观的研究具有重要的理论意义和实践价值。

一、有助于弥补朱熹语言研究的不足

自上世纪八十年代以来，随着语言学研究的不断拓展和深入，关于朱熹语言的研究日益受到学界的关注和重视，其研究成果亦不断问世，包括朱熹语言的音韵、词汇、语法、修辞、训诂，其中词汇、语法研究的成果最为丰硕，而就朱熹文献来看，又以《朱子语类》词汇和语言的研究成果最为丰硕。从目前朱熹语言研究整体来看，目前学界对于朱熹本人关于语言的论述及其所蕴含的语言观的研究尚未充分展开，其研究成果的数量稀少，尤其是系统性、全面性的研究成果尚未发现。然而，朱熹文献中有大量关于语言的论说，如"凡言语，便有两端""大抵言语两端处，皆有阴阳""文字奇而稳方好""阙疑处不强解""作文自有稳字""天生成腔子"……这些论说蕴含语言训诂、词汇、修辞、文势、语脉、语境、演变、结构、方法等观点，其中一个核心论说即语言中和思想的论述，这蕴含着不偏不倚的语言中和观。因此有必要对朱熹文献中关于语言中和的论说进行全面梳理、系统总结，从而提炼构建其中和语言观体系，这个研究有利于弥补当下学界注重研究朱熹语言本体而忽视语言观研究的不足。

二、有助于构建中国特色的语言学科

我国语言学历史悠久，历代语言学家众多，语言学著作非常丰富。但

---

① 郭齐，尹波点校：《朱熹集》，成都：四川教育出版社1996年版，第5-6页。

是由于汉字汉语难认难学、传统小学作为经学附庸的地位、传统语言学研究范式等原因，长期以来，存在一种普遍的观点，即认为语言科学建立于欧洲，中国没有科学的语言学。并且时至今日，中国语言学仍然在西方语言学的主导下前进，这是一条"拉丁语法汉证"没有前途的道路，其根本原因就在于西方语言学无法适应中国语言文字深厚的人文性特点。因此加快构建中国特色的语言学科是学界共同的理想。朱熹是儒学和理学的集大成者，其语言论说丰富，思想精辟，尤其是其中和语言观的提出，蕴含深厚的中华优秀语言文化精髓，是中国传统语言思想的代表。因此，对朱熹中和语言论说的梳理，所提炼出的中和语言观，是富有中国传统文化底蕴的语言观。并且朱熹是理学集大成者，其关于语言的论说也汇集了前贤的语言理论精华，可谓是语言观集大成者，对朱熹语言观开展研究，上可溯先秦战国诸子百家语言观，下可启元明清直至当下语言语言观，可以探究中国传统语言理论的发展脉络，从而为构建中国特色的语言学科提供方法论和理论基础。

三、有助于传承弘扬中华优秀语言文化

语言是文化的产物和文化结晶，也是文化的最重要载体和最重要的组成部分。朱熹中和言观蕴含着蕴含着语言工具论、语言思想论、语言信息论、语言功能论、语言符号论思想，与现代语言学思想具有一定的契合之处，是现代语言学理论发展的源头活水。朱熹经典诠释秉承的阙疑与质疑的中和论，蕴含着训诂守正创新的辩证统一。朱熹修辞的奇伟与稳妥的中和，提出修辞蕴含修省言辞和修辞言辞，是现代语言修辞学思想的来源，也是现代语言文明建设和语言治理的理论渊源。再如朱熹关于篇章文势、语脉、语境、关键字词句与语义关系的阐发，是现代篇章学理论的基础。朱熹中和语言观是一种语言观点，也是一种方法论，以"中和"之道对待传统语言文化，取其精华，弃其糟粕，做到守正与创新、传承与发展的不偏不倚。通过研究朱熹的语言观，着力提炼朱熹传承发展语言文化的方法和路径，这既是对优秀传统语言文化传承和发展，又为当下创造性转化、创新性发展中华优秀传统文化提供范例和经验。

朱熹语言观是朱熹理学的重要组成部分，激活朱熹的载道之文、化人之文，具有重要社会实践价值。通过研究朱熹中和语言观的历史渊源、发展脉络和基本走向，挖掘朱熹文献中的语言观和语言文化资源，研究其中蕴含的独特创造、价值理念、语言特色，凝练出其中优秀的语言文化因子和语言思想精神，能够为增强语言文化的自信提供深厚的底蕴和强大的动力。

第二节　研究现状

"朱熹的经学思想不仅是他整个学术思想十分重要的组成部分，也是他哲学思想的根基。"① 在理学或经学的盛名之下，自宋代以来很少有学者关注他的语言研究。20世纪80年代末以来，伴随着语言学进入一个大发展、大繁荣时期的到来，学术界开始认识到朱熹文献语言的重要价值，关于朱熹语言的研究全面兴起，在文献语言价值、语音、词汇、语法、修辞、训诂等方面取得显著成绩。朱熹语言研究包括本体研究和他的语言思想研究。目前学术界关于本体研究的成果丰硕，而朱熹语言观或语言思想研究则相对较少。

一、国内研究现状

学术界从语音、词汇、语法、修辞、训诂等视角研究朱熹语言，着力解决其语言构成、语言发展、语言特点、语言价值等问题。

1. 对朱熹文献语言价值的研究

朱熹对于经学、哲学、史学、文学、佛学、道教等都有所涉猎或著述，其著作广博宏富。据《宋史·朱熹传》记载："所著书有：《易本义》《启蒙》《蓍卦考误》《诗集传》《大学中庸章句》《或问》《论语孟子集注》《太极图》《通书》《西铭解》《楚辞集传》《辨证》《韩文考异》"。所

---

① 蔡方鹿：《注经与哲学——朱熹经学对中国传统哲学的发展》，《哲学研究》2003年第3期。

编次有:《论孟集议》《孟子指要》《中庸辑略》《孝经刊误》《小学书》《通鉴纲目》《宋名臣言行录》《家礼》《近思录》《河南程氏遗书》《伊洛渊源录》皆行于世。熹没。朝廷以其'《大学》《语》《孟》《中庸》训说'立于学宫。又有《仪礼经传通解》未脱稿,亦在学宫。平生为文凡一百卷,生徒问答凡八十卷,别录十卷。"① 此外,诸如《朱子语类》《朱子语略》《朱子语录类要》等由其弟子记录整理汇编而成书的,也反映了朱熹理学思想、教育思想和政治思想。

朱熹的文献被认为是研究宋代语言的宝库,其中《朱子语类》被认为是最具研究价值的文献语料之一。《朱子语类》是朱熹及其门人讲学问答的实录,全书 140 卷,约 200 万字,14295 条语录,内容涉及理学、政治、历史、文化、治学、修身、教育等多个方面,集中反映了朱子理学思想、政治思想、教育思想以及文学文化思想等。其版本主要有"五录三类"。"五录"即"池录""饶录""婺录""饶后录""建别录",三类即"蜀类""徽类""徽续类"。

徐时仪从语料特征、词汇史、语法史等视角研究了《朱子语类》的文献价值。一是在语料上,该书具有时代特色、地域特色、语体特色,具有口语鲜活的动态性和雅俗交融的多元性特征。② 二是该书叠置着历史上各个时期传承下来的不同历史层次的词语,藉此可考察"言语意义、语言意义""口语、书面语"的动态演变,"趋雅、趋俗"相融互补的交替规律,揭示汉语词汇系统古今演变的发展趋势。③ 三是反映了上古汉语和近代汉语相交叉的中间状态,是研究近代汉语发展规律的一部重要文献,也是研究宋代语言的一座丰富宝库,在汉语演变发展史的研究上具有重要的价值。④ "《朱子语类》文白相间,新旧质素交融,为汉语文白演变和近代汉语词汇史的研究提供了珍贵的语言实录。"⑤

李如龙、李无未主编的《朱熹口语文献语言通考》系列研究,包括李

---

① [元]脱脱等撰:《宋史》卷 429《朱熹传》,北京:中华书局 1977 年版,第 12769 页。
② 徐时仪:《略论〈朱子语类〉的语料特征》,《燕赵学术》2013 年春之卷。
③ 徐时仪:《略论〈朱子语类〉的语料价值》,《励耘学刊(语言卷)》2013 年第 1 期。
④ 徐时仪:《略论〈朱子语类〉在近代汉语研究上的价值》,《上海师范大学学报》2000 年第 4 期。
⑤ 徐时仪:《〈朱子语类〉中的白话语料探析》,《汉语史研究集刊》第十四辑。

红的《朱熹〈礼仪经传通解〉语音研究》,陈明娥的《朱熹口语文献词汇研究》,李焱、孟繁杰的《〈朱子语类〉语法研究》,叶玉英的《朱熹口语文献修辞研究》,内容涵盖朱熹口语文献词汇、语法、语音和修辞;运用反切、系联法与剥离法、统计法、内部分析法、历史比较法等。① 该系列研究成果在研究内容、方法和视野上都具有较大的创新。

李敏辞在介绍《朱子语类》内容、价值、版本情况的基础上,从校勘、考据的角度探讨《朱子语类》的文献学思想,并对该书的文字、音韵、训诂、词语进行考释。② 姜勇仲利用异文、文中自注、俗语辞书以及古人笔记等资料考证《朱子语类》语言性质的复杂性,并以"汉语历史词汇学"的理论框架进行文献词语的研究,建立"新词、新义的时间分布模式""词群"概念,并以"概念场"理论分析《朱子语类》词汇的历时和共时分布。③ 刘杰对《朱子语类》文献和词汇进行研究,考察了宋刻本、明抄本、朝鲜徽州古写本、黎靖德本,并对中华本《朱子语类》与宋刻本《晦庵先生朱文公语录》的异文、与朝鲜古写本《朱子语类》的异文进行比较,对《朱子语类》的文献学价值进行研究,认为其体现了朱熹注释学、校勘学、辨伪学、考据学、传统小学等文献学思想;还就《朱子语料》中的复音词和多音节词语进行研究,总结该书的语体特征、语言特点和研究价值。④

冯青的《朱熹语录文献语言研究》,主要结合张载的《张子语录》、程颢程颐的《二程语录》、谢良佐的《上蔡语录》、杨时的《龟山语录》、朱熹的《朱子语类》、陆九渊的《象山语录》,对朱熹语录文献的疑难字词、新词新义进行研究,分析了陈淳与黄义刚所录用词的差异、朱熹语录口语词汇与书面语词汇的差异,以及对词汇系统、特色词语、语言的应用进行研究。⑤

潘牧天的《朱子语录文献异文与文白演变》通过研究《朱子语录》"不、未、无、毋、没""然、模样""即(是)、只是""这、此、是"

---

① 李如龙、李无未:《朱熹口语文献词汇研究》,厦门:厦门大学出版社2011年版。
② 李敏辞:《〈朱子语类〉的文献学研究》,北京大学博士学位论文,1998年。
③ 姜勇仲:《〈朱子语类〉的词汇研究》,北京大学博士学位论文,2006年。
④ 刘杰:《〈朱子语类〉文献语言研究》,上海师范大学博士学位论文,2010年。
⑤ 冯青:《朱熹语录文献语言研究》,北京:科学出版社2017年版。

"摊一捺"等语词的文白演变,认为《朱子语录》是古白话研究的重要文献,"为研究各时代白话与文言的竞争局面提供了第一手的宝贵材料。"①

此外,学者还提出要谨慎对待《朱子语类》的文献价值。如任继愈说:"《朱子语类》分门部勒,明白易晓,为学者们喜欢援引。却也应当看到他对弟子们问答,有时为了强调某一方面,其间详略轻重时有歧异,或出于应机答对,不尽周详,故《语类》所记未可尽从,朱子的及门弟子中已有过疑问,此中取舍标准,尚须进一步研究。这也是研究朱熹的思想的人们容易忽略的。"②

2. 对朱熹文献语言语音的研究

纵观汉语语音史的发展,对朱熹诗骚叶音的批判对系统的汉语上古音研究具有重要的意义。从学术界研究成果分析,关于朱熹的"叶音"说有三种态度:

一是批判,以明末焦竑、陈第以及现代王力、许世瑛为代表,认为其是"强为之音"和"字无定音"。王力在《汉语音韵》中说朱熹在《诗集传》中大量地应用了叶音,同是一个"家"字,运用不同的反切叶音,指出"朱熹不懂古音"。③

二是肯定,以刘晓南、陈鸿儒、陈广忠为代表,他们以定量之法对朱熹《诗集传》中的"叶音"进行统计研究,肯定其对南宋的古音学、闽方音、古韵学史的研究价值。例如,陈鸿儒将朱熹叶音与陈第《毛诗古音考》古音进行对比,得出两者是高度一致的结论,认为朱熹在考求古音中注重对汉字谐声、韵语、古书训诂材料、方言语音,后人应当客观全面评价朱熹的"叶音"说。④ 此外,他还采用文献考证、历史比较、数据统计、分析归纳等方法,对《诗集传》叶音的性质、韵例、韵谱,《诗经》的韵部分布进行分析,以此研究朱熹古韵观念及其学术价值;并着重将朱熹《诗经》音与《毛诗叶韵补音进行比较研究》叶音、陈第的《诗经》音、顾炎武的《诗经》音和江永古音进行比较研究,认为朱熹在古韵学史上具

---

① 潘牧天:《朱子语录文献异文与文白演变》,《汉语史研究集刊》第二十四辑。
② 张立文:《朱熹思想研究》《序》,北京:中国社会科学出版社1981年版,第4页。
③ 王力:《朱熹反切考》,《龙虫并雕斋文集》,北京:中华书局1982年版,第257页。
④ 陈鸿儒:《〈诗集传〉叶音辨》,《古汉语研究》2001年第2期。

有崇高的地位。该书对重新认识《诗集传》叶音及其价值、南宋古韵学及朱熹对古韵学的贡献具有一定的学术价值。① 陈广忠对《诗集传》中 1360 例叶音进行音理统计分析，认为"朱熹对古音理论和实践的有益探索，代表了南宋时代古音研究的最高水平，在这一领域的学术地位是不容埋没和否定的"。② 而蒋冀骋认为朱熹叶音反切反映的是闽方音。③

三是利用，陈鸿儒、黎新第、刘晓南、汪业全等利用朱熹"叶音"研究南宋通语声母、"叶音"与闽方言的对应关系以及古声母释拟的理据等。如陈鸿儒利用叶音考得朱熹古韵舒声十三部、入声八部。④ 赖江基利用叶音考证朱熹音的韵部。⑤

刘晓南对朱熹语言语音和闽方言做了系统研究。一是在研究材料的丰富和开拓上，刘晓南利用韵文材料和朱熹诗骚叶音中的通语语音和闽音，把闽音纳入研究视野，这是近代汉语语音研究逐步走向成熟的标志。他通过对《诗经》《楚辞》中被改叶的声纽进行穷尽性的考察以研究宋代闽音声母特征，并据以拟测宋代闽方言的声母系统。⑥ 他的专著《宋代闽音考》内容详实，对宋代文士用韵与宋代实际语音、宋代福建文士的韵文作品和用韵体例、实际韵部系统、出韵与通语音变现象作了研究，并对声调、字音作探讨，由此分析宋代福建文士用韵的闽方音特点，并对闽语的历史渊源以及与周边方音的渗透与交融、一字多押与文白异读、训读、俗读进行研究。⑦ 二是提出新说，与明末焦竑、陈第以及现代王力、许世瑛等学者认为朱熹的诗骚叶音是"乱改字音"不同的是，王晓南认为朱熹诗骚叶音是有语音根据（实际语音、音理推阐、据文献旧读）的，提出对朱熹"叶音"说要重新评价；⑧ 还通过考据《毛诗补音》与《诗集传》叶音，认为朱熹叶音并不是照抄吴棫，而是有他自己的古音学说的。⑨ 三是在研究方

---

① 陈鸿儒：《朱熹〈诗〉韵研究》，北京：社会科学文献出版社 2012 年版。
② 陈广忠：《朱熹〈诗集传〉叶音考辨（续）》，《安徽大学学报》1993 年第 3 期。
③ 蒋冀骋：《朱熹反切音系中已有舌尖前高元音说质疑》，《古汉语研究》2001 年第 4 期。
④ 陈鸿儒：《〈诗集传〉叶音与朱熹古韵》，《古汉语研究》2001 年第 1 期。
⑤ 赖江基：《再论朱熹音韵系》，《暨南学报》1997 年第 1 期。
⑥ 刘晓南：《朱熹诗经楚辞叶音中的闽音声母》，《方言》2002 年第 4 期。
⑦ 刘晓南：《宋代闽音考》，长沙：岳麓书社 1999 年版。
⑧ 刘晓南：《论朱熹诗骚叶音的语音根据及其价值》，《古汉语研究》2003 年第 4 期。
⑨ 刘晓南：《朱熹吴棫毛诗音叶异同考》，《语言研究》2004 年第 4 期。

法上，王晓楠善于运用考证和统计方法，如他对朱熹音叶中平分阴阳的隐性取音倾向进行自制率统计和协调率统计，① 对《诗集传》和《楚辞集注》中的浊音清化进行量化统计，得出朱熹叶音中全浊清化音变已经完成的结论。② 这一观点也有别于黎新第的"朱熹反切音系中的全浊清化也尚未完成"③ 之说。

除研究朱熹"叶音"之外，李红对朱熹《仪礼经传通解》的注音体系、反切的声母系统、反切的韵母系统、直音的声母系统、直音的韵母系统、直音的声调系统进行研究。④

音韵学是一门古老的学问，是小学的三大学科之一，也是通向传统文化的基础学科，向来备受重视而又艰深难懂，被称为"绝学"。朱熹《诗集传》《楚辞集注》中的叶音体现了他的音韵学说，对开展宋代语音、闽方言以及整个音韵学的研究，对理解朱熹理学思想都具有重要的意义，这也是学术界从音韵史、语音史视角为"叶音"说翻案的原因。

3. 对朱熹文献语言词汇的研究

对以朱熹为代表的宋儒的语录词汇的研究在研究汉语词汇发展史上具有重要的学术价值，近年来，关于朱熹语言词汇及《朱子语类》的中古白话俗语词的研究成为汉语词汇研究的一个新增长点，成果斐然。以下分专著和论文两部分进行概述。

（1）关于词汇的专著研究。

从国内研究看，1930 年白寿彝就对《朱子语类》进行了研究，⑤ 胡适 1950 年写成、1959 年改定的《〈朱子语类〉的历史》，被认为是"其精详处可谓前无古，后无今"。⑥ 高歌蒂《〈朱子全书〉中所见的宋代口语》（1958）分析《朱子全书》中各类词汇的性质、方言色彩，研究了白话文在宋代的流行程度，探讨了口语词。

徐时仪的《〈朱子语类〉词汇研究》内容丰厚，全书分为上下两册，

---

① 刘晓南：《论朱熹音叶中平分阴阳的隐性取音倾向》，《安徽大学学报》2018 年第 5 期。
② 刘晓南：《朱熹音叶全浊清化再论》，《语文研究》2019 年第 1 期。
③ 黎新第：《从量变看朱熹反切中的全浊清化》，《语言研究》1999 年第 1 期。
④ 李红：《朱熹〈礼仪经传通解〉语音研究》，厦门：厦门大学出版社 2011 年版。
⑤ 乐爱国：《民国时期白寿彝对〈朱子语类〉的研究》，《齐鲁学刊》2013 年第 1 期。
⑥ 陈荣捷：《朱子新探索》，上海：华东师范大学出版社 2007 年版，第 544 页。

共计九章。从文献学出发，对朱子语类、语录的各版本进行梳理和对勘，厘清传承渊源和版本异同，并利用各版本的异文研究语言的历时演变，在此基础上考察了《朱子语类》中的词汇概貌、构成、反义词和同义词、专类词、方俗口语、常用词和词义系统，并从语言、思维、文化等角度分析共时层面中的雅俗并存和历时层面的文白转变的动因。① "该书不仅是关于《朱子语类》词汇的集大成之作，也是迄今为止最详备的朱子语言研究专著，对汉语词汇史特别是近代汉语的探究有重要贡献。"② 杨琳认为此书是"中古词汇研究的坐标"。③

潘牧天的《朱熹语录文献语言研究》对异文词的构成形式进行描写分析，并从词义系统的角度对"看视、现在、过去、言语、知晓、微小、谨密、怠慢、事物"等概念的词语的类聚及其引申关系进行研究。④ 冯青的《〈朱子语类〉词语研究》对词语性质（构成、形式、新词新义）、文化词、方言词、口语词、词语研究的应用、校勘、语言特点等进行研究。⑤ 程碧英的《〈朱子语类〉词汇研究》采用静态描写与综合考察、共时分析与历时考察、词义类聚与整体考察、语境观照与文化系联研究方法，对俗语词、新词、特色词进行研究。该文具有三个方面的特点：从俗语词考释着手描写南宋的文人口语，从新词语考释着眼展现南宋的社会生活，从理学词语考释出发探讨宋代的理学思想。⑥

此外，学者还对《朱子语类》进行注释解读，其主要作品有《〈朱子语类〉选注》⑦《〈朱子语类〉选评》⑧《〈朱子语类〉学归》⑨ 等。

（2）关于词汇的专题研究。

一是《朱子语类》中的词类研究，包括单个词或某类词的研究。

---

① 徐时仪：《〈朱子语类〉词汇研究》，上海：上海古籍出版社2013年版。
② 刘丹青主编：《新中国语言文字研究70年》，北京：中国社会科学出版社2019年版，第236页。
③ 杨琳：《中古词汇研究的坐标》，《中国社会科学报》2014年第2期。
④ 潘牧天：《朱熹语录文献语言研究》，上海师范大学博士学位论文，2016年。
⑤ 冯青：《〈朱子语类〉词语研究》，北京：中国社会科学出版社2014年版。
⑥ 程碧英：《〈朱子语类〉词汇研究》，成都：巴蜀书社2011年版。
⑦ 龙文玲等编著：《〈朱子语类〉选注》，桂林：广西师范大学出版社1998年版。
⑧ 朱义禄：《〈朱子语类〉选评》，上海：上海古籍出版社2006年版。
⑨ 冯青：《〈朱子语类〉学归》，南昌：江西人民出版社2011年版。

学者对《朱子语类》中的某个词的词义、用法、演变进行共时或历时的研究。何洪峰认为"撮"并非方言俗语词，其意义是量词、聚合、摘取之类的常见义，分析袁庆述《〈朱子语类〉方言俗语词考》（载《语文研究》1990 年第 4 期）所释的"装取"义及引申的"取走"义，《朱子语类》皆无例可证；分析"绰"字除人名外，具有本义"宽缓"、引申义"粗略、草略及很快地（看一下）""领会、掌握"。① 唐贤清探讨了"大段"产生与消亡的过程，认为"大段"的使用是宋代特别是《朱子语类》特有的一种语法现象。② 他还对该书中的"大故""旋旋"作了描述分析。武振玉分析了《朱子语类》中的"十分"一词的三种用法：使用原义、表示总括范围的副词、表示程度高的副词，认为这三种用法反映了此词由实到虚、由表示范围到表示程度的发展过程，是非常具有代表性的。③

学者对《朱子语类》的方言词、口语词、俗语、成语、佛学词语等进行研究。例如，冯青对"螬""看""聂夹""通"四个方言词语作了分析。④ 徐时仪对"老草、潦草、搉、阁、局、转、转语"等方俗口语词进行考释。⑤ 袁勤对复音连词的类型、形成和特点进行研究。⑥

二是关于词语考释和辞书编撰。考释的对象为方言口语词、俗语词、字典辞书未收录词、义别常用词、同义词、近义词、新词新语，着重考释其词义及演变源流，以补充辞书的编撰或探析词语的发展演变。例如，姚振武对"解、头、看、扶、抄扎、刷"等词的生僻义项进行考释。⑦ 田小维从收词、释义、注音、文字对韩国《语录解》和日本《语录译义》两部朱子学辞书进行比较研究。⑧

三是关于词语类聚的研究。词汇系统是由一个个概念词语类聚而成的

---

① 何洪峰：《释〈朱子语类〉中的"撮""绰"——兼与袁庆述先生商榷》，《语文研究》1996 年第 3 期。
② 唐贤清：《〈朱子语类〉中的副词"大段"》，《湖南大学学报》2002 年第 6 期。
③ 武振玉：《〈朱子语类〉中的"十分"》，《古籍整理研究学刊》2004 年第 2 期。
④ 冯青：《〈朱子语类〉方言词考释》，《汉语史研究集刊》第十三辑。
⑤ 徐时仪：《〈朱子语类〉方俗口语词考》，《古汉语研究》2013 年第 1 期。
⑥ 袁勤：《〈朱子语类〉复音连词研究》，四川大学硕士学位论文，2007 年。
⑦ 姚振武：《〈朱子语类〉语词札记》，《古汉语研究》1992 年第 2 期。
⑧ 田小维：《17-18 世纪韩国和日本的朱子学辞书比较研究》，厦门大学硕士学位论文，2018 年。

词汇场。徐时仪注重《朱子语料》词义的系统性研究，从语义概念视角对"猜测概念词语""执拗概念词语""知晓概念词语""恐惧概念词语""软硬反义概念词语""快慢反义概念词语"等类聚中词语的意义的异同、组合关系以及在语义系统中的作用进行研究。此外，还对"理学核心词汇"①以及"性""情"词义②进行统计研究，以系统理解朱熹的理学思想。潘牧天对34例"烂"类词进行考释，认为它体现了《朱子语类》词汇的新旧交融、稚俗共存的特点。③甘小明对涉及"运动、状态、评价"的十九个概念场词汇系统及其演变进行了分析，并对"一词多义""一义多词"的演变、概念表达和词汇系统的关系问题进行探讨。④李顺对《朱子语类》中的"捉拿、去除、汇集、降落、依仗、赞扬、阻拦、赞扬"七个概念场进行共时和历时的研究。⑤

四是关于词汇的比较研究，主要是将《朱子语类》与其他诸如《二程语录》《名公书判清明集》等文献中的词汇进行比较研究，或是把《朱子语类》中的方言词、俗语词与其他文献的方言词或俗语词进行比较研究。这类成果较少，比较的视角也较单一。

五是关于词汇的翻译研究。马克文在梳理《朱子语类》语词研究和翻译成果的基础上，分析了《朱子语类》古籍今译的问题、古白话翻译问题、词汇复音化的翻译问题以及俗语词进行翻译的操作。⑥从翻译视角研究《朱子语类》或朱熹文献的成果较少。

朱熹语言词汇的研究对于理解朱熹语言词汇的构成、词义系统、词语的共时分布和历时发展甚至朱熹理学思想和整个儒学思想都具有重要的意义。总体而言，关于朱熹语言词汇研究是近代汉语词汇研究的一个热点。从研究内容上看，注重《朱子语类》等文献语词的考释和词义演变方式的

---

① 徐时仪、吴亦琦：《〈朱子语类〉理学核心词语考探》，《上海师范大学学报》2020年第6期。
② 徐时仪、吴亦琦：《〈朱子语类〉"性""情"词义系统考探》，《汉语史研究集刊》第二十九辑。
③ 潘牧天：《〈朱子语类〉"烂"类词考释》，《汉语史研究集刊》第十五辑。
④ 甘小明：《概念场词汇系统及其演变研究——以〈朱子语类〉为中心》，上海师范大学博士学位论文，2012年。
⑤ 李顺：《〈朱子语类〉词义类聚研究》，广西师范学院硕士学位论文，2016年。
⑥ 马克文：《〈朱子语类〉语词翻译研究》，上海师范大学硕士学位论文，2018年。

描写，考释科学，详引例证，态度严谨；也致力于词义聚合的研究和词义演变及其机制、动因和规律的探索。从研究方法上看，表现出以共时和历时、定性和定量、客观描写和规律探索、归纳法和演绎法相结合的倾向，然共时、定性、描写和归纳法运用得较多。从理论运用上看，随着结构主义语义学、历史语用学等理论的引进，学术界开始从概念场对词汇系统、语义演变进行深入研究，但诸如认知语义学理论的运用还有待深入。

4. 对朱熹文献语言语法的研究

对朱熹语言语法尤其是对《朱子语类》的语法研究是20世纪90年代后兴起的。目前已出版多部语法专著，单篇论文数量非常可观，有对词法、句法进行全面深入描写分析的，也有对某个专题进行深入研究的，这些研究成果为宋代汉语语法以及近代汉语语法史的研究奠定了坚实的基础。

祝敏彻的《〈朱子语类〉句法研究》是较早一部《朱子语类》专书语法研究专著。该书对复音词、成语、结构、句法成分、句式、复句进行研究，内容涉及三个方面：一是研究结构与复音词构词法的关系、结构与成语的关系、结构充当单句各种成分的规律；二是新生虚词与新生结构的关系、新生虚词与新生句式的关系；三是新生关联词语与复句的关系、单句与复句的关系、复句与句群的关系。① 研究运用了数据统计分析方法，描写细致，侧重历时的比较研究，但没有进行横向的与同时代的其他文本语言中的句法作比较。

杨永龙的《〈朱子语类〉完成体研究》从体貌范畴视角出发，运用现代语言学理论，从句法结构、事件类型、情状类型、时制类型等多方面对《朱子语类》中表达完成体意义的若干副词（"既""已""已自""已是""已经"）、助词（"了""过"）、语气词进行系统的描写和分析，得出"体"和"时"有时可以用相同形式来表达的结论。② 该书注重古今比较，溯源析流，以变文、佛经、笔记小说以及经史等有关资料作为参照，对近代汉语时态进行研究。

---

① 祝敏彻：《〈朱子语类〉句法研究》，武汉：长江文艺出版社1991年版。
② 杨永龙：《〈朱子语类〉完成体研究》，开封：河南大学出版社2001年版。

导 论

  吴福祥的《〈朱子语类辑略〉语法研究》对指代词、助动词、数量词、副词、介词、连词、助词、述补结构、处置式、被动式、疑问句（是非问句、特指问句、选择问句、反复问句、附加问句）进行了研究。①

  唐贤清对《朱子语类》中的程度副词、范围副词、时间副词、情状方式副词、否定副词、语气副词等所有副词进行穷尽性的统计，并对"煞"类副词、"大段""大故"类双音副词、"索性"、重叠副词、同素异序副词、"真个"类副词等的语义、语用和演化进行了个案研究。研究采用共时与历时、定性与定量、共性与个性相结合的方法，注重对副词系统及其源流演变的研究。②

  刘子瑜将形式和意义相结合，把静态的归纳描写和动态的分析相结合，对《朱子语类》中的动结式述补结构、动趋式述补结构、"V得（O）"述补结构、"V得C"述补结构进行系统研究，并从结构变化、语义变化、频率视角探讨动结式述补结构的语法化机制。③

  李焱、孟繁杰的《〈朱子语类〉语法研究》一书分词法篇和句法篇，词法篇对代词、介词、副词、量词、连词、语气词进行研究，句法篇对平比句、差比句、被动句、处置句、正反疑问句进行研究。④该书的一大特点是对语料进行穷尽式研究。

  在单篇论文研究方面。学术界对《朱子语类》的疑问句、比较句、复句、被字句、"把"字句、"V得来""不成""把V"格式、构词方式、"不A不B"以及介词、量词、连词、副词、动量词、语气词、助词、词缀等进行研究。

  王树瑛对《朱子语类》中特指问、选择问、反复问、是非问等问句系统各子系统的具体使用情况作了全面描写，同时从历时角度作了探流溯源，探讨问句系统中一些重要的句式和虚词的历史发展演变过程，并运用系统功能语法理论对问句系统的语用、语篇进行分析，认为近代汉语时期

---

① 吴福祥：《〈朱子语类辑略〉语法研究》，开封：河南大学出版社2003年版。
② 唐贤清：《〈朱子语类〉副词研究》，湖南师范大学博士学位论文，2003年。
③ 刘子瑜：《〈朱子语类〉述补结构研究》，北京：商务印书馆2008年版。
④ 李焱、孟繁杰：《〈朱子语类〉语法研究》，厦门：厦门大学出版社2011年版。

特别是宋代是选择问句发展演变乃至最后完善和定型的重要时期。① 刘建国对《朱子语类》中的比较句进行定性和定量描写分析，从共时和历时视角比较比平句和差平句的产生、发展和特点，认为平比句以比较结果后置型为主，仍以比较结果前置的"于如似"式为主，但结果后置的"十不如不若不比"式也有了很大发展。② 李焱、孟繁杰对《朱子语类》中的后比较标记结构的用法进行了研究，认为其新出现的双谓语重心的结构是取代原有比较结构的基础。③

祝敏彻对《朱子语类》中"地""底"的语法作用④以及偏正复句、转折复句、条件复句、让步复句等偏正复句进行了研究，⑤ 对《朱子语类辑略》中的副词"便""就"开展研究。⑥ 刁晏斌对《朱子语类》中复杂谓语句、形容词谓语句、否定句、"施事+被+复指+谓语"式、可能式等几种特殊的"被"字句进行研究。⑦ 仲林林以《朱子语类》"V得（O）"为对象，研究"得"的性质及语法化过程，认为否定形式可以作为判断动态助词的一个一以贯之的标准。⑧ 杨永龙对《朱子语类》中433例"不成"用例的句法语义作了量化分析，并分析了"V不成"格式和"VO不成"格式的句法语义。⑨ 冯舒冉对《朱子语类》中"V定"动补结构词汇化的兴衰成因作了考释。⑩ 刘子瑜对《朱子语类》中的"从"字介宾结构、起源及功能演变进行了研究，认为《朱子语类》介词"从"不是单一功能的介词，引介处所的"VP+从+NP（+去/来）"结构带有闽方言特征。⑪ 他还对《朱子语类》中的反复问句、"无"字句和"无"语法化进行研究，认为《朱子语类》反复问句基本延续了唐五代的发展特点。⑫

---

① 王树瑛：《〈朱子语类〉问句系统研究》，福建师范大学博士学位论文，2006年。
② 刘建国：《〈朱子语类〉比字句研究》，北京大学硕士学位论文，2011年。
③ 李焱、孟繁杰：《〈朱子语类〉中的后标记比较结构》，《古汉语研究》2014年第3期。
④ 祝敏彻：《〈朱子语类〉中的"地""底"的语法作用》，《中国语文》1983年第3期。
⑤ 祝敏彻：《〈朱子语类〉中的偏正复句》，《湖北大学学报》1991年第1期。
⑥ 祝敏彻：《〈朱子语类〉辑略中的"便"与就》，《中国语文通讯》1983年第6期。
⑦ 刁晏斌：《〈朱子语类〉中几种特殊的"被"字句》，《古汉语研究》1995年第3期。
⑧ 仲林林：《〈朱子语类〉中"V得（O）"中"得"的性质》，《语言学论丛》第五十一辑。
⑨ 杨永龙：《〈朱子语类〉中"不成"的句法语义分析》，《中州学刊》2000年第2期。
⑩ 冯舒冉：《〈朱子语类〉"V定"及其兴衰成因考论》，《新疆大学学报》2020年第1期。
⑪ 刘子瑜：《〈朱子语类〉中的"从"字介宾结构研究》，《语言学论丛》第四十七辑。
⑫ 刘子瑜：《〈朱子语类〉反复问句研究》，《长江学术》2008年第3期。

木霁弘对《朱子语类》中的时体助词"了"进行研究，认为"了"在南宋时期已完成由实词演化为助词的虚化。① 刘坚对《朱子语类》中的"着"进行了研究，其"着"的用法上产生出"形+着+动"的格式。② 崔兰对《朱子语类》词缀"阿、儿、兀、打、们、亚、于/放、头、老、家、子、生、自、取、地、当、有、行、第、个、小"进行共时和历时的描写分析，总结汉语词缀时空层次关系。③ 王克荔对61个介词按语法功能进行了分析，以研究南宋时期介词的概貌及介词发展的规律。④

概而言之，学术界关于朱熹语言语法研究成果最丰硕。其主要体现在三方面：一是研究对象不断拓展，其研究成果进一步完善了近代汉语语法甚至整个汉语语法的研究。二是研究视角不断拓展，成果涉及词法和句法，在详细描写语法现象与语法规律的同时，注重语法演变机制和动因的探讨，注重将语法置于整个语法史视野下探讨。三是研究方法不断更新，历时研究与共时研究相结合，定性和定量研究相结合，不同文献的横向和纵向比较研究相结合。

从整个研究成果看，朱熹文献语法研究还需进一步加强历时研究，将古今融会贯通起来研究，把语音、词汇和语法融合起来研究；进一步加强理论创新，把朱熹文献的语法与理学融合起来研究，用中国传统哲学思维开展汉语语法研究，以提炼汉语语法学的体系和特色。

5. 对朱熹文献语言修辞的研究

学术界关于朱熹文献修辞的研究，更多的是结合风格学、文学、文章学进行的。例如，闵泽平对朱熹奏疏、序跋、书、记之作的风格进行研究，认为其展现出朱熹冲夷和穆的宗师气象。⑤ 郝永结合《楚辞集注》《白鹿洞赋》及朱熹关于辞赋的论述研究他的辞赋思想，认为朱熹的辞赋思想蕴含着理学的本体、诠赋的方法、尊崇骚赋的价值观。⑥ 汪泓、赵勇对

---

① 木霁弘：《〈朱子语类〉中的时体助词"了"》，《中国语文》1986年第4期。
② 刘坚：《近代汉语虚词研究》，北京：语文出版社1992年版，第101页。
③ 崔兰：《〈朱子语类〉词缀时空性研究》，南京师范大学硕士学位论文，2008年。
④ 王克荔：《〈朱子语类〉介词研究》，四川大学硕士学位论文，2007年。
⑤ 闵泽平：《朱熹文章风格论》，《西南大学学报》2007年第5期。
⑥ 郝永：《朱熹辞赋通论》，《古汉语研究》2015年第5期。

《诗经》文势相贯、辞气、对"温柔敦厚"的含蓄文体风格进行研究。①

李士金是较早开展朱熹文献修辞研究的学者。他在20世纪90年代初就先后撰文研究朱熹关于修辞本质的论述、②朱熹修辞理论的时代精神、③明白平易的文风、④朱熹关于"修辞立其诚"的深刻意蕴的阐述、⑤朱熹关于修辞本质的实践意义,⑥并从社会和心理视角研究朱熹修辞思想,揭示修辞思想中蕴含的哲学思想。例如,他认为朱熹站在理学家和文学家不同的立场上或批评修辞或肯定修辞的矛盾心理,而正是这种矛盾体现"文以载道"的对立统一关系。⑦

关于朱熹矛盾的修辞论,宗廷虎、李金苓的《中国修辞学通史》(隋唐五代宋金元卷)也作了论述。该书还对朱熹的"文自道中流出"的重道轻文观、模拟论与自得论、主张语言明白平易以及关于谋篇与下字的修辞观进行了分析,对朱熹关于诗的风格、比兴、"识得意思好处""自得言外之意"等关于诗歌修辞的论述进行研究。⑧

此外,也有学者从修辞格角度或语言风格视角研究朱熹理学思想,如申冰冰就朱熹"灯笼比喻"研究其与宋代理学的人性观的关系。⑨原新梅研究了《诗集传》注释具有的"简明平易"的修辞特色。⑩

关于朱熹修辞观研究的一个显著特点是将修辞与理学思想研究融会贯通,将修辞融入文章学进行研究,其中朱熹的"文道观"是学者关注的重点话题。但总体而言,相对于朱熹语言语音、词汇、语法研究,其修辞的研究成果、方法和队伍都不及前者。

---

① 汪泓、赵勇:《"文体"与"体格"——朱熹〈诗经〉文体论解读》,《江西师范大学学报》2014年第5期。
② 李士金:《朱熹关于修辞本质的论述》,《修辞学习》1999年第2期。
③ 李士金:《朱熹修辞理论的时代精神》,《修辞学习》2000年第2期。
④ 李士金:《朱熹论明白平易的总体文风》,《修辞学习》2002年第4期。
⑤ 李士金:《朱熹论"修辞立其诚"的深刻意蕴》,《修辞学习》2004年第2期。
⑥ 李士金:《朱熹论修辞本质的实践意义》,《修辞学习》2007年第1期。
⑦ 李士金:《朱熹修辞学说矛盾心理分析》,《修辞学习》2009年第2期。
⑧ 宗廷虎、李金苓:《中国修辞学通史》(隋唐五代宋金元卷),长春:吉林教育出版社1998年版。
⑨ 申冰冰:《朱熹"灯笼比喻"与宋代理学的人性观》,《宁夏社会科学》2015年第3期。
⑩ 原新梅:《简明平易:朱熹〈诗集传〉注释的修辞特色》,《修辞学习》2003年第6期。

6. 对朱熹文献语言训诂的研究

贾璐《朱熹训诂研究》以《四书章句集注》《论语集注》《诗集传》《楚辞集注》《周易本义》为主要研究材料，内容涵盖朱熹训诂的原则、朱熹对古籍语音的研究、词汇的研究、语法的研究、修辞的研究以及朱熹对古籍的校勘。① 既注重在共时平面上研究朱熹训诂的内容和方法，又将其置于训诂学史的背景中考察其得失，并且注重训诂材料的宏观总结和微观个案研究相结合。

关于朱熹训诂研究成果最为丰硕的是对朱熹某部著作的训诂研究。例如，关于《诗集传》的早期的研究者有李开金，他认为《诗集传》与毛传郑笺三家在训诂上所持的基本态度、基本原则是相通的。② 陈松长对《诗集传》的博采众说、以情说诗的特点作了阐述。③ 张钊对《诗集传》"旧诂新说"的特点作了研究。④ 此外，也有部分硕士论文对《诗集传》的训诂进行研究，如李平的《〈诗集传〉训诂术语研究》、⑤ 张守艳的《朱熹〈诗集传〉训诂研究》、⑥ 张剑红的《朱熹〈诗集传〉训诂研究》。⑦ 关于《四书章句集注》的成果，如巩雯雯的《朱熹〈四书章句集注〉声训研究》、⑧ 李小明的《〈四书章句集注〉训诂研究》⑨ 等，其他的如王晓囡的《朱熹〈楚辞集注〉训诂研究》、⑩ 孙华的《朱熹〈家礼〉研究》⑪ 等。其中以《诗集传》训诂的成果为多。

从研究方法上看，比较法运用得较多，表现为朱熹的训诂著作与其他著作的比较研究。一是朱熹本人不同的著作的比较研究，如舒拥军的《朱熹〈集注〉、〈集传〉训诂研究》;⑫ 二是将朱熹著作与他人著作进行比较

---

① 贾璐：《朱熹训诂研究》，北京：中国社会科学出版社 2015 年版。
② 李开金：《〈诗集传〉与毛传郑笺训话相通说》，《武汉大学学报》1987 年第 3 期。
③ 陈松长：《朱熹〈诗集传〉的训诂特色》，《古汉语研究》1989 年第 3 期。
④ 张钊：《论朱子〈诗集传〉"旧诂新说"的特点》，《中国典籍与文化》2020 年第 4 期。
⑤ 李平：《〈诗集传〉训诂术语研究》，兰州大学硕士学位论文，2007 年。
⑥ 张守艳：《朱熹〈诗集传〉训诂研究》，山东师范大学硕士学位论文，2011 年。
⑦ 张剑红：《朱熹〈诗集传〉训诂研究》，辽宁师范大学硕士学位论文，2014 年。
⑧ 巩雯雯：《朱熹〈四书章句集注〉声训研究》，西北师范大学硕士学位论文，2018 年。
⑨ 李小明：《〈四书章句集注〉训诂研究》，兰州大学硕士学位论文，2007 年。
⑩ 王晓囡：《朱熹〈楚辞集注〉训诂研究》，渤海大学硕士学位论文，2014 年。
⑪ 孙华：《朱熹〈家礼〉研究》，浙江大学硕士学位论文，2009 年。
⑫ 舒拥军：《朱熹〈集注〉、〈集传〉训诂研究》，华中师范大学硕士学位论文，2007 年。

研究，这类成果相对而言较多。例如，陈绂通过比较注点的选择、注释的角度的不同，探析郑玄和朱熹注解不同的原因：对原典的不同理解、解说古籍的目的不同、生活的时代背景不同、师承的学派不同。① 赵振兴、唐丽娟对《毛诗诂训传》与朱熹《诗集传》的异训进行比较研究，认为两者各领风骚：毛传厚重，传必有据；朱传简明准确，时有新意，令人信服。②

总体而言，关于朱熹训诂研究的成果单篇论文和硕士学位论文数量多，专著成果较少，在研究内容、研究方法、研究队伍和研究成果的质量上都不及朱熹语言的词汇研究。中国的传统训诂学，是一门综合性、应用性很强的学科。它与传统音韵学一样，面临发展现代化、国际化的挑战和机遇。在朱熹语言训诂研究中，学者以挖掘材料为主，运用现代语义学理论分析及其规律探讨较少；注重结构描写为多，将结构描写与内在文化阐释结合较少。朱熹语言训诂虽然是训诂学研究的一个分支，未来研究中也应做到："既吸取了语义学方面的新成就，又从自身的大量材料出发来探讨规律，同时发掘出这些规律的普遍意义，从而充实和丰富了普通语言学，特别是语义学。"③

7. 对朱熹语言观的研究

郭齐、尹波认为朱熹是宋代理学的集大成者，除其哲学思想外，"朱熹还具有丰富的法律思想、经济思想、宗教思想、美学思想、心理学思想、经学思想、语言学思想以及独到的文学观、艺术观乃至自然科学观点。朱熹哲学及其延伸和展开，共同构成了严密完整的朱熹理学思想体系。"④ 赵振铎认为朱熹"结合文理辞气来解读典籍，有不少见解很具有语法观念"。⑤ 可知朱熹语法思想已引起学者关注，并且已有不少学者开展朱熹语言学思想或语言观研究。

沈叶露的《〈朱子语类〉语言思想研究》一文认为目前学术界对《朱子语类》研究存在义理阐发和语言考释相脱离和隔碍的倾向。有鉴于此，

---

① 陈绂：《〈论语〉郑注与朱注的比较研究》，《古汉语研究》1996年第1期。
② 赵振兴、唐丽娟：《毛传与朱熹〈诗集传〉异训比较研究》，《长江学术》2008年第1期。
③ 王宁：《训诂学理论建设在语言学中的普遍意义》，《中国社会科学》1993年第6期。
④ 郭齐、尹波点校：《朱熹集》，成都：四川教育出版社1996年版。
⑤ 赵振铎：《中国语言学史》，北京：商务印书馆2017年版，第411页。

该文的研究目的在于融通朱熹理学思想研究和语言研究。上篇着重研究语言问题，下篇着重对《朱子语类》的校勘和异文校正，在考释的基础上分析朱熹的语言思想，如分析"平铺""平白""平易""跷蹊""崎岖"，认为"朱熹的经典观，重平实而忌巧曲雕琢，主张平白坦直的说理方式。"①

程碧英通过统计《朱子语类》中朱熹使用的"俗语"一说的频率，并对其内涵进行了分析。在此基础上分析俗成语、惯用语、谚语、俗语词等的特点，探讨"俗语"的语言学价值，即认为通过俗语看出朱熹在讲学游历中熟谙并使用方言俗语，"有机地协调了义理阐释与俗语表达之间的辩证关系，体现了语言发展的内在规律。"②

俞允海从朱熹对虚词、实词和词组、句法现象等视角探析朱熹对汉语语法的认识，认为他具有一定的语法意识。③

贾璐认为朱熹"叶音说"体现了朱熹的语音学思想，在训诂实践中，朱熹对古音、古韵的朦胧认识，对音转现象的认识和以方言证古的思想都是朱熹语音学思想的体现。④ 此外，贾璐还对朱熹语法观念进行研究，认为朱熹对词类活用、四声别义等语法现象的解释，对简单型、复杂型语法结构的分析，以及征引文献、根据上下文意和语法关系来分析古籍句读的方法，都体现了朱熹的语法观念。⑤

鲁进以认知语言学隐喻理论、转喻理论、意象图式理论、空间理论等为工具，研究朱熹理学核心概念，探究理学认知模式。其内容包括"内圣"之学的"命""性""心""情""才""志""意""仁义礼智信""忠信""忠恕"等，外王理想的"道""理""德""太极""皇级"等。⑥

程碧英通过《朱子语类》中朱熹使用的"俗语"研究朱熹的俗语观，俞允海通过研究朱熹语言中的语法现象提炼其语法观，贾璐通过分析朱熹训诂文献中"叶音"现象和词类活用现象从而总结提炼朱熹的语音思想和语法思想。他们研究的一个共性即通过梳理分析朱熹文献挖掘其所蕴含的

---

① 沈叶露：《〈朱子语类〉语言思想研究》，上海师范大学博士学位论文，2014年。
② 程碧英：《从〈朱子语类〉看朱熹的"俗语"观》，《成都大学学报》2012年第1期。
③ 俞允海：《从〈诗集传〉考察朱熹的语法意识》，《古汉语研究》2002年第3期。
④ 贾璐：《朱熹在训诂实践中的语音学思想述评》，《民俗典籍文字研究》2016年第1期。
⑤ 贾璐：《朱熹在训诂中体现出的语法观念概述》，《语言研究集刊》2015年第2期。
⑥ 鲁进：《理学核心概念的认知模式》，浙江大学博士学位论文，2015年。

语言思想。不可否认，朱熹语言文献是朱熹语言运用的载体，在一定程度上体现朱熹对语言的理解与认知，如朱熹训诂中关于词类活用的训释，反映了朱熹已经认识词语词性的观点；朱熹读书方法中大量使用比喻，正是其"比者，以彼者比此物也"观念在语言实践中的应用；朱熹词汇中大量使用反义词，是其"凡言语，便有两端"[①]语言观的体现。也就是说，基于朱熹文献语言可以梳理、提炼出朱熹相应的语言观。然而，截至目前，学术界侧重于朱熹文献语言本体研究，对其文献语言所蕴含的语言观的研究成果数量少且不成系统。这其中一个重要原因文献语言中蕴含的蕴含观不是直观的体现，隐秘性较强。

二、国外研究现状

从国外研究看，据袁宾、徐时仪研究，朝鲜柳希春（1513～1577）《语录字义》，收录解释了《朱子语类》中的 80 多条俗语词。郑瀁（1600～1668）《语录解》收释了《朱子文集》《朱子语类》《近思录集注》和《心经附注》等宋明儒家文献中 1050 个词语，其中多为唐宋以来的口语词和俗语词。苏联 G. 卡尔格兰《宋代朱熹全书的口语研究》认为《御纂朱子全书》反映了朱熹时代真正的"官方"语言——知识阶层的口语。瑞典学者高歌蒂在《朱子全书中所见的宋代口语》（1958）一文中也对《朱子语类》中的口语词作了探讨。[②] 据汪维辉研究："《语录解》是朝鲜时代朝鲜儒学家编纂的词语汇解书，主要收录并解释朱熹语录、二程语录（包括书信等）中的口语词。《语录解》郑本收录词语 1182 条，南本 1050 条，大部分为唐宋以降的口语词，书中的释义多有所本，保存了一批古义，颇有参考价值。"[③] 韩国汉城大学的奎章阁藏有心斋白斗镛编纂、鹤巢尹昌铉增订的《注解语录总览》，第一册中"语录解"部分辑录有退溪李晃和眉岩

[①] 黎靖德编，王星贤点校：《朱子语类》卷三十六，北京：中华书局 2020 年版，第 1166 页。
[②] 袁宾等：《二十世纪的近代汉语研究》，太原：书海出版社 2001 年版，第 768－769 页。
[③] 汪维辉：《〈语录解〉札记》，《辞书研究》2018 年第 3 期。

柳希春对《朱子语类》中俗语和口语的解释。据田小维①研究，韩国学者安秉禧的《〈语录解〉解题》(1983)、姜勇仲的《朱子〈语录解〉研究》(1996)、朴钟渊的《朝鲜所编近代汉语俗语词典〈语录解〉》(2003) 等对《语录解》的作者、版本、性质、体例、内容、释义作了研究。日本学者对《语录解》的成书背景和过程、版本、体例、收词和释词特点进行了研究，如竹越孝所编《南二星本〈语录解〉汉语语汇索引》(2008)介绍了该书的性质，内容是对朱子、程子等宋儒语录中汉语词汇的注解。远藤光晓等编《译学书文献目录》(2009) 中也有对《语录解》的郑瀁本、南二星和《注解语录总览》的藏书信息和研究概况作了介绍。玄幸子《〈语录解〉研究》对语言的字体、字音、语法等特点进行分析。

日本清水茂《朱熹的口语和文言》探讨了口语的性质和价值。② 盐见邦彦编有《〈朱子语类〉口语语汇索引》。③ 杉村博文对"把"字句的研究。④ 日本学者在对朱熹理学思想研究中对语言词汇、修辞、语言行为的研究。日本江户时代后期延享年间（约1748年），《语录译义》由留守友信编辑，千手兴成校补而成。"是一本解释宋儒语录中的方言、口语、俗语词辞书。该书的编纂对日本国内学者学习朱子文献具有重要价值。"⑤ 此外，如佐野公治对朱熹四书学的研究，⑥ 山井涌对《朱子文集》"心"⑦ 词义的阐释，吾妻重二对朱熹《家礼》中的语言行为规范思想⑧和士大夫言

---

① 参见田小维：《17—18 世纪韩国和日本的朱子学辞书比较研究》，厦门大学硕士学位论文，2018 年，第 7 - 8 页。
② 清水茂：《朱熹的口语和文言》（载《汉语史的诸问题》），京都大学人文科学研究所，1988 年，又载蔡毅译《清水茂汉学论集》，北京：中华书局 2003 年版。
③ 盐见邦彦：《朱子语类口语语汇索引》，京都：中文出版社 1985 年版。
④ 杉村博文：《"把个老汉感动得"について》，《现代中国语研究论集》，日本现代中国语研究会，1999 年。
⑤ 田小维：《17—18 世纪韩国和日本的朱子学辞书比较研究》，厦门大学硕士学位论文，2018 年，第 2 页。
⑥ 佐野公治：《四书学之成立——朱子的经书学构造》（张文朝译），《中国文哲研究通讯》2013 年第 1 期。
⑦ 山井涌：《〈朱子文集〉に见える朱子の"心"》，《中哲文学会报》第 6 号（1981 年 6 月）第 27 - 44 页。
⑧ 吾妻重二著，吴震、郭海良等译：《朱熹〈家礼〉实证研究》，上海：华东师范大学出版社 2012 年版。

语行为的研究。①

三、研究特点及不足

综上所述，学术界关于朱熹语言本体的研究成果丰硕，在研究内容、研究理论、研究方法、研究视野、研究队伍方面取得可喜成绩，是朱熹语言研究的热点和重点。其主要特点如下：

一是在研究内容上，语音、词汇、语法、修辞、训诂以及语言文献价值和语言思想等都已涉及。总体而言，词汇、语法研究成果丰硕，成为近代汉语词汇学、语法学研究的热点；语音、训诂继续延续传统语文学优势，修辞以多学科融合发展和修辞观凝练为主，文献语言价值获得学术界共识，朱熹语言思想研究学者已开始关注但研究成果较为薄弱。

二是在研究理论上，总体上呈现注重继承传统语文学理论和现代语言学的融合的倾向。如在语音研究方面，侧重以音韵学的等韵理论、拟构理论研究韵母系统的历时演变；词汇、训诂研究以词语考释、词义演变为基础，运用词汇学、语义学理论开展研究；语法方面表现出融合生成语法、认知语法、篇章语法等开展研究的倾向。总体而言，学者既注重细致描写朱熹语言事实，又进行理论分析总结；既考虑朱熹语言的个性，也考虑其个性中蕴含的共性；既考虑汉语的个性，也考虑语言的共性。

三是在研究方法上，学者采用共时研究与历时研究相结合，定性和定量研究相结合，不同文献的横向和纵向比较研究相结合，客观描写和规律探索相结合。在研究手段上运用大数据进行量化统计，语料库技术运用较为频繁。

四是在研究视野上，将朱熹语言的研究置于近代汉语史的研究中，注重考镜源流以凸显出研究的共时分布和历时发展演变，注重从语音学、文字学、词汇学、语法学、语义学等多学科融合框架下开展研究。但总体而言，目前学术成果仍很难打破学科藩篱，研究视野仍局限于语音、词汇、

---

① 吾妻重二著，傅锡洪等译：《朱子学的新研究——近世士大夫思想的展开》，北京：商务印书馆2017年版。

语法、修辞、训诂的单一的本体研究。

五是在研究队伍上，形成以某些学术大家为核心的学术研究团队。

相较于朱熹语言的本体研究，学术界关于朱熹语言观的研究在研究成效、研究内容、研究语料还存在诸多不足：

一是在研究成果成效上，学者关于朱熹语言观的研究数量少，专论性的学术专著尚未发现，相关研究的学术论文篇数也不多。

二是在研究内容上，学者对朱熹关于言意关系、言人关系、文道关系、语言伦理、语言应用、语言修养、语言方法、语言修辞、语言风格等的论说的整理及其蕴含的语言思想的研究也比较零散，尚未形成体系化的研究成果。

三是在研究对象上，大多学者基于分析研究朱熹的语言使用情况，从而提炼出朱熹的语言观，如俞允海、贾璐关于朱熹语法观点的研究。不可否认，朱熹语言的使用方式和选用原则隐含着他的语言观。但除此之外，散见于文献中还有大量朱熹关于语言的直接论述，对这些论述目前学术界整理和研究得还不够深入、全面和系统。

第三节　研究内容

朱熹的文献情况比较复杂，留存于世的文献将近1300万字，《宋史·艺文志》对朱熹著作作了著录，其目录与卷数如下：朱熹《易传》11卷，又《本义》12卷、《易学启蒙》3卷；朱熹《书说》7卷，黄士毅集；《诗集传》20卷、《诗序辨》1卷、《仪礼经传通解》23卷，又《大学章句》1卷、《或问》2卷、《中庸章句》1卷、《或问》2卷、《中庸辑略》2卷、《十先生中庸集解》2卷朱熹序；《孝经刊误》1卷；《论语精义》10卷，又《集注》10卷；《通鉴纲目》59卷，又《提要》59卷；《二十家古今祭礼》2卷、《释奠仪式》1卷；《孟子集注》14卷，又《孟子集义》14卷、《或问》14卷、《延平师弟子问答》1卷、《语录》43卷；《周易参同契》1卷；《楚辞集注》8卷、《辨证》1卷。"就所存朱熹著作来看，《晦庵先生文集》等，为朱熹自己的著述；《朱子语类》等，为别人整理或编辑的朱熹著作；《四书集注》《楚辞集注》《韩文考异》等。为朱熹对儒家经典或重要文学、文化遗产所作的整理与研究之作；《近思录》《资治通鉴纲目》《仪礼经传通解》等，为朱熹与人合作者；《二程遗书》《韦斋集》《延平答问》《屏山集》《南轩集》等，为朱熹整理和编辑的他人著作。凡此种种，其文献已经呈现出形态多样，体式各异的特点，足以令人叹为观止。"①

目前学术界关于朱熹语言研究的主要语料是《朱子语类》和《四书章句集注》，尤以前者为最。而《朱子语类》是朱熹及其门人讲学问答的实录，是朱熹讲学语言经弟子记录整理而成的，留存辑录者的语言表达习惯，如同一语义表达，不同的辑录者所辑录的语言的篇幅、选词造句往往是不同的。也就是《朱子语类》的语言面貌和朱熹本人的语貌存在差距。

相对而言，朱熹本人关于语言的论说比之于从其语音、词汇、语法的运用中提炼而成的语言观更具可靠性。其实朱熹在讲学著述中有不少关于语言的论说，只是这些论说往往是只言片语，散见于各类文献中，需要研究者从其文献中梳理出来，并进行系统化研究。本书主要从五个方面梳理、分析、提炼朱熹中和语言观。

第一章研究"中和"之义与朱熹"中和"说。"中和"是我国古代重要哲学思想，是中庸思想的核心，儒释道诸家对"中和"均有思想阐发和理论贡献，其形成的社会文化背景也各有千秋。朱熹传承发展儒释道诸家中和理论，尤其是二程及其门人的中和思想，其关于中和思想的阐发历经"中和旧说"至"中和新说"的发展。

朱熹将"中和"思想运用于语言上，提出"凡言语，便有两端""大抵言语两端处，皆有阴阳"等阴阳中和论说，也将"中和"思想运用于著书立说、教育教学等语言实践中，形成系统的"中和"语言观，体现于训诂的"质疑"与"阙疑"、"言即理"与"言非理"、修辞的"奇伟"与"安稳"、篇章要素与义理表达的中和。

第二章研究"言即理"与"言非理"的中和。老子、孔子、墨子、孟子、庄子、公孙龙子、荀子等在讨论哲学问题、政治问题、逻辑问题时都

---

① 陈国代：《文献家朱熹：朱熹著述活动及其著作版本考察》，北京：北京师范大学出版社2015年版，第12页。

对言意及其关系问题有相关的阐述，初步构建起言意观的基本框架和"言意之辨"的核心问题，即语言能否完全表意和语言能否表达形而上的"道"，形成"言尽意""言不尽意""得意忘言"三个学派。而从先秦后，两汉、魏晋，直到明清，很多思想家都发表见解，丰富和发展言意问题的内涵，使其成为中国古代思想史的一个重要命题。朱熹继承前贤言意理论，提出"言即理""言非理"和"言理难舍难分"的言理关系论。

朱熹认为言能达理，言能尽理，言即是理，语言是思想的工具，也是思想本身，他提出"言语包括无限道理"，认为理解了圣人言语就是理会了天下道理。他的"言即理"说体现于命、性、心、道、极、情、才、志、意、忠信、忠恕、一贯、诚、敬、理、德、中和、中庸、礼乐、经权、义利等理学思想中。同时朱熹关于书、理、文、意、道、经、史、注、解、传等学习内容核心词以及看、读、心、思、观、疑、味、工夫、切、进、体、究等读书方法的核心词体现出他"渐进"与"骤进"、"骤进"和"从容"、"透彻"与"轻浮"、"学"与"思"、"体认"与"体察"、"周遍"和"紧要"、"私意"与"本意"的中和观。

"言非理"即认为语言和道理存在异言同理、同言异理的不一致。"万语同理"即以不同的语言形式表达同一义理或道理。"同语异理"，即"言虽若同，而意皆别"。"言理难舍难分"指言理之间难以合一而又难以分离的错综复杂的关系。朱熹创造性阐发"无言""慎言""少言"和"忘言"的言说内涵。朱熹的言理观蕴含着语言工具论、语言思想论、语言信息论、语言功能论、语言符号论思想，与现代语言学思想具有一定的契合之处，是现代语言学理论发展的源头活水。

第三章研究朱熹训诂"质疑"与"阙疑"的中和。朱熹敢于质疑，对典籍文本中的语音、词汇、语法、语义、修辞、篇章、文字、名物、典章制度提出怀疑，对一切文本的创作者，如孔孟圣人、前贤时人、师友门人甚至是自己的学术观点提出质疑，不迷信权威、不拘泥于经典。朱熹亦善于质疑，主张要会真疑，要于无疑处生疑，要疑得"合疑处"，要在比较中疑等质疑方法；倡导要把握质疑的时机，要"待其可疑而后疑之"，[①] 要

[①] 黎靖德编，王星贤点校：《朱子语类》卷二十，北京：中华书局2020年版，第557页。

疑得恰当好处的质疑中和思想。他疑辨经典文本，对于未能确证之处以不同的疑词进行标记，形成"未""不""难"三个系列。朱熹尊崇经典而又不迷信经典，敢疑前人不敢疑，敢发时人不敢发之语，体现其破除迷信、探究新知和阐发新说的创新精神。

阙疑是中国学术史上的重要治学方法，朱熹传承发展阙疑之道，主张对典籍中无明文记载、记载不详，或后世由于典籍流转而造成的阙文脱简或流失等难以考证或考证不全的；对典籍文本词义、句义或义理理解未透彻、不妥当，不可阐释或难以阐释的，或阐释之后存在矛盾的内容；对无证据、无来源或阐释主体未熟悉、未了解的典籍文字；词义不明确、模棱两可，阐释容易穿凿附会者；对理解经典义理或对修己治人无意义或非重要者，或对社会实践无意义的内容都要阙疑。他倡导阙疑，主张"阙疑处不强解"，但在注释典籍中不是一味地存疑的，而是该疑则疑，该解则解，秉持中和辩证的态度。朱熹的阙疑之道体现了他坚守无征不信、尊重前人训诂成果和尊重儒家经典文本的守正精神。

朱熹的"质疑"与"阙疑"的命题，留存的是古代知识分子做学问的问题意识和求是精神，揭示了"守正"与"创新"的辩证关系，"阙"是属于该不该阐释的价值向度，是本体和前提，是对古典语文学的守正问题；"疑"是如何阐释的技术向度，是功用和方法，是对古典语文学的创新问题。"阙"与"疑"蕴含的正是守正与创新的辩证统一关系。只"阙"不"疑"，语文学只会陷于固步自封的抱残守缺，只"疑"不"阙"，就会滑向牵强附会的恣意妄为。朱熹在"阙"与"疑"中表现出来的守正态度和创新精神对后世的研究具有重要的指导意义。

第四章研究修辞"奇伟"与"安稳"的中和。"修辞立其诚"内涵丰富，对中国文学、文章学、修辞学、文艺学产生深远影响。朱熹传承发展前人修辞思想，对"辞""修辞""立诚"的含义以及"修辞""立诚"的关系，如何"修辞立诚"都有深刻的阐释，提出"修辞"有"修省言辞"和"修饰言辞"之别，认为"忠信进德"和"修辞立诚"是一事两面，"修辞"与"忠信"是表里关系，主张"修辞立诚"的本质是修养品行。因此，他提出"语言，物也；而信，乃则也"的语言忠信原则。

朱熹重视修辞，在孔子"文质彬彬"修辞理论上提出"文字奇而稳方好"的中和论,在文辞文采上,主张"文以伟辞",尤为推崇文辞优美、气象宏大、意蕴丰富、用字巧妙、笔力雄厚而又自然纯粹的文辞,他也非常反对文人在读书著述中追求奇说、奇论、奇道的文风。

就文辞之"稳"而言,在朱熹看来,文辞之"质实"、义理之"平正"、论道之"分晓"、文思之"缜密"、文章之"着题"、篇幅之"适长"、科段之"条理"、语言之"坦易明白"、用字之"通俗"都是文字稳妥的表现。具体而言,他提出"下字,直是称轻等重""作文自有稳字""天生成腔子"等论说。

朱熹"奇伟"与"安稳"的修辞中和观,亦体现于他的言语实践中,如其读书比喻的使用体现出他的修辞"奇伟"观,他对圣人语言的体认和体察体现出他的修辞"安稳"观。

第五章研究篇章要素与义理表达的中和。篇章要素理论是现代语言学和篇章分析中的一个重要概念。朱熹关于篇章的论说,聚焦于"文势""语脉"、语境、引用、重言、语境、篇首、篇尾、"关键"字词章句等,其指向的是义理表达和思想体悟。

朱熹在传承前人思想的基础上,以文势、语脉评论前人著述之篇章结构。他所涉及的"势"包含"文势"与"语势","脉"包含"语脉""血脉""笔力""笔势""笔路""气脉",其内涵各异。文势是文本自身所呈现出来的自然的态势、气势和格调。

朱熹关于"文势""语势"的内涵涉及语言的气势和格调,上下文的连贯、衔接蕴含的气势或态势,文章在结构、语言和思想表达上所展现出的动态性、连贯性或气势。"语脉""血脉"指语言或文本的脉络,涵盖语言的连贯、衔接、文章的结构。朱熹亦重视语境与义理的关系,反复强调要回归文本上下文理解意义,他善于还原言说的语境,通过还原语境,补充或揭示出孔子话语的深层含义。

就语篇修辞而言,朱熹对引用、重言论说内容丰富,且作为理学家,他所论述的引用、重言旨在理学思想的义理表达,论说了引用是为了征义、明理和达意重言是为了强化传情达意。

篇首、篇尾、篇章中重要的字、词、句、段、章是文章思想表达的重点,它们皆是篇章的关键处。朱熹在评述经典经文和古人文章,对篇章的

"关键处"与语义表达有丰富论述。

朱熹不仅阐发了"文势""语脉"、语境、引用、重言、"关键处"等语篇理论,在注疏著述实践中,朱熹还以语篇理论系统分析"四书"、《诗经》《楚辞》,尤其是其《四书章句集注》,详细分析章、句、词间的关系及其章、句、词的含义与表达意图。通过对其梳理、分析,可提炼其语篇论说及其观点。

第四节　研究方法

要研究朱熹的语言理论,需要全面阅读、理解、梳理朱熹的文献,在共时分析的基础上,还需对儒释道等古典文献中的语言论说进行历时考察,以分析朱熹对其语言观的传承与创新。因此,需要将文献与语言、共性与个性、共时与历时研究相结合,提炼古典文献及朱熹文献中的中和语言观。

一、文献学与语言学研究相结合

研究汉语史,文献的选择尤为重要。朱熹文本具有时代的明确性、内容的广博性、体量的适宜性特点,具有语料研究的价值。在确定语料研究价值之后,更为重要的是筛选语料。朱熹文本在历经久远的传承中难免会有或多或少的衍误脱略,并且经过不同版本的增补修订,有必要进行文献学考据,确定适宜的版本作为研究语料。在此基础上,通过比较四库丛刊本、中华书局本、上海古籍本,进行多重证据辨析各本异文,将语言学研究建立在扎实的文献学研究基础之上,进而从言理的"是"与"非"、修辞的"奇"与"稳"、语言训释的质疑与阙疑、篇章结构与意义等视角研究朱熹中和语言观。

二、共性研究与个性研究相结合

对朱熹语言观的研究既注重总结中国传统语言的共性语言思想,如言意论、正名论、名实论、文道论、修辞立其诚;在此基础上,又将着力提炼朱熹个人的语言观,如"言理"论、"知言知理"论、语言"时中"论、"作文自有稳字"、"天生成腔子"、语言中和论、圣贤语言风格论、"文字奇而稳方好"、读书比喻、语篇论、语境论、文势语脉论等语言观。

三、共时研究与历时研究相结合

"泛时语言学认为共时与历时必须有机的结合起来,在研究共时系统的同时参考历时因素,在研究历时演变的同时以共时结构为基础。"[①] 本研究既在共时的平面研究朱熹语言观的内容,又将朱熹放在语言学史和语言观发展史的背景中研究其语言观,并对比考察朱熹语言观与儒、道、释、墨、名、法、纵横等学派的语言观的联系。如,关于言意问题和"言意之辨",儒、墨、法、名家肯定言能达意、言能尽意,表现出一种"言尽意"论的倾向。如孔子"言以足志,文以足言"、孟子"我知言,我善养吾浩然之气"。而道家则贬抑语言表情达意的效用,否定言能达意、言能尽意,倾向于"言不尽意"论。如老子"道可道,非常道;名可名,非常名"、庄子"荃者所以在鱼,得鱼而忘荃;蹄者所以在兔,得兔而忘蹄;言者所以在意,得意而忘言"的"得意忘言"说。至两汉时期,因汉人注重师法,经师著书立说不敢越雷池一步,言意之辨没有成为经学家关注的重点。至两宋时,作为理学集大成者的朱熹关于"言意"的论说内容丰富,视角多元,涉及名与实、言与物、言与象、言与道、言与思、物与指等命题。

---

① 陈保亚:《论语言研究的泛时观念》,《思想战线》1991 年第 1 期。

第一章 "中和"之义与朱熹"中和"说

中和思想在我国古代哲学中占有重要地位,是中庸思想的核心。完整的中庸思想包括"中""和"两个方面,即执中以致和。《中庸》曰:"致中和,天地位焉,万物育焉。"① 建立于以"中和"为基本观点的世界观基础上的"致中和"是儒家思维方式的根本宗旨,成为延绵至今的中国人的行为准则和思维方式。

"中和"两字,内涵精深,儒释道诸家对"中和"均有思想阐发和理论贡献,其形成的社会文化背景也各有千秋。从"中""和"的内涵演变入手,研究其产生的历史背景,以及儒释道诸家对其发展的理论贡献,尤其是朱熹在吸取二程及其门人思想基础上的创造性阐发,以求勾勒"中和"发展为中庸并从而形成为常道的基本过程。

语言参与思维,是思维的重要工具,思维反作用于语言。朱熹从心性理学阐发中和思想,形成由"中和旧说"至"中和新说"的发展。在语言理论上,朱熹亦提出"凡言语,便有两端""大抵言语两端处,皆有阴阳"的中和语言论说;在著书立说、传道受业等语言实践中,朱熹也秉持"不偏不倚、无过不及"的原则,形成"中和"语言实践观。

第一节 "中和" 的内涵

"中和"是我国古代重要哲学思想,由"中"与"和"两个词构成,这两个词各有多种含义。

---

① 王文锦译解:《礼记译解》,北京:中华书局2016年版,第692页。

第一章 "中和"之义与朱熹"中和"说

一、何谓"中"

"中"字的甲骨文，字形像一旗杆上飘动一旗帜，其本义是原始社会氏族的一种旌旗。《说文解字》释："中，内也。从口丨，下上通也。"段玉裁注为："内者入也，入者内也。然则中者别于外之辞也，别于偏之辞也；云下上通者，谓中直或引而上，或引而下，皆入其内也。"由此可知，"中"有上下贯通和有别于偏与外之义。《汉语大辞典》释"中"有"中$_{1zhōng}$"和"中$_{2zhòng}$"，其中"中$_1$"的义项有"内""中间""内心""中间、当中""中等""居于其中""正""合适、恰当""正确的标准""中庸之道""中和之气"等 36 个义项，"中$_2$"有"箭射着目标""击中""符合""达到""相当""值得"等 15 个义项。从以上义项可以看出，"中"因字形像居中的旗帜而引申为"中心、中间"，并由此引申出"中正"的意义，由具体的方位之"中"而引申为抽象的行为、德性之"中"。唐兰先生认为"中"为氏族社会的旗帜，是用于集众的一种图腾。"盖古者有大事，聚众于旷地，先建中焉，群众望见中而趋附，群众来自四方，则建中之地为中央矣。列众为陈，建中之首长或贵族恒居中央，而群众左之右之，望见中之所在，即知为中央矣（若为三军，则中军也）。然则中央徽帜，而其所立之地，恒为中央，遂引申为中央之义，因更引申为一切之中。"[①]

关于"中"的字形及其字义，前贤的研究已经注意到它像旗杆，上下有旌旗和飘带，意蕴"中立""中央""中间""中和"的引申义。但这一解释，没有说明其间正方形、长方形或椭圆形、圆形是何意义。"值得注意的是作为标识的旗杆，纵贯居所、祭坛、仓库、广场乃至城郭、族群成员生产与生活活动所在的土地，上通于天，下立于地，从它的空间位置来说，它处在一块四方或圆形的地面的等距离的中轴上，这是一种兼顾四面八方而又有所坚守的空间观，通过阳光之下标杆的阴影，可以测定东西南北方向；从它的时间位置来说，通过阳光之下标杆的阴影，可以同时测定

[①] 胡念耕：《唐兰释"中"补苴》，《安徽师范大学学报》1991 年第 2 期。

每天不同的时辰的变化以及每年季节的变迁,而上下二至四条旌旗和飘带,则不仅可被用于观察风向,或测验风之有无,而且更显示在狂风考验中它不可动摇的定力。这是一种兼顾过去、未来而又以当下为重的时间观。"① 也就是说,"中"具有空间位置的"中央"义和时间位置的"中间"义,在时空上兼具四面八方和古往今来,使其在价值体系上代表着中枢、中轴、中坚、中规、中和、中道、中正、中庸的认知自觉和道德引领。

《尚书》对"中"思想有较为集中的表述,如要求君主"建中于民"②"率自中"③"自服于土中"④"作稽中德"⑤"列用中罚"⑥"民心罔中,惟尔之中",⑦要求"自时中乂"⑧"民协于中"⑨"咸庶中正",⑩提出"人心惟危,道心惟微,惟精惟一,允执厥中"⑪的治国之道等,这些"中"字具有中道、公正、适当、恰当、中正、正道、中庸之义,是儒家倡导的不偏不倚、无过不及的大中之道、中正之道。这种尚中观念作为一种哲学思想,在《易经》里表述得更为明确。易有八卦,两两相重而得六十四卦,卦各六爻。第二、第五两爻,是原八卦的中爻,"若夫杂物撰德,辨是与非,则非其中爻不备。噫!而要存亡吉凶,则居可知矣。"⑫ 意为若理解了第二、第五之中爻的吉凶之理,求知人事吉凶存亡,安坐在家中就可以知晓。

《论语》阐发"中"之"中庸""中行""执中"思想,"中庸之为德也,其至矣乎!"⑬孔子将"中庸"作为最高道德标准,强调要与言行合乎

---

① 姜义华:《中华文明的三道生命线》,《文史哲》2022年第3期。
② 王世舜、王翠叶译注:《尚书》,北京:中华书局2012年版,第383页。
③ 王世舜、王翠叶译注:《尚书》,北京:中华书局2012年版,第462页。
④⑧ 王世舜、王翠叶译注:《尚书》,北京:中华书局2012年版,第222页。
⑤ 王世舜、王翠叶译注:《尚书》,北京:中华书局2012年版,第200页。
⑥ 王世舜、王翠叶译注:《尚书》,北京:中华书局2012年版,第301页。
⑦ 王世舜、王翠叶译注:《尚书》,北京:中华书局2012年版,第487页。
⑨ 王世舜、王翠叶译注:《尚书》,北京:中华书局2012年版,第358页。
⑩ 王世舜、王翠叶译注:《尚书》,北京:中华书局2012年版,第330页。
⑪ 王世舜、王翠叶译注:《尚书》,北京:中华书局2012年版,第361页。
⑫ 杨天才、张善文译注:《周易》,北京:中华书局2011年版,第635页。
⑬ 杨伯峻:《论语译注》,北京:中华书局2015年版,第94页。

中庸的人交往,"不得中行而与之,必也狂狷乎。"① "中行"即"中道"。孔子盛赞尧舜的"执中"之道,"天之历数在尔躬,允执其中。"② 要求在思想和行动上都能做到无过无不及,符合中道,"中"即不偏不倚之中道。孟子赞扬商汤"执中,立贤无方",③ 贤明的统治者应该不拘一格选贤举能。中道即"中行",指能行中正之道。《礼记·中庸》曰:"诚者,不勉而中,不思而得,从容中道,圣人也。"④ 在儒家思想中,"圣人"是道德和智慧的最高典范,而只有那些具备真诚无妄之心、行事自然中正、从容不迫的人,才能被称为"圣人"。

《礼记·中庸》曰:"喜怒哀乐之未发谓之中,发而皆中节谓之和。中也者,天下之大本也;和也者,天下之达道也。致中和,天地位焉,万物育焉。"⑤ 认为人的喜、怒、哀、乐的情感在还没有被激发时,既不喜也不怒,无哀亦无乐,其心境是无所偏倚的,故谓之中。西汉董仲舒认为"中"不是《中庸》指的情"未发"之时,而是指已发之"情"应保持无过无不及的状态。"喜怒止于中,忧惧反之正,此中和常在乎其身,此谓之得天地泰。"⑥ 即喜悦、愤怒、忧愁、恐惧符合不偏不倚之中道。

"中"亦表示"符合"之义。儒家传统注重"中节",讲究将人的思想感情容纳在封建伦理道德的规矩之中,做到无过不及。如北宋邵雍曰:"以物喜物,以物悲物,此发而中节者也。"⑦ 南宋胡宏亦曰:"圣人发而中节,而众人不中节也。中节者为是,不中节者为非。"⑧

佛教也将"中"作为其最高的真理,意指不执着于"两边"的不偏不倚的道理、观点和方法,近义于真如、法性、实相、佛性等。

老子也重视"中"道,"天地不仁,以万物为刍狗;圣人不仁,以百姓为刍狗。天地之间,其犹橐籥乎?虚而不屈,动而愈出。多言数穷,不

---

① 杨伯峻:《论语译注》,北京:中华书局2015年版,第202页。
② 杨伯峻:《论语译注》,北京:中华书局2015年版,第300页。
③ 杨伯峻:《论语译注》,北京:中华书局2016年版,第209页。
④ 王文锦译解:《礼记译解》,北京:中华书局2016年版,第706页。
⑤ 王文锦译解:《礼记译解》,北京:中华书局2016年版,第692页。
⑥ 张世亮、钟肇鹏、周桂钿译注:《春秋繁露》,北京:中华书局2012年版,第621页。
⑦ [宋]邵雍著,郭彧整理:《邵雍集·观物外篇》,北京:中华书局2010年版,第152页。
⑧ [宋]胡宏著,吴仁华点校:《胡宏集》,北京:中华书局1987年版,第334页。

如守中。"① 老子以"刍狗"和"橐籥"为比喻说明要按照自然规律使天地万物自然生长、生生不息。"多言"与"无言"相对,指为政不在言多,多言反而会导致黔驴技穷,不如按照自然法则少说多做,这就叫"守中","中"就是自然法则。在言语"守中"这一点上,老子与孔子似乎有诸多相似之处,都将言论提升至关乎国计民生的高度,都主张为政谨言慎语。如孔子主张"敏于事而慎于言""一言而兴邦""一言而丧邦"。

道教借"中道"表示修"重玄"之道过程中的一个阶次。"道非偏物,用必在中,天道恶盈,满必招损,故曰不亏。盈必有亏,无必有有,中和之道,不赢不亏,非有非无。有无既非,盈亏亦非,借彼中道之药,以破两边之病。病去药遣,偏去中忘,都无所有,此亦不盈之义。"② 这样的中道又称作"玄",他用中道观来看待世间万事万物,认为"不谄不骄,在于中平,君子之行也。不静不躁,处于中和,人道之基也。"③ "中道"即"中和",是"人道"的基础。

二、何谓"和"

"和"本原于作物的生生。《说文解字》释义为:从口而禾声。"从口,表示人口的饮食或发自口腔的声音;禾声,则反映它起源于农业来自作物之禾。"④ 由于禾苗发育谷物成长的自然条件要求风调雨顺,由此引申音乐五音调和之一。在甲骨文和金铭文中就已经出现了"和"字,《说文解字》释"和"为"相䧹也",即"声音相应和谐"。如《周易》"鸣鹤在阴,其子和之",⑤ "和"即"同声相和"之义。"和"的本义是指声音相应,引申出"和顺、和谐、和睦、和平、和气、祥和、中和"等意义。

与语言声音之和更为接近的"和"思想是《礼记·乐记》,认为音乐以其和声,使人与人和谐、和顺和亲和。"是故乐在宗庙之中,君臣上下

---

① 汤漳平、王朝华译注:《老子》,北京:中华书局2014年版,第20页。
② 蒙文通著,蒙默编:《蒙文通全集·道德真经注》,成都:巴蜀书社2015年版,第244页。
③ 蒙文通著,蒙默编:《蒙文通全集·道德真经注》,成都:巴蜀书社2015年版,第262页。
④ 罗祖基:《论中和的形成及其发展为中庸的过程》,《南京大学学报》1995年第3期。
⑤ 杨天才、张善文译注:《周易》,北京:中华书局2011年版,第577页。

同听之则莫不和敬;在族长乡里之中,长幼同听之则莫不和顺;在闺门之内,父子兄弟同听之则莫不和亲。故乐者,审一以定和,比物以饰节,节奏合以成文,所以合和父子君臣,附亲万民也。"① 音乐之"和"使社会和顺,而语音之"和",则能使语言优美动听。《国语》也主张各种声音大小适度,相互呼应。"乐从和,和从平。声以和乐,律以平声。"② "物得其常曰乐极,极之所集曰声,声应相保曰和,细大不逾曰平。"③ 而"乐"之"和"源于"天地之和",即"大乐与天地同和",④ "乐者,天地之和也。"⑤

《尚书》中使用不少"和"的表述,如"协恭和衷"⑥ "庶政惟和,万国咸宁"⑦ "不和政厖"⑧ "其难其慎,惟和惟一"⑨ "协和万邦"⑩ "神人以和"⑪ "燮和天下"⑫ "咸和万民"⑬ "自作不和,尔惟和哉"⑭ "从容以和"⑮,这些"和"字具有和谐、协调、协同、同心之义。

"和"还被看成是人和社会的重要德性之一。"六德:知、仁、圣、义、忠、和。"⑯ "以六乐防万民之情而教之和。"⑰ 《周礼》将"和"作为"六德"之一,作为德行教化的根本内容之一。社会是一个整体,这个整体由不同等级和处于不同关系中的人们组成,维持人与人之间和等级间的关系,从而达到整个社会的协调和谐,这是"和"作为德行教化的内在原因。

作为哲学概念,"和"指不同事物的统一和谐。西周末年史伯提出

---

① 王文锦译解:《礼记译解》,北京:中华书局2016年版,第502页。
②③ 陈桐生译注:《国语》,北京:中华书局2013年版,第137页。
④ 王文锦译解:《礼记译解》,北京:中华书局2016年版,第477页。
⑤ 王文锦译解:《礼记译解》,北京:中华书局2016年版,第478页。
⑥ 王世舜、王翠叶译注:《尚书》,北京:中华书局2012年版,第38页。
⑦ 王世舜、王翠叶译注:《尚书》,北京:中华书局2012年版,第466页。
⑧ 王世舜、王翠叶译注:《尚书》,北京:中华书局2012年版,第471页。
⑨ 王世舜、王翠叶译注:《尚书》,北京:中华书局2012年版,第411页。
⑩ 王世舜、王翠叶译注:《尚书》,北京:中华书局2012年版,第6页。
⑪ 王世舜、王翠叶译注:《尚书》,北京:中华书局2012年版,第28页。
⑫ 王世舜、王翠叶译注:《尚书》,北京:中华书局2012年版,第311页。
⑬ 王世舜、王翠叶译注:《尚书》,北京:中华书局2012年版,第257页。
⑭ 王世舜、王翠叶译注:《尚书》,北京:中华书局2012年版,第285页。
⑮ 王世舜、王翠叶译注:《尚书》,北京:中华书局2012年版,第477页。
⑯ 杨天宇撰:《周礼译注》,上海:上海古籍出版社2004年版,第156页。
⑰ 杨天宇撰:《周礼译注》,上海:上海古籍出版社2004年版,第157页。

"和生万物"之说。"夫和实生物,同则不继。以他平他谓之和,故能丰长而物归之;若以同裨同,尽乃弃矣。故先王以土与金、木、水、火杂,以成百物。是以和五味以调口,刚四支以卫体,和六律以聪耳,正七体以役心,平八索以成人,建九纪以立纯德,合十数以训百体。出千品,具万方,计亿事,材兆物,收经入,行姟极。故王者居九畡之田,收经入以食兆民,周训而能用之,和乐如一。夫如是,和之至也。"① 和谐是生成万物的基础,而单一、无差别的"同"则无法持续和发展。

春秋时期,出现了"和同之辨"的讨论,进一步阐发了"和"的多样性、对立统一的内涵,使"和"蕴含的"矛盾双方相互调和"的内涵进一步凸显,具有矛盾转化与调和的辩证法意义。"政宽则民慢,慢则纠之以猛。猛则民残,残则施之以宽。宽以济猛,猛以济宽,政是以和。"② 在治理国家时,要根据实际情况灵活运用宽松和严厉两种手段,以达到和谐稳定的目的。既不能一味地宽松纵容,也不能一味地严厉打压,要宽猛相济,适时调整政策,才能保持国家的长治久安。"和"要"宽猛相济",也要"小大由之"。孔子曰:"礼之用,和为贵。先王之道,斯为美,小大由之。有所不行,知和而和,不以礼节之,亦不可行也。"③ "君子和而不同,小人同而不和。"④ 孔子将"和"作为治国处事、礼仪制度、待物处事的标准,包含"适度""无过不及"之义,孔子将其进一步发展成"中庸"之道。

在社会规范和道德准则上,"嘉会足以合礼,利物足以和义",⑤ 应"合礼""和义",即符合道义和正义,才能促进社会的和谐与稳定。《周易》还认为乾坤是万物的资始资生。"乾道变化,各正性命。保合太和,乃利贞。"⑥ "太和"有和合与中和之意,意为天道万物在这种变化发展保持和谐统一,如此才能够和谐共生、协调发展。"乾,阳物也;坤,阴物也。阴阳合德而刚柔有体。以体天地之撰,以通神明之德。"⑦ 将"和"释

---

① 陈桐生译注:《国语》,北京:中华书局2013年版,第573页。
② [晋] 杜预注,[战国] 左丘明著:《左传》,上海:上海古籍出版社2016年版,第849页。
③ 杨伯峻:《论语译注》,北京:中华书局2015年版,第10页。
④ 杨伯峻:《论语译注》,北京:中华书局2015年版,第203页。
⑤ 杨天才、张善文译注:《周易》,北京:中华书局2011年版,第10页。
⑥ 杨天才、张善文译注:《周易》,北京:中华书局2011年版,第6页。
⑦ 杨天才、张善文译注:《周易》,北京:中华书局2011年版,第626页。

义为"乾坤"二体的和合。

儒、道虽异，然儒、道都主张天地阴阳和合而化生万物。老子说："道生一，一生二，二生三，三生万物。万物负阴而抱阳，冲气以为和。"①认为阴阳相和，万物生成。庄子曰："四时迭起，万物循生，一盛一衰，文武伦经；一清一浊，阴阳调和，流光其声。"② 同时，庄子还细分"和"之类型，他说："夫明白于天地之德者，此之谓大本大宗，与天和者也；所以均调天下，与人和者也。与人和者，谓之人乐；与天和者，谓之天乐。"③ "和"即有"天和"和"人和"之义。

"和"就是物得起所后的各得起利，也就是相对立两要素的和合。"天地之气，莫大于和。和者，阴阳调，日夜分而生物。春分而生，秋分而成。生之与成，必得和之精。故圣人之道，宽而栗，严而温，柔而直，猛而仁。太刚则折，太柔则卷，圣人正在刚柔之间，乃得道之本。积阴则沉，积阳则飞，阴阳相接，乃能成和。"④ "和"就是阴阳相反互接和阴阳两极的调和统一。汉高诱注："和，故能生万物。"⑤ "凡物必有合。合必有上，必有下，必有左，必有右，必有前，必有后，必有表，必有里。有美必有恶，有顺必有逆，有喜必有怒，有寒必有暑，有昼必有夜，此皆其合也。"⑥ "和"就是对上下、左右、前后、表里、阴阳两极的调和。

要之，"和"具有和谐、融合、和平、合正之义，这种"和"是一种政治生活理念，也是待人处世的辩证方法，蕴含着阴阳和合和阴阳互济而表现出的不偏不倚、平和中正的理想状态。包含对立、矛盾的阴阳双方，也讲究阴阳的和合和均适，所以它"不是无原则的和稀泥，而是一种有原则的适可而止、恰到好处；应用到人与人、人与社会关系方面，则不是掩盖矛盾的维持和气，而是消弥对立的和解、以诚相待的求同存异、取长补短的交融。"⑦ 恰当好处、和而不同是"和"的本质特征。

---

① 汤漳平、王朝华译注：《老子》，北京：中华书局2014年版，第165页。
② 方勇译注：《庄子》，北京：中华书局2010年版，第228页。
③ 方勇译注：《庄子》，北京：中华书局2010年版，第207页。
④⑤ ［西汉］刘安编，刘文典撰，冯逸、乔华点校：《淮南鸿烈集解·氾论训》，北京：中华书局2013年版，第432页。
⑥ 张世亮、钟肇鹏、周桂钿译注：《春秋繁露》，北京：中华书局2012年版，第464页。
⑦ 董恩林：《论中和之道的内涵与践行准则》，《孔子研究》2021年第2期。

三、何谓"中和"

"中和"作为相互联系的概念,始见《左传》:"先王之乐,所以节百事也,故有五节,迟速本末以相及,中声以降,五降之后,不容弹矣。于是有烦手淫声,慆堙心耳,乃忘平和,君子弗听也。"① 这里所论及的是音乐具有的调和、节制功能。音乐有开始、发展、高潮、回落和结束五个节奏,中声经过五次降低就不能再弹奏了。如果音乐过于繁杂、淫靡,就会扰乱人的心绪和听觉,使人忘记平和与宁静。"中音"是音乐调和的重要阶段。孔子从"中"发展为"中庸","庸"即以平常的定理来用"中",使"中"达到和美的状态。孔子发展"中庸"作为最高道德准则,便是以"中和"为常道,只有"允执厥中"② 才能进入中和之美的境界。《易传》所说"中"也有中道、中庸之意,"大哉乾乎!刚健中正,纯粹精也。"③ 赞扬"乾"的刚健中正,至精至诚。又曰:"《履》和而至"④ "《履》以和行",⑤ 保持平和之行才能达到和谐平安,即中和之美境界。"乾道变化,各正性命。保合太和,乃利贞。"⑥ 天道不断变化,万物在这种变化中各自得到其正确的本质和规律。保持最高的和谐统一状态,是真正有利于坚持正道或保持正固的。《吕氏春秋》将"中和"视为天地万物生生的基本原则,"天地合和,生之大经也。"⑦

"中和"与音乐的功能是联系在一起的。荀子论音乐之功能时曰:"故乐者,天下之大齐也,中和之纪也,人情之所必不免也,是先王立乐之术也。"⑧ 将音乐作为"中和"之纲领。他又说:"乐中平则民和而不流。"⑨ 《乐记》认识到音乐的本质在于人内心情感的发动,"凡音者,生人心者

---

① [晋]杜预注,[战国]左丘明著:《左传》,上海:上海古籍出版社2016年版,第849页。
② 杨伯峻:《论语译注》,北京:中华书局2015年版,第300页。
③ 杨天才、张善文译注:《周易》,北京:中华书局2011年版,第20页。
④⑤ 杨天才、张善文译注:《周易》,北京:中华书局2011年版,第628页。
⑥ 杨天才、张善文译注:《周易》,北京:中华书局2011年版,第6页。
⑦ [汉]高诱注,[清]毕沅校,徐小蛮校点:《吕氏春秋》,上海:上海古籍出版社2014年版,第244页。
⑧⑨ 方勇、李波译注:《荀子》,北京:中华书局2011年版,第327页。

第一章 "中和"之义与朱熹"中和"说

也,情动于中,故形于声。"① 又曰:"乐者,天地之命,中和之纪,人情之所不能免也。"② 人们可以感受到天地的和谐与秩序,可以体验到情感的平衡与和谐。《乐记》所言的是音乐的"中和",其内涵和外延还不够明确。

《礼记·中庸》从"未发""已发"对"中和"内涵作了阐发,曰:"喜怒哀乐之未发谓之中,发而皆中节谓之和。中也者,天下之大本也;和也者,天下之达道也。致中和,天地位焉,万物育焉。"③ 孔颖达对此句作了阐释,曰:"'喜怒哀乐之未发谓之中'者,言喜怒哀乐,缘事而生,未发之时,澹然虚静,心无所虑,而当于理,故'谓之中'。'发而皆中节谓之和'者,不能寂静,而有喜怒哀乐之情,虽复动发,皆中节限,犹如盐梅相得,性行和谐,故云'谓之和'。"④ "中"应合乎理,"和"即性行和谐。程颢、程颐解"中庸",曰:"不偏之谓中,不易之谓庸。中者天下之正道,庸者天下之定理",⑤ 认为"中庸"之"中",即"天下之正道"。程颐又说:"中者,只是不偏,偏则不是中。"⑥ 二程还说:"一物不该,非中也;一事不为,非中也;一息不存,非中也。何哉?为其偏而已矣。故曰:'道也者,不可须臾离也,可离非道也。'"⑦ 由此可知,二程讲"不偏之谓中",是就"道"而言的。

董仲舒解释"和"为天地生物的本原与社会伦理的最高规范。"成于和,生必和也;始于中,止必中也。中者,天下之所终始也;而和者,天地之所生成也。夫德莫大于和,而道莫正于中。中者,天地之美达理也,圣人之所保守也,《诗》云:'不刚不柔,布政优优'。此非中和之谓与?是故能以中和理天下者,其德大盛;能以中和养其身者,其寿极命。"⑧ 董仲舒从政治、道德、性情、养身等方面,论证"中和"是治理天下、修养

---

① 王文锦译解:《礼记译解》,北京:中华书局2016年版,第472页。
② 王文锦译解:《礼记译解》,北京:中华书局2016年版,第502页。
③ 王文锦译解:《礼记译解》,北京:中华书局2016年版,第692页。
④ [清]阮元校刻:《十三经注疏》,《礼记正义》卷五十二,北京:中华书局1980年版,第1625页。
⑤ 程颢、程颐:《二程遗书》,上海:上海古籍出版社2000年版,第148页。
⑥ 程颢、程颐:《二程遗书》,上海:上海古籍出版社2000年版,第207页。
⑦ 程颢、程颐:《二程遗书》,上海:上海古籍出版社2000年版,第126页。
⑧ 张世亮、钟肇鹏、周桂钿译注:《春秋繁露》,北京:中华书局2012年版,第605页。

个人的重要原则，也是天地万物生成和运行的根本规律。"和者，天之正也，阴阳之平也，其气最良，物之所生也……中者，天地之太极也。日月之所至而却也。长短之隆，不得过中。"① 认为"和"是阴阳的平衡，是指天地的正道，"中"是天地的最高境界。

阮逸在《文中子中说序》说："大哉，中之为义！在《易》为二五，在《春秋》为权衡，在《书》为皇极，在《礼》为中庸。谓乎无形，非中也；谓乎有象，非中也。上不荡于虚无，下不局于器用，惟变所适，惟义所在此中之大略也。中说者，如此而已。"② "中"广大精微，在不同的经典赋予不同的含义，即"中"非无形非有象；非虚无，非器用；上不荡，下不局；不偏不倚，无过不及；惟变惟义，所适所变，这便是"中"的规定性。王通认为，"天下之危与天下安之，天下之失与天下正之。千变万化，吾常守中矣。"③ 守中以应万变，如治国安邦，如中国帝制的延续，是中和之力。"皇始之帝，征天以授之也。晋、宋之王，近于正体。于是乎未忘中国，穆公之志也。晋、齐、梁、陈之德，斥之于四夷也，以明中国之有代，太和之力也。"④ 以正统儒家社会伦理阐释"中和"之义。

"中和"是儒家核心精神，是中华优秀传统文化的主体思想之一。"允执厥中"和"和实生物"是其基本内容，蕴含着两层含义：一是天地万事万物都是一种相互依存的关系，必须相互沟通、相互交融，互助互利，和衷共济；二是这种交融与依存不是无条件的，而是受环境制约的，必须根据时间、环境、对象的不同而把握好"中"之度，做到无过不及、不偏不倚，适时而变、适可而止，恰当好处，讲究"中"的原则，反对无原则的折中求和。因为中和不是和稀泥，不是"中心主义"和"中间地带"，而是一种平衡的智慧，是一种融合着"合乎适宜"和"随时变通"的辩证思维。

---

① 张世亮、钟肇鹏、周桂钿译注：《春秋繁露》，北京：中华书局 2012 年版，第 605 页。
② [隋] 王通著，[宋] 阮逸注、秦跃宇点校：《文中子中说》《序》，南京：凤凰出版社 2017 年版，第 3 页。
③ [隋] 王通著，[宋] 阮逸注、秦跃宇点校：《文中子中说》，南京：凤凰出版社 2017 年版，第 40 页。
④ [隋] 王通著，[宋] 阮逸注、秦跃宇点校：《文中子中说》，南京：凤凰出版社 2017 年版，第 52 页。

第二节　朱熹"中和"说

朱熹思想博大精深。他早年出入佛教，后又弃佛归儒，形成以儒学为本位，批评吸收佛道思想及其思辨精神而使儒佛道融为一体的理学思想；他的思想直接来源于二程，又吸收周敦颐、张载思想，后又与湖湘学派、婺学、陆学相互批评借鉴中推陈出新。儒释道、关洛陆等思想在朱熹理学这个大熔炉中天然一体，在学术思想上达到了"中和"的理想状态。

一、关于"中""和"的言说

心性学是朱熹理学体系的基石，而朱熹构建这个基石是从探讨"中和"问题开始的。

《礼记·中庸》曰："喜怒哀乐之未发谓之中，发而皆中节谓之和。中也者，天下之大本也；和也者，天下之达道也。致中和，天地位焉，万物育焉。"①"中和"即中和之气，这种元气能使天地万物不偏不倚，各得其所，从而达到和谐的境界。朱熹对此句的阐释是"喜怒哀乐之未发，谓之中；发而皆中节，谓之和。中也者，天下之大本也；和也者，天下之达道也。其未发，则性也，无所偏倚，故谓之中。发皆中节，情之正也，无所乖戾，故谓之和。"②

朱熹在《与湖南诸公论中和第一书》中也说："以其无过不及，不偏不倚，故谓之中。见以其无不中节，无所乖戾，故谓之和。"③"中"就是"无所偏倚"，"和"就是"无所乖戾"。

答徐彦章问"中和"，云："喜怒哀乐未发，如处室中，东西南北未有定向，所谓中也。及其既发，如已出门，东者不复能西，南者不复能北。

---

① 王文锦译解：《礼记译解》，北京：中华书局2016年版，第692页。
② 朱熹：《四书章句集注》，北京：中华书局2011年版，第20页。
③ 朱熹撰，朱杰人、严佐之、刘永翔主编：《朱子全书》第23册，《与湖南诸公论中和第一书》，上海：上海古籍出版社，合肥：安徽教育出版社2010年版，第3130—3131页。

然各因其事，无所乖逆，所谓和也。"①

朱熹以居室东西南北中来比喻未发之"中"和已发之"和"。朱熹的"中和说"在阐释"心统性情"基础上进一步发挥"心分体用"和"未发为心体、已发为心用"的思想，表现在方法论上是注重以"致中和"实现"立大本、行大道"。

学生关于"中"之义，曾向朱熹求教：

至之问："'中'含二义，有未发之中，有随时之中。"②

问："中有二义：不偏不倚，在中之义也；无过不及，随时取中也。无所偏倚，则无所用力矣。"③

在学生看来，"中"有"未发之中""在中"和"时中"之别。朱熹对学生的问题予以阐释。他认为"中"有"不偏不倚"和"无过不及"之义。

思虑未萌、事物未至之时，为喜怒哀乐之未发。当此之时，即是此心寂然不动之体，而天命之性，当体具焉。以其无过不及，不偏不倚，故谓之"中"。及其感而遂通天下之故，则喜怒哀乐之性发焉，而心之用可见。以其无不中节，无所乖戾，故谓之"和"。④

朱熹认为"中和"之"中"是无过不及，不偏不倚。朱熹《答张敬夫》又进一步分析"中"之义。

程子所云"只一个中字，但用不同"，此语更可玩味。夫所谓"只一个中字"者，中字之义未尝不同，亦曰不偏不倚、无过不及而已矣；然"用不同"者，则有所谓"在中之义"者，有所谓"中之道"者是也。盖所谓"在中之义"者，言喜怒哀乐之未发，浑然在中，亭亭当当，未有个偏倚过不及处。其谓之中者，盖所以状性之体段也。有所谓"中之道"者，乃即事即物自有个恰好底道理，不偏不倚，无过不及。其谓之中者，

---

① 黎靖德编，王星贤点校：《朱子语类》卷六十二，北京：中华书局2020年版，第1833页。
② 黎靖德编，王星贤点校：《朱子语类》卷六十二，北京：中华书局2020年版，第1800页。
③ 黎靖德编，王星贤点校：《朱子语类》卷六十二，北京：中华书局2020年版，第1846页。
④ 朱熹撰，朱杰人、严佐之、刘永翔主编：《朱子全书》第23册，《与湖南诸公论中和第一书》，上海：上海古籍出版社，合肥：安徽教育出版社2010年版，第3130-3131页。

则所以形道之实也。只此亦便可见来教所谓状性、形道之不同者。但又见得中字只是一般道理，以此状性之体段，则为未发之中；以此形道，则为无过不及之中耳。且所谓"在中之义"，犹曰在里面底道理云尔，非以"在中"之"中"字解"未发"之"中"字也。①

朱熹在此进一步阐发程颐所言的"用不同"的具体含义。所谓的"用不同"即具有"在中之义"和"中之道"。"在中之义"即喜怒哀乐之未发，浑然在中；"中之道"即事即物自有个恰好的道理，不偏不倚，无过不及。在朱熹看来，无论是"在中之义"抑或是"中之道"，其中的"中"都是指"不偏不倚，无过不及"。

二程讲"不偏之谓中"，其门人吕大临对"中"作了不同的界定。他说："圣人之学，以中为大本。虽尧、舜相授以天下，亦云'允执其中'。中者，无过不及之谓也。"② 明确以"无过不及"阐发"中庸"之"中"。朱熹吸取二程和吕大临的观点，对"中"作了新的发展。

或问：名篇之义，程子专以不偏为言，吕氏专以无过不及为说，二者固不同矣，子乃合而言之，何也？曰：中，一名而有二义，程子固言之矣。今以其说推之，不偏不倚云者，程子所谓在中之义，未发之前无所偏倚之名也；无过不及者，程子所谓中之道也，见诸行事各得其中之名也。盖不偏不倚，犹立而不近四旁，心之体、地之中也。无过不及，犹行而不先不后，理之当、事之中也。故于未发之大本，则取不偏不倚之名；于已发而时中，则取无过不及之义，语固各有当也。然方其未发，虽未有无过不及之可名，而所以为无过不及之本体，实在于是；及其发而得中也，虽其所主不能不偏于一事，然其所以无过不及者，是乃无偏倚者之所为，而于一事之中，亦未尝有所偏倚也。故程子又曰："言和，则中在其中；言中，则含喜怒哀乐在其中。"而吕氏亦云："当其未发，此心至虚，无所偏倚，故谓之中；以此心而应万物之变，无往而非中矣。"是则二义虽殊，

---

① 朱熹撰，朱杰人、严佐之、刘永翔主编：《朱子全书》第21册，《答张敬夫》，上海：上海古籍出版社，合肥：安徽教育出版社2010年版，第1338—1339页。
② [宋]程颢、程颐：《二程集》，北京：中华书局1981年版，第608页。

而实相为体用。此愚于名篇之义，所以不得取此而遗彼也。"①

朱熹认为"中庸"之"中"，是"一名而有二义"，包含"在中之义"即未发之前无所偏倚之名，和"中之道"即见诸行事各得其中之名。也就是蕴含"不偏不倚"和"无过不及"，即未发时是"不偏不倚"之义，已发而时中，是"无过不及"之义。朱熹还明确提出，"'中庸'之'中'，实兼'中和'之义"。

"'中庸'之'中'，是兼已发而中节、无过不及者得名。故周子曰：'惟中者，和也，中节也，天下之达道也。'若不识得此理，则周子之言更解不得。所以伊川谓'中者，天下之正道'。《中庸章句》以'中庸'之'中'，实兼'中和'之义，《论语集注》以'中者，不偏不倚，无过不及之名'，皆此意也。"②

在朱熹看来，"中庸"之"中"包含"中"与"和"二义。朱熹还阐发了"不偏不倚"和"无过不及"之间的体用关系。"盖无过不及，乃无偏倚者之所为；而无偏倚者，是所以能无过不及也。"③ 未发的"不偏不倚"是已发"无过不及"之本体，已发之所以能够"无过不及"是由于未发的"不偏不倚"，也就是已发之"无过不及"内涵着未发之"不偏不倚"。"二义虽殊，而实相为体用"，未发"不偏不倚"是体，已发"无过不及"是用。

朱熹不仅讲"未发"之"中"与"已发"之"和"是体用关系，而且还明确把"未发"之"中"与"时中"之"中"对应起来，确定为体用关系。

问："《中庸》名篇之义，中者，不偏不倚、无过不及之名。兼此二义，包括方尽。就道理上看，固是有未发之中；就《经》文上看，亦先言'喜怒哀乐未发之谓中'，又言'君子之中庸也，君子而时中'。"先生曰：

---

① 朱熹撰，朱杰人、严佐之、刘永翔主编：《朱子全书》第6册，《四书或问》，上海：上海古籍出版社，合肥：安徽教育出版社2010年版，第548页。
② 黎靖德编，王星贤点校：《朱子语类》卷六十二，北京：中华书局2020年版，第1801页。
③ 黎靖德编，王星贤点校：《朱子语类》卷六十二，北京：中华书局2020年版，第1836-1837页。

"他所以名篇者,本是取'时中'之'中'。然所以能时中者,盖有那未发之中在。所以先开说未发之中,然后又说'君子之时中'。"①

"'《中庸》'之'中',本是无过无不及之中,大旨在时中上。若推其中,则自喜怒哀乐未发之中,而为'时中'之'中'。未发之中是体,'时中'之'中'是用,'中'字兼中和言之。"②

"中庸"之"中"兼具体用,同时也等义于"中和",即是"不偏不倚,无过不及之名"之义。《中庸》之所以以"中"名篇,主要是取"时中"之"中"的含义,即君子能够因时制宜、恰到好处地行事。然而,之所以能够"时中",是因为有那"未发之中"作为基础和支撑。"未发之中"是体,"时中"之"中"是用。朱熹还阐发了"时中"之"执中"的含义。

问:"'执两端而量度以取中',当厚则厚,当薄则薄,为中否?"曰:"旧见钦夫亦要恁地说。某谓此句只是将两端来量度取一个恰好处。如此人合与之百钱,若与之二百钱则过,与之五十则少,只是百钱便恰好。若当厚则厚,自有恰好处,上面更过厚则不中。而今这里便说当厚则厚为中,却是躐等之语。"③

且如喜怒,合喜三分,自家喜了四分;合怒三分,自家怒了四分,便非和矣。④

问"喜怒哀乐未发谓之中"。曰:"喜怒哀乐如东西南北,不倚于一方,只是在中间。"又问"和"。曰:"只是合当喜,合当怒。如这事合喜五分,自家喜七八分,便是过其节;喜三四分,便是不及其节。"⑤

在朱熹看来,"中"不是"中间"义,也不是"折中"之中,而是"恰好处"。例如,对厚薄来说,"厚"可能是"中","薄"也可能是"中","薄厚"中的任何一点也都可能是"中",其标准是符合"中节",符合准则和常道。

---

① 黎靖德编,王星贤点校:《朱子语类》卷六十二,北京:中华书局2020年版,第1800页。
② 黎靖德编,王星贤点校:《朱子语类》卷六十二,北京:中华书局2020年版,第1801页。
③ 黎靖德编,王星贤点校:《朱子语类》卷六十三,北京:中华书局2020年版,第1856页。
④ 黎靖德编,王星贤点校:《朱子语类》卷六十二,北京:中华书局2020年版,第1839页。
⑤ 黎靖德编,王星贤点校:《朱子语类》卷六十二,北京:中华书局2020年版,第1844页。

总而言之，"中"就是"无所偏倚""无过不及"，"和"就是"无所乖戾"，"凡恰好处皆是和。"① "中和"就是既要因人因事因时因地而异，又要时时处处事事把握或处理得不偏不倚、合情合理、恰当好处。

二、"中和"说

朱熹自己把对中和的探究分为"旧说"与"新说"两个阶段。中和旧说以朱熹37岁时答张栻四书为代表。

（一）"中和"旧说

是乃天命流行、生生不已之机，虽一日之间万起万灭，而其寂然之本体则未尝不寂然也。所谓未发，如是而已，夫岂别有一物，限于一时，拘于一处，而可以谓之中哉？②

盖通天下只是一个天机活物，流行发用，无间容息。据其已发者而指其未发者，则已发者人心，而凡未发者皆其性也，亦无一物而不备矣。③

朱熹认为，人自生至死，心的知觉作用一刻也不会停息，总是处于一种有意识的自觉状态。凡言心皆为已发，而性才是未发，才是寂然不动之体。所谓"天机活物"，即"天命流行之体"，是浑然无分际、无间断的心，虚灵不昧而应物无穷，其作用从未停止。"性"即"理"，是寂然不动的心之本体。

盖愈求而愈不可见，于是退而验之于，日用之间则凡感之而通，触之而觉，盖有浑然全体应物而不穷者。是乃天命流行、生生不已之机，虽一日之间万起万灭，而其寂然之本体则未尝不寂然也。④

既然心总是处于一种已发的状态，也就肯定了此心念念相续的意识流

---

① 黎靖德编，王星贤点校：《朱子语类》卷二十二，北京：中华书局2020年版，第636页。
②④ 朱熹撰，朱杰人、严佐之、刘永翔主编：《朱子全书》第21册，《与张钦夫》，上海：上海古籍出版社，合肥：安徽教育出版社2010年版，第1315页。
③ 朱熹撰，朱杰人、严佐之、刘永翔主编：《朱子全书》第22册，《答张敬夫》，上海：上海古籍出版社，合肥：安徽教育出版社2010年版，第1393页。

动过程，那么对于未发的体认也只好"验之日用之间"了。

从以上可知，朱熹中和旧说的核心观念是"心"为已发、"性"为未发，心性为内外体用的关系。既言心为已发，那心与情之关系如何，如何使心与情中律合道，朱熹对此问题的困扰与探索，促使他关注"敬"的修养方法。

尝窃思之，所以有此病者，殆居敬之功有所未至，故心不能宰物、气有以动志而致然耳。若使主一不贰，临事接物之际真心现前，卓然而不可乱，则又安有此患哉？或谓子程子曰："心术最难执持，如何而可？"子曰："敬"。又尝曰："操约者，敬而已矣。惟其敬足以直内，故其义有以方外。义集而气得所养，则夫喜怒哀乐之发，其不中节者寡矣。"①

"敬"才能使"喜怒哀乐"之心能不偏不倚。同时朱熹也注重以"察识端倪"达到"敬"。

其良心萌蘖，亦未尝不因事而发见。学者于是致察而操存之，则庶乎可以贯乎大本达道之全体而复其初矣。②

用察识端倪的功夫在已发处用工，开始关注"涵养用敬"的存心养性之法。"所谓的察识端倪也就是在人伦日用间察识良心发见处，即孟子的四端，加以扩充，以体验人的道德本心，这也是朱熹在中和旧说中所极力推崇的修养方法。"③

（二）"中和"新说

朱熹的中和旧说的确立并未真正解决他关于心性问题的困惑，他仍处于无定论和不断思考的探索过程中。他在体悟旧说中，对心性已发未发的关系仍然是心存疑虑的，尤其是如何合理驾驭情感之程度问题。

---

① 朱熹撰，朱杰人、严佐之、刘永翔主编：《朱子全书》第22册，《答何叔京》，上海：上海古籍出版社，合肥：安徽教育出版社2010年版，第1807－1808页。
② 朱熹撰，朱杰人、严佐之、刘永翔主编：《朱子全书》第21册，《答张钦夫》，上海：上海古籍出版社，合肥：安徽教育出版社2010年版，第1419页。
③ 孙利：《朱熹从"中和旧说"到"中和新说"的思想演变》，《湘潭大学社会科学学报》2002年第4期。

然人之一身，知觉运用莫非心之所为，则心者固所以主于身而无动静语默之间者也。然方其静也，事物未至，思虑未萌，而一性浑然，道义全具，其所谓中，是乃心之所以为体，而寂然不动者也。及其动也，事物交至，思虑萌焉，则七情迭用，各有攸主，其所谓和，是乃心之所以为用，感而遂通者也。然性之静也而不能不动，情之动也而必有节焉，是则心之所以寂然感通周流贯彻，而体用未始相离者也。①

这里的"中"，指"性"，也就是诸如喜、怒、哀、乐、好、恶、饥、渴等无所偏倚的天然本始状态的人性、"天命之性"或自然禀赋；"和"就是诸如喜、怒、哀、乐、好、恶、饥、渴等人性形于色、溢于言、践于行而符合人情物理的无过与不及的中正情状。朱熹认为心有"未发""已发"的不同时段："事物未至，思虑未萌"为未发，"事物交至、思虑萌焉"为已发，并且以性为未发、情为已发，而心统性情。与中和旧说比较而言，中和新说将"心"为已发、"性"为未发转变为"情"为已发、"性"为未发，心统性情，性、情对应于未发、已发，也就是"心"包含着未发之性和已发之情。

从体用逻辑关系来理解，性为体，情为用；性为静，情为动。从思虑未萌至思虑已萌，是心从寂然不动到感而遂通的过程，又是性发为情的过程。性情相为体用，心统性情而兼具体用和静动，然而性、情处于体用静、动的动态转换中，这就要求调整性、情间的动态关系，使"性"浑然一体，使"情"各有攸主，达到两者的不偏不倚，也就是《中庸》所谓的"致中和"。朱熹由中和旧说发展为中和新说，相应地，在修养方法上也一改"察识端倪"为"涵养主敬"。

未发之前不可寻觅，已发之心不容安排。但平日庄敬涵养之功至，而无人欲之私以乱之，则其未发也，镜明水止，而其发也，无不中节矣。此是日用本领工夫。②

所谓的主敬，既是指对未发之心的涵养，又是对已发之心的察识，强

---

① 朱熹撰，朱杰人、严佐之、刘永翔主编：《朱子全书》第21册，《与张钦夫》，上海：上海古籍出版社，合肥：安徽教育出版社2010年版，第1315—1316页。
② 郭齐、尹波点校：《朱熹集》卷64，成都：四川教育出版社1996年版，第3383页。

调内外功夫同时并用，静时动时不可间断，是一种贯通已发未发、动静相须的修养功夫。既讲究内外兼修，又注重动静结合，达到感而常寂，寂而常感，周流贯彻的圆融境界。也就是说，中和新说确立了心兼体用、贯性情、摄动静、涵已发未发的心性论基石。体用、性情、动静、已发未发一分为二、合二为一，相互节制、相互协调，统筹兼顾、综合平衡。

当然，朱熹所言的"中和"本身就是一个相对、动态的概念，不可将之绝对化、静止化。

"宁过于予民，不可过于取民。且如居一乡，若屑屑与民争利，便是伤廉。若饶润人些子，不害其为厚。孟子言：'可以取，可以无取，取伤廉；可以与，可以无与，与伤惠。'他主意只是在'取伤廉'上，且将那与伤惠来相对说。其实与之过厚些子，不害其为厚；若才过取，便伤廉，便不好。过与，毕竟当下是好意思。与了，再看之，方见得是伤惠，与伤廉不同。"①

"过"和"不及"也要依语境而判断，如对于"予民"和"取民"而言，"稍过于予民"不伤惠，而"稍过于取民"则伤廉。当然"过"是有数量限制的，即两个程度副词"些子""才"。

世间事做一律看不得。圣人不是要人人学宵武子，但如武子，亦自可为法。比干却是父族，微子既去之后，比干不容于不谏。谏而死，乃正也。人当武子之时，则为武子；当比干之时，则为比干，执一不得也。②

朱熹认为世间之事多种多样，对于世事的处理方式也应多元化，反对标准化、单一化，"世间事做一律看不得""执一不得"，在不同情境下应有不同的应对策略，不能一概而论或固执已见。再如：朱熹关于"子罕言利，与命，与仁"中的"罕"的阐释，特别注重其"量"的恰当好处的把握。

"子罕言利，与命，与仁。"非不言，罕言之尔。利，谁不要。才专说，便一向向利上去。命，不可专恃；若专恃命，则一向胡做去。仁，学

---

① 黎靖德编，王星贤点校：《朱子语类》卷十六，北京：中华书局2020年版，第449页。
② 黎靖德编，王星贤点校：《朱子语类》卷二十九，北京：中华书局2020年版，第900页。

者所求，非不说，但不常常把来口里说。①

上语例中，朱熹连用两个"专""一向"，一个"常常"表示程度的副词以说明"罕"的意义。"罕"表示不能不说，但又不能说得太过，过与不及都不能表达圣人对利、命、仁言说的目的。

"中和"即为"恰好"之义。朱熹在"礼之用"时强调"得中恰好"。

孔子只是答他问礼之本，然俭戚亦只是礼之本而已。及其用也，有当文时，不可一向以俭戚为是，故曰："品节斯，斯之谓礼"，盖自有个得中恰好处。②

此语例中的"一向"即"一直""一味"之义，强调时间或程度，表示数量或程度之"过"，如此就不符合"礼之用，和为贵"的"中和"意蕴了。

礼，只是理，只是看合当恁地。若不合恭后，却必要去恭，则必劳。若合当谨后，谨则不葸；若合当勇后，勇则不乱。若不当直后，却须要直，如证羊之类，便是绞。③

朱熹明确认为"礼"即"理"，即"中和"之理。"恭""谨""勇""直"等"礼"都要中节，要合理，要恰到好处，过与不及都是不合理，破坏了"礼"的要求。如一个人言语，过于恭谨，就会生分；过于傲慢，就会生厌，两者都不符合"礼"的"恰到好处"的要求。

在朱熹看来，"中和"是圣门治学修身的要法，如他认为"博文约礼"关键是达到"中和"境界。

"'博文约礼'，圣门之要法。博文所以验诸事，约礼所以体诸身。如此用工，则博者可以择中而居之不偏；约者可以应物而动皆有则。如此，则内外交相助，而博不至于氾滥无归，约不至于流遁失中矣。"④

"博"与"约"是矛盾的两个对立面，一个人学问渊博往往容易迷失方

---

① 黎靖德编，王星贤点校：《朱子语类》卷三十六，北京：中华书局2020年版，第1152页。
② 黎靖德编，王星贤点校：《朱子语类》卷二十五，北京：中华书局2020年版，第743页。
③ 黎靖德编，王星贤点校：《朱子语类》卷三十五，北京：中华书局2020年版，第1105页。
④ 黎靖德编，王星贤点校：《朱子语类》卷三十三，北京：中华书局2020年版，第1013页。

向,而"约"的关键是使之"择中",而不走极端,有一个恰到好处的归宿。

第三节 朱熹"中和"语言观

朱熹从中和旧说至中和新说的发展,奠定其心性学大厦的基础,也是其传承从孔孟儒学至张载、二程理学"中和"说的基础上创新而成的理学核心思想。其"中和"说对朱熹哲学、经学、文学、语言学、教育学等具有深远的影响。

"日用常行,事事要中",① 朱熹将"中和"思想运用于语言上,提出"凡言语,便有两端""大抵言语两端处,皆有阴阳"等阴阳中和语言论说,也将中和语言论说运用于著书立说、教育教学等语言实践中,形成系统的"中和"语言观。②

一、"凡言语,便有两端"

曰:"两端,就一事而言。说这浅近道理,那个深远道理也便在这里。如举一隅,以四角言。这桌子举起一角,便有三角在。两端,以两头言之。凡言语,便有两端。文字不可类看,这处与那处说又别,须是看他语脉。论这主意,在'吾有知乎哉?无知也'。此圣人谦辞,言我无所知,空空鄙夫来问,我又尽情说与他。凡圣人谦辞,未有无因而发者。这上面必有说话,门人想记不全,须求这意始得。如达巷党人称誉圣人'博学而

---

① 黎靖德编,王星贤点校:《朱子语类》卷十三,北京:中华书局2020年版,第282页。
② 本文所言的"中和"语言观与现代学者关于语言"中和"现象中的"中和"的概念不同。本文"中和"语言观是指关于不偏不倚、恰当好处地使用语言表达思想观点的理论或实践,其"中和"富有中华文化底蕴的"中正""中道""中行"的哲学、伦理学内涵。而现代学者的"中和"概念是指语言的语音、语义在某类特殊的上下文语境中其对立面消失的现象。如李勤、刘照玉《俄汉反义词的语义中和现象探究》(《中国俄语教学》2017年第1期)一文曾分析俄汉语中成对出现的、语义相互对立的反义词之间语义的中和现象,认为语义中和现象就是诸如"胜""败""生""死"本是语义相互对立的词,但在一定的语境中(上下义关系、反义关系、异义关系)它们却可以相互替换,语义间的对立消失的现象。杨小龙《汉语语义中和现象研究综述》(《语文建设》2013年第20期)一文对语义中和的深层原因进行了探讨。

无所成名',圣人乃曰:'吾执御矣。'皆是因人誉己,圣人方承之以谦。此处想必是人称道圣人无所不知,诲人不倦,有这般意思。圣人方道是我无知识,亦不是诲人不倦,但鄙夫来问,我则尽情向他说。若不如此,圣人何故自恁地谦?自今观之,人无故说谦话,便似要人知模样。"①

朱熹这句话蕴含着一条有丰富内涵的语言法则,即言近意远的中和法则,即朱熹所言的"凡言语,便有两端"。

"两端"即事物统一体的对立的两个方面,如善恶、是非、阴阳、公私、动静、厚薄、天理人欲等。"天下之物未尝无对,有阴便有阳,有仁便有义,有善便有恶,有语便有默,有动便有静,然又却只是一个道理。"② 任何事物都具有两端。北宋张载总结和吸取《周易》和道家有关事物阴阳对立统一的思想,提出"二端"学说。如"其阴阳两端,循环不已者,立天地之大义"。《正蒙·太和》认为事物的对立矛盾是普遍存在的,并以"两端"为天地万物运动变化的根源。朱熹特别分析了语言中的"是非"两端。

如今要紧只是个分别是非。一心之中,便有是有非;言语,便有是有非;动作,便有是有非;以至于应接宾朋,看文字,都有是有非,须着分别教无些子不分晓,始得。③

语言文字中都存在着"是非",所以,要分别出语言中的是非,识别出其中蕴含的道理。"是非"就是语言的两端,人在言说时,要实事求是,不可混淆视听,更不可似是而非,做言语的好好先生。朱熹对此有明确的要求:

如一段文字,才看,也便要知是非。若是七分是,还他七分是;三分不是,还他三分不是。如公乡里议论,只是要酌中,这只是自家不曾见得道理分明。这个似是,那个也似是,且捏合做一片,且恁地过。若是自家见得是非分明,看他千度万态,都无遁形。④

---

① 黎靖德编,王星贤点校:《朱子语类》卷三十六,北京:中华书局2020年版,第1166页。
② 黎靖德编,王星贤点校:《朱子语类》卷九十五,北京:中华书局2020年版,第2969页。
③ 黎靖德编,王星贤点校:《朱子语类》卷三十,北京:中华书局2020年版,第935页。
④ 黎靖德编,王星贤点校:《朱子语类》卷三十四,北京:中华书局2020年版,第936页。

第一章 "中和"之义与朱熹"中和"说

这段话有三层含义：一是认为语言中存在是非，阅读语言文字，要一是一，二是二，理会言语中承载的道理，即要"求真"。二是批评乡原的折中好人主义，表现在言语行为就是阳奉阴违、阿谀逢迎、弄虚作假，是无原则、无规矩的"和稀泥"主义，在大是大非面前，不敢亮明态度、表明立场的懦弱言语行为。如面对分崩离析的天下，东边称王，西边称帝，却各家自守以为是，不敢以公理抨击混淆视听的言说，而表现出蜻蜓点水、避实就虚、避重就轻、一团和气。三是朱熹对语言的"中和"现象也是具体问题具体分析，不搞"一刀切"，不走一边倒的极端，这种观点正是他"中和"语言观在语言实践中的体现。

对"两端"，朱熹又进一步作了详细论述。

凡物皆有两端。如此扇，便有面有背。①

统言阴阳，只是两端，而阴中自分阴阳，阳中亦有阴阳。②

一是一个道理，却有两端，用处不同。譬如阴阳：阴中有阳，阳中有阴；阳极生阴，阴极生阳，所以神化无穷。③

从字面意思上看，"两端"可以理解为事物的两个极端或两个方面。以扇子为例，它便有"面"与"背"两个截然不同的部分，这两个部分共同构成了扇子的整体。在更广泛的哲学意义上，"两端"则指的是同一事物中相互对立的两个方面。这些方面可能表现为性质、功能、形态上的不同，但都是构成该事物不可或缺的部分。朱熹对"两端"含义的阐发，强调事物内部的对立统一，认为任何事物都不是孤立存在的，而是与其对立面相互依存、相互制约的。如"文质"是语言修辞的两端，要"文""质"既对立又统一才能达到言语的"文质彬彬"的和谐之意境。

夫子言"文质彬彬"，自然停当恰好，不少了些子意思。若子贡"文犹质，质犹文"，便说得偏了！④

"文""质"是修辞的两端，不能抹杀两者的区别，把"文"当作

---

① 黎靖德编，王星贤点校：《朱子语类》卷九十四，北京：中华书局2020年版，第2926页。
② 黎靖德编，王星贤点校：《朱子语类》卷九十四，北京：中华书局2020年版，第2984页。
③ 黎靖德编，王星贤点校：《朱子语类》卷九十八，北京：中华书局2020年版，第3060页。
④ 黎靖德编，王星贤点校：《朱子语类》卷三十二，北京：中华书局2020年版，第984页。

"质",把"质"当作"文"都不是"中和"的修辞观。

语言的"两端"表现为语义的表层义和深层义、修辞手法中的双关、反语等,而朱熹所言的"两端"是构成语言的不可或缺的两个方面,蕴含于一切言语现象中。在言语表达中,表现为相互依存而又相互制约的对立统一的矛盾。

他言语不多,只用两句,那事都了。①(言语多少的矛盾)

若能将圣贤语来玩味,见得义理分晓,则渐渐觉得此重彼轻,久久不知不觉,自然剥落消殒去。②(言语义理轻重的矛盾)

圣贤言语,大约似乎不同,然未始不贯。③(言语通顺与晦涩的矛盾)

若使切己下工,圣贤言语虽散在诸书,自有个通贯道理。④(言语分散与聚焦的矛盾)

圣贤言语,粗说细说,皆着理会教透彻。⑤(言语粗细的矛盾)

圣贤言语宽平,不须如此急迫看。⑥(言语宽平与急迫的矛盾)

圣贤言语自平正,都无许多崤崎。⑦(言语平易与奇险的矛盾)

圣门以言语次于德行,言语亦大难。⑧ 人多是将言语做没紧要,容易说出来。⑨(言语难易的矛盾)

且如今见人行事,听人言语,便须着分别个是非。⑩(言语是非的矛盾)

"谢氏此一段如乱丝,须逐一剔拨得言语异同,'巧言'字如何不同,又须见得有个总会处。"⑪(言语异同的矛盾)

---

① 黎靖德编,王星贤点校:《朱子语类》卷一百三十一,北京:中华书局 2020 年版,第 3838 页。

② 黎靖德编,王星贤点校:《朱子语类》卷一百一十三,北京:中华书局 2020 年版,第 3351 页。

③ 黎靖德编,王星贤点校:《朱子语类》卷十二,北京:中华书局 2020 年版,第 254 页。

④ 黎靖德编,王星贤点校:《朱子语类》卷一百一十六,北京:中华书局 2020 年版,第 3406 页。

⑤ 黎靖德编,王星贤点校:《朱子语类》卷十九,北京:中华书局 2020 年版,第 531 页。

⑥ 黎靖德编,王星贤点校:《朱子语类》卷二十,北京:中华书局 2020 年版,第 560 页。

⑦ 黎靖德编,王星贤点校:《朱子语类》卷一百二十四,北京:中华书局 2020 年版,第 3666 页。

⑧ 黎靖德编,王星贤点校:《朱子语类》卷五十二,北京:中华书局 2020 年版,第 1510 页。

⑨ 黎靖德编,王星贤点校:《朱子语类》卷六十九,北京:中华书局 2020 年版,第 2085 页。

⑩ 黎靖德编,王星贤点校:《朱子语类》卷三十,北京:中华书局 2020 年版,第 935 页。

⑪ 黎靖德编,王星贤点校:《朱子语类》卷二十,北京:中华书局 2020 年版,第 588 页。

盖常人容貌不暴则多慢，颜色易得近色庄，言语易得鄙而倍理。①（言语雅俗的矛盾）

古人情意温厚宽和，道得言语自恁地好。②（言语好坏的矛盾）

但只圣人之言，上下本末，始终小大，无不兼举。③（言语上下、本末、始终、小大的矛盾）

圣人说话，有一句高，一句低底，便有界限。④（言语高低的矛盾）

圣人之言，有浅说底，有深说底，这处只是浅说。⑤（言语深浅的矛盾）

叔京来问"所贵乎道者三"。因云："正、动、出时，也要整齐，平时也要整齐。"方云："乃是敬贯动静。"曰："恁头底人，言语无不贯动静者。"⑥（言语动静的矛盾）

除以上朱熹所涉及的语言的多少、难易、是非、轻重、异同、散聚、粗细、松紧、好坏、雅俗、内外、深浅、高低等诸多"两端"外，更为重要的是在言语运用中把握正确的言说方式，理会言语中的"两端"。如他朱熹分析孔子所言的"有知""无知"，看似是一种以悖论的方式言说，看似是言说无知，实则是言说有知，这种似是而非、似非而是的言说行为所指向的言语真实含义就蕴含于语境中。

二、"大抵言语两端处，皆有阴阳"

"能说诸心"，《乾》也；"能研诸虑"，《坤》也。"说诸心"，有自然底意思，故属阳；"研诸虑"，有作为意思，故属阴。"定吉凶"，《乾》也；"成亹亹"，《坤》也。事之未定者属乎阳，"定吉凶"所以为《乾》；事之已为者属阴，"成亹亹"所以为《坤》。大抵言语两端处，皆有阴阳。如"开物成务"，"开物"是阳，"成务"是阴。如"致知力行"，"致知"

---

① 黎靖德编，王星贤点校：《朱子语类》卷三十五，北京：中华书局2020年版，第1114页。
② 黎靖德编，王星贤点校：《朱子语类》卷八十，北京：中华书局2020年版，第2535页。
③ 黎靖德编，王星贤点校：《朱子语类》卷三十六，北京：中华书局2020年版，第1167页。
④ 黎靖德编，王星贤点校：《朱子语类》卷三十二，北京：中华书局2020年版，第995页。
⑤ 黎靖德编，王星贤点校：《朱子语类》卷三十二，北京：中华书局2020年版，第997页。
⑥ 黎靖德编，王星贤点校：《朱子语类》卷三十五，北京：中华书局2020年版，第1112页。

是阳,"力行"是阴。①

"语言是一个系统,在语言内部,语音、语法、词汇都是系统。"② 中国古代学者没有"词"与"词汇系统"之类的概念,但并不能由此认定古人就没有相关的论述。朱熹上文所探讨的是"词"及其"词汇系统"的关系问题。如他所举的"开物成务""致知力行"这两个成语,是处于词汇系统中,说"开物"是阳,"成务"是阴,从词语的构成成分分析它的系统性。整个词汇是一个大系统,它由若干个小系统构成,小系统又有若干个更小的系统,也就是说,大系统是由小系统层层组合而成的。在朱熹看来,任何语音、词汇、语法等语言成分都不是孤立的,而是相互依存、相互制约的,其中某一要素的出现或消失,都会影响到整个系统的变化。就如一个太极图里的阴阳,阳长阴消,阴长阳消,阳中有阴,阴中有阳。

如何理解言语的"两端",首先要理解朱熹"两端"与"中"的含义。

两端如厚薄轻重。"执其两端,用其中于民",非谓只于二者之间取中。当厚而厚,即厚上是中;当薄而薄,即薄上是中。轻重亦然。

两端不专是中间。如轻重,或轻处是中,或重处是中。

两端未是不中。且如赏一人,或谓当重,或谓当轻,于此执此两端,而求其恰好道理而用之。若以两端为不中,则是无商量了,何用更说"执两端"!③

"不专是中间""未是不中",即"不特指中间""不是不中","两端"可能是"中",也可能不是"中","中"与"不中"看是否是"恰当"和"适度"。如"厚薄","厚"可能是"中","薄"也可能是"中",或"厚薄"中的任何一个阶段都可能是"中",轻重之"中"亦是如此。"中"要因时因事因人因物等因素的变化而异。如此看来,"中"不是静止、固定不变的,而是变动、相对而言的。在某个时间、地点达到了"中"的平衡,到了下一个时间、地点又不平衡,又需要再调整,达到新

---

① 黎靖德编,王星贤点校:《朱子语类》卷七十六,北京:中华书局2020年版,第2391页。
② 蒋绍愚:《汉语历史词汇学概要》,北京:商务印书馆2019年版,第385页。
③ 黎靖德编,王星贤点校:《朱子语类》卷六十三,北京:中华书局2020年版,第1855页。

的平衡。表现在语言上，就是要具体语境具体分析。

或问"执其两端而用其中"。曰："如天下事，一个人说东，一个说西。自家便把东西来斟酌，看中在那里?"①

两端，是无所不在的普遍的存在，时间、空间，万事万物，无不是在两端矛盾的对立统一中共存共生。语言也如此，如"东""西"是言语的"两端"，有"东"必有"西"，说"西"蕴含着"东"的言下之意；如"早晚""大小""内外""阴阳""真伪"等都是言语的两端。这就要依语脉分析言语意旨所在。

"圣人之言必降而自卑，不如此则人不亲；贤人之言必引而自高，不如此则道不尊。"②

程颐此言中的"降"与"引"、"卑"与"高"、"亲"与"尊"皆是言语中的"两端"，这"两端"所指向的语义之"中"是什么，朱熹对此的阐释是：

"圣人极其高大，人皆疑之，以为非我所能及；若更不惂地俯就，则人愈畏惮而不敢进。孟子于道虽已见到至处，然做处毕竟不似圣人熟，人不能不疑其所未至，若不引而自高，则人必以为浅近而不足为。孟子，人皆以为迂阔，把他无用了。若孟子也道是我底诚迂阔无用，如何使得？所以与人辨，与人争，亦不是要人尊己，只要人知得斯道之大，庶几使人竦动警觉。"③

"中"就是要人知道"道之大"，也就是要理会"大道"。对语言表达而言，语言之"中"就是要能恰当表达意指，言语应详略得当。

又问："'所谓"继之者善"者，犹水流而就下也。皆水也，有流而至海'云云。"曰："它这是两个譬喻。水之就下处，它这下更欠言语，要须

---

① 黎靖德编，王星贤点校：《朱子语类》卷六十三，北京：中华书局2020年版，第1855-1856页。
② 黎靖德编，王星贤点校：《朱子语类》卷三十六，北京：中华书局2020年版，第1166页。
③ 黎靖德编，王星贤点校：《朱子语类》卷三十六，北京：中华书局2020年版，第1166-1167页。

为它作文补这里，始得。它当时只是衮说了。盖水之就下，便是喻性之善。如孟子所谓过颡、在山，虽不是顺水之性，然不谓之水不得。这便是前面'恶亦不可不谓之性'之说。到得说水之清，却依旧是譬喻。"问："它后面有一句说，'水之清则性善之谓也'，意却分晓。"曰："固是。它这一段说得详了。"①

"譬喻"的作用是使表达形象生动，意指明确。朱熹认为"水之就下处"这个比喻因省略了"喻性之善"而使表意不明确，应该补充完整。

孟子言性，只说得本然底，论才亦然。荀子只见得不好底，扬子又见得半上半下底，韩子所言却是说得稍近。盖荀扬说既不是，韩子看来端的见有如此不同，故有三品之说。然惜其言之不尽，少得一个"气"字耳。②

朱熹评论孟子、荀子、扬雄、韩非子关于"性善性恶"论，认为韩非子的三品之说只言"性"，不言"气"而使表意不明确。朱熹强调听人言语要综合比较言语的含义，寻求言语表达的内涵所在。同时，在读书看文字时，还要"活看"，③ 即要具体语境具体分析。

曰："这须就那地头看。'继之者善也，成之者性也。'在天地言，则善在先，性在后，是发出来方生人物。发出来是善，生人物便成个性。在人言，则性在先，善在后。"或举"孟子道性善"。曰："此则'性'字重，'善'字轻，非对言也。文字须活看。此且就此说，彼则就彼说，不可死看。牵此合彼，便处处有碍。"④

不结合具体语言环境分析词语的含义，就不能准确理解词语表达含义的轻重及其所蕴含的义理，也就是要理解词语的意指或宗旨，即要探寻

---

① 黎靖德编，王星贤点校：《朱子语类》卷四，北京：中华书局2020年版，第89页。
② 黎靖德编，王星贤点校：《朱子语类》卷四，北京：中华书局2020年版，第86页。
③ 《朱子语类》共出现5例"活看"的语例。具体如下：（1）文字须活看。此且就此说，彼则就彼说，不可死看（卷五第102页）。（2）理即是性，这般所在，当活看（卷五第102页）。（3）此须活看（卷三十三第1025页）。（4）此等处不通如此说，在人自活看方得（卷四十第1260页）。（5）此等处当活看（卷五十八第1655页）。
④ 黎靖德编，王星贤点校：《朱子语类》卷三十六，北京：中华书局2020年版，第1166-1167页。

"地头"。①

"理即是性，这般所在，当活看。"②

同为孟子所言的"心"，在不同的语言环境中所表达的含义是不同的，前者强调"心与理和"，后者强调"心不违反理"。

有"中"便有"两端"，有"两端"便有"中"，因为"天下之物，未尝无对：有阴便有阳，有仁便有义，有善便有恶，有语便有默，有动便有静。然又却只是一个道理。"③ 其中"阴阳""仁义""善恶""语默""动静"即是语言表达的"两端"。从语言词汇而言，表现为反义词。《朱子语类》中，朱熹使用了大量的反义词，这些反义词义一正一反，体现了"言语两端皆有阴阳"的思想。

才说着气，便自有寒有热，有香有臭。④

然人之气禀有清浊偏正之殊，故天命之正，亦有浅深厚薄之异，要亦不可不谓之性。⑤

二气相轧相取，相合相乖，有平易处，有倾侧处，自然有善有恶。故禀气形者有恶有善，何足怪！⑥

以上三例中的"热寒""香臭""清浊""正偏""深浅""厚薄""轧取""合乖""平易倾侧""善恶"等反义词，前者为阳，后者为阴，一阳一阴，构成词语或语义表达的两端，正如朱熹所言"如阳为刚燥，阴为重浊之类"。⑦ 统计《朱子语类》中朱熹所使用的反义词，如下：

---

① 《汉语大词典》释"地头"为"方面"，并引用黎靖德编，王星贤点校：《朱子语类》卷六十四：圣贤所说工夫，都只一般，只是一个"择善固执"。《论语》则说"学而时习之"，孟子则说"明善诚身"。只是随他地头所说不同，下得字来各自精细，真实工夫只是一般。本人认为，"地头"应该是"旨意"或"宗旨"或"意图"义。黎靖德编，王星贤点校：《朱子语类》共出现70例"地头"的句子。如：（1）这个道理，各自有地头，不可只就一面说（卷八第160页）。（2）看文字不可相妨，须各自逐一着地头看他指意（卷十一第226页）。（3）若修身与絜矩等事，都是各就地头上理会（卷十五第375页）。（4）圣人所言，各有地头（卷四十七第1433页）。（5）然濂溪伊川之说，道理只一般，非有所异，只是所指地头不同（卷七十一第187页）。
② 黎靖德编，王星贤点校：《朱子语类》卷五，北京：中华书局2020年版，第103页。
③ 黎靖德编，王星贤点校：《朱子语类》卷六，北京：中华书局2020年版，第149-150页。
④ 黎靖德编，王星贤点校：《朱子语类》卷四，北京：中华书局2020年版，第85页。
⑤ 黎靖德编，王星贤点校：《朱子语类》卷四，北京：中华书局2020年版，第83页。
⑥⑦ 黎靖德编，王星贤点校：《朱子语类》卷四，北京：中华书局2020年版，第84页。

单音节词：

名词：安－危 背－面 本－末 表－里 朝－夕 臣－民 旦－暮 冬－夏 动－静 凡－圣 风－雨 福－祸 古－今 鬼－神 祸－福 吉－凶 利－害 陆－水 男－女 南－北 内－外 牝－牡 人－物 圣－愚 首－尾 寿－夭 天－地 头－尾 外－中 文－质 下－高 弦－望 早－暮 正－背 智－愚 昼－夜 左－右 经－纬 前－后 先－后 阴－阳 知－行 东－西 义－利 近－远 上－下 始－终 是－非 首－末

形容词：卑－高 博－约 诚－伪 大－细 大－小 多－寡 多－少 肥－瘠 肥－硗 刚－柔 刚－顺 高－低 高－下 公－私 故－新 贵－贱 寒－热 寒－暑 寒－煖 好－恶 黑－白 横－直 厚－薄 缓－急 昏－明 健－顺 精－粗 空－实 快－钝 宽－紧 宽－窄 冷－热 美－恶 敏－钝 明－暗 明－晦 难－便 偏－正 贫－富 浅－深 强－弱 巧－拙 怯－壮 轻－重 清－浊 曲－直 阔－多 柔－坚 软－硬 善－恶 善－淫 深－浅 生－熟 温－寒 贤－愚 显－微 香－臭 详－略 小－大 邪－正 新－旧 羞－恶 虚－实 严－宽 严－纵 妍－丑 易－难 阴－晴 隐－显 优－劣 幽－显 长－短 真－妄 真－伪 正－反 正－偏 正－邪 知－愚 治－乱 拙－巧 低－昂 滋－昏 纵－横 尊－卑 用－舍 简－烦 碎奇－偶（耦） 贤－不肖

动词：当－背 流－止 分－合 哀－乐 爱－憎 安－悖 褒－贬 沉－浮 成－败 炽－灭 出－入 辞－居 辞－受 从－违 存－收 存－亡 得－失 发－藏 过－续 阖－辟 进－退 敬－肆 开－谢 立－泯 廉－贪 起－倒 取－舍 去－住 劝－戒 散—聚 升－降 生－死 生－终 胜－负 胜－灭 胜－退 胜－亡 盛－衰 收－放 输－赢 顺－背 死－生 损－添 损－益 通－塞 往－来 翕－辟 喜－怒 消－息 消－长 行－思 行－住 嘘－吸 仰－作 养－害 有－无

语-默　趨-宽　增-损　坐-卧　屈-伸（信）

双音节词：

名词：本根-枝叶　大本-小规　大本-源流　动物-静物　栋梁-
厕料　二端-一本　功利-义理　旧见-新意　君子-小人
皮壳-骨髓　偏言-专言　睟面-盎背　天理-人欲　细字-
大字　下等-上等　先知-后知　乡人-圣人　小儿-大人
小事-大事　小学-大学　昨日-今日　今是-昨非

形容词：新巧-平淡　诚实-狡伪　纯朴-浮华　聪明-迟钝　粗厉-
柔善　粗疏-细密　脆弱-耐久　大本-细碎　富贵-贫贱
富盛-卑贱　刚暴-柔弱　刚燥-重浊　刚直-温和　高险-
平易　高远-幽深　好善-恶恶　和柔-坚硬　和易-刚劲
华美-衰飒　紧细-施展　谨确-高明　谨畏-忽易　净洁-
污漫　局蹙-宽舒　局定-流行　开阔-弘毅　开阔-细密
宽大-严毅　宽缓-谨严　阔大-卑狭　敏钝-迟速　平淡-
劳攘　平实-张皇　平易-崎岖　平易-倾侧　平易-倾险
平正-偏僻　前言-往行　强悍-懦弱　轻浮-沉着　轻俊-
朴厚　轻清-重浊　清刚-重浊　清明-黑暗　清明-昏暗
清爽-鹘突　柔软-坚实　疏阔-细密　疏爽-密塞　衰弱-
盛强　坦然-崎岖　透彻-略绰　细密-广大　细密-峻暴
细腻-粗大　细腻-疏略　闲戏-雅正　相合-相乖　兴衰-
治乱　阳刚-阴柔　阳明-阴浊　易晦-难明　隐微-显明
圆转-方正　圆转-直截　趨去-反覆　窄狭-广大　真实-
虚伪　正大-细巧　正长-方消　庄敬-慢忽　自实-虚胖

动词：别识-营为　操舍-存亡　缠绕-摆脱　春生-秋杀　寸进-
尺退　东驰-西鹜　发生-收敛　方生-收回　放纵-收敛
感发-惩创　合目-开眼　回头-向前　进前-退转　敬畏-
狎侮　举内-徇外　流行-定位　戚戚-汲汲　轻本-重末
上行-下效　始勤-终怠　收敛-放纵　统言-分说　推阐-
切己　颓惰-振作　相轧-相取　向前-退步　小作-大施
行进-退后　兴利-除害　阳开-阴闭　瞻前-顾后　执着-

放下　治本－务末　柱天－踏地　自慊－自欺　左牵－右撺

多音节词：

形容词：粗而大－细而小　活泼泼－死搭搭　所美者－所刺者　平易坦直－艰深纤巧　安静笃实－轻扬浅露　慈祥和厚－勇决刚果　截断严整－胶胶扰扰　轻浮浅易－深沉重厚　勇果强毅－慈祥宽厚　战战兢兢－悠悠汎汎

动词：收入来－推出去　合而言之－分而言之　节约收缩－发扬舒畅　劳攘纷扰－块然死守　收敛执持－推寻究竟　条畅通达－屈曲缠绕　循循而进－呼扬将去

朱熹还善于使用同义词或近义词表达情感和思想，表示反复或强调。

盖天下本无二理，果同归矣，何患乎殊涂！果一致矣，何患乎百虑！①
"静而正"，谓触处皆见有此道，不待安排，不待措置，虽至小、至近、至鄙、至陋之事，无不见有。②
至于至微至细底事，皆当畏惧戒谨，战战兢兢，惟恐失之，这便是礼之卑处。③
又曰："事事都有个端绪可寻。"又曰："有路脉线索在里面，所以曰：'惟几也，故能成天下之务。'研者，便是研穷他。"④

以上语例中的"同归"与"一致"、"殊涂"与"百虑"、"安排"与"措置"、"畏惧戒谨"与"战战兢兢"、"端绪"与"路脉线索"皆为近义词。《朱子语类》不同辑录者往往以不同语词表达同一语义，构成了丰富的近义词系统。

圣人道理，只在口边，不是安排来。⑤
天下道理只在圣人口头，开口便是道理，偶说此九卦，意思自足。⑥

---

① 黎靖德编，王星贤点校：《朱子语类》卷七十二，北京：中华书局2020年版，第2211页。
② 黎靖德编，王星贤点校：《朱子语类》卷七十四，北京：中华书局2020年版，第2318页。
③ 黎靖德编，王星贤点校：《朱子语类》卷七十四，北京：中华书局2020年版，第2323页。
④ 黎靖德编，王星贤点校：《朱子语类》卷七十五，北京：中华书局2020年版，第2343页。
⑤ 黎靖德编，王星贤点校：《朱子语类》卷七十六，北京：中华书局2020年版，第2378页。
⑥ 黎靖德编，王星贤点校：《朱子语类》卷七十六，北京：中华书局2020年版，第2379页。

《书序》细弱，只是魏晋人文字。①

汉文粗枝大叶，今《书序》细腻，只似六朝时文字。②

文字絮，气闷人。东汉文章皆然。③

盖文字善困，不类西汉人文章，亦非后汉之文。④

读《诗》正在于吟咏讽诵，观其委曲折旋之意，如吾自作此诗，自然足以感发善心。⑤

中间委曲周旋之意，尽不曾理会得，济得甚事？⑥

以上语例中"口边"与"口头"、"细弱"与"细腻"、"絮"与"善困"、"折旋"与"周旋"皆为近义词。

朱熹的"语言阴阳两端"论还体现在著书传道中，注重从正反、内外、古今立论。

今之学者，直与古异，今人只是强探向上去，古人则逐步步实做将去。⑦

入道之门，是将自家身己入那道理中去。渐渐相亲，久之与己为一。而今入道理在这里，自家身在外面，全不曾相干涉。⑧

为学须是切实为己，则安静笃实，承载得许多道理。若轻扬浅露，如何探讨得道理？纵使探讨得，说得去，也承载不住。⑨

阅读和理解朱熹文献语言，要从具体语境分析其遣词造句的用意，以体会朱熹语言的"中和"表达方式。如：

至善是极好处。⑩

至善是个最好处。⑪

至善只是些子恰好处。⑫

---

①②③④ 黎靖德编，王星贤点校：《朱子语类》卷七十八，北京：中华书局2020年版，第2420页。
⑤⑥ 黎靖德编，王星贤点校：《朱子语类》卷八十，北京：中华书局2020年版，第2540页。
⑦ 黎靖德编，王星贤点校：《朱子语类》卷八，北京：中华书局2020年版，第171页。
⑧⑨ 黎靖德编，王星贤点校：《朱子语类》卷八，北京：中华书局2020年版，第172页。
⑩ 黎靖德编，王星贤点校：《朱子语类》卷十四，北京：中华书局2020年版，第327页。
⑪ 黎靖德编，王星贤点校：《朱子语类》卷十四，北京：中华书局2020年版，第328页。
⑫ 黎靖德编，王星贤点校：《朱子语类》卷十四，北京：中华书局2020年版，第331页。

上语例中的"极好处""最好处"与"些子恰好处"表达是相左的。朱熹所言的"极好处""最好处"是从文字含义阐释"至善"的内涵,"至"即"极""最"义;而后所言的"些子恰好处"是就"善"的"理会"和"践行"而言的。具体而言,朱熹以"仁""敬"为例,细分其多种类型,不同类型在不同的语境中所面对的标准并非同一的,因此,要具体问题具体理会,分类践行,不能一概而论,否则就会"只管执一,便成一边去",①也就不是至善。这就是他的中和之道在语言实践中的体现,遵循表达的"当然之则",以具体的言说对象不一而论,不偏不倚。

在选词造句中,朱熹尤为注重词语使用的准确、恰当。

《阴符经》说"天地之道浸,故阴阳胜"。"浸"字最下得妙,天地间不陡顿恁地阴阳胜。②

"和顺"字、"理"字,最好看。圣人下这般字,改移不得。不似今时,抹了却添几字,都不妨。③

又因论以"假托"换"掩覆"字云:"'假托'字又似重了,'掩覆'字又似轻,不能得通上下底字。④

"以通神明之德,以类万物之情",尽于八卦,而《震》《巽》《坎》《离》《艮》《兑》又总于《乾》《坤》。曰"动",曰"陷",曰"止",皆健底意思;曰"入",曰"丽",曰"悦",皆顺底意思。圣人下此八字,极状得八卦性情尽。⑤

朱熹主张应以"平和""平正""平平""平心""平贴""平直""平实"等中和的态度阅读、理解经典文本,反对夸大其词、偏执一端的态度。

所谓求为可知,只是尽其可知之实;非是要做些事,便要夸张以期人知,这须看语意。如'居易以俟命',也只教人依道理平平做将去,看命

---

① 黎靖德编,王星贤点校:《朱子语类》卷十四,北京:中华书局2020年版,第331页。
② 黎靖德编,王星贤点校:《朱子语类》卷七十六,北京:中华书局2020年版,第2364页。
③ 黎靖德编,王星贤点校:《朱子语类》卷七十七,北京:中华书局2020年版,第2398页。
④ 黎靖德编,王星贤点校:《朱子语类》卷十六,北京:中华书局2020年版,第402页。
⑤ 黎靖德编,王星贤点校:《朱子语类》卷七十六,北京:中华书局2020年版,第2369页。

如何。却不是说关门绝事,百样都不管,安坐以待这命。①

语例中,朱熹认为理解"不患人之不己知,患不知人也""居易以俟命"不可夸大其"知"和"俟命"的程度。

朱熹还高度称赞圣贤中正平和的语言风格。

圣人说话,中正不偏。如揲蓍,两手皆有数,不可谓一边有道理,一边无道理。它人议论,才主张向这一边,便不信那边有。②

周问:"程子谓'一草一木,皆所当穷'。又谓'恐如大军游骑,出太远而无所归'。何也?"曰:"便是此等语说得好,平正,不向一边去。"③

伊川只说敬,又所论格物、致知,多是读书讲学,不专如春间所论偏在一边。今若只理会正心、诚意,却有局促之病;只说致知、格物,又却似汎滥。古人语言自是周浃。④

朱熹肯定程颐的语言平正、周全、不偏不倚、无局促,又不泛滥。他认为语言也要从中道上讲究,要不偏不倚,无过不及。他在阐释孔子"吾有知乎哉?无知也"这句话的内涵时曰:"圣人之言,上下兼尽。即其近,众人皆可与知;极其至,则虽圣人亦无以加焉,是之谓两端。如答樊迟之问仁知,两端竭尽,无余蕴矣。若夫语上而遗下,语理而遗物,则岂圣人之言哉?"⑤ 赞扬圣人语言的中正平和。

朱熹语言立说及其语言实践注重言语对象因人因时因事而异。例如,他说:"太甲大故乱道,故伊尹之言紧切;高宗稍稍聪明,故《说命》之言细腻。"⑥ 文本的语言风格因言说对象的不同而不同。

朱熹亦注重因上下文、语势语脉而异,在言语"奇"与"稳"、言理"是"与非、训释"本意"与"己意"、阐释"怀疑"与"阙疑"、语词"古"与"今"、文道"轻"与"重"、《古文尚书》"真"与"伪"等矛盾关系的把握和处理中,坚持不偏不倚、恰当好处的中和观点和辩证态度。

---

① 黎靖德编,王星贤点校:《朱子语类》卷二十六,北京:中华书局2020年版,第814页。
② 黎靖德编,王星贤点校:《朱子语类》卷六十四,北京:中华书局2020年版,第1936页。
③ 黎靖德编,王星贤点校:《朱子语类》卷十八,北京:中华书局2020年版,第489页。
④ 黎靖德编,王星贤点校:《朱子语类》卷十八,北京:中华书局2020年版,第492页。
⑤ 朱熹:《四书章句集注》,北京:中华书局2011年版,第106页。
⑥ 黎靖德编,王星贤点校:《朱子语类》卷七十九,北京:中华书局2020年版,第2489页。

  且如看文字,圣贤说话粹,无可疑者。若后世诸儒之言,唤做都不是,也不得;有好底,有不好底;好底里面也有不好处,不好底里面也有好处;有这一事说得是,那一件说得不是;有这一句说得是,那一句说得不是,都要恁地分别。如临事,亦要如此理会那个是,那个不是。若道理明时,自分晓。有一般说,汉唐来都是;有一般说,汉唐来都不是,恁地也不得。且如董仲舒贾谊说话,何曾有都不是底,何曾有都是底。须是要见得他那个议论是,那个议论不是。[①]

  朱熹主张,对待经典经文和圣贤言语要以辩证、客观的态度进行细致的分析和辨别,以区分其是非优劣,而不能全盘地肯定或否定。

[①] 黎靖德编,王星贤点校:《朱子语类》卷十八,北京:中华书局2020年版,第481页。

第二章 "言即理"与"言非理"的中和

自古以来，语言与思维的关系，一直是哲学家们所关注的问题。苏格拉底、亚里士多德考察了语言与世界的关系问题，认为现实世界与语言通过心理表征联系起来。在我国，早在春秋战国时期，就开展了形式和意义之间复杂关系的讨论，老子、孔子、墨子、孟子、庄子、公孙龙子、荀子等在讨论哲学问题、政治问题、逻辑问题时都对此有相关的阐述，初步构建起言意观的基本框架和"言意之辨"的核心问题，即语言能否完全表意和语言能否表达形而上的"道"，形成"言尽意""言不尽意""得意忘言"三个学派。而从先秦、两汉、魏晋，直到明清，很多思想家都发表见解，丰富和发展言意问题的内涵，使其成为中国古代思想史的一个重要命题。朱熹继承前贤言意理论，提出"言即理""言非理"和"言理难舍难分"的言理关系理论。他的言理关系理论是基于语言是思维的工具和语言是思想本身两种语言观提出的，是针对语言功能不同阶段而提出的，是中和、辩证的言意观。

第一节 "言意之辨"的流派与内涵

语言是人类交际及思维的重要工具，也是人类文化的载体。言意关系是语言与思维的关系，也是语言与文化的关系。前者涉及语言与认知的关系，通常有三种观点：一是语言是独立于认知之外，具有独立性和完整性的模块；二是语言是建立在认知基础上的，是认知的一部分；三是语言与认知相互独立，又相互影响。

早在两千年前，先秦诸子就已经意识到语言与思维、语言与交流、语言与文化之间的密切关系，同时也意识到在思想交流、情感传达、文化传承过程中，语言存在着不可克服的局限性。孔子、孟子、老子、庄子、墨子对言意关系的探讨内涵丰富且对后世的影响广泛而深远，形成中国思想史上著名的"言意之辨"。从先秦、两汉、魏晋，直到明清，不断有学者提出论说和观点，进一步丰富"言意之辨"的内涵。从"言"和"意"两个范畴来说，有"言尽意""言不尽意"和"得意忘言"三派，引入了"象"这个范畴，又有"立象尽意""象不尽意""得意忘象忘言"三派，后又引入"书""数""道"等范畴，"言意之辨"的流派和内涵不断丰富和拓展。

一、"言尽意"

孔子重视言语，他把德行、言语、政事、文学作为教育的四科，其"言语"是四科之一，体现了儒家大道的传承的言说方式，而其他三科都与言语相关，需要通过言语记载、表达和传承。"不知命，无以为君子也；不知礼，无以立也；不知言，无以知人也。"① 他把"言"与"命""礼"并举，当作"为君为人"的基本条件。并且教育儿子孔鲤曰："不学诗，无以言。不学礼，无以立。"②

孔子高度肯定文辞的功能。《左传》记载孔子的一段言语：

"《志》有之：'言以足志，文以足言。'不言，谁知其志？言之无文，行而不远。晋为伯，郑入陈，非文辞不为功。慎辞也！"③

"言以足志，文以足言"，即语言文字是能够完整表达思想的。

言以表志，这样，相对于说出它的人，言语就获得了一定的独立性，因此，"《论语》中经常会出现有其言而不显其意，无其言而有其意的现象。"④ 孔子在一定程度上把言与意割裂了开来，《论语·宪问》篇记载，

---

① 杨伯峻：《论语译注》，北京：中华书局2015年版，第305页。
② 杨伯峻：《论语译注》，北京：中华书局2015年版，第258页。
③ 杨伯峻：《春秋左传注》，北京：中华书局2016年版，第1220页。
④ 刘贡南：《道的传承——朱熹对孔子门人言行的诠释》，华东师范大学出版社2011年版，第5页。

孔子曰："有德者必有言，有言者不必有德。"① 这可以称为儒家式的言意相离论。《论语·公冶长》篇记载，孔子因见弟子宰予昼寝，而曰："始吾于人也，听其言而信其行；今吾于人也，听其言而观其行。"②

因为言意相离，导致言行悖离，表现在言语方式上即要"慎言""讷言""切言""罕言""巧言"，这些言说方式往往具有言表之意和言外之意之分，并且言外之意才是值得关注和挖掘的内容。如《论语·子罕》曰："子罕言利与命与仁。"③ "罕"即"少"，何为"罕言"？"罕言者，不是不言，又不可多言，特罕言之耳。"④ 孔子如果不说利、命、仁，门人就难以理解；如果言说多了，又恐门人过于沉溺于利、命、仁中而不知求道修身。这种欲说还休的矛盾，朱熹认为孔子"但虽不言利，而所言者无非利；虽不言命，而所言者无非命；虽不言仁，而所言者无非仁。"⑤ 言在此而意在彼，出现言表之意和言内之意的分离。

孔子反对"巧言"，如他说"巧言令色，鲜矣仁！"⑥ "巧言乱德。小不忍，则乱大谋。"⑦ 朱熹释义为"巧，好。令，善也。好其言，善其色，致饰于外，务以悦人，则人欲肆而本心之德亡矣。"⑧ "巧言，变乱是非，听之使人丧其所守。"⑨ "巧言即所谓花言巧语。"⑩ 孔子和朱熹都认为"巧言"是为迎合取悦他人而言说的与本意相忤逆，或混淆是非以迷惑他人的言语，是言不从心的背离。既然言可以矫饰，那么心思不正之人也可能说出中正合礼的言辞。故在言语内容上，他主张言忠信，"言忠信，行笃敬，虽蛮貊之邦，行矣。言不忠信，行不笃敬，虽州里，行乎哉？"⑪ 言语应该忠实地表达内心。在言语技巧上，孔子主张"辞达而已矣"，⑫ 认为语言只

---

① 杨伯峻：《论语译注》，北京：中华书局2015年版，第211页。
② 杨伯峻：《论语译注》，北京：中华书局2015年版，第67页。
③ 杨伯峻：《论语译注》，北京：中华书局2015年版，第128页。
④⑤ 黎靖德编，王星贤点校：《朱子语类》卷三十六，北京：中华书局2020年版，第1151页。
⑥ 杨伯峻：《论语译注》，北京：中华书局2015年版，第4页。
⑦ 杨伯峻：《论语译注》，北京：中华书局2015年版，第243页。
⑧ 朱熹：《四书章句集注》，北京：中华书局2011年版，第50页。
⑨ 朱熹：《四书章句集注》，北京：中华书局2011年版，第156页。
⑩ 黎靖德编，王星贤点校：《朱子语类》卷二十，北京：中华书局2020年版，第586页。
⑪ 杨伯峻：《论语译注》，北京：中华书局2015年版，第236页。
⑫ 杨伯峻：《论语译注》，北京：中华书局2015年版，第248页。

需充分表达思想内容即可，无需过多辩说或修饰，反对为取悦于听者而对言语进行矫饰的"巧言""利口"。

至于"讷言"，孔子曰："君子欲讷于言而敏于行。"① "刚、毅、木、讷近仁。"② 将"讷言"当作君子的德行之一。《四书章句集注》中朱熹引程颐"木者，质朴。讷者，迟钝。四者，质之近乎仁者也。"③ 又引杨时："刚毅则不屈于物欲，木讷则不至于外驰，故近仁。"④ "讷者，言之难出诸口也。"⑤ "讷言"即为"迟钝""不外驰""难言"，对语言的表情达意功能表示怀疑。对此朱熹是认可孔子的主张的。他本人对"讷于言而敏于行"的阐释是"是怕人说得多后，行不逮其言也。""讷言"就是要少说话，而不是不说话，他说："圣人只说'敏于事而慎于言'，'敏于行而讷于言'，'言顾行，行顾言'，何尝教人不言！"⑥ 也就是"巧言"和"讷言"都各有利弊，他更赞同要"切言""慎言"。他说："切，忍也，难也。仁者心存而不放，故其言若有所忍而不易发，盖其德之一端也。"⑦ "在学仁者，则当自谨言语中，以操持此心。"⑧ 言说圣人之道，不能说得过多，也不能不说，更不能胡说乱说。由此看出，朱熹强调要言意一致。

然而在言理关系上，朱熹认识到"理"的深奥、高妙以致言语难以完整准确表达的不足。他经常感叹"难言"，如：

仁至难言，亦以全体精微，未易言也。⑨

盖性自是个难言底物事，惟恻隐、羞恶之类却是已发见者，乃可得而言。⑩

"戒慎乎其所不睹，恐惧乎其所不闻"，这处难言。大段着意，又却生病，只恁地略约住。道着戒慎恐惧，已是剩语，然又不得不如此说。⑪

---

① 杨伯峻：《论语译注》，北京：中华书局2015年版，第58页。
② 杨伯峻：《论语译注》，北京：中华书局2015年版，第205页。
③④ 朱熹：《四书章句集注》，北京：中华书局2011年版，第139页。
⑤ 黎靖德编，王星贤点校：《朱子语类》卷二十七，北京：中华书局2020年版，第861页。
⑥ 黎靖德编，王星贤点校：《朱子语类》卷二十四，北京：中华书局2020年版，第710页。
⑦ 朱熹：《四书章句集注》，北京：中华书局2011年版，第126页。
⑧ 黎靖德编，王星贤点校：《朱子语类》卷四十二，北京：中华书局2020年版，第1314页。
⑨ 黎靖德编，王星贤点校：《朱子语类》卷九十五，北京：中华书局2020年版，第2957页。
⑩ 黎靖德编，王星贤点校：《朱子语类》卷五十七，北京：中华书局2020年版，第1643页。
⑪ 黎靖德编，王星贤点校：《朱子语类》卷六十二，北京：中华书局2020年版，第1824页。

第二章 "言即理"与"言非理"的中和

"仁""性""戒慎恐惧"等儒学概念蕴含了极为丰富且深邃的哲学、伦理和道德内涵,它们往往超越了简单的字面意义,指向一种内在的精神状态、道德品质或宇宙观。如"仁"字,虽仅一字,却涵盖了诸如仁爱、慈悲、同情、正义等多种复杂情感与道德准则,这种高度的抽象性使得任何具体的语言描述都难以全面捕捉其全部意涵。同样,"性"在儒家思想中常指人的本性或天性,涉及人性善恶、天赋德性等深层次议题,其内涵之丰富,也非简单语言所能穷尽。而"戒慎恐惧",强调的是一种持续的、动态的内心状态和行为准则。这种状态的微妙变化和深度体验,很难通过静态的语言描述来完整呈现。语言往往只能捕捉到某一时刻或某一方面的特征,而无法全面展现其动态变化的全貌。此外,儒学强调"悟道"和"体认",即通过个人的直接体验和实践来领悟和理解这些概念。然而,语言作为一种间接的表达方式,往往需要通过比喻、象征等手法来引导读者接近这些概念的本质,但这种间接性不可避免地会引入一定的偏差和误解,使得语言在传达儒学概念时显得力不从心。概而言之,言语在表达深奥义理之时往往面临理之抽象性与言之具象性、理之动态与言之静态、理之间接性与言之直接性的矛盾。

在《论语·泰伯》篇中记载了孔子无法用言语称颂尧之伟大的感叹:

"大哉尧之为君也!巍巍乎!唯天为大,唯尧则之。荡荡乎,民无能名焉。巍巍乎其有成功也,焕乎其有文章!"①

"民无能名",人们无法用合适的言语来称颂尧的盛德大业,孔子这种类似于老庄式言难尽意的感慨意味着尧的崇高已超越了日常语言的表达。朱熹对这句话的阐释是"尧与天为一处,民无能名。所能名者,事业礼乐法度而已。"②"故其德之广远,亦如天之不可以言语形容也。"③ 语言难以表达天理的高远,也就是意之深奥难以用语言表达出来,这是言意相离的一种表现。

孔子"言意相离"的另一种表现是"意在言表"。在《论语·宪问》中,记载了孔子对子贡的"莫我知"的感叹:

---

① 杨伯峻:《论语译注》,北京:中华书局2015年版,第124页。
② 黎靖德编,王星贤点校:《朱子语类》卷二十二,北京:中华书局2020年版,第1145页。
③ 朱熹:《四书章句集注》,北京:中华书局2011年版,第102-103页。

子曰："莫我知也夫！"子贡曰："何为其莫知子也？"子曰："不怨天，不尤人。下学而上达。知我者其天乎！"①

孔子由"莫我知"至"知我者天"的感叹的转变，其目的是启发子贡明白"下学上达"的道理。程颢对孔子之叹解释为"下学而上达，意在言表也。"② 何为"言在言表"朱熹对此有三段解释：

问："明道言：'"下学而上达"，意在言表。'"曰："'意在言表'，如下学只是下学，如何便会上达？自是言语形容不得。下学、上达虽是两件理，会得透彻厮合，只一件。下学是事，上达是理。理在事中，事不在理外。一物之中，皆具一理。就那物中见得个理，便是上达，如'大而化之之谓圣，圣而不可知之之谓神'。然亦不离乎人伦日用之中，但恐人不能尽所谓学耳。果能学，安有不能上达者！"

"程子曰'"下学上达"，意在言表'，何也？"曰："因其言以知其意，便是'下学上达'。"

问："'意在言表'是如何？"曰："此亦无可说。说那'下学上达'，便是'意在言表'了。"③

以上三段话语中，"自是言语形容不得""因其言以知其意"是否矛盾？在朱熹看来，如果将"下学""上达"割裂来看，"下学如何上达"是言语不能表达的；而如果将其合二为一，"下学"是事，是言，"上达"是理，是意，事中蕴含着理，言中蕴含着意，言虽在外，"上达"之理亦可借之表达，这就是"言在意表"，即意在言外。这看似是言意的分离，其实是更深层次的融合。孔子正是利用言意的分离启发子贡更深入思考"莫我知"言语之后蕴含的"下学上达"的道理。

在《论语·阳货》中，孔子与子贡的一段对话富有意蕴。

子曰："予欲无言。"

---

① 杨伯峻：《论语译注》，北京：中华书局2015年版，第225页。
② 朱熹撰，朱杰人、严佐之、刘永翔主编：《朱子全书》，第7册，《论语精义》，上海：上海古籍出版社，合肥：安徽教育出版社2010年版，第504-505页。
③ 黎靖德编，王星贤点校：《朱子语类》卷二十二，北京：中华书局2020年版，第1386-1386页。

子贡曰:"子如不言,则小子何述焉?"

子曰:"天何言哉?四时行焉,百物生焉,天何言哉?"①

被孔子称赞为"闻一知二"、擅长言语的子贡,面对"予欲无言""天何言哉"的言意分离,也只能表现出无奈无助以及紧张焦虑。子贡的表现正是因为没有透过言语理解圣人,只知圣人之言,而不知圣人其所以言及隐含于言说中的义理大道。"学者多以言语观圣人,而不察其天理流行之实,有不待言而著者。"②"四时行,百物生,莫非天理发见流行之实,不待言而可见。圣人一动一静,莫非妙道精义之发,亦天而已,岂待言而显哉?"③ 天理妙道是不待言说、不言而喻的,人若能取法乎天,用心去感受大自然的消息盈虚、生生不息,便自然能体会到天道所在,自然成就其功业,而过于言说反而破坏大道的体悟。孔子的"予欲无言",不是"无言",而是已有所言,孔子在此是借用"无言"循循诱导学生思考背后的道理。这说明孔子已经认识道言意之间并不总是一致的,也就是言语往往不能尽意。④ 程颢的弟子杨时也认为孔子"予欲无言"是因为存在"理有言之不能论者"。

杨时曰:"子贡能言者也,而天下之理有言之不能谕者,故子曰予欲无言以发之。《易》曰:'默而成之,不言而信,存乎德行。'《记》曰:'天道至教,圣人至德。'其斯之谓乎?"⑤

朱熹对杨时的观点进行了批评:

杨氏以为子贡能言,而理有言之不能论者,故夫子以是发之。夫谓夫子固以是发子贡者,信矣,然理之实,形于事物之间,而其论不必得于言

---

① 杨伯峻:《论语译注》,北京:中华书局2015年版,第271页。
②③ 朱熹:《四书章句集注》,北京:中华书局2011年版,第168页。
④ 如:魏何晏解"予欲无言"曰:"言之为益少,故欲无言。"梁皇侃《论语义疏》引王弼曰:"予欲无言,盖欲明本,举本统末而示物于极者也。夫立言垂教,将以通性,而蔽至于湮。寄旨传辞,将以正邪,而势至于繁。既求道中,不可胜御,是以修本废言,则天而行化,以淳而观,则天地之心见于不言,寒暑代序,则不言之令行于四时,天岂谆谆者哉?"(转引自刘贡南:《道的传承——朱熹对孔子门人言行的诠释》,华东师范大学出版社2011年版,第67-68页)。二者都把言不能尽意的局限性作为孔子"欲无言"的根据。
⑤ 朱熹撰,朱杰人,严佐之,刘永翔主编:《朱子全书》,第7册,《论语精义》,上海:上海古籍出版社,合肥:安徽教育出版社2010年版,第587页。

说之际,盖无不可论之理也。圣人于此,但以子贡专求之于言语之间,而不察诸践履事为之实,故言此以发之,以见夫言之所论者,其实在此,而非以为子贡能言,而于此有所不能论也。故因子贡之未喻,而复以四时行、百物生晓之。夫天之不言,而四时行、百物生者,特不待言而理自著耳,岂言不能论之谓耶?且其所引以为说者,如曰默而成之,不言而信,天道至教,圣人至德,夫岂言不能论之谓耶?且必以为理有不可论者,是亦老、佛之意耳。夫既曰理矣,则仁义礼智,君臣父子之间,无不可言者。特以为专求之言,而不察其实,则为不可。而其实则又有不待言而显者耳,夫岂以为日用彝伦之外,别有一物恍恍惚惚,迥脱根尘,而不可以言论耶?必由是说,近则失其文义,而不可寻绎,远则乖于天理,而流于异端,不可以不深察也。①

朱熹认为孔子是为了激发子贡思考而言"无言",同时也认为,理是可言的,没有不可言说的道理,因为理本身就存在于日用人伦的关系和天地万物的变化之中,否定言意之间的分离,"朱熹就借助于事实上天理的流行与经验中已言的'天道',暂时消解了言的局限,并与企图在经验事实之外求道的、老、佛倾向划清了界限。"②

墨家是以儒家对立面的姿态出现在"百家争鸣"之中,但儒墨两家的语言观却并不完全对立,如《墨子·兼爱下》云:"常使若二君者,言必信,行必果,使言行之合,犹合符节也,无言而不行也。"③ 其"言必信,行必果"的思想与儒家是一致的。在言意关系论述,两家都认可"言尽意",只是孔子是从儒家积极入世的哲学出发强调语言的表情达意功能,提出"言以足志,文以足言"的言尽意论;墨家则是从实用实利的功利主义出发,重视语言,张扬语言的功能,他说:"王公大人用吾言,国必治;匹夫徒步之士用吾言,行必修。"④ 在语言功用方面表现出"治国修身"的自信。他在《小取》上提出"以辞抒意",《墨子·经上》曰:"循所闻而

---

① 朱熹撰,黄坤校点:《四书或问》,上海:上海古籍出版社2001年版,第381页。
② 刘贡南:《道的传承——朱熹对孔子门人言行的诠释》,上海:华东师范大学出版社2011年版,第5页。
③ 方勇译注:《墨子》,北京:中华书局2011年版,第139页。
④ 方勇译注:《墨子》,北京:中华书局2011年版,第456页。

得其意，心之察也。尽，莫不然也。言，口之利也。始，当时也。执所言而意得见，心之辩也。"① 从所听闻的事情明白所表达的意思，依据语言明白其含义，这是内心的思考能力和辨别力使然。也就是说，无论从听闻还是从表达而言，语言都能完整、准确地传情达意。

墨子注重语言使用的规则、方法，"名：达、类、私"。将"名"分为"达、类、私"三类，以"物"为达名。《经说上》解释说："物，达也，有实必待文多也。命之马，类也，若实也者，必以是名也。命之臧，私也，是名也，止于是实也。"② "达名"即通名，即所有事物可共用的普遍性的名称；类名，即某类事物的共名；私名，个体事物的具体名称。从这里可以看出，墨子对"名"的分类已经有概念的含义，并且认识到词和概念（意义）的不对应关系。"同一个概念可以用不同的词表示（同实异名），同一个词（这里主要是指语音形式一样）也可以表示不同的概念（同名异实）。"③

孟子继承了孔子的言意观。他首先肯定了思维与语言表达、意与言之间的基本一致性，也就是基本上是主张"言尽意"说的。其一，他提出"我知言，我善养吾浩然之气"④的"知言"说，"知言者，尽心知性，于凡天下之言，无不有以究极其理，而识其是非得失之所以然也。"⑤ 言语中蕴含着道理，孟子在肯定了言情、言意一致性的基础上承认言语表情达意的功能。他还进一步阐发了"知言"的内涵，曰："诐辞知其所蔽，淫辞知其所陷，邪辞知其所离，遁辞知其所穷。生于其心，害于其政。"⑥从反面说明了"知言"的范围，认为这四种言辞都是生于其心，源于思想，是"言能尽意"说的体现和表达。其二，他提出"以意逆志"说，其中"不以辞害志"其实蕴含的是"辞"是可以表达"志"的，唯其如此，读者才能凭借自己对诗言的理解推导诗意。

孟子与孔子相似，有时亦有言不尽意、言难尽意的困惑，特别是面对

---

① 方勇译注：《墨子》，北京：中华书局2011年版，第329－330页。
② 方勇译注：《墨子》，北京：中华书局2011年版，第345－346页。
③ 何九盈：《中国古代语言学史》，北京：商务印书馆2013年版，第53页。
④⑥ 杨伯峻：《孟子译注》，北京：中华书局2016年版，第66页。
⑤ 朱熹：《四书章句集注》，北京：中华书局2011年版，第215页。

一些天理大道的哲理问题时更是如此。在答公孙丑问"浩然之气"问题时，孟子直接感叹："难言也"，表现出无法用日常话语穷尽"浩然之气"背后之深意的困惑与窘迫。孟子还明确提出："言近而指远者，善言也"，① 这一方面正面指出了言与意之间可能存在的一种不一致、不平衡关系；另一方面体现出孟子的语言理想是以近言来指远旨，以有限之言表达无穷之意，也就是"不下带而道存"② 的君子之言。"这是在承认言意既统一又不一致，言既能尽意又不能尽意的'二律背反'中，寻求更高的辩证统一，比孔子又进了一步。"③ 孟子对语言对"道"的言说功能还是有隐约的担忧的，他说："梓匠轮舆能与人规矩，不能使人巧。"④ 可以言说的是标准规矩，而高明的技巧是难以言传的。这几乎与庄子《天道》中"轮扁斫轮"的寓言如出一辙。他提出的"尽信《书》，则不如无《书》"⑤ 与庄子《天道》中"世虽贵之，我犹不足贵也，为其贵非其贵也"⑥ 观点惊人相似。

荀子也主张"言尽意"。《正名》篇曰："辞也者，兼异实之名以论一意也。辨说也者，不异实名以喻动静之道也。"⑦ 荀子认为言辞是表达心意的工具，是人们思想感情沟通的载体。在他看来，那些名称和言辞是能充分表达思想、表达旨意的。荀子"言尽意"观是基于三种方式展开的。一是基于"王者制名"，曰："故，王者之制名，名定而实辨，道行而志通，则民慎率而一焉。"⑧ 他认为王者通过制定名称，表达自己的思想意图，这样名实一致，就能"道行""志通"，也就是政通令行了。二是基于对"君子之言"的描述，"君子之言，涉然而精，俛然而类，差差然而齐。彼正其名，当其辞，以务白其志义者也。彼名辞也者，志义之使也，足以相通则舍之矣；苟之，奸也。故名足以指实，辞足以见极，则舍之也。"⑨ 认为君子之言是"精、类、齐"的统一体，是足以指实、见极的。"志义"

---

①② 杨伯峻：《孟子译注》，北京：中华书局2016年版，第378页。
③ 朱立元：《言意之间的"不尽之尽"——略论〈周易〉的言意观》，《学术月刊》1994年第10期。
④ 杨伯峻：《孟子译注》，北京：中华书局2016年版，第364页。
⑤ 杨伯峻：《孟子译注》，北京：中华书局2016年版，第363页。
⑥ 方勇译注：《庄子》，北京：中华书局2010年版，第221页。
⑦ 方勇、李波译注：《荀子》，北京：中华书局2011年版，第365页。
⑧ 方勇、李波译注：《荀子》，北京：中华书局2011年版，第358页。
⑨ 方勇、李波译注：《荀子》，北京：中华书局2011年版，第367页。

即表达心意。三是基于对"圣人之辩"的推崇。荀子说:"心合于道,说合于心,辞合于说。正名而期,质请而喻,辨异而不过,推类而不悖,听则合文,辨则尽故。以正道而辨奸,犹引绳以持曲直。"① 认为圣人的辩说始终是以正道为中心的。"总体来看,荀子言能尽意观点展开的路径是以'凡同类同情者,其天官之意物也同'为认识论基础,借助王者制名、君子之言和圣人之辩表达出言能尽意的理想。"②

晋欧阳建著《言尽意论》,明确提出"言尽意"论。

> 形不待名,而方圆已著,色不俟称,而黑白以彰。然则名之于物无施者也,言之于理无为者也。而古今务于正名,圣贤不能去言,其故何也?诚以理得于心,非言不畅;物定于彼,非言不辨。言不畅志,则无以相接;名不辨物,则鉴识不显。鉴识显而名品殊,言称接而情志畅。原其所以,本其所由,非物有自然之名,理有必定之称也。欲辨其实,则殊其名。欲宣其志,则立其称。名逐物而迁,言因理而变。此犹声发响应,形存影附,不得相与为二。苟其不二,则无不尽,吾故以为尽矣。③

他以"言尽意"反对"言不尽意"说,认为名、言与"意"犹如声和响、形和影的关系,两者密不可分,也就是言、意是不可分离的,只能是"言尽意"。在欧阳建看来,语言是思想交流和表达的工具,两者是直接和必然的联系;同时,"言因理而变",语言也随着思想的发展而不断变化,指出了语言变化与人思想发展的关系,是非常有见识的;但同时,他也认为言"无不尽"意,这个虽然是针对"言不尽意"而提出的,具有特定的历史原因,但就言意表达而言,忽略了"言""意"的区别和"言外之意"的存在。

二、"言不尽意"

言意问题可谓是道家探讨的核心问题之一。老子的"言不尽意"观主

---

① 方勇、李波译注:《荀子》,北京:中华书局2011年版,第365页。
② 余多星、王习胜:《言·意·实:荀子的言意观及其现代诠释》,《学术探索》2021年第8期。
③ [清]严可均编:《全晋文》卷一百九,《全上古三代秦汉三国六朝文》,北京:中华书局1958年版,第2084页。

要有四个方面的表现。

一是认为道不可言说。《老子》开篇第一句说："道,可道,非常道;名,可名,非常名。无名,天地之始;有名,万物之母。"① 在老子看来,可以言说的"道"和可以指称的"名"都不是根本性、普遍性的。最高的"道"只能以"无名"称呼,"道隐无名""道常无名","道"超越了日常语词的表达范围,作为无形无名的"道",是混沌的、朦胧而又广大的,未能像日常人伦用语具有明确、清晰的概念,很难诉诸语言,具有不可言说性,也就是"道"无法明确地予以表达。"老庄的'道'所以'不可言状',并不是因为言意之间有差异,而是因为他们虚构的那个'道'本身不可捉摸,因而表示'道'的思想也不可能有明确的内容,自然语言文字也就难以确切表达了。"② 但在传情达意中,语言是最便捷有效的,又不得不以语言为媒介,这种不得以的言说又具有勉强性,老子又曰:"吾不知其名,字之曰道,强为之名曰大。"③ "道"作为世界本体,是不可以用名词来表述的,不是"名",只是"字"。邓晓芒却认为老子不是局限于词的意义的单一,而是不愿意赋予一个词单一的确定意义,是由于老子基于自然的哲学主张使然。他说:"一切哲学概念用日常方式来'取实予名'都是'不可名'的,否则就不是哲学概念而是经验事物了。语言是'人化自然',名词和命名体现了人对自然的能动的规定活动。老子故意逃避语言规定正说明他对'人为'的放弃。他企图使人直接溶化在自然中,与自然同一。"④

二是认为意可及"道"。道虽然无形无名的,但它蕴含于有形有名的万物中,会在万物中显现出来的。"万物负阴而抱阳,冲气以为和。"⑤ 负阴抱阳体现了万事万物的发展规律,只要用心体悟,道是可以获知的。

三是意是不可言说的。"大音希声,大象无形"。⑥ "道"的本质属性是自然无为,"道"是通过"无为"而"无不为"的。而如果有意欲以言语

---

① [魏]王弼注、楼宇烈校释:《老子道德经注校释》,北京:中华书局2016年版,第1页。
② 刘文英:《中国古代的言意问题(上)》,《兰州大学学报》1984年第1期,第42页。
③ [魏]王弼注、楼宇烈校释:《老子道德经注校释》,北京:中华书局2016年版,第63页。
④ 邓晓芒:《论中国哲学中的反语言学倾向》,《中州学刊》1992年第2期。
⑤ 汤漳平、王朝华译注:《老子》,北京:中华书局2014年版,第165页。
⑥ 汤漳平、王朝华译注:《老子》,北京:中华书局2014年版,第158页。

去体道,用言语去表达的"道",那"道"就非"道"了,言下之意就只能是与"道"相违的无用的糟粕了。

四是怀疑语言功能,进而以"希言"解决言道的矛盾。道是"无为无不为"的,又是不可言说的,但为使人们体道、悟道、践"道","道"又不得不屈就于人为层面。"道"的不可言说的本性与"道"的传播所需的言说性构成了矛盾。在此困境之下,老子只好借助语言,又规约语言。如他说:"圣人处无为之事,行不言之教。"① 将"无为"和"无言"相提并论,将"无言"的言辞行为置于他"无为而治"的哲学原则下,正如他的"无为而治"是倡导顺应自然规律,他的"无言"表现为"希言自然","故飘风不终朝,骤雨不终日。孰为此者?天地。天地尚不能久,何况人乎?故从事于道者同于道,德者同于德,失者同于失。故同于道者,道亦得之;同于失者,道亦失之。信不足焉,有不信焉。"② 即要少言,所言要符合自然规律,最好是不言。"知者不言,言者不知。"③ 故反对多言,认为"信言不美,美言不信。善者不辩,辩者不善。知者不博,博者不知。"④ 他的"少言"或"不言"是基于言语自然而言的,并不能由此就认为老子是完全否定言语功能的,恰恰是尊重语言的。他提出:"悠兮其贵言。功成事遂,百姓皆谓我自然。"⑤ 意思是要慎言,使其言合乎自然之道,其实解决的也是信言和美言的矛盾问题。

老子的言不尽意又意在言的言意观直接影响了庄子言意观。庄子在继承老子言意观的基础上,作了全面的发展和推进,达到了先秦道家言意关系理论的至高点。他明确提出了"言不尽意"的观点。

一是区别言说对象,强调"道"之本体的不可言说。庄子区别"物"与"道"的界限,认为"物",人们是可以随意称谓、命名的,而"道"却不能称谓、命名,只能依靠个人的体验去领悟。前者是形而下的名实关系,后者属于形而上的本体领域。其实这种区分从《论语》就有。

---

① 汤漳平、王朝华译注:《老子》,北京:中华书局2014年版,第8页。
② 汤漳平、王朝华译注:《老子》,北京:中华书局2014年版,第165页。
③ [魏]王弼注、楼宇烈校释:《老子道德经注校释》,北京:中华书局2016年版,第147页。
④ [魏]王弼注、楼宇烈校释:《老子道德经注校释》,北京:中华书局2016年版,第191页。
⑤ [魏]王弼注、楼宇烈校释:《老子道德经注校释》,北京:中华书局2016年版,第40页。

子贡曰："夫子之文章,可得而闻也;夫子之言性与天道,不可得而闻也。"①

子贡的意思是,孔子关于文献知识,依靠耳闻目睹是能学得到的;而人性和天道是耳闻目睹学不到的,也就是人性和天道的意义高奥神妙,依靠言语是难以理解把握的。

其实老子也是区别言说对象的,他的"美言""正言""言有宗""善言无瑕谪""吾言甚易知",认为"言"能够准确表达某些思想,并为人们所理解,而真正不能言说的是"道"。

二是明确道、言、意三者之别及其辩证关系。《庄子·天道》篇说:"世之所贵道者,书也。书不过语,语有贵也。语之所贵者意也,意有所随。意之所随者,不可以言传也,而世因贵言传书。"② 类似《周易·系辞》的"书不尽言,言不尽意"。③ 其含义是言语不能完全表达意蕴深刻的道理,"道"是言语所不能表达的。《庄子·天道》曰:"故视而可见者,形与色也;听而可闻者,名与声也。悲夫,世人以形色名声为足,以得彼之情。夫形色名声果不足以得彼之情,则知者不言,言者不知,而世岂识之哉?"④ 所见所闻所言都非道的实情,知道的不言语,言语的不知道,言不能尽意。"道"是精微而广大的,而语言作为一种符号其能指和所指的联系是由一定的社会需要和社会集体约定俗成来决定的,由于受到社会的发展和人们认知水平等因素的影响,语言符号的能指对所指的容纳力则是有限的。语言符号本身所具有规约性和有限性面对天理大道的无限性往往显得捉襟见肘,难以言说。但人们又不得不借助语言认识客观世界,记载认知成果,这种不得不的言说同时又限制了人们对客观世界认识的深度、广度和宽度,成为人们不可逃避的魔圈和陷阱。

三是认为"言"的缺陷限制了"道"。"道不可闻,闻而非也;道不可见,见而非也;道不可言,言而非也。知形形之不形乎,道不当名。"⑤

---

① 杨伯峻:《论语译注》,北京:中华书局2015年版,第68页。
② 方勇译注:《庄子》,北京:中华书局2010年版,第221页。
③ 杨天才、张善文译注:《周易》,北京:中华书局2011年版,第599页。
④ 方勇译注:《庄子》,北京:中华书局2010年版,第221-222页。
⑤ 方勇译注:《庄子》,北京:中华书局2010年版,第373页。

认为"道"是不可听、不可看、不可说的，其原因是"道"是有形之物的创造者而本身无形，所以不能给它命名。而一旦命名，就是强之为名。《庄子·天道》曰："昔者子呼我牛也而谓之牛，呼我马也而谓之马。"①其结果是"吾服也恒服，吾非以服有服"，②也就是语言能指和所指一旦固定，就限制了表达变化多端的"道"的功能。

四是解构、践行言意矛盾的三种方法：寓言、重言和卮言。庄子在《寓言》篇中说："寓言十九，重言十七，卮言日出，和以天倪。"③"寓言十九，藉外论之。亲父不为其子媒。亲父誉之，不若非其父者也；非吾罪也，人之罪也。与己同则应，不与己同则反；同与己为是之，异与己为非之。"④"寓言"就是寄托寓意的言论。"用对实存或不存的客观事物的描绘来承载道意，即将自己的思想寄寓到所假托之人的故事中去。"⑤是一种意在此，而言在彼的表达手法。寓言的目的是"藉外论之"，是借他人之言或借他物论之。因为在庄子看来，大道"寂漠无形，变化无常"，为世人难以理解、难以置信，所以非借他人之言他物来说明不可。这个"外"类似于《周易》中的"象"的概念。

"重言"指先哲时贤或书本之言。"重言十七，所以已言也，是为耆艾。年先矣，而无经纬本末以期年耆者，是非先也。人而无以先人，无人道也。人而无人道，是之谓陈人。"⑥庄子借"重言"的权威性论证自己欲传达之意，是将己言意比附于古人笔端，以解决自己言意不被世人接受的矛盾。

"卮言日出，和以天倪，因以曼衍，所以穷年。不言则齐，齐与言不齐，言与齐不齐也，故曰无言。言无言，终身言，未尝言；终身不言，未尝不言。"⑦"卮言"指作者自己每天说出的不着边际的言语，具有滔滔不绝、无穷无尽、变化无端、自然淳朴的特点，这样的语言最能表达"道"的混沌缥缈、变化莫测和运作无极。

庄子的言意观上承老子，下启秦汉，在魏晋玄学的言意之辨中又得到

---

①② 方勇译注：《庄子》，北京：中华书局2010年版，第218页。
③④⑥⑦ 方勇译注：《庄子》，北京：中华书局2010年版，第472页。
⑤ 孟庆丽：《试论先秦时期中国古代言意观的建构和"言意之辨"的滥觞》，苏州大学博士学位论文，2002年，第43页。

了新的阐释和发展。在"言不尽意"观走上极端的是张韩著的《不用舌论》。"留意于言。不如留意于不言。徒只无舌之通心。未尽有舌之必通心也。"①"普天地之与人物。亦何屑于有言哉。"② 认为言语难以表达思想，所以不需要言语。

在"言不尽意"论方面走得更远的是禅宗。他们否认语言在表达文义和人的思想所具有的功能，主张"禅灯默照"的精神领悟法，依靠"棒喝"传播禅法，在文字方面主张"不立文字，教外别传"，认为佛法义理无法用言辞或文字传达。禅宗二祖师慧可就曾明确提出"文字语言，徒劳施设"③。然到两宋，"不立文字"已经变成"大立文字"，出现了《灯录》《语录》禅法书籍。至明代，僧株宏指斥"不立文字"为"离教"、为"邪解"，指出："且文字，佛语也；观照，佛心也。由佛语而达佛心，此从凡而至圣者也。"④ 在佛教禅宗界，言意观由"言不尽意"走向了"言尽意"，也就是言意的二元对立走上了和解之路。

关于先秦诸子言意观的学派差异，有学者概括如下，"道家更喜好谈论言意之辩，因为日常语言难以承载其对高远玄妙之境的追逐；儒家更偏重言语的政教功用，为求言无所苟而主张诚意正身；法家墨家更在乎言动主君，发为刑政，为保证政事有序而主张循名责实，不过法家的循名责实属于实用的政治技艺，墨家对名实的探究则能深入到概念研究本身。而除了道儒法墨四家，在春秋战国时期，所有那些奔走于诸侯之门，欲凭游说博取富贵者，都很关心论辩的技巧，对言意难以相通的问题，也都深有体会。"⑤

三、"得意忘言"

"言"与"意"二元对立，建立在一个深刻的哲学悖论上，一方

---

① ② ［清］严可均编：《全上古三代秦汉三国六朝文·不用舌论》，北京：中华书局1958年版，第2077页。
③ 石峻等编：《中国佛教思想资料编 宋元明清卷》，北京：中华书局2014年版，第159页。
④ 石峻等编：《中国佛教思想资料编 宋元明清卷》，北京：中华书局2014年版，第121页。
⑤ 庞慧：《诸子言意观的学派差异》，《南京大学学报》2017年第5期。

面,人不能离开语言,语言是人类最重要的交流工具和思维工具;另一方面,人又不能依赖语言,因为语言对人同时也是危险的。庄子已经认识到语言的矛盾性和言意的对立性。他一方面表示不信任言语功能,另一方面又表述必须借助语言表达思想,秉持的是既利用又怀疑的态度。为解决言意之困,他主张"得意忘言"的言意观。《庄子·外物》曰:"筌者所以在鱼,得鱼而忘筌;蹄者所以在兔,得兔而忘蹄;言者所以在意,得意而忘言。"①《汉语大词典》释"筌"为"捕鱼器","蹄"为"捕兔的挂网",语言犹如"筌"与"蹄",皆为工具。庄子将语言视为传达思想、情感或"意"的工具或媒介。然而,语言本身有其局限性和不完美性,它往往难以完全捕捉和表达深邃的哲理、微妙的情感或丰富的意境。因此,当通过语言理解了其背后的深层意义或"意"时,便应超越语言的束缚,忘却语言的形式,直接体悟那份超越言语的真理或美感。

"得意忘言"说的另一代表人物是魏晋时期的王弼。他在《周易略例·明象》中论证了"言""象""意"之间的复杂关系。

> 夫象者,出意者也;言者,明象者也。尽意莫若象,尽象莫若言。言生于象,故可以寻言以观象;象生于意,故可以寻象以观意。意以象尽,象以言著。故言者,所以明象,得象而忘言;象者,所以存意,得意而忘象。犹蹄者所以在兔,得兔而忘蹄;筌者所以在鱼,得鱼而忘筌也。然则,言者,象之蹄也;象者,意之筌也。是故,存言者,非得象者也;存象者,非得意者也。象生于意而存象焉,则所存者乃非其象也;言生于象而存言焉,则所存者乃非其言也。然则,忘象者,乃得意者也;忘言者,乃得象者也。得意在忘象,得象在忘言。故立象以尽意,而象可忘也;重画以尽情伪,而画可忘也。②

他首先肯定了"象"能出"意"、"言"能明"象",通过"言""象"能尽"意",并且"言""象"为"意"服务是有层次性的,"言"为"象"服务,"象"为"意"服务,"象"的中介性质很明显;接着以

---

① 方勇译注:《庄子》,北京:中华书局2010年版,第466页。
② 楼宇烈:《王弼集校释》,北京:中华书局1980年版,第609页。

庄子的"得鱼忘筌""得兔忘蹄"为喻,说明"得象忘言""得意忘象","言""象"犹如"筌""蹄",是工具;最后从反面指出,存"言"存"象",反而不能"得象""得意",只有"忘象""忘言"才能"得意"。王弼的"意—象—言"说融合儒家和道家的"言意"观,其主导倾向还是"言不尽意"论。

荀粲的"言不尽意"论与王弼有所不同。《魏志·荀彧传注》引何劭《荀粲》载:"理之微者,非物象之所举也。今称立象以尽意,此非通于象外者也。系辞焉以尽言,此非言乎系表者也;斯则象外之意、系表之言,固蕴而不出矣。"① 认为真理或哲理的深奥性,超越了直接感知的物象范畴;言辞不一定能够触及言辞背后更深层的、超越言辞表面的意义或道理,也就是精深微妙的道理存在于象外意外而不能表达,"象""言"无法表达意外之意和言外之意。

北宋邵雍则批评王弼的"得意忘象忘言"论。他说:"有意必有言,有言必有象,有象必有数。数立则象生,象生则言彰,言彰则意显。象、数则筌蹄也,立、意则鱼兔也。得鱼兔而忘筌蹄,可也,舍筌蹄而求鱼兔,则未见其得也。"②

关于言、意、象的关系,《易·系辞上》首次阐述:

子曰:"书不尽言,言不尽意。"然则圣人之意,其不可见乎?子曰:"圣人立象以尽意,设卦以尽情伪,系辞焉以尽其言。"③

书、言不能完全表达所思所想,圣人创立"象"来完全表达他的思想。那么何为"象"?"圣人有以见天下之赜,而拟诸其形容,象其物宜,是故谓之象。"④ 也就是"象"是用某种象征符号比拟万物复杂的表象的卦象(符号)。《易·系辞下》曰:"象也者,像此者也。"⑤ 不是物象本身,却能代表物象。它们是通过"观物取象"确定下来的,"古者包牺氏之王

---

① [宋]陈寿著,[南朝宋]裴松之注,陈乃乾校点:《三国志》卷十,北京:中华书局1982年第2版,第319-320页。
② [宋]邵雍著,郭彧整理:《邵雍集》,北京:中华书局2010年版,第146页。
③ 杨天才、张善文译注:《周易》,北京:中华书局2011年版,第599页。
④ 杨天才、张善文译注:《周易》,北京:中华书局2011年版,第576页。
⑤ 杨天才、张善文译注:《周易》,北京:中华书局2011年版,第605页。

天下也,仰则观象于天,俯则观法于地,观鸟兽之文与地之宜,近取诸身,远取诸物,于是始作八卦,以通神明之德,以类万物之情。"① 是从世间万物中抽取出来的,具有高度的概括性和代表性。"象就是客观世界的形象。但是这个摹拟和形象并不是如照像那样照下来,如画象那样画下来。它是一种符号,以符号表示事物的'道'或'理'。六十四卦和三百八十四爻都是这样的符号。它们是如逻辑中所谓变项。一变项,可以代入一类或许多类事物,不论甚么类事物,只要合乎某种条件,都可以代入某一变项。"② "象"虽能代表"意"或传达"意",但毕竟不是"意"本身。圣人秉承"易则易知,简则易从"③的简易理念,用象征阴阳的两种符号通过叠加构成六四卦、三百八十六爻,赋予统揽万物之吉凶之意的使命。这就形成了"象"的有限性和"意"的无限性的矛盾。

此外,《周易》中的"象",无论是原指自然界与人事的种种现象,或是指具体事物的形态状貌,还是圣人创造的非拘于一事一物之"象",皆是有本来之"象",有"象"外之"象"。也就是"象"具有多重性和不确定性。正如钱钟书先生所言:"象虽一著,然非止一性一能,遂不限于一功一效,故一事物之象可以孑立应多,守常处变。"④ "象"是达"意"的。《周易》中所谓的"意"是"极深而研几"的道理,是"以言者尚其辞,以动者尚其变,以制器者尚其象,以卜筮者尚其占"⑤的四种圣人之道,也就是卦象中所蕴含的天下万物的运行变化之道和物象人事的吉凶之意。由此象意间形成"象"的不确定性和"意"的精细深奥的矛盾。从这两种矛盾可知,《周易》"立象以尽意","通过言象相佐的载体把吉凶悔吝之意传示于人,从这点来说是尽意的。但是,象因具有多义性,因此在怀有不同意向的卜筮之人面前,象便有了不能穷尽之意。"⑥ 也就是,其言意观是"言尽意"基础上的"言不尽意"。

---

① 杨天才、张善文译注:《周易》,北京:中华书局2011年版,第607页。
② 冯友兰:《中国哲学史新编》第二册,北京:人民出版社1984年第2版,第331-332页。
③ 杨天才、张善文译注:《周易》,北京:中华书局2011年版,第561页。
④ 钱钟书:《管锥篇》第一册,北京:中华书局1979年版,第39页。
⑤ 杨天才、张善文译注:《周易》,北京:中华书局2011年版,第589页。
⑥ 孟庆丽:《"言不尽意"与"立象以尽意"——〈周易〉的言意观探微》,《辽宁大学学报》2003年第4期。

这种"象"的不确定性和语言的模糊性是一致的。"语言是人类用以界定、认识客观事物的手段，而人类的认识官能对类的区分又总是界限不明确的。另外，人的认识具有主体性和选择性，不可能一览无余地把握和反映客观事物的全貌及其整个运动过程。这样，语言符号体系所标识的客观事物，是经过了人类意识的反映和加工，而不是客观事物的本身。"①

《周易》的这种"立象尽意"用"象"来沟通言意关系，以解决"书不尽言，言不尽意"的困难，从而构建起"书、言、意、象"四个范畴的言意关系图式，影响后世学者。汉代王充曾说："土龙与木主同，虽知非真，示当感动，立意于象，二也。"②"立意于象"相当于"立象尽意"。

东晋名僧竺道生曾反复强调"若忘荃取鱼，始可与言道矣"。③ 也就是说，学佛贵在具有忘言得意的探求佛道的工夫。他阐发说："夫象以尽意，得意则忘象，言以诠理，入理则言息。"④ 言辞是阐发佛理的工具，而当佛理被深入理解或领悟之后，言辞就不再是关注的焦点。

第二节　言即理："言语包含无限道理"

"思维是人类独有的高级心智活动，是大脑在人类进化过程中发展起来的一种对客观世界反映、概括、记忆、综合、分析、比较、选择、创造等的认知功能。"⑤ 语言是人类重要的表达思想和交流思想的工具，人类创造语言是为了表达和交流思想。

语言与思维的关系一直被语言学界所关注，然究竟是语言先于思维，还是思维先于语言；是语言决定思维，还是思维决定语言，学术界对其关系莫衷一是。概而言之，大概有四种观点：语言先于思维，思维先于语言，语言决定思维，思维决定语言。朱熹认为思维先于语言，他说："思

---

① 宋协立：《"言意之辨"：语言的局限性与文学的重要性》，《文史哲》1994 年第 2 期。
② [汉] 王充著，黄晖撰：《论衡校释》，北京：中华书局 1990 年版，第 1309 页。
③ [梁] 释僧祐撰，苏晋仁、萧炼子点校：《出三藏记集·道生法师传》，北京：中华书局 1995 年版，第 571 页。
④ 石峻等编：《中国佛教思想资料编 宋元明清卷》，北京：中华书局 2014 年版，第 216 页。
⑤ 瞿霭堂：《思维·思想和语言》，《民族语文》2004 年第 3 期。

在言与行之先。思无邪，则所言所行，皆无邪矣。惟其表里皆然，故谓之诚。"①

朱熹用理气思想阐释语言中的通假字现象。

> 五方之民，言语不通，却有暗合处。盖是风气之中，有自然之理，便有自然之字，非人力所能安排，如"福"与"备"通。②

朱熹所言的"自然之理""暗合处"其实就是人类思维。人类的思维方式是基本相同的，所有就存在相同的语言文字。从这句话可以看出，朱熹是认同思维影响语言的创造。

思想从根本上说是思维的认知成果，表现在经典文本上，就是文本道理或义理。"语言是思维的成果，语言是思想。……语言自身是一种思想，即思维的成果，但它还要承担为人的所有思想编码的任务。"③

一、朱熹"言即理"的立说

在朱熹看来，儒家典籍，承载着亘古亘今不可移易的常道，即天经地义之所在。如朱熹常说的圣人之书、古人之书、圣贤之书，皆为儒家经典和圣贤言语。朱熹推崇儒家经典、崇尚圣贤言语，认为圣贤言语即是圣贤思想。

> 盖知言只是知理。④
>
> 孔子言语一似没紧要说出来，自是包含无限道理，无些渗漏。⑤
>
> 只为不曾识得圣人言语。若识得圣人言语，便晓得天下道理；晓得理，便能切己用工如曾子也。⑥
>
> 言之所发，便是道理。人只将做言看，做外面看。且如而今对人说

---

① 黎靖德编，王星贤点校：《朱子语类》卷二十三，北京：中华书局2020年版，第666页。
② 黎靖德编，王星贤点校：《朱子语类》八十七，北京：中华书局2020年版，第2728页。
③ 瞿霭堂：《思维·思想和语言》，《民族语文》2004年第3期。
④ 黎靖德编，王星贤点校：《朱子语类》卷五十二，北京：中华书局2020年版，第1502页。
⑤ 黎靖德编，王星贤点校：《朱子语类》卷十九，北京：中华书局2020年版，第542–543页。
⑥ 黎靖德编，王星贤点校：《朱子语类》卷二十一，北京：中华书局2020年版，第598页。

话,人说许多,自家对他,便是自家己事,如何说是外面事!①

在朱熹看来,圣贤言语包含无限道理,读书求道关键是要理解圣人言语,因为理解了圣人言语就是理会了天下道理,"知言就是知理",言就是理。因为圣人创作经典的目的是传播他们的圣人大道,是方便后世学习悟道。

圣人千言万语,只是说个当然之理。恐人不晓,又笔之于书。自书契以来,《二典》、《三谟》、伊尹、武王、箕子、周公、孔、孟都只是如此,可谓尽矣。只就文字间求之,句句皆是。②

因此,后世文人要以敬畏之心仔细研读圣人经典,如他说:"凡吾心之所得,必以考之圣贤之书,脱有一字之不同,则更精思明辨,以益求至当之归,毋惮一时穷索之劳,使小惑苟解而大碍愈张也。"③ 强调理会圣贤经典的重要意义,要字斟句酌,认真思考,仔细分辨,以获得最为准确的圣贤之道。"大凡读书,须是熟读。熟读了,自精熟;精熟后,理自见得。如吃果子一般,劈头方咬开,未见滋味,便吃了。须是细嚼教烂,则滋味自出,方始识得这个是甜是苦是甘是辛,始为知味。"④ 朱熹强调熟读、精思、体悟圣人义理的重要性,但这种重要性是以文字为媒介的。这里,朱熹强调文字是圣人之道的载体。

熹窃谓人之所以为学者,以吾之心未若圣人之心故也。心未能若圣人之心,是烛理未明,无所准则,随其所好,高者过,卑者不及,而不自知其为过且不及也。若吾之心即与天地圣人之心无异也,则尚何学之为哉?故学者必因先之言以求圣人之意,因圣人之意以达天地之理,求之自浅以及深,至之自近以及远,循循有序,而不可以欲速迫切之心求也。⑤

朱熹认为,语言是通往圣贤和天理的基础。语言是载体和工具。这是

---

① 黎靖德编,王星贤点校:《朱子语类》卷五十二,北京:中华书局2020年版,第1511页。
② 黎靖德编,王星贤点校:《朱子语类》卷十一,北京:中华书局2020年版,第230-231页。
③ 朱熹撰,朱杰人、严佐之、刘永翔主编:《朱子全书》,第22册,《答吴晦叔》,上海:上海古籍出版社,合肥:安徽教育出版社2010年版,第1920页。
④ 黎靖德编,王星贤点校:《朱子语类》卷十,北京:中华书局2020年版,第206页。
⑤ 朱熹撰,朱杰人、严佐之、刘永翔主编:《朱子全书》,第22册,《答石子重》,上海:上海古籍出版社,合肥:安徽教育出版社2010年版,第1920页。

语言的基本功能。语言是文本的生命，是文本生存的世界，文本的全部内容都包含于语言之中。文本通过语言表达感情、交流思想、反映社会生活。

义理的无穷和语言表达的无力构成一对矛盾。而这矛盾的解决就是要格物。从空间和时间层面去一层一层、一次一次去穷究事物的道理，然后用语言进行多层次的表达。

所谓格物，便是要就这形而下之器，穷得那形而上之道理而已。①

大抵世间万事，其间义理精妙无穷，皆未易以一言断其始终。须看得玲珑透脱，不相妨碍，方是物格之验也。②

天地之间，万事万物都蕴含着道理，但这道理是无形无影的。其安身之处就是在日用事物上。"道不可须臾离，可离非道也"，这是道和物之间的关系。"博学于文"，文字中蕴含着道理，这个道理是语言文字本身的道理，也是万事万物通过语言记载而蕴含于语言中的道理。语言文字是道理的寓所，"所以无精粗小大，都一齐用理会过，盖非外物也。都一齐理会，方无所不尽，方周遍无疏缺处。"③

依朱熹看，圣贤作经以载道和圣人经典文本的目标是要教化、开悟天下及后世之人，如他说："孔子修《六经》，要为万世标准"④ "圣人因其所见道体之实，发之言语文字之间开悟天下与来世"⑤ "圣人之言坦易明白，因言以明道，正欲使天下后世由此求之"。⑥ 程颢、程颐亦云："圣贤千言万语，只是欲人将已放之心，约之使反，复入身来，自能寻向上来，下学而上达也。"⑦ 具体而言，朱熹认为圣贤言语就是使人求道明理，修身治心，修己安人。

---

① 黎靖德编，王星贤点校：《朱子语类》卷六十二，北京：中华书局2020年版，第1820页。
② 朱熹撰，朱杰人、严佐之、刘永翔主编：《朱子全书》，第22册，《答蔡季通》，上海：上海古籍出版社，合肥：安徽教育出版社2010年版，第2007页。
③ 黎靖德编，王星贤点校：《朱子语类》卷六十二，北京：中华书局2020年版，第1821页。
④ 黎靖德编，王星贤点校：《朱子语类》卷一百八，北京：中华书局2020年版，第3278页。
⑤ 朱熹撰，朱杰人、严佐之、刘永翔主编：《朱子全书》，第23册，《答汪叔耕》，上海：上海古籍出版社，合肥：安徽教育出版社2010年版，第2814页。
⑥ 黎靖德编，王星贤点校：《朱子语类》卷一百三十九，北京：中华书局2020年版，第4054页。
⑦ [宋]程颢、程颐：《二程全集》（上），武汉：崇文书局2021年版，第6页。

圣人作经，以诏后世，将使读者诵其文，思其义，有以知事理之当然，见道义之全体而身力行之，以入圣贤之域也。其言虽约，而天下之故，幽明巨细，靡不该焉。欲求道以入德者，舍此为无所用其心矣。①

熹窃观古昔圣贤所以教人为学之意，莫非使之讲明义理，以修其身，然后推以及人，非徒欲其务记览、为词章，以钓声名、取利禄而已也。……圣贤所以教人之法，具存于经，有志之士固当熟读深思而问辨之。②

研读经典、思考道义、实践德行，其终极目标是进入圣域，成为有德有才，能治国安国之圣贤，"圣贤作经垂世诏后，是为了使人们明其道、正其义，提升精神境，成就理想人格，任道直行，而不为声名利禄等世俗之物所羁绊。"③ 因此经典文献便有了独特的价值和功能。

古之圣人作为《六经》，以教后世。《易》以通幽明之故，《书》以纪政事之实，《诗》以导情性之正，《春秋》以示法戒之严，《礼》以正行，《乐》以和心。其于义理之精微，古今之得失，所以该贯发挥，究竟穷极，可谓盛矣。④

朱熹概括了《易》《书》《诗》《春秋》《礼》《乐》各经的功能，总体而言，它们记载着天下之理、圣贤之道，是后世之人为学入圣的经典文本和不易大法。正如朱熹所言："唯古之圣人为能尽之，而其所行所言，无不可为天下后世不易之大法。……是其桑然之迹、必然之效，盖莫不具于经训史册之中。欲穷天下之理而不即是而求之，则是正墙面而立尔。"⑤

---

① 朱熹撰，朱杰人、严佐之、刘永翔主编：《朱子全书》，第24册，《书临漳所刊四子后》，上海：上海古籍出版社，合肥：安徽教育出版社2010年版，第3895页。
② 朱熹撰，朱杰人、严佐之、刘永翔主编：《朱子全书》，第24册，《白鹿洞书院揭示》，上海：上海古籍出版社，合肥：安徽教育出版社2010年版，第3587页。
③ 曹海东：《朱熹经典阐释学范畴论要》，武汉：华中师范大学出版社2016年版，第9页。
④ 朱熹撰，朱杰人、严佐之、刘永翔主编：《朱子全书》，第24册，《建宁府建阳县学藏书记》，上海：上海古籍出版社，合肥：安徽教育出版社2010年版，第3745页。
⑤ 朱熹撰，朱杰人、严佐之、刘永翔主编：《朱子全书》，第20册，《行宫便殿奏礼二》，上海：上海古籍出版社，合肥：安徽教育出版社2010年版，第669页。

二、理学核心词及其理学思想

朱熹讲学著述时运用了大量探讨理学的词语，理学概念范畴涉及道德、宗教、政治、教育各领域，包括宇宙论、本体论、心性论、工夫论等内容。据徐时仪统计，《朱子语类》"理"有 10493 例，"道"8985 例，"心"7819 例，"性"3398 例，"命"1490 例等，其中"道理"2400 余例，"义理"551 例，"道心"170 例，"人心"463 例，"正心"149 例，"天命"263 例，"性情"137 例，"性命"126 例，"阴阳"665 例，"格物"406 例，"致知"414 例。这些理学词语体现了朱熹对宇宙万物的思考。① 朱熹理学核心词有：命、性、心、道、极、情、才、志、意、忠信、忠恕、一贯、诚、敬、理、德、中和、中庸、礼乐、经权、义利等，其中"命""性""心""理"理学词语可谓是朱熹理学的核心关键词，对其进行梳理分析，以见其所反映的理学思想。

（一）命

从文献中可以发现，以孔孟荀为代表的早期儒家和以老子、庄子为代表的先秦道家，都注重"命"。孔子有："五十而知天命"② "死生有命，富贵在天"③ "君子有三畏：畏天命、畏大人、畏圣人之言。小人不知天命而不畏也，狎大人，侮圣人之言"④ "不知命，无以为君子也"⑤ 等等，将"命"放在重要的位置上。孟子也讲"命"，他定义"命"为："莫之为而为者，天也；莫之致而至者，命也。"⑥ 认为"命"是一种无形而巨大的力量，却没有主宰者或指使者。孟子甚至把天下形势的变动，即"有道"和"无道"也归之于命运，曰："天下有道，小德役大德，小贤役大贤；天下

---

① 徐时仪、吴亦琦：《〈朱子语类〉理学核心词语考探》，《上海师范大学学报》2020 年第 6 期。
② 杨伯峻：《论语译注》，北京：中华书局 2015 年版，第 17 页。
③ 杨伯峻：《论语译注》，北京：中华书局 2015 年版，第 180 页。
④ 杨伯峻：《论语译注》，北京：中华书局 2015 年版，第 255 页。
⑤ 杨伯峻：《论语译注》，北京：中华书局 2015 年版，第 305 页。
⑥ 杨伯峻：《孟子译注》，北京：中华书局 2016 年版，第 242 页。

无道，小役大，弱役强。斯二者，天也。顺天者存，逆天者亡。"① 然而孟子绝不是宿命论者。他对命运的态度是："莫非命也，顺受其正；是故知命者不立乎岩墙之下。尽其道而死者，正命也；桎梏死者，非正命也。"② 在孟子看来，无论命运有多么巨大的力量，但依然要实行"仁义"。只要尽其道，死也是"正命"；如果胡作乱为，触犯刑罚而死，便不是"正命"。与孔孟尊崇天命不同的是，荀子对孔孟"死生有命，富贵在天"的"天命论"进行尖锐批判，提出"明于天人之分"③ 的唯物主义自然观。他认为"天行有常，不为尧存，不为桀亡。应之以治则吉，应之以乱则凶"，④ 天是无意志无目的的自然界，有固定的运行规律，不以个人的意志为转移，社会的治乱和国家的兴亡是政治造成的，与天没有关系。因此荀子提出了"制天命而用之"⑤ 的口号，人们只要发挥自己的主观能动作用，认识、掌握自然规律，尊重、顺应自然规律，就能改造自然界、利用自然界。他说："大天而思之，孰与物畜而制之？从天而颂之，孰与制天命而用之？望时而待之，孰与应时而使之？"⑥ 荀子所提出的是"人定胜天"的天命论。

老子提出作为宇宙本原的"道"，是一种客观存在，由此直接否定了孔孟的"天命观"；他提出"复命曰常"，⑦ 认为孕育新生命是正常的自然法则。庄子曰："死生，命也。其有夜旦之赏，天也。"⑧ 认识到人之生死犹如昼夜交替，是人力无法改变的自然法则。既然"死生命也"，那么面对生死最好的态度是"安之若命"，⑨ 将复归"命"、顺从"命"作为最高境界。汉代关于命的概念有天命、国命、人命、寿命、禄命、正命、随命等说法。

朱熹在继承前人的基础上，明确"命"有"理之命"和"气之命"之分。"命是天命，后引申为必然性、命运、命定，这是自理言之。个人

---

① 杨伯峻：《孟子译注》，北京：中华书局 2016 年版，第 180 页。
② 杨伯峻：《孟子译注》，北京：中华书局 2016 年版，第 334 页。
③④ 方勇、李波译注：《荀子》，北京：中华书局 2011 年版，第 265 页。
⑤⑥ 方勇、李波译注：《荀子》，北京：中华书局 2011 年版，第 274 页。
⑦ 汤漳平、王朝华译注：《老子》，北京：中华书局 2014 年版，第 61 页。
⑧ 方勇译注：《庄子》，北京：中华书局 2010 年版，第 100 页。
⑨ 方勇译注：《庄子》，北京：中华书局 2010 年版，第 61 页。

的命叫命分，或命运，因人所禀之气的多寡厚薄而不同，这是自气言之。命运有两部分：命和运。前者即天命，具有先天性和自然性，是人无法左右的趋势和结局；后者具有后天性和社会性，是人生经历的种种机遇和可能性。"① 朱子等认为人的寿命、命运和秉性都源于天命，人与人命运的区别在于气禀不同。

> 都是天所命。禀得精英之气，便为圣，为贤，便是得理之全，得理之正。禀得清明者，便英爽；禀得敦厚者，便温和；禀得清高者，便贵；禀得丰厚者，便富；禀得久长者，便寿；禀得衰颓薄浊者。②

朱熹认为，"命有两种：一种是贫富、贵贱、死生、寿夭，一种是清浊、偏正、智愚、贤不肖。一种属气，一种属理。"③ 也就是说，命是理和气的结合。而理之命叫"性分"，气之命是"命分"，"命分是兼气言之。命分有多寡厚薄之不同。"④ 对"命"的相关理学思想进行了阐释和区别：

> 命之正者出于理，命之变者出于气质。要之，皆天所付予。⑤
> 自天之所命，谓之明命，我这里得之于己，谓之明德，只是一个道理。⑥
> "'不知命'亦是气禀之命，'知天命'却是圣人知其性中四端之所自来。"⑦
> 曰："'死生有命'之'命'是带气言之，气便有禀得多少厚薄之不同。'天命谓性'之'命'，是纯乎理言之。然天之所命，毕竟皆不离乎气。"⑧

"天命谓性"是一个重要的哲学命题，它源自《中庸》开篇的一句话："天命之谓性，率性之谓道，修道之谓教。"其意可理解为人的本性或本质是由上天或自然所赋予的，"天命"即上天或自然赋予人的本质或本性，

---

① 鲁进：《理学核心概念的认知模式》，浙江大学博士学位论文，2015年，第58页。
②⑧ 黎靖德编，王星贤点校：《朱子语类》卷四，北京：中华书局2020年版，第95页。
③④ 黎靖德编，王星贤点校：《朱子语类》卷四，北京：中华书局2020年版，第94页。
⑤ 黎靖德编，王星贤点校：《朱子语类》卷四，北京：中华书局2020年版，第96页。
⑥ 黎靖德编，王星贤点校：《朱子语类》卷十七，北京：中华书局2020年版，第471页。
⑦ 黎靖德编，王星贤点校：《朱子语类》卷四，北京：中华书局2020年版，第97页。

这种本质或本性是符合宇宙间的普遍法则或道理的。

《朱子语类》中共出现"命"1490例，其语词构成及其使用频率如下：

天命$_{263}$、性命$_{126}$、有命$_{55}$、知命$_{42}$、正命$_{31}$、受命$_{26}$、天之命$_{26}$、明命$_{23}$、说命$_{22}$、非命$_{21}$、至命$_{19}$、言命$_{17}$、君命$_{17}$、听命$_{15}$、致命$_{15}$、命令$_{14}$、天之所命$_{11}$、立命$_{10}$、立命$_{10}$、顾命$_{9}$、命不足道$_{8}$、命分$_{7}$、辞命$_{7}$、即命$_{7}$、俟命$_{6}$、父命$_{6}$、命士$_{6}$、命妇$_{5}$、命辞$_{5}$、诰命$_{5}$、请命$_{5}$、成命$_{5}$、王命$_{5}$、帝命$_{5}$、请命$_{5}$、传命$_{5}$、命数$_{4}$、命数$_{4}$、策命$_{4}$、召命$_{4}$、命圭$_{4}$、委之于命$_{4}$、人命$_{4}$、革命$_{3}$、戒命$_{3}$、授命$_{3}$、舍命$_{3}$、待命$_{3}$、寄命$_{3}$、气禀之命$_{3}$、司命$_{2}$、定命$_{2}$、相命$_{2}$、降命$_{2}$、擅命$_{2}$、宝命$_{2}$、命格$_{2}$、命题$_{2}$、安于命$_{2}$、师命$_{1}$、禀命$_{1}$、词命$_{2}$、执命$_{1}$、奉命$_{1}$、谪命$_{1}$、尽命$_{1}$、使命$_{1}$、唯命$_{1}$、造命$_{1}$、安命$_{1}$、衔命$_{1}$、遗命$_{1}$、安命$_{1}$、委命$_{1}$、册命$_{1}$、试命$_{1}$、拌命$_{1}$、惜命$_{1}$、违命$_{1}$、论命$_{1}$、伪命$_{1}$、恃命$_{1}$、惟命是恃$_{1}$……

朱熹"命"的诸多词汇，可知其对"命"的重视。朱熹以理气分析命，认为命有"正命"和"变命"，正命出于理，变命出于气，但都源于天，是客观存在的。"天命，即天道之流行而赋于物者，乃事物所以当然之故也。"① 超越人类意志与控制的自然法则或宇宙秩序，天命重在理，具有浓厚的理学色彩，是其理学思想的体现"朱子作为两宋新儒学的集大成者，其命论亦同样体现出了集大成的特点，并且相比前人还有了较大程度的突破和发展。"②

（二）性

《汉语大词典》"性"收录的义项共12项：1. 人的本性。2. 泛指天赋，天性。3. 事物的性质或性能。4. 现常用为名词后缀，表示思想感情、生活态度和一定的范畴等。5. 生命，生机。6. 性情，脾气。7. 情绪。8. 体，体质。9. 姿态。10. 性别。11. 指与生殖、性欲有关的。12. 佛教语，指事物的本质。

---

① 朱熹：《四书章句集注》，北京：中华书局2011年版，第56页。
② 冯兵：《朱子论"命"：形态、结构与性质》，《哲学研究》2023年第5期。

《朱子语类》中关于"性"的语例共 3398 个,其中"性"的语词主要有:

性情$_{137}$、性命$_{126}$、性善$_{124}$、德性$_{99}$、尽性$_{76}$、气质之性$_{75}$、知性$_{68}$、为性$_{58}$、率性$_{54}$、情性$_{46}$、人性$_{42}$、养性$_{32}$、心性$_{31}$、索性$_{26}$、本然之性$_{23}$、天性$_{22}$、天命之性$_{18}$、天地之性$_{17}$、见性$_{17}$、本性$_{16}$、性恶$_{12}$、气禀之性$_{9}$、记性$_{9}$、无性$_{9}$、识性$_{8}$、复性$_{8}$、物性$_{7}$、性理$_{7}$、性气$_{6}$、水性$_{5}$、常性$_{4}$、循性$_{4}$、性质$_{4}$、药性$_{4}$、个性$_{4}$、弗性$_{3}$、生性$_{3}$、使性$_{3}$、火性$_{2}$、修性$_{2}$、善性$_{2}$、才性$_{2}$、禀性$_{2}$、性禀$_{2}$、正性$_{2}$、僻性$_{2}$、狼性$_{2}$、气性$_{2}$、本原之性$_{1}$、急性$_{1}$、阴性$_{1}$、性格$_{1}$、性体$_{1}$、性道$_{1}$、悟性$_{1}$、体性$_{1}$、质性$_{1}$、真性$_{1}$、性识$_{1}$、理性$_{1}$、属性$_{1}$、定性$_{1}$、恶性$_{1}$、属性$_{1}$、负性$_{1}$……

"性"这一概念在朱熹理学有不同的内涵,包含:1. 人的本性。2. 泛指天赋,天性。3. 事物的性质或性能。4. 性情,脾气。5. 情绪。6. 体,体质。7. 佛教语,指事物的本质等,有人物禀受的天地之理,即天命之性,或称为"天命""本然之性";有指人、物的气质之性,即"人性"和"物性"。

分析朱熹"性"的词汇,其所指的基本含义是本性。关于"本性"之"性",古人论述内涵丰富,如:"性相近也。"① "夫子之言性与天道,不可得而闻也。"② "天命之谓性。"③ "人性之善也,犹水之就下也。"④ "凡性者,天之就也,不可学,不可事。"⑤ "生之所以然者谓之性。性之和所生,精合感应,不事而自然谓之性。"⑥

"性"的理学含义体现于性情、性命、性善、德性、尽性、气质之性、知性、为性、率性、情性、人性、养性、心性、索性、本然之性、天性、天命之性、天地之性、见性、本性、性恶、气禀之性等高频词和核心词中。

朱熹对"性"作了定义,如:

性者,人生所禀之天理也。⑦

---

① 杨伯峻:《论语译注》,北京:中华书局 2015 年版,第 263 页。
② 杨伯峻:《论语译注》,北京:中华书局 2015 年版,第 68 页。
③ 王文锦:《礼记译解》,北京:中华书局 2016 年版,第 692 页。
④ 杨伯峻:《孟子译注》,北京:中华书局 2016 年版,第 281 页。
⑤⑥ 方勇、李波译注:《荀子》,北京:中华书局 2011 年版,第 377 页。
⑦ 朱熹:《四书章句集注》,北京:中华书局 2011 年版,第 304 页。

性者，人物所得以生之理也。①

性者，人所禀于天以生之理也，浑然至善，未尝有恶。②

"性"是每个人生来就禀赋的天理，是极其善良的，是人得以存在的根本原理，从人性论上看，"性"所强调的本性要合乎天理、伦理道德，即与宇宙普遍法则保持一致，也就是"性即理"，是二程所说的"在天曰命，在人曰性"命题的发展。

伊川说话，如今看来，中间宁无小小不同？只是大纲统体说得极善。如"性即理也"一语，直自孔子后，惟是伊川说得尽。这一句便是千万世说性之根基！理是个公共底物事，不解会不善。人做不是，自是失了性，却不是坏了着修。③

朱熹推崇"性即理"是"千万世说性之根基"，教育其门人要真正把握"性即理"的真正意涵。他认为"理"是普遍存在的、客观的规律或原则，人们应该遵循这些规律或原则来行事。如果人们的行为不符合这些规律或原则，那就是失去了自己的本性，即"失了性"。

与"性"相关的理学核心词，朱熹对"人性、物性""性、心、意、情、志""性、天道""性、生"等理学核心词进行的定义和区别。

朱熹认为"性"是万物共具的，"天下无无性之物。盖有此物，则有此性；无此物，则无此性。"④ 但人有"人性"，物有"物性"，两者之"性"相同，但有"赋形偏正""清浊昏明""明暗偏通""昏明厚薄"等气禀气质之异。"人物性本同，只气禀异。"⑤ 所以他说："性最难说，要说同亦得，要说异亦得。"⑥ 如何区分人性与物性？他以比喻、举例子等修辞手段反复比较说明两者的区别。

气相近，如知寒煖，识饥饱，好生恶死，趋利避害，人与物都一般。理不同，如蜂蚁之君臣，只是他义上有一点子明；虎狼之父子，只是他仁

---

① 朱熹：《四书章句集注》，北京：中华书局2011年版，第277页。
② 朱熹：《四书章句集注》，北京：中华书局2011年版，第234页。
③ 黎靖德编，王星贤点校：《朱子语类》卷九十三，北京：中华书局2020年版，第2878页。
④ 黎靖德编，王星贤点校：《朱子语类》卷四，北京：中华书局2020年版，第69页。
⑤⑥ 黎靖德编，王星贤点校：《朱子语类》卷四，北京：中华书局2020年版，第72页。

第二章 "言即理"与"言非理"的中和

上有一点子明；其他更推不去。恰似镜子，其他处都暗了，中间只有一两点子光。大凡物事禀得一边重，便占了其他底。如慈爱底人少断制，断制之人多残忍。盖仁多，便遮了义；义多，便遮了那仁。①

人物性本同，只气禀异。如水无有不清，倾放白椀中是一般色，及放黑椀中又是一般色，放青椀中又是一般色。②

性如日光，人物所受之不同，如隙窍之受光有大小也。人物被形质局定了，也是难得开广。如蝼蚁如此小，便只知得君臣之分而已。③

问："理是人物同得于天者。如物之无情者，亦有理否？"曰："固是有理，如舟只可行之于水，车只可行之于陆。"④

以上四个语例中，朱熹将"性"比喻为"日光""清水"，以"知寒煖、识饥饱、蜂蚁之君臣、虎狼之父子、豺獭之祭、蝼蚁之义、睢鸠之别、舟车"为例，说明两者的气质之异。

再看朱熹对"性""心""意""情""志"的界定和区别。

性者，即天理也，万物禀而受之，无一理之不具。心者，一身之主宰；意者，心之所发；情者，心之所动；志者，心之所之，比于情、意尤重；气者，即吾之血气而充乎体者也，比于他，则有形器而较麄者也。⑤

性即理也。在心唤做性，在事唤做理。⑥

朱熹善于以简明扼要的语言进行注释。"性""心""意""情""志"概念内涵错综复杂，抓住各自的特点进行阐释，寥寥数语，界定得明白易懂。如"意"与"志"的区别，《说文解字》以互释方式解释，所谓"志，意也""意，志也"，未能作截然的分别。朱熹倡导解经注释要简易明白，"窃谓须只似汉儒毛孔之流，略释训诂名物及文义理致尤难明者，而其易明处，更不须贴句相续，乃为得体。"⑦ 对此，郭在贻给予高度的评

---

① 黎靖德编，王星贤点校：《朱子语类》卷二十八，北京：中华书局2020年版，第883页。
②③ 黎靖德编，王星贤点校：《朱子语类》卷二十八，北京：中华书局2020年版，第72页。
④ 黎靖德编，王星贤点校：《朱子语类》卷四，北京：中华书局2020年版，第76页。
⑤ 黎靖德编，王星贤点校：《朱子语类》卷五，北京：中华书局2020年版，第118页。
⑥ 黎靖德编，王星贤点校：《朱子语类》卷五，北京：中华书局2020年版，第102页。
⑦ 朱熹撰，朱杰人、严佐之、刘永翔主编：《朱子全书》，第24册，《记解经》，上海：上海古籍出版社，合肥：安徽教育出版社2010年版，第3581页。

价：" 如果说，读六朝、唐人义疏之类的旧注，有堕五里雾中之感，那么读朱熹所注书，便如坐光风霁月之中，有心旷神怡之慨。这不能不说是宋学的优异之处。"①

同时朱熹在注释释善于抓住关键点，对于"性""心""意""情""志"而言，从字形来看，皆从"心"。朱熹运用形训法，通过字形来分析理学词汇的基本义理。

"心"字只一个字母，故"性""情"字皆从"心"。②

"且'性'字从'心'，便见得先有这心，便有许多物在其中。"③

曰："大抵都主于心。'性'字从'心'，从'生'；'情'字从'心'，从'青'。性是有此理。"④

"心之所之谓之志，日之所之谓之时。'志'字从'之'，从'心'；'旹'字从'之'，从'日'。如日在午时，在寅时，制字之义由此。志是心之所之，一直去底。意又是志之经营往来底，是那志底脚。凡营为、谋度、往来，皆意也。"⑤

问："情比意如何？"曰："情又是意底骨子。志与意都属情，'情'字较大，'性、情'字皆从'心'，所以说'心统性情'。心兼体用而言。性是心之理，情是心之用。"⑥

先生云："'志'是从'之'，从'心'，乃是心之所之。古'时'字从'之'，从'日'，亦是日之所至。盖日至于午，则谓之午时；至未，则谓之未时。十二时皆如此推。古者训'日'字，实也；'月'字，缺也。月则有缺时，日常实，是如此。如天行亦有差，月星行又迟，赶它不上。惟日，铁定如此。"⑦

人多说性方说心，看来当先说心。古人制字，亦先制得"心"字，"性"与"情"皆从"心"。⑧

朱熹从字形的构造视角分析"性""心""意""情""志"皆从

---

① 郭在贻：《训诂学》，中华书局2005年版，第131页。
②④⑧ 黎靖德编，王星贤点校：《朱子语类》卷五，北京：中华书局2020年版，第112页。
③ 黎靖德编，王星贤点校：《朱子语类》卷六十，北京：中华书局2020年版，第1756页。
⑤⑥ 黎靖德编，王星贤点校：《朱子语类》卷五，北京：中华书局2020年版，第118页。
⑦ 黎靖德编，王星贤点校：《朱子语类》卷二，北京：中华书局2020年版，第14页。

第二章 "言即理"与"言非理"的中和

"心",认为"心"是字母,从构字顺序看,先有字母,才能构造新字。这个"字母",相当于他所言的"形"和"文"。

> 大凡字,只声形二者而已。如"杨"字,"木"是形,"昜"是声,其余多有只从声者。按:六书中,形声其一。①

> 凡字,如"杨、柳"字,"木"是文,"昜、卯"是字;如"江、河"字,"水"是文,"工、可"是字。字者,滋也,谓滋添者是也。②

> 因说叶韵,先生曰:"此谓有文有字。文是形,字是声。文如从'水'从'金'从'木'从'日'从'月'之类;字是'皮、可、工、奚'之类。故郑渔仲云:'文,眼学也;字,耳学也。'盖以形、声别也。"③

"木"是"文",木是"形",所以,"文"就是"形"。而"字"是由"文"滋添而成的,也就是"形"+"声"构成"字"。这是从"字"的本义出发理解文字产生的方式,朱熹这里所言的"字"指的是形声字。朱熹也探讨文字造字的缘起。

> 或问:"仓颉作字,亦非细人。"曰:"此亦非自撰出,自是理如此。如'心'、'性'等字,未有时,如何撰得?只是有此理,自流出。"④

"心""性"造字源于"此理"。朱熹这种阐释已经认识到文字造字的自然之理。文字并不是某个人或某个时代的发明或创造,而是基于宇宙间存在的自然之理、人类共同的认知和经验而逐渐形成的。"心"是象形字,造字原理是基于大自然"心"的图画图案或刻划符号;而"性"是形声字,在仓颉造字时尚未创造出来,朱熹认为"性"是在"心"的基础上再创造而成的。朱熹所谈论的已经涉及了文字起源的问题,即文字起源于图画说。同时也涉及了文字创造方法。最初汉字数量可能很少,更多的是象形文字,不适应文字记录语言的实际需要,于是在繁衍新字的过程中总结新的造字方法,如汉字的"六书":象形、指事、会意、形声、转注、假借。朱熹所言的"心""性"从造字法看,由"象形"至"形声",本身

---

① ② ④ 黎靖德编,王星贤点校:《朱子语类》卷一百四十,北京:中华书局2020年版,第4074页。

③ 黎靖德编,王星贤点校:《朱子语类》卷一百四十,北京:中华书局2020年版,第4074—4075页。

就蕴含着文字造字法的发展历程，这是符合汉字发展的客观真理。

关于仓颉造字，《世本·作篇》云："黄帝使伶伦造磬，垂作钟，沮诵、苍颉作书，史皇作图。"① 《淮南子·泰族训》亦云："苍颉之初作书，以辩治百官，领理万事，愚者得以不忘，智者得以志远"。② 《说文解字·叙》曰："黄帝之史官仓颉，见鸟兽蹄远之迹，知分理之可相别异也，初造书契。百工以乂，万品以察，盖取诸夬"。③ 《荀子·解蔽》说："故好书者众矣，而仓颉独传者，壹也。"④ 对仓颉造字的历史、缘由、方法、意义作了记载。"尽管上述这些说法不一定完全可信，但这也说明一个重要的历史现象：早期汉字的产生和其他物质文明的创造及技术的创新一样，是社会进化到一定阶段的产物，而且也是社会政治组织发展进化的需要，不是一个单一的偶然现象。如果说由于社会生活和社会政治组织发展的需要，在古史传说时代出现像仓颉那样的史官来收集整理原始文字性的符号或图形，创制早期汉字就完全有可能了。"⑤ 朱熹在此句话语中认为仓颉造字并非自己杜撰的，而是文字发展客观事实的自然体现，其论说是相当深刻的。

文字是记录语言的符号系统，一种成熟的文字应该具有统一且固定的符号系统，其表意应具有约定俗成性、确定性和记录语言的精细性。朱熹通过探讨文字起源和文字造字方法以论述其"心性"理学思想，正是基于其认识到文字、语言和思想的关系。同时，朱熹关于文字起源和字形词义间关系的论说，体现其心性和理气思想，这与二程思想是一致的。

凡物之名字，自与音义气理相通。除其他有体质可以指论而得名者之外，如天之所以为天，天未名时，本亦无名，只是苍苍然也，何以便有此名？盖出自然之理，音声发于其气，遂有此名此字。如今之听声之精者，便知人性，善卜者知人姓名，理由此也。⑥

---

① 宋衷注，秦嘉谟等辑：《世本八种·世本下》，北京：中华书局2008年版，第78页。
② [西汉] 刘安：《淮南子》，长沙：岳麓书社2015年版，第215页。
③ [东汉] 许慎：《说文解字》，北京：中华书局2013年版，第316页。
④ 方勇、李波译注：《荀子》，北京：中华书局2015年版，第347页。
⑤ 王晖：《中国文字起源时代研究》，《陕西师范大学学报》2011年第3期，第5-23页。
⑥ [宋] 程颢、程颐著，张旭辉整理：《二程全集》，武汉：崇文书局2021年版，第9页

第二章 "言即理"与"言非理"的中和

文字是记录语言的书写符号系统，汉字是目前世界上最古老的表意文字，它是形、音、义的结合体。学术界普遍认为刻划符号、图象符号不是文字，因为它们虽有图形、也表示相对模糊的含义，却没有固定的读音与之相匹配。"无法把一组符号连缀起来和词句相对应。换言之，图形符号要变成真正的文字，就必须能够记录一些哪怕是最简单的词语和句子，能读出声来。"① 二程也认识到文字（词语）形、音、义缺一不可的原理。同时，一种文字符号的成熟不是一蹴而成的，而是要经过漫长岁月的使用实际和约定俗成而不断创造、整理形成的。这个约定俗成的原则，二程认为就是要"音义气理相通"。语言起源于声音，"天，颠也"，发音时舌尖靠前，由发音就蕴含"高远"之义，"天""颠"是同源词，也就是词语的起源要和"音义气理"相联系，由内外气流共同决定。再如"日，实也"，即"盛阳不亏"，也是同源词。二程的论述非常精妙，既指出语词发音和人的发声的生理特征相联系，更从"理"的角度指出语词命名要求人和外部自然相互适应，并由此扩展而来，听人的声音就能感受到人的善恶，已经认识到语音与自然、与人、与社会的关系。朱熹也认识到语言与自然和人的关系。

"韩无咎文做着尽和平，有中原之旧，无南方啁哳之音。"②

"却是广中人说得声音尚好，盖彼中地尚中正。自洛中脊以来，只是太边南去，故有些热。若闽浙则皆边东角矣，闽浙声音尤不可正。"③

以上所论为语音与地理的关系。

"凡音之起，由人心生也。"④

指出语（乐）音与人心的关系。

关于语言与人的关系，二程举"善卜者知人姓名"为例，认为人的名字中蕴含着人的善恶。人名是语言符号中表示对人称呼的符号，名与人是

---

① 杨邦拓展，裘士京：《亚洲文字起源新探》，《世界历史》1993年第5期，第64—71页。
② 黎靖德编，王星贤点校：《朱子语类》卷一百三十九，北京：中华书局2020年版，第4051页。
③ 黎靖德编，王星贤点校：《朱子语类》卷一百三十八，北京：中华书局2020年版，第4011页。
④ 黎靖德编，王星贤点校：《朱子语类》卷八十七，北京：中华书局2020年版，第2746页。

指称与被指称的关系，具有符号的约定俗成性，但与其他符号不同的是，人名与人之间的关系似乎更紧密，以至于在某种情况下往往将名等同于人，"涉及谁的名字，就意蕴着涉及他本人或者涉及这个名字的存在者。这样将语言符号与客体实在，指称者与被指称者的简单等同，致使语言符号获得了特殊的魔力。"① 如古代的巫术往往利用人名和邪术伤害人，以贱命称呼小孩，以及巫术中神祇显灵、显灵、拆字、谶语、预言、妖言等，都是语言的崇拜使然。语言的魔力自文字创造之初就具有。"古者包牺氏之王天下也，仰则观象于天，俯则观法于地，观鸟兽之文与地之宜，近取诸身，远取诸物，于是始作八卦，以通神明之德，以类万物之情。"② 被认为文字起源的"八卦"是用来会通神明的，是人神会通的工具，具有魔法神力和神秘色彩。

（三）心

《朱子语类》中共出现"心"7817次，其词类型丰富，根据音节数量分析，有双音节词（语）、三音节词（语）、四音节词（语）、多音节词（语）；根据词性分析，有名词、动词、形容词。双音节词（语），又分为"名+心"结构、"心+名"结构、"动+心"结构、"形+心"结构、"心+形（动）"结构、"数+心"结构。具体如下：

"名+心"结构：人心、道心、天心、民心、本心、仁心、觉心、利心、良心、爱心、善心、孝心、忠心、诚心、喜心、怒心、脚心、背心、句心。

"心+名"结构：心性、心胸、心头、心力、心情、心体、心目、心君、心思、心神、心志、心意、心德、心术、心病、心肝、心肠、心肺。

"动+心"结构：格心、敬心、治心、主心、用心、养心、尽心、存心、安心、定心、放心、知心、提心、立心、贴心、玩心、正心、归心、耐心、操心、紧心、专心、悦心、平心、走心、入心、洗心、攻心、失心、游心、惧心、动心、同心、合心、齐心、设心、得心、遂心、留心、甘心、着心、下心、痛心、闹心、反心、当心、从心、发心、经心、死心。

---

① 张立文：《得忘之间：语言、形象、意境》，《中国人民大学学报》2001年第3期。
② 杨天文、张善文译注：《周易》，北京：中华书局2011年版，第607页。

"形+心"结构：明心、静心、虚心、实心、初心、公心、私心、宽心、精心、空心、粗心、细心、真心、寒心、苦心、热心、邪心、大心、小心、中心。

"数+心"结构：一心、两心。

"心+形（动）"结构：心静、心醒、心晓、心精、心粗、心烦、心泰、心得、心印、心灵、心里、心中、心死、心活。

三音节词（语）：是底心、收放心、心广大、心便活、心光明、心走作、心驰逐、心散漫。

四音节词（语），分为"名+之心"结构、"形+之心"结构、"动+之心"结构、"动+此心"结构。

"名+之心"结构：天地之心、圣贤之心、圣人之心、义理之心、物欲之心、知觉之心、自家之心、鬼神之心、赤子之心、祖考之心、生物之心、五脏之心。

"形+之心"结构：是非之心、羞恶之心、辞逊之心、孝弟之心、恻隐之心、苟且之心、慈幼之心、敬畏之心、诚敬之心、教惰之心。

"动+之心"结构：爱君之心、爱民之心、计获之心、干禄之心、外慕之心、恕己之心、责人之心、爱己之心、爱牛之心、好色之心、战惧之心、不忍之心、害人之心、不是底心、死生之心、知觉之心、主宰之心、虚灵之心、狎侮之心。

"动+此（其）心"结构：收敛此心、收拾此心、管摄此心、维持此心、操存此心、提撕此心、支离其心。

其他成语：识心见性、心宽体胖、心常惺惺、心不在焉、心统性情、心与理一。

五双音节及以上短语：鸟兽草木之心、功名利禄底心、无欲穿窬之心、虚灵不昧之心、已发未发之心。

朱熹所使用的"心"的词义包含：

一是心脏，人和脊椎动物体内推动血液循坏的肌性器官。

如肺肝五脏之心，却是实有一物。[①]

[①] 黎靖德编，王星贤点校：《朱子语类》卷五，北京：中华书局2020年版，第107页。

二是心脏所在的部位,泛指胸部。

放开眼目,推广心胸,此是甚气象!①

三是古人以为思维器官,后沿用为脑的代称。

朱熹阐释《孟子·告子上》"心之官则思"为"心虽主于思,又须着思,方得其所思。若不思,则邪思杂虑便顺他做去,却害事。"②

四是思想、感情、意念的通称。

今顷刻便退,君臣如何得同心理会事!③

五是本性,性情。此义用例最多。

春夏秋冬便是天地之心;天命流行有所主宰,其所以为春夏秋冬,便是性;造化发用便是情。④

六是中心,中央。

须是常在那中心十字上立,方是致中。⑤

七是哲学名词,指人的主观意识,与"物"相对,认为"心"是世界的本体。

吾之心,即天地之心。圣人即川之流,便见得也是此理,无往而非极致。⑥

朱熹主"性即理",从《朱子语类》中所用的词语及其含义可以看出,朱熹"心"论思想非常丰富,"朱熹之学,如其说是理学,毋宁说是心学。"⑦ 人心、道心、仁心、觉心、本心、正心、格心、知觉之心、主宰之

---

① 黎靖德编,王星贤点校:《朱子语类》卷三十三,北京:中华书局2020年版,第1032页。
② 黎靖德编,王星贤点校:《朱子语类》卷五十八,北京:中华书局2020年版,第1721页。
③ 黎靖德编,王星贤点校:《朱子语类》卷一百二十八,北京:中华书局2020年版,第3745页。
④ 黎靖德编,王星贤点校:《朱子语类》卷九十五,北京:中华书局2020年版,第2955页。
⑤ 黎靖德编,王星贤点校:《朱子语类》卷一百一十三,北京:中华书局2020年版,第3352页。
⑥ 黎靖德编,王星贤点校:《朱子语类》卷三十六,北京:中华书局2020年版,第1186页。
⑦ 沈顺福:《朱熹之学:理学抑或心学》,《社会科学研究》2017年第5期。

心、虚灵之心、心统性情、心与理一、已发未发之心,等等,皆为朱熹理学思想重要内容。

朱熹强调"心"的作用,他主张"心统性情"。从文字上构成看,他认为"性"和"情""志""德"是从"心"的。

"此全在'德'字。'德'字从'心'者,以其得之于心也。如为孝,是心中得这个孝;为仁,是心中得这个仁。若只是外面恁地,中心不如此,便不是德。"①

朱熹从文字构造视角分析其所蕴含的理学思想,强调心的主宰作用。在朱熹哲学中,心的基本意义是指知觉,即能觉,包含有各种具体的思维内容,因此有善恶、正邪之别,由此有"人心""道心"之分。

或问"人心、道心"之别。曰:"只是这一个心,知觉从耳目之欲上去,便是人心;知觉从义理上去,便是道心。人心则危而易陷,道心则微而难着。"②

人只有一个心,但知觉得道理底是道心,知觉得声色臭味底是人心,不争得多。③

朱熹所言的"道心"是所知觉的内容合于道德原则的,出于"天理"或"性命之正",可以说"道心"主于天理,凡属于"义理"的才是"道心","道心是本来禀受得仁义礼智之心。"④ "义理上起底见识便是道心。"⑤ 此外,朱熹从君臣、父子等伦常关系认为:"知觉从君臣父子处,便是道心。"⑥ "道心即恻隐、羞恶之心。"⑦ 同时,"道心"是"善心",是得于天地之正,发于义理之公,是圣人所具备的,"圣人全是道心主宰。""圣人纯是道心。"⑧而所知觉的内容主于个人情欲的是"人心""人

---

① 黎靖德编,王星贤点校:《朱子语类》卷二十三,北京:中华书局2020年版,第654页。
② 黎靖德编,王星贤点校:《朱子语类》卷七十八,北京:中华书局2020年版,第2450页。
③ 黎靖德编,王星贤点校:《朱子语类》卷七十八,北京:中华书局2020年版,第2451页。
④⑧ 黎靖德编,王星贤点校:《朱子语类》卷七十八,北京:中华书局2020年版,第2461页。
⑤⑥ 黎靖德编,王星贤点校:《朱子语类》卷七十八,北京:中华书局2020年版,第2452页。
⑦ 黎靖德编,王星贤点校:《朱子语类》卷一百一十八,北京:中华书局2020年版,第3495页。

心者，人欲也；危者，危殆也。"① "人心便是饥而思食，寒而思衣底心。"② "知觉从耳目之欲上去，便是人心。"③ 把人的饥食渴饮寒衣、耳目之欲看作是"人欲"。在人的思维方式和言语行为中，必须让"道心"主宰"人心"，"必使道心常为一身之主，而人心每听命焉，同危者安、微者著，而动静云为自无过不及之差矣。"④ 不能让"人心"胜了"道心"。

朱熹从"道心"这个核心词，贯穿起"天理""性命""义理""仁义礼智""恻隐""羞恶""公心""私心""人欲""圣人""天地之性""天命之性"等理学词语，表达朱熹"十六字心法"的道统思想。

"心"之所以有知觉功能是因为心之虚灵的缘故，"虚灵自是心之本体。"⑤ "唯心乃虚明洞彻。"⑥ "心之全体湛然虚明，万理具足，无一毫私欲之间；其流行该徧，贯乎动静，而妙用又无不在焉。"⑦ 朱熹强调虚心、明心。他用"明镜止水"比喻"心"之虚明。

圣人之心如明镜止水，赤子之心如何比得？⑧

今且要读书，须先定其心，使之如止水，如明镜。暗镜如何照物！⑨

朱熹所强调的"心"之功能，源于孟子"心之官则思，思则得之，不思则不得也"，⑩ 心被视为思维的器官，认为心是主导思考、情感和意识的中心，具有认识世界和改造世界的能力。

（四）理

"理"的本义是指治理玉石，《说文解字》释为，"理，治玉也，从王里声。"段玉裁注："《战国策》郑人谓玉之未理者为璞，是理为剖析也。"引伸为肌理、文理和条理等，表示物质组织的纹路。戴震在《孟子字义疏

---

① 黎靖德编，王星贤点校：《朱子语类》卷七十八，北京：中华书局2020年版，第2460页。
② 黎靖德编，王星贤点校：《朱子语类》卷七十八，北京：中华书局2020年版，第2459页。
③ 黎靖德编，王星贤点校：《朱子语类》卷七十八，北京：中华书局2020年版，第2450页。
④ 朱熹：《四书章句集注》，北京：中华书局2011年版，第16页。
⑤ 黎靖德编，王星贤点校：《朱子语类》卷五，北京：中华书局2020年版，第107页。
⑥ 黎靖德编，王星贤点校：《朱子语类》卷五，北京：中华书局2020年版，第110页。
⑦ 黎靖德编，王星贤点校：《朱子语类》卷五，北京：中华书局2020年版，第116页。
⑧ 黎靖德编，王星贤点校：《朱子语类》卷九十七，北京：中华书局2020年版，第3051页。
⑨ 黎靖德编，王星贤点校：《朱子语类》卷十一，北京：中华书局2020年版，第218页。
⑩ 杨伯峻：《孟子译注》，北京：中华书局2016年版，第298页。

证》中说:"理者,察之而几微必区以别之名也,是故谓之分理;在物之质,曰肌理,曰腠理,曰文理,得其分则有条而不紊,谓之条理。"① 孟子说:"始条理者,智之事也;终条理者,圣之事也。"② 再引申为道理、事理、本性等。《周易·系辞上传》说:"易简而天下之理得矣。天下之理得。而成位乎其中矣。"③ 此理是准则、义理和道理。《周易·坤》曰:"君子黄中通理。"④ 孔颖达疏:"'黄中通理'者,以黄居中,兼四方之色,奉承臣职,是通晓物理也。"⑤ 指事理。《礼记·乐记》曰:"好恶无节于内,知诱于外,不能反躬,天理灭矣。"⑥ 此理,犹性,即指本性。"理"的义项还有:容止或行动、法律,法纪,治理狱讼的官,掌刑狱的署官等。以上之"理"都是名词。动词理的义项主要有"治理""整治"义,如《周易·系辞下》曰:"理财正辞,禁民为非曰义。"⑦ 此"理"为治;有"申诉""辩白"义,《庄子·盗跖》曰:"鲍子立乾,申子自理,廉之害也。"⑧

《朱子语类》中"理"的使用频率共 10493 次,词性包括名词、动词和形容词,词义包含:治玉、物质组织的纹路、本性、道理、事理、容止或行动、名分、治理、整理、医治、治乱等,其主要的构词及其词频如下(右下标数字表示词频):

道理$_{2475}$、理会$_{2240}$、天理$_{634}$、义理$_{565}$、穷理$_{290}$、实理$_{146}$、有理$_{108}$、条理$_{91}$、事理$_{85}$、正理$_{53}$、常理$_{40}$、文理$_{38}$、说理$_{38}$、顺理$_{36}$、众理$_{32}$、地理$_{28}$、定理$_{28}$、生理$_{27}$、伦理$_{25}$、物理$_{25}$、为理$_{25}$、中理$_{22}$、明理$_{24}$、整理$_{21}$、合理$_{18}$、循理$_{18}$、至理$_{18}$、观理$_{15}$、逆理$_{13}$、情理$_{11}$、无理$_{10}$、直理$_8$、理顺$_7$、论理$_7$、察理$_7$……

---

① [清]戴震著,何文光整理:《孟子字义疏证》,北京:中华书局 2008 年第 2 版,第 1 页。
② 杨伯峻译注:《孟子译注》,北京:中华书局 2016 年版,第 256 页。
③ 杨天才、张善文译注:《周易》,北京:中华书局 2011 年版,第 561 页。
④ 杨天才、张善文译注:《周易》,北京:中华书局 2011 年版,第 42 页。
⑤ [魏]王弼,[晋]韩康伯注,[唐]孔颖达疏,于天宝点校:《宋本周易注疏》,北京:中华书局 2018 年版,第 51 页。
⑥ 王文锦译解:《礼记译解》,北京:中华书局 2016 年版,第 475 页。
⑦ 杨天才、张善文译注:《周易》,北京:中华书局 2011 年版,第 606 页。
⑧ 方勇译注:《庄子》,北京:中华书局 2010 年版,第 518 页。

作为道统传承者和光大者的朱熹，以继承孔孟儒家大道为己任，《朱子语类》中"理"的五个高频词"道理""理会""天理""义理""穷理"都与其道之弘扬有关。

朱熹关于"理"的论说，体现其理学思想，如他对"道""理"词义的区别体现其"理一分殊"的理学思想。

道是统名，理是细目。"①

"道"是总名，"理"是分名，前者包含后者。②

理只是这一个。道理则同，其分不同。君臣有君臣之理，父子有父子之理。③

"'道'字包得大，理是'道'字里面许多理脉。"又曰："'道'字宏大，'理'字精密。"④

"道"和"理"是总分关系，"道"蕴含"理"，体现其"理一分殊"的思想。再如："道者，天理之自然。"⑤"非礼勿视听言动，便是天理；非礼而视听言动，便是人欲。"⑥"天者，理而已矣。大之字小，小之事大，皆理之当然也。"⑦朱熹以"天理"释"道"、释"非礼勿视听言动"，以"理"释"天"，皆是其理学思想的体现。

三、读书关键词及其中和思想

朱熹注重读书方法，《朱子语类》卷十、卷十一专论读书法，他的弟子将其概括为六种：循序渐进、熟读精思、虚心涵养、切己体察、着紧用力、居敬持志。

朱熹重视读书文本的重新选择，体现在对经书文本的选择上。最早确定为"经"的六种文献是《诗经》《书经》《礼经》《乐经》《易经》《春秋》，史称"孔子删定六经"。唐颜师古考订统一各种经本文字之异同而成《五经定本》，孔颖达考校各种经本义疏之异同而成《五经正义》，之后又

---

①④⑥ 黎靖德编，王星贤点校：《朱子语类》卷六，北京：中华书局2020年版，第121页。
②③ 黎靖德编，王星贤点校：《朱子语类》卷六，北京：中华书局2020年版，第122页。
⑤ 朱熹：《四书章句集注》，北京：中华书局2011年版，第215页。
⑦ 朱熹：《四书章句集注》，北京：中华书局2011年版，第200页。

发展成"九经",即《诗经》《书经》《周礼》《仪礼》《礼记》《左传》《公羊传》《谷梁传》《易经》。朱熹重组经典文本,推崇《大学》《中庸》《论语》《孟子》,合成"四书",并几乎用毕生精力编著《四书章句集注》。在读书内容和学习秩序方面,他作了重新规定:先读《大学》,以定其规模;次读《论语》,以立其根本;次读《孟子》,以观其发越;次读《中庸》,以求古人之微妙处。① 他说:"《语》《孟》《中庸》《大学》是熟饭,看其他经,是打禾为饭。"② 形象地将"四书"比喻为"熟饭",而"其他经书"是"打禾为饭"。"禾"是"粟"或"稻","打禾为饭"即"将禾、道做成熟饭"。朱熹认为"四书"易晓易学易会,而其他经书则难晓难学难理会,学习其他经书犹如要将禾、稻经过加工才能成为熟饭,也就是要有前期的知识储备。朱熹在此强调的是"四书"和"其他经书"的难易程度的不同以及由此需求的读书秩序的不同,但他并没有由此就主张废弃其他经书的学习,他亦强调经、史、注(解)、传等内容的熟读精思。朱熹对读书内容的重视可通过其文本语言中学习内容的核心词及其词频体现出来(见表2-1)。

表2-1　　　　　　　朱熹学习内容核心词及词频

书$_{289}$	观书$_{16}$、书册$_8$、看书$_7$、史书$_7$、经书$_3$、书院$_2$、书史$_1$、书契$_1$、书句$_1$、示书$_1$
理$_{158}$	理会$_{59}$、道理$_{40}$、义理$_{27}$、天理$_3$、于理$_3$、穷理$_2$、条理$_2$、伦理$_1$、正理$_1$、地理$_1$、见理$_1$、理顺$_1$、心与理一$_1$
文$_{118}$	文字$_{68}$、文义$_{11}$、本文$_7$、正文$_7$、作文$_6$、时文$_3$、文章$_2$、随文$_2$、上下文$_2$、学文$_1$、为文$_1$、文物$_1$、文势$_1$、文人$_1$、杂文$_1$、天文$_1$、古文$_1$
意$_{100}$	意思$_{26}$、意味$_7$、文意$_4$、私意$_3$、己意$_4$、经意$_2$、用意$_2$、急意$_2$、本意$_2$、以意逆志$_2$、意义$_1$、新意$_1$、大意$_1$、正意$_1$、指意$_1$、语意$_1$、有意$_1$、着意$_1$、加意$_1$、意见$_1$、以意捉志$_1$、细意$_1$、立个意$_1$
道$_{61}$	道理$_{40}$、说道$_3$、知道$_2$、求道$_2$、道学$_1$
经$_{52}$	《六经》$_6$、解经$_5$、经书$_3$、正经$_2$、解经者$_2$、经史$_1$、经义$_1$、圣经$_1$、经法$_1$、经传$_1$、经旨$_1$、经指$_1$、通经$_1$、经句$_1$、经意$_1$、本经$_1$、经字$_1$、谈经$_1$、谈经者$_1$、经史$_1$

---

① 黎靖德编,王星贤点校:《朱子语类》卷十四,北京:中华书局2020年版,第305页。
② 黎靖德编,王星贤点校:《朱子语类》卷十九,北京:中华书局2020年版,第524页。

续表

史₄₇	史书₇、正史₆、《史记》₅、史学₁、经史₁、全史₁、书史₁
注₁₉	注解₇、《集注》₃、点注₁、古注₁、传注₁
解₅₃	注解₇、解经₆、诸家解₁、经解₁、随文解义₁、解书₁
传₁₈	《左传》₃、《易传》₂、《谷梁传》₁、《三传》₁、《经传》₁、《传》₁

从以上所统计的 10 类读书内容的核心词及其词频可以看出，朱熹作为理学家，在读书内容上强调对"义理""道理""文义""文意"的理会与体悟，相应地，这几个词的词频普遍高于其它词语。"书"词频最高，朱熹更多地作为单音节词使用。其次是"文"与"意"，其词频虽低于"书"，但其构词类型比较丰富，所指涉的内涵广，这一方面和汉语词义丰富性相关，另一方面也是由朱熹在读书内容所强调的指向决定的，"文义"通常指文字意义，更侧重表层意义；而"文意"更侧重深层意蕴，朱熹强调读书由浅入深，由表入里，由"文义"至"文意"，以此获得圣贤言语的本意和道理。

"经""史""传""解""注"也是朱熹常用的高频词，其所包含内容广泛，如"经"包括《六经》、经书、正经、经史、圣经、经法、经义、经传等，"史"包含史书、正史、《史记》、史学、经史、全史、书史。对于它们的地位、阅读的目的、先后秩序，朱熹都有明确的要求和规定。

先观《论》《孟》《大学》《中庸》，以考圣贤之意；读史，以考存亡治乱之迹；读诸子百家，以见其驳杂之病。①

大凡看书，要看了又看，逐段、逐句、逐字理会，仍参诸解、传，说教通透，使道理与自家心相肯，方得。②

经之有解，所以通经。经既通，自无事于解，借经以通乎理耳。理得，则无俟乎经。③

以上三句朱熹认为经、史、子的功能是不同的，强调看书重在理会文本道理，而相关的注解、传注是帮助理解的，也就是"经"是主，"解"

---

① 黎靖德编，王星贤点校：《朱子语类》卷十一，北京：中华书局 2020 年版，第 231 页。
② 黎靖德编，王星贤点校：《朱子语类》卷十，北京：中华书局 2020 年版，第 200 页。
③ 黎靖德编，王星贤点校：《朱子语类》卷十一，北京：中华书局 2020 年版，第 236 页。

是辅，类似于如今的教科书和参考书的关系。所以，他倡导要按秩序读书、广泛涉猎。

先看《语》《孟》《中庸》，更看一经，却看史，方易看。①

先读《史记》及《左氏》，却看《西汉》《东汉》及《三国志》。次看《通鉴》。②

人只读一书不得，谓其傍出多事。《礼记》《左传》最不可不读。③

既通了许多书，斯为必取科第之计：如刑名度数，也各理会得些；天文地理，也晓得些；五运六气，也晓得些；如《素问》等书，也略理会得。④

"多读"的极端就是"贪多"。两卷读书法中，朱熹共8次反对读书"贪多"之举。如他说："读书不要贪多。"⑤ "若务贪多，则反不曾读得。"⑥ "贪多广阅之弊。"⑦

读书"多"与"少"的问题，不止是读书数量的比较，其实也是"精"与"博"读书方法的中和。朱熹的态度是"泛观博取，不若熟读而精思"，⑧ 但这个态度也因人而异、因时而变。他说："精神长者，博取之，所得多。精神短者，但以词义简易者涵养。中年以后之人，读书不要多，只少少玩索，自见道理。"⑨ 有时间、有精力之人可以泛观博取，而年长体衰之人则要侧重涵养穷索。

读书"多"与"少"的问题，也是"约"与"博"的知识结构建构的问题。朱熹强调读书要立大本，这个大本就是人的学识建构的大本。他说："其初甚约，中间一节甚广大，到末梢又约。"是一种两头小、中间粗的橄榄球型的知识架构。反对只博不约或只约不博的片面的读书之法。他说："如某人好约，今只做得一僧，了得一身。又有专于博上求之，而不反其约，今日考一制度，明日又考一制度，空于用处作工夫，其病又甚于

---

① 黎靖德编，王星贤点校：《朱子语类》卷十一，北京：中华书局2020年版，第239页。
② 黎靖德编，王星贤点校：《朱子语类》卷十一，北京：中华书局2020年版，第240页。
③ 黎靖德编，王星贤点校：《朱子语类》卷十一，北京：中华书局2020年版，第233页。
④ 黎靖德编，王星贤点校：《朱子语类》卷十一，北京：中华书局2020年版，第214页。
⑤ 黎靖德编，王星贤点校：《朱子语类》卷十，北京：中华书局2020年版，第204页。
⑥ 黎靖德编，王星贤点校：《朱子语类》卷十，北京：中华书局2020年版，第205页。
⑦⑧ 黎靖德编，王星贤点校：《朱子语类》卷十，北京：中华书局2020年版，第207页。
⑨ 黎靖德编，王星贤点校：《朱子语类》卷十，北京：中华书局2020年版，第216页。

约而不博者。要之，均是无益。"①

除读书内容讲究"博"与"约"、"多"与"精"的中和之外，其表达读书方法的核心词也富有特色（见表 2-2）。

表 2-2　　　　　　　　朱熹读书方法的核心词及词频

看$_{326}$	看文字$_{33}$、看史$_{10}$、看书$_7$、熟看$_3$、看来看去$_3$、看义理$_2$、正看背看$_1$、左看右看$_1$
读$_{313}$	读书$_{153}$（读书之法$_5$）、熟读$_{17}$、诵读$_1$、读诵$_1$、平读$_1$、读来读去$_1$
心$_{145}$	虚心$_{22}$、专心$_4$、心力$_3$、用心$_2$、心精$_2$、心静$_2$、粗心$_2$、求放心$_2$、专心致志$_2$、一心$_1$、心专$_1$、玩心$_1$、耐心$_1$、平心$_1$、存心$_1$、养心$_1$、心虚$_1$、放心$_1$、着心$_1$、心粗$_1$、心得$_1$、心晓$_1$、心通$_1$、收放心$_1$、静养心$_1$、放宽心$_1$、心不定$_1$、定其心$_1$、走了这心$_1$、心心念念$_1$、心不在焉$_1$、心之所得$_1$、得之于心$_1$、平心定气$_1$、心平气和$_1$、心平气定$_1$、存得此心$_1$
思$_{55}$	思量$_{21}$、思索$_6$、精思$_4$、近思$_3$、深思$_2$、熟思$_1$、致思$_1$、思绎$_1$、思前算后$_1$、行思坐想$_1$
观$_{40}$	观书$_{16}$、泛观$_1$
疑$_{35}$	有疑$_{10}$、无疑$_5$、着疑$_1$、可疑$_4$、生疑$_1$、群疑并兴$_1$
味$_{34}$	玩味$_{13}$、意味$_7$、滋味$_5$、有味$_1$、无味$_1$、得味$_1$
工夫（功夫）$_{29}$	工夫$_{18}$、做工夫$_3$、下工夫$_2$、施工夫$_1$、功夫$_5$
切$_{29}$	切己$_{12}$、切要$_3$、亲切$_3$、切问$_1$、追切$_2$、急切$_1$
进$_{25}$	长进$_8$、骤进$_2$、有进$_2$、进益$_2$、杂然并进$_1$、进前$_1$
体$_{18}$	体认$_7$、体察$_4$、体验$_3$、体之于身$_1$
究$_{14}$	穷究$_7$、讲究$_2$、推究$_2$、究索$_1$

从表 2-2 中可以看出，"看""读""观"是表示读书动作的词语，"看""读"词频相差不大，其习惯的搭配对象不同，"看"的对象以"文字"为多，"读"以"书"为多；而"观"是一个书面语词，在语类这类口语化文体中使用频率较低。

第三个读书方法的高频核心词是"心"。这是朱熹理学思想在读书思想的体现。朱熹强调心为人身的主宰，他说："心是神明之舍，为一身之主宰。"② 心主宰并支配人的一切活动。"所谓心者固主乎内，而凡视听言

---

① 黎靖德编，王星贤点校：《朱子语类》卷十一，北京：中华书局2020年版，第231-232页。
② 黎靖德编，王星贤点校：《朱子语类》卷九十八，北京：中华书局2020年版，第3063页。

动,出处语默之見於外者,亦即此心之用而未尝离也。"① 也就是说,人的一切思维、情感、欲望、语言及各种行动都是心的作用或运用,受心支配。读书作为一种思维活动,当然也受心的支配。从统计数据来看,"心"的使用频率高,词语类型丰富,出现了"专心""心专""虚心""心虚""心粗""粗心"之类的异形词(同义词),也使用"用心""着心""平心定气""心平气和""心平气定"之类的近义词,"心心念念""心不在焉""心不定""定其心"之类的反义词,表达"心"对读书的支配作用。而朱熹尤为重视"虚心"的意义。心体虚明是心之本体。"心作为认识主体,本来是没有偏蔽、没有成见、没有任何情绪干扰的。"② 在读书中,朱熹倡导读书要虚心。他说:"看文字须是虚心。莫先立已意,少刻多错了。"③ "大抵义理,须是且虚心随他本文正意看。"④读书就是要摒除已意,不受已有知识的干扰,而是要从文本出发,理会文本本意。

读书方法类的其他高频词如"进""疑""切""体""究""味""工夫(功夫)""涵泳"及其由此生产的词语,蕴含着读书秩序、速度、态度、成效等诸多的矛盾论及其矛盾解决的中和思想。

一是"渐进"与"骤进"的中和。何谓"循序渐进"?朱熹举读《论语》和《孟子》两书为例。他说:"以二书言之,则先《论》而后《孟》,通一书而后及一书。以二书言之,则其篇章、文句、首尾、次第、亦各有序,而不可乱也。量力所至,约其程课而谨守之,字求其训,句索其旨。未得乎前,则不敢求其后;未通乎此,则不敢志乎彼。如是循序而渐进焉,则意定理明而无疏易凌躐之患矣。"⑤ 认为读书要一篇一章一句一字读,要字字句句务求领会它的意思,要由浅入深、由易至难,而不能前瞻后顾、左顾右盼。他说:"大凡看书,要看了又看,逐段、逐句、逐字理会,仍参诸解、传,说教通透,使道理与自家心相肯,方得。"⑥要逐段、逐句、逐字理会透彻。"圣人言语,一重又一重,须入深去看。若只要皮

---

① 朱熹撰,朱杰人、严佐之、刘永翔主编:《朱子全书》,第22册,《答杨子直》,上海:上海古籍出版社,合肥:安徽教育出版社2010年版,第2072页。
② 陈来:《朱熹哲学研究》,北京:中国社会科学出版社1987年版,第157页。
③④⑥ 黎靖德编,王星贤点校:《朱子语类》卷十,北京:中华书局2020年版,第220页。
⑤ 朱熹撰,朱杰人、严佐之、刘永翔主编:《朱子全书》,第24册,《读书之要》,上海:上海古籍出版社,合肥:安徽教育出版社2010年版,第3583页。

肤，便有差错，须深沉方有得。"① 他举例说，读书好比吃饭，只有嚼得烂，才能有补。"读书，须是穷究道理彻底。如人之食，嚼得烂，方可咽下，然后有补。"② 饭要一口一口地嚼烂咽下，书要一篇一篇地穷究通透，这样才能有益。朱熹以"逐""首尾贯穿""次第""次序""不可躐等""欲速之病"等词语，以"先……待……次……然后"表达顺序的结构来表述读书的"循序渐进"。此外，读书的渐进也表现在学习内容的选择上。

  学者观书，先须读得正文，记得注解，成诵精熟。③

  故必先观《论》《孟》《大学》《中庸》，以考圣贤之意；读史，以考存亡治乱之迹；读诸子百家，以见其驳杂之病。其节目自有次序，不可躐越。④

  先看《语》《孟》《中庸》，更看一经，却看史，方易看。先读《史记》，《史记》与《左传》相包。次看《左传》，次看《通鉴》，有余力则看全史。⑤

  先读《史记》及《左氏》，却看《西汉》《东汉》及《三国志》。次看《通鉴》。⑥

  朱熹对读书内容的秩序是从"正文"至"注解"，从"四书"至"他经"至"史书"；对于具体的史书的秩序是：从《史记》《左氏》至《西汉》《东汉》及《三国志》，再至《通鉴》，最后是全史。

  "渐进"的矛盾对立面是"杂然并进"。他说："不可如此，须看得一书彻了，方再看一书。若杂然并进，却反为所困。"⑦ 朱熹所谓的"杂然并进"就是学习的无序。

  二是"骤进"和"从容"的中和。朱熹倡导学习要急速前进。如他说："骤进二字，最下得好，须是如此。若进得些子，或进或退，若存若

---

① 黎靖德编，王星贤点校：《朱子语类》卷一百一十四，北京：中华书局2020年版，第3376页。
② 黎靖德编，王星贤点校：《朱子语类》卷十，北京：中华书局2020年版，第201页。
③ 黎靖德编，王星贤点校：《朱子语类》卷十一，北京：中华书局2020年版，第235页。
④ 黎靖德编，王星贤点校：《朱子语类》卷十一，北京：中华书局2020年版，第231页。
⑤ 黎靖德编，王星贤点校：《朱子语类》卷十一，北京：中华书局2020年版，第239页。
⑥ 黎靖德编，王星贤点校：《朱子语类》卷十一，北京：中华书局2020年版，第240页。
⑦ 黎靖德编，王星贤点校：《朱子语类》卷十，北京：中华书局2020年版，第205页。

亡，不济事。如用兵相杀，争得些儿小可一二十里地，也不济事。须大杀一番，方是善胜。为学之要，亦是如此。"① 他又说："看文字，当如驶大舰，顺风张帆，一日千里，方得。"② 主张学习要大杀一翻，又要一日千里。他反对徜徉徘徊，不肯下工夫的学习态度，他说："人言读书当从容玩味，此乃自怠之一说。"③ 认为这是一种以"从容"作为幌子的懒惰行为。朱熹对此矛盾的解决途径是，"虽不可急迫，亦不放下。"④ "须是紧着工夫，不可悠悠，又不须忙。"⑤ 以"紧着工夫"的方式解决"急迫"与"从容"的矛盾。

三是"透彻"与"轻浮"的中和。朱熹关于读书"透彻"描写的词语有：透彻、透、深入、深沉、沉着痛快、痛理会三五处、看得无去处、把断了四路、不知有四边、首则尾应，并且用了形象的比喻说明学习如何透彻。

须是一棒一条痕！一掴一掌血！⑥

看文字，须要入在里面，猛滚一番。⑦

看文字，须大段着精彩看。耸起精神，树起筋骨，不要困如有刀剑在后一般！⑧

看文字，须是如猛将用兵，直是鏖战一阵；如酷吏治狱，直是推勘到底，决是不恕他，方得。⑨

朱熹强调读书透彻的目的是理会道理，使之浃洽、融会贯通。而这个过程是长久的，所以又与"循序"相连，与"工夫"接续。久久为功是朱熹重视的读书之道。他反复运用"久之自然贯通""久之自见得开""玩味之久自见得""将久自会晓得去""积日既久，当自有见""久久之间，自然见个道理四停八当""久之自有所得""久之自能自见得"等语词表达功夫自然水到渠成的为学之道。如何实现读书求道的透彻，朱熹选用了一系列的词语着重表达他的读书工夫论。其词语如下：

---

①⑧　黎靖德编，王星贤点校：《朱子语类》卷十，北京：中华书局2020年版，第201页。
②③④⑥⑦⑨　黎靖德编，王星贤点校：《朱子语类》卷十，北京：中华书局2020年版，第202页。
⑤　黎靖德编，王星贤点校：《朱子语类》卷十，北京：中华书局2020年版，第205页。

反覆、绅绎、玩味、爆开、切己、切要、快活、亲切、通融、通晓、通熟、通贯、通透、贯通、自见、懂洽、穷究、省察、体察、体验、体认、精审、精研、涵养、涵泳、沈潜、玩索、究索、寻索、蓄积、浸灌、细嚼、咀嚼、温寻、思绎、触类旁通、脱然会通、涣然冰释、蓄极则通、推类反求……

朱熹关于"轻浮"的言说只有两处："学者所患，在于轻浮，不沉着痛快。"①"横渠谓：'义理，深沉方有造，非浅易轻浮所可得也。'此语最佳。"② 两处都是从"透彻""轻浮"的对立角度去论述以表达他的读书贵在熟读透彻的求学主张。

四是"学"与"思"的中和。朱熹重视"学"与"思"的关系。所谓"学"，他说："学是身去做。"③ "学，是学其事，如读书便是学，须缓缓精思其中义理方得。"④ 即读书和做事都是学。"学不止是读书，凡做事皆是学。"⑤所谓"思"，"只是默坐来思。"⑥ "只是思所学底事。"⑦朱熹传承孔子"而不思则罔，思而不学则殆"⑧ 的学与思的辩证思想。他说："学与思，须相连。才学这事，须便思量这事合如何。"⑨他以人学射箭比喻两者的关系，人学射箭，光学得射箭模样，而不思考如何射好，不行；仅思考理论，却不拿一张弓箭去射，也不行。只有两者相结合，才能学好射箭。读书也一样，他认为"学"与"思"的关系就是"学便是读。读了又思，思了又读，自然有意。若读而不思，又不知其意味；思而不读，纵使晓得，终是跪跪不安"⑩。学而熟读，熟读后精思，才能理解义理，有所新得。"读一遍了，又思量一遍；思量一遍，又读一遍。"⑪ "若只是口里读，心里不思量，看如何也记不子细。"⑫ 朱熹用反复的修辞方式表达"思"与"学"的相辅相成的关系。

五是"体认"与"体察"的中和。朱熹认为，体认与体察需要相互结

---

① 黎靖德编，王星贤点校：《朱子语类》卷十，北京：中华书局2020年版，第201页。
② 黎靖德编，王星贤点校：《朱子语类》卷十一，北京：中华书局2020年版，第239页。
③⑥ 黎靖德编，王星贤点校：《朱子语类》卷二十四，北京：中华书局2020年版，第714页。
④⑤⑦⑨ 黎靖德编，王星贤点校：《朱子语类》卷二十四，北京：中华书局2020年版，第715页。
⑧ 杨伯峻：《论语译注》，北京：中华书局2015年版，第25页。
⑩⑪⑫ 黎靖德编，王星贤点校：《朱子语类》卷十，北京：中华书局2020年版，第210页。

合，融和汇通。他说："读书，须要切己体验。"①"学者当以圣贤之言反求诸身，一一体察。须是晓然无疑，积日既久，当自有见。"②"读书，不可只专就纸上求理义，须反来就自家身上以手自指。"③朱熹从正面阐释读书应从自身身上体察圣人之道，又从反面论述不切己体察的错误读书态度。他说："今人读书，多不就切己上体察，但于纸上看，文义上说得去便了。如此，济得甚事！"④"一向只就书册上理会，不曾体认着自家身己，也不济事。"⑤在正、反论述的基础上，朱熹指出既要"熟读"，又要"体察"，两者缺一不可。他说："太凡看文字：少看熟读，一也；不要钻研立说，但要反覆体验，二也；埋头理会，不要求效，三也。三者，学者当守此。"⑥是既不可偏废"读书"，又不可忽视"体察"的中和思想。

六是"周遍"和"紧要"的中和。学问有难易、是非、得失之分，由此学者就会有选择性地读书。朱熹以"正路""直路"比喻读书的关键处，以"四面""枝蔓"形容读书非紧要处。他说："凡读书，且须从一条正路直去。四面虽有可观，不妨一看，然非是紧要。"⑦"看书不由直路，只管枝蔓，便于本意不亲切。"⑧强调读书要善于抓关键、抓重点。同时他又说："读书要周遍平正。"⑨"学者观书，不可只看紧要处，闲慢处要都周匝。"⑩抓住主要矛盾的基础上还要兼顾次要矛盾，在读书中既要专又要博，专博相得益彰才是朱熹追求学问的理想目标。

七是"私意"与"本意"的中和。北宋疑风大兴，学者倡导对经义的主观体认与自由发挥，认为解经只要道理通达、符合义理，即使错解也无妨。这种学风在革新汉唐拘泥训诂的历史意义不容否定，但其流风所及，却使学者走向另一种不顾经文本义而一味求异、自立新说的流弊。朱熹对此深感忧虑，并极力纠其偏弊。他倡导阐释经文要"以意逆志"，反对"以意捉志"。他反复强调要熟读圣贤言语，不可随意立言，以"己意"误解经文本意。如他说："大凡人读书，且当虚心一意，将正文熟读，不可

---

①②③④ 黎靖德编，王星贤点校：《朱子语类》卷十一，北京：中华书局2020年版，第223页。
⑤ 黎靖德编，王星贤点校：《朱子语类》卷十一，北京：中华书局2020年版，第224页。
⑥ 黎靖德编，王星贤点校：《朱子语类》卷十，北京：中华书局2020年版，第204页。
⑦⑧⑨⑩ 黎靖德编，王星贤点校：《朱子语类》卷十一，北京：中华书局2020年版，第226页。

便立见解。"① "须是将本文熟读，字字咀嚼教有味。"② "看时便先断以己意，前圣之说皆不可入。"③ "读书，第一莫要先立个意去看他底；莫要才领略些大意，不耐烦，便休了。"④ "己意"就是"私意"，他提出"惟本文本意是求，则圣贤之指得矣。"⑤ 反对随意地"立己意""立己见""立个意"的杜撰凿空的为学之道。求学不可带着先入为主的成见，而是坚持回归文本。

曰："不然。本经正文只说'所谓诚其意者，毋自欺也'；初不曾引致知兼说。今若引致知在中间，则相率不了，却非解经之法。又况经文'诚其意者，毋自欺也'，这说话极细。盖言为善之意稍有不实，照管少有不到处，便为自欺。未便说到心之所发，必有阴在于恶，而阳为善以自欺处。若如此，则大故无状，有意于恶，非经文之本意也。"⑥

随意增添经文义理或任意分割经文内容，都不是合理的解经方法，其意义也非经文之本意。本经本意是朱熹解读经文遵循的重要法则。在阐释经典文本，朱熹用了一个形象的比喻说明经典与解经人的关系，"圣经字若个主人，解者犹若奴仆。"⑦ 在解读经典文本求得经文本意时，必须摆正学习者与经文的关系，即是主人与仆人的关系，因此在阐释经典时要犹如仆人听从主人般遵循本意，随文释义，使训释回归原文而不是凌驾于经文之上。该解则解，不可解则阙，强解只能黑白颠倒，"解"与"阙"矛盾的解决是"私意"与"本意"矛盾的延伸。朱熹在此批评四种解经之病："本卑也，而抗之使高；本浅也，而凿之使深；本近也，而推之使远；本明也，而必使至于晦，此今日谈经之大患也。"⑧ 强调回归文本正文，理解圣贤本意的重要性。他曾说："大抵某之解经，只是顺圣贤语意，看其血脉通贯处为之解释，不敢自以己意说道理也。"⑨ "某于《论》《孟》，四十

---

①②③④ 黎靖德编，王星贤点校：《朱子语类》卷十一，北京：中华书局2020年版，第235页。

⑤ 朱熹撰，朱杰人、严佐之、刘永翔主编：《朱子全书》，第22册，《答吕子约》，上海：上海古籍出版社，合肥：安徽教育出版社2010年版，第2213页。

⑥ 黎靖德编，王星贤点校：《朱子语类》卷十六，北京：中华书局2020年版，第411页。

⑦ 黎靖德编，王星贤点校：《朱子语类》卷十一，北京：中华书局2020年版，第237页。

⑧ 黎靖德编，王星贤点校：《朱子语类》卷十一，北京：中华书局2020年版，第238页。

⑨ 黎靖德编，王星贤点校：《朱子语类》卷五十二，北京：中华书局2020年版，第1519页。

余年理会,中间逐字称等,不教偏些子。"① 朱熹还将自己的《论语集注》与二程的《经解》之作作比较,说:"程先生《经解》,理在解语内。某集注《论语》,只是发明其辞,使人玩味《经》文,理皆在《经》文内。"②

遵循圣人本意,往往让学者走向"迷信文本"的另一个极端,"今世上有一般议论,成就后生懒惰。如云不敢轻议前辈,不敢妄立论之类,皆中怠惰者之意。前辈固不敢妄议,然论其行事之是非,何害?固不可凿空立论,然读书有疑,有所见,自不容不立论。其不立论者,只是读书不到疑处耳。"③ 朱熹所反对的是"妄议""凿空立论",而不是"不立论",立论时要恰当衡量其必要性、客观性和准确性,把握分寸、掌握尺度,中和"立论"与"遵循"、"己意"与"本意"的矛盾。"朱熹所追求的经文本义、圣人本旨实际上可以视为一种对经典适度解释的要求,其目的在于避免因解释过度而造成解样主体与经典之间的扞格与对立。"④

除以上读书高频词外,朱熹在读书方法中还运用了诸多的反义词来表达读书中存在的矛盾以及矛盾的化解方法。反义词有:

贤、愚;小、大;贵、贱;详、略;下、高;拙、巧;近、远;正、背;左、右;东、西;前、后;多、少;博、精;来、去;熟、生;兴、亡;存、亡;古、今;是、非;长、短;轻、重;浅、深;上、下;得、失;曲、折;明、昏;刚、柔;心、身;小作、大施;今、明;进、退;存、亡;宽、紧;粗、细;新、旧;清、浊;近、远;精、粗;难、易;言、行;说、做;实、虚;公、私;好、恶;卑、高;治、乱;成、败;有、无;妍、丑;首(头)、尾;收、放;博、约;初、末;解、阙;轻浮、深沉(沉着);急迫(迫切)、从容(徜徉);粗厉、柔善;湛然、纷扰;杂乱、凝定(分明);旧闻、新见;旧见、新意;道学、俗学;瞻前、顾后;早上、晚间;纲目、节目;正路、四面;泛观、熟读;记住、忘记;退步、进前;见得、遮蔽;执着、放下;专一、散漫;略知、深泥;

---

① 黎靖德编,王星贤点校:《朱子语类》卷十九,北京:中华书局2020年版,第534页。
② 黎靖德编,王星贤点校:《朱子语类》卷十九,北京:中华书局2020年版,第535页。
③ 黎靖德编,王星贤点校:《朱子语类》卷十一,北京:中华书局2020年版,第234页。
④ 肖永明:《朱熹〈四书〉学的治学特点》,《湖南大学学报》2004年第1期。

间断、接续；一意、余念；他说、己说；有疑、无疑；紧要、散缓；专静纯一、驰走散乱；勇果强毅、懦弱寡断。

这些反义词反映出朱熹对立统一的辩证思维，在读书诸多矛盾中，朱熹以对立统一的思维中和矛盾的对立面，使其不偏不倚，恰当好处。

第三节 言非理："万语同理"和"同语异理"

"语言是表达思想的工具，由于思想的复杂性和多样性，思想的表达不仅受到语言使用能力的制约，而且受到思想本身，特别是与感情或情绪有关的思想内容的制约，换句话说，语言并不总能完整和准确地表达思想。"① 朱熹也认为言意之间并没有天然地存在一一对应的关系，在语言实践中，存在"万语同理"和"同语而理不同"的不对应现象。

且如圣贤千言万语虽不同，都只是说这道理。②
以此见古人立言，有用字虽同而其义则不同。③

"千言万语表达相同的道理"是词和概念不对应的"同实异名"现象，而"用字虽同而其义则不同"是其"同名异实"现象，两者都存在"实"与"名"、"言"与"意"的"无固宜"的不对应关系，这就造成了语言所指称内容和表达情感的多样性和不确定性。因而通过语言是无法、完整把握其所要表达和所要理解的"意"的。

一、"万语同理"

"万语同理"即以不同的语言形式表达同一义理或道理。朱熹曰："道理只是这一个道理，但看之者情伪变态，言语文章自有千般万样。合说

---

① 瞿霭堂：《思维·思想和语言》，《民族语文》2004 年第 3 期，第 1 - 8 页。
② 黎靖德编，王星贤点校：《朱子语类》卷四十一，北京：中华书局 2020 年版，第 1269 页。
③ 黎靖德编，王星贤点校：《朱子语类》卷四十四，北京：中华书局 2020 年版，第 1368 页。

东，却说西；合说这里，自说那里；都是将自家偏曲底心求古人意。"① 朱熹在此所言的是语言形式和内容的不对称，即"万语同理"。语言表达形式千变万化，但表达的内容即道理是同一的。

"万语同理"是语言常见现象，源于语言内容和形式的不一一对应。语言是音义结合的符号系统，"音"是语言的形式，"义"是语言的内容，两者是约定俗成的，这个过程往往存在匹配错位的问题。"夫人之立言，因字而生句，积句而为章，积章而成篇。"② 就语言构成要素而言，语言包括文字、语音、词汇、语法、篇章和修辞。不同构成要素都有相应的内容和形式，由此就可能存在多种形式表达相同的内容。朱熹认识到语言的"万语同理"现象。

天下只是一理；圣贤语言虽多，皆是此理。③

孔子所谓"克己复礼"，《中庸》所谓"致中和"，"尊德性"，"道问学"，《大学》所谓"明明德"，《书》曰"人心惟危，道心惟微，惟精惟一，允执厥中"：圣贤千言万语，只是教人明天理，灭人欲。④

《论语》《中庸》《大学》《尚书》中的话语是不同的，但是有一个相同的大道"明天理，灭人欲"，朱熹在抽离语言表达形式的多样化的基础上，求其贯通处，将其旨意归一，抽象出"明天理，灭人欲"的道理。也就是说，儒家经典是天下之理、圣贤之道的载体，虽然语言各异，但教人做人的道理只有一个。朱熹所言的万语指的是从儒家整个儒家的经典文献。

圣贤所说工夫，都只一般，只是一个"择善固执"。《论语》则说："学而时习之"，《孟子》则说"明善诚身"，只是随他地头所说不同，下得字来，各自精细。其实工夫只是一般，须是尽知其所以不同，方知其所谓同也。两说只是一意。⑤

---

① 黎靖德编，王星贤点校：《朱子语类》卷一百二十四，北京：中华书局2020年版，第3653页。
② [南朝梁]刘勰著，王志彬译注：《文心雕龙》，北京：中华书局2012年版，第392－393页。
③ 黎靖德编，王星贤点校：《朱子语类》卷七十九，北京：中华书局2020年版，第2492页。
④ 黎靖德编，王星贤点校：《朱子语类》卷十二，北京：中华书局2020年版，第254页。
⑤ 黎靖德编，王星贤点校：《朱子语类》卷二十五，北京：中华书局2020年版，第740页。

只如夫子言非礼勿视听言动，"出门如见大宾，使民如承大祭"，"言忠信，行笃敬"，这是一副当说话。到孟子又却说"求放心"，"存心养性"。《大学》则又有所谓格物，致知，正心，诚意。至程先生又专一发明一个"敬"字。若只恁看，似乎参错不齐，千头万绪，其实只一理。①

光祖问："'主一无适'与'整齐严肃'不同否？"曰："如何有两样！只是个敬。极而至于尧舜，也只常常是个敬。若语言不同，自是那时就那事说，自应如此。且如《大学》《论语》《孟子》《中庸》都说敬；《诗》也，《书》也，《礼》也，亦都说敬。各就那事上说得改头换面。要之，只是个敬。"②

又曰："圣贤之言，夫子言'一贯'，曾子言'忠恕'，子思言'小德川流，大德敦化'，张子言'理一分殊'，只是一个。"③

不同的语言表达相同的道理，相同的道理亦可以用不同的语言表达。朱熹所举的"择善固执"的道理在《论语》和《孟子》中的语词选用各异，所表达的意指也不同，但所蕴含的道理是相同的。圣贤之道，虽然门户不同，但入户的门径都是相同的。朱熹由此总结出阅读经典文本的方法，即"知异求同"，以处理文本言异理同的矛盾。

《朱子语类》作为语录体文献，门人在记录时有很大的随意性，出现了诸多的通假字和记音俗字。"宋儒讲学语录运用词语的灵活多变特征，组词构句以达意缩富于弹性，词语单位的大小往往没有定规，有常有变，可常可变主，目的在于互相理解，明白对方的意思就行，因而词语的分合先随上下文的声气，说话的节奏和逻辑语境而自由运动，随说话人表达意图的需要而穿插开合，随修辞语境的制约而增省显隐，单复相合，短长相配，具有能动的富于变化的性质，体现出说话人强烈的主体意识，往往单音节词、双音节词和固定词组同时并用。"④

朱熹在语言实践中，他的文本语言也使用了大量的同义词、近义词、

---

① 黎靖德编，王星贤点校：《朱子语类》卷十二，北京：中华书局2020年版，第254页。
② 黎靖德编，王星贤点校：《朱子语类》卷十七，北京：中华书局2020年版，第453页。
③ 黎靖德编，王星贤点校：《朱子语类》卷二十七，北京：中华书局2020年版，第842页。
④ 徐时仪：《略论〈朱子语类〉在近代汉语研究上的价值》，《上海师范大学学报》2000年第4期。

同义句式等多样化的表达方式，提升了语言表达的丰富性、生动性、规范性的同时，也使其义理表达得更为完美、精细、准确。例如，《朱子语类》有大量的近义词，构成近义词群，依据其词素构成情况，分为同素近义词群和异素近义词群。据陈明娥研究统计，有 21 类同素近义词群、10 类异素同义词群。① 在读书著书中，朱熹也常常使用同义词、近义词，在丰富语言表达形式的同时，深化其理学思想和教育思想的表达与传播，以下仅举几例以示说明。

五者相因，各有次序。②
五者相承，各有次序。③
只是乖错，不是假底，依旧是实在。④
虽恁地，亦只是舛错，不是假，依旧是实在。⑤
这须是常加省察，真如见一个物事在里，不要昏浊了他。⑥
只要常常提撕在这里，莫使他昏昧了。⑦

以上语例中的"相因"与"相承"、"乖错"与"舛错"、"省察"与"提撕"都为同义词。

徐时仪对《朱子语类》中的同义同一词义而词素、词序或结构等不同的同义近义词群进行了研究，所列举的同义近义词群有：

"捱来推去、捱来捱去，班驳、斑驳、班班驳驳、班班剥剥，壁立千仞、壁立万仞，壁角、壁角里、壁角头，冰消冻解、冰消冻释，半沉半浮、浮浮沉沉，半间半界、半间不界、不间不界，不响不唤、不唤不响，不径不窦、不窦不径，初头、劈头、劈初头、劈初、擗初头，称停、秤停、称等，彻头彻尾、彻上彻下、彻始彻终、彻心彻髓，成群连队、成群成队，衬帖、衬贴、帖衬，瞠眉弩眼、张眉弩眼，颠扑不破、巅扑不破、撷扑不碎，东去西走、东去西去，犯手脚、犯手势、犯手，费手、费手脚、费脚手，泛应曲酬、泛应曲当，黑淬淬、黑窣窣、黑辛辛、黑洞洞、

---

① 陈明娥：《朱熹口语文献词汇研究》，厦门：厦门大学出版社 2011 年版，第 17－129 页。
②③ 黎靖德编，王星贤点校：《朱子语类》卷二十一，北京：中华书局 2020 年版，第 606 页。
④⑤ 黎靖德编，王星贤点校：《朱子语类》卷二十一，北京：中华书局 2020 年版，第 617 页。
⑥⑦ 黎靖德编，王星贤点校：《朱子语类》卷十六，北京：中华书局 2020 年版，第 387 页。

黑漫漫、鹘突、鹘鹘突突、糊涂、胡鹘、鹘仑、鹘沦、囵囵、浑沦、鹘卢提、胡思乱想、胡思乱量、介猾、猾介、倔强、强倔、匡格子、格子、窠臼子、窠臼、立定脚、立定脚力、立定脚跟、坯素、坯朴、坯璞子、坯子、坯璞、坯模、朴子、皮壳、皮壳子、匹似闲、匹自闲、跷蹊、蹊跷、嶢崎、崎嶢、千歧万径、千歧万路、千歧万辙、四方八面、四面八方、四头八面、阆飒、榻翣、阆阆翣翣、阆毂、贴肉、贴骨贴肉、头头项项、头头处处、头头件件、抟谜、抟谜子、停当、停停当当、亭亭当当、四停八当、下手立脚、落脚下手、眼光落地、眼光落、眼光入地、铢累寸积、铢积寸累、做手脚、著手脚、著脚手、做脚手、做了脚手等。"①

二、"同语异理"

"同语异理",即"言虽若同,而意皆别"。朱熹也认识到语言和义理（思想）的非等同性。在回答学生《论语》"不患人之不己知"之内涵时,朱熹认为言语中的词句虽然相同,但在具体语境中的含义和所指是不同的。

又曰："《论语》上如此言者有三。'不病人之不己知,病其不能也'。'不患莫己知,求为可知也'。圣人之言虽若同,而其意皆别。'病其不能'者,言病我有所不能于道。'求为可知'者,当自求可知之实,然后人自知之。虽然如此,亦不是为昭灼之行,以蕲人之必知。"②

《论语》中"不患人之不己知""不病人之不己知,病其不能也""不患莫己知,求为可知也"中的"不己知""莫己知"是近义词,但第一句指向的是"知人";第二句指向的是"病我有所不能于道",即未能理会道理;第三句指向的是"知己后然后知人"。

同样的词语在不同的上下文中表达的含义不同。朱熹认识到语境（上下文）对于词义理解的作用。

---

① 徐时仪：《〈朱子语类〉词汇研究》,上海：上海古籍出版社2013年版,第292-293页。
② 黎靖德编,王星贤点校：《朱子语类》卷二十二,北京：中华书局2020年版,第651-652页。

第二章 "言即理"与"言非理"的中和

问:"一般字,却有浅深轻重,如何看?"曰:"当看上下文。"①

凡读书,须看上下文意是如何,不可泥着一字。如《扬子》:"于仁也柔,于义也刚。"到《易》中,又将刚来配仁,柔来配义。如《论语》:"学不厌,智也;教不倦,仁也。"到《中庸》又谓:"成己,仁也;成物,智也。"此等须是各随本文意看,便自不相碍。②

同时,朱熹强调理解词义句义要随上下文"逐处"理会。

问诚、敬。曰:"须逐处理会。诚若是有不欺意处,只做不欺意会;敬若是有谨畏意处,只做谨畏意会。《中庸》说诚,作《中庸》看;《孟子》说诚处,作《孟子》看。将来自相发明耳。"③

同一个词"诚",要依据《中庸》和《孟子》的不同文本语境进行理解。朱熹强调还原历史语境与文本语境去阐释经典文本的语义。如朱熹关于孔子"何有于我哉"的解释,认为要回归文本语境阐发其话语言说的旨意。

曰:"此等处须有上一截话。恐是或有人说夫子如何,故夫子因有此言。如达巷党人所言如此,故夫子曰:'吾何执?执御乎?执射乎?吾执御矣。'今此章却只是记录夫子之语耳。如曰:'二三子以我为隐乎?吾无隐乎尔。'亦必因门人疑谓有不尽与他说者,故夫子因有是言也。"④

朱熹还原文本语境,认为该句话是因记录者未记录"有人说夫子如何"的话语,而后人只把它当作孔子自己的话语来理解。从这里可以看出,朱熹已经深刻认识到上下文语境对于词语解释的意义,并且他也擅长利用上下文对词语进行训诂。

仁与义是柔软底,礼智是坚实底。仁义是头,礼智是尾。⑤

吉甫问:"仁义礼智,立名还有意义否?"曰:"说仁,便有慈爱底意思;说义,便有刚果底意思。声音气象,自然如此。"⑥

正如《易》中道:'立天之道,曰阴与阳;立地之道,曰柔与刚;立人之

---

①② 黎靖德编,王星贤点校:《朱子语类》卷十一,北京:中华书局2020年版,第237页。
③ 黎靖德编,王星贤点校:《朱子语类》卷六,北京:中华书局2020年版,第126页。
④ 黎靖德编,王星贤点校:《朱子语类》卷三十四,北京:中华书局2020年版,第1042页。
⑤ 黎靖德编,王星贤点校:《朱子语类》卷六,北京:中华书局2020年版,第130页。
⑥ 黎靖德编,王星贤点校:《朱子语类》卷六,北京:中华书局2020年版,第129页。

道，曰仁与义。'解者多以仁为柔，以义为刚，非也。却是以仁为刚，义为柔。盖仁是个发出来了，便硬而强；义便是收敛向里底，外面见之便是柔。"①

从以上语例中，可发现"仁"有"慈爱""柔软""刚"之义；"义"有"刚果""坚实""柔"之义。"慈爱""柔软"与"刚果""坚实"是反义词，"刚"与"柔"也是反义词。同为"仁""义"具有相反的两个属性，看似矛盾，实则是朱熹依据词语本义、时间、已发未发不同语境分析其属性而得出的结果，"仁"与"义"是刚柔相济。在阐发词语意义时要回归文本语境进行探究，而不能以"一定名之"。

> 以仁属阳，以义属阴。仁主发动而言，义主收敛而言。若扬子云："于仁也柔，于义也刚。"又自是一义。便是这物事不可一定名之，看他用处如何。②

"仁""义"可分别从阳阴、发动收敛、柔刚等方面来说明，只从单一的视角而不从具体的用处、语境来分析都是"一定名之"，这种分析自是以偏概全的。他倡导回归文本语境，反对断章取义。

> 或问："'游者，玩物适情之谓。'玩物适情，安得为善？"曰："'游于艺'一句是三字，公却只说得一字。"③

朱熹批评学生断取"游于艺"中的"游"字字义以致误解圣人言语本意。"玩物适情"意指通过游玩、赏玩外物来调适自己的情感，可能带有一种放纵、不务正业的意味。"游于艺"的意思是君子在学习之余，还要游刃有余地涉猎各种杂艺，如礼、乐、射、御、书、数等，以达到全面发展和精神愉悦的目的。这里的"游"并非单纯地指玩耍或放纵，而是一种在技艺、学问中自由驰骋、游刃有余的状态。朱熹认为在理解"游"这个字时，不能仅仅局限于"玩物适情"这一层意思，而应该结合"游于艺"的整体语境来理解。

---

① 黎靖德编，王星贤点校：《朱子语类》卷六，北京：中华书局2020年版，第130页。
② 黎靖德编，王星贤点校：《朱子语类》卷六，北京：中华书局2020年版，第148页。
③ 黎靖德编，王星贤点校：《朱子语类》卷三十四，北京：中华书局2020年版，第1058页。

第四节　言理的难舍难分与语言学意义

"言即理"与"言非理"是就二元对立视角而言的。在言理关系论上，朱熹秉持的是中和辩证的态度，主张"言尽理""言即理""言非理"观点外，他还认识到言理的难舍难分的关系。

一、言理的难舍难分

主张"言尽意"的孔孟面对"言意分离"的窘境提出"无言""慎言"和"少言"的言说方式，而主张"得意忘言"的庄子也感叹"吾安得夫忘言之人而与之言哉"的无可奈何。他们都认识到言意之间难以合一而又难以分离的错综复杂的关系。朱熹以传承孔孟的"言尽意"为主，又吸收佛老的"言不尽意"的精华，结合理学的构建和弘扬的需要，创造性阐发"无言""慎言""少言"和"忘言"的言说内涵，形成表面上看似言理的分离，实质上是言理融合的言理难舍难分的学说。

（一）难言与明理

在《论语·泰伯》篇中记载了一段孔子发出难以用言语称颂尧之伟大的感叹的话语：

"大哉尧之为君也！巍巍乎！唯天为大，唯尧则之。荡荡乎，民无能名焉。巍巍乎其有成功也，焕乎其有文章！"[1]

"民无能名"，孔子这种类似于老庄式言难尽意的感慨意味着尧的崇高已超越了日常语言的表达。朱熹对这句话作了阐释，他说："尧与天为一处，民无能名。"[2]"故其德之广远，亦如天之不可以言语形容也。"[3] 语言

---

[1] 杨伯峻译注：《论语译注》，北京：中华书局2015年版，第124页。
[2] 黎靖德编，王星贤点校：《朱子语类》卷三十五，北京：中华书局2020年版，第1145页。
[3] 朱熹：《四书章句集注》，北京：中华书局2011年版，第102-103页。

难以表达尧的伟大和天理的高远。他还说："难言者，盖其心所独得，而无形声之验，有未易以言语形容者。"① 在朱熹看来，语言只能大致粗略地描绘人们一般的认知思维活动，而在表达深刻的思想、细腻的体验、复杂的情感、奥妙的天理、纷繁的物象……则往往"言不尽意"。

语言是思想表达的最主要的工具，即使"言不尽意"，但人们必须借助语言表达思想。思想的表达若脱离语言，人们就难以准确传达和理解思想。只有言说，才能让人理解，才能提醒人领悟、涵养天理大道。朱熹认为道理难以言说，但可以通过命词遣意、修饰文辞、外物类比等方式来达理、明理。如"性"难言，可以选择恰当的词语"故"来形容，即使"性"不可直接言说，却可以以"情"从侧面间接阐释它，因为诸如恻隐、羞恶、辞逊、是非等情是性的"发处"，是可见、可感、可知的物事。朱熹肯定伊川以"谷种"为喻，将"性即理也"表达得尽善尽美，成为"千万世说性之根基"。② 他本人也善用比喻，巧用比喻言说道理，"用喻之多，不论是次数抑或是种类，无有出乎朱子之右者。"③

（二）无言、少言与践理

在《论语·阳货》中，孔子与子贡的一段对话富有意蕴。

子曰："予欲无言。"子贡曰："子如不言，则小子何述焉？"子曰："天何言哉？四时行焉，百物生焉，天何言哉？"④

子贡无奈无助的表现正是因为没有透过言语理解圣人无言的深刻内涵，孔子以"无言"告诉子贡学贵力行，不贵空言。"天不言，以行与事示之而已矣。"⑤ 孟子承袭孔子的观点，认为天理重在以其行事与天合德。而程颢的弟子杨时没有领会孔子"予欲无言"是因为存在"天下之理有言之不能谕者"。⑥ 朱熹对杨时的观点进行了批评，他说："圣人于此，但以

---

① 朱熹：《四书章句集注》，北京：中华书局2011年版，第215页。
② 黎靖德编，王星贤点校：《朱子语类》卷九十三，北京：中华书局2020年版，第2878页。
③ 陈荣捷：《朱子新探索》，重庆：重庆出版社2021年版，第367页。
④ 杨伯峻译注：《论语译注》，北京：中华书局2015年版，第271页。
⑤ 杨伯峻译注：《孟子译注》，北京：中华书局2015年版，第239页。
⑥ 朱熹撰，朱杰人、严佐之、刘永翔主编：《朱子全书》第7册，上海：上海古籍出版社，合肥：安徽教育出版社2010年版，第587页。

第二章 "言即理"与"言非理"的中和

子贡专求之于言语之间，而不察诸践履事为之实，故言此以发之，以见夫言之所论者，其实在此，而非以为子贡能言，而于此有所不能论也。"① 朱熹认为，道理是可以言说的，没有不可言说的道理，只有佛老才主张"言不尽理"之说。孔子之所以"无言"，是因为不需言说，因为君子之道，不言而信，儒家无论在其"达则兼善天下"之行，或"修身以见于世"之行中，皆有"无言"之说，有其不事言辩之时。孔子是借"无言"启发子贡不应只在言语上专求道理，而应在日用彝伦中践行天理，否则容易被异端邪说所迷惑。

孔子不言而喻、无言而信的言说态度表现在"罕言""讷言""慎言""切言"等表达方式上，导致"《论语》中经常会出现有其言而不显其意，无其言而有其意的现象。"②

孔子曰："罕言利与命与仁。"③ "罕言"即"少言"之意，朱熹认为圣人在交际交往中注重因人、因物而言，依据言说对象的特点而采用相应的言谈策略，就"利、命、仁"而言，孔子日常与学生很少谈及相关命题，"但虽不言利，而所言者无非利；虽不言命，而所言者无非命；虽不言仁，而所言者无非仁。"④ 孔子以引而不发的"罕言"方式割裂言意的关联，注重引导学生从"罕言利与命与仁"的话语中体悟、领会和践行儒家的义利观、天命观和仁爱观。

"刚、毅、木、讷近仁"，⑤ 孔子将"讷言"作为君子必备的德行之一。程颐注解此句为"木者，质朴。讷者，迟钝。四者，质之近乎仁者也。"⑥ 朱熹认同孔子与程颐"讷言近仁"的观点，他说："言易得多，故不敢尽；行底易得不足，故须敏。"⑦ "是怕人说得多后，行不逮其言

---

① 朱熹撰，黄坤校点：《四书或问》，上海：上海古籍出版社 2001 年版，第 381 页。
② 刘贡南：《道的传承——朱熹对孔子门人言行的诠释》，华东师范大学出版社 2011 年版，第 5 页。
③ 杨伯峻译注：《论语译注》，北京：中华书局 2015 年版，第 128 页。
④ 黎靖德编，王星贤点校：《朱子语类》卷三十六，北京：中华书局 2020 年版，第 1151—152 页。
⑤ 杨伯峻译注：《论语译注》，北京：中华书局 2015 年版，第 205 页。
⑥ 朱熹：《四书章句集注》，北京：中华书局 2011 年版，第 139 页。
⑦ 黎靖德编，王星贤点校：《朱子语类》卷二十二，北京：中华书局 2020 年版，第 645 页。

也。"① 认为少言敏行、言行相顾、躬身践行才是君子的修身之本。

"仁者,其言也讱。"② 孔子也将"讱言"作为仁德之一而备加推崇。朱熹从居敬涵养的工夫论视角阐发孔子要求司马牛如何在言语交际中做到谨言慎语,"讱,忍也,难也。仁者心存而不放,故其言若有所忍而不易发,盖其德之一端也。"③ "在学仁者,则当自谨言语中,以操持此心。"④ 在朱熹看来,在日常交际交往中要心怀仁德,心存敬畏,时时提醒自己言谈前要忍让,要三思,要少言多行,要言行一致。

(三) 忘言与得理

人类的知识系统和文化典籍是既成的,人一旦停留于既成的文化知识系统里,不可避免地会受语言文字预设的逻辑概念所束缚,其创造性、应变性就会受到限制甚至变得僵化。朱熹也认识到语言文字对人悟道求道的局限与束缚。他说:"若是字字而求,句句而论,不于身心上著切体认,则又无所益。"⑤ "若陷在言语中,便做病来。"⑥ 一味拘泥于文献书籍中,以语言文字为载体的典籍反而会成为禁锢人们思想的枷锁。他要求门人悟道后要"视言语诚如糟粕",⑦ 将语言当作捕鱼之"筌"和得兔之"蹄"而弃之不顾。

朱熹所认同的"语言糟粕"说,看似是对佛老"忘言"说的继承,其实是借鉴其"言不尽意"说隐含的体悟天理的践行方式。他反复强调读书要"切己体认""把身心来体察""自家之心体验",如同禅宗"拈花微笑"参悟佛理的方式一样,注重对天理的体悟和践行,而与禅宗"得意者越于浮言,悟理者超于文字"⑧ 不同的是,朱熹不排斥语言,甚至强调语言的传道功能,反复强调"就书册上理会"⑨ "从文字上做工夫"⑩,主张

---

① ④ 黎靖德编,王星贤点校:《朱子语类》卷四十二,北京:中华书局2020年版,第1314页。
② 杨伯峻译注:《论语译注》,北京:中华书局2015年版,第179页。
③ 朱熹:《四书章句集注》,北京:中华书局2011年版,第126页。
⑤ ⑩ 黎靖德编,王星贤点校:《朱子语类》卷十九,北京:中华书局2020年版,第532页。
⑥ 黎靖德编,王星贤点校:《朱子语类》卷五十二,北京:中华书局2020年版,第1533页。
⑦ 黎靖德编,王星贤点校:《朱子语类》卷十一,北京:中华书局2020年版,第225页。
⑧ 道原:《景德传灯录译注》卷二十八《越州大珠慧海和尚语》,上海:上海书店出版社2009年版,第2267页。
⑨ 黎靖德编,王星贤点校:《朱子语类》卷十一,北京:中华书局2020年版,第223页。

从经典文本语言入手理会道理，达到"人与书互相发也"①同时又认为"因言而失其意"，主张在理会道理之后要"舍去册子""如未有《六经》"，达到"人与书相忘也"。②从"相发"至"相忘"，他的"忘言"是在得理之后的"忘言"，"忘言"的目标是进一步的"得理"，是通过"反求诸身""体认自家身己""切己用功"的涵养践行后对"理"的内化与创新。所以他说："道理在那无字处自然见得。"③是理会语言、体认语言、忘记语言、内化语言、践行语言的循环往复的过程，是否定之否定后的理论升华，是对佛老单一"忘言"说的创造性发展。

其实，生活于语言家园中的人类，语言是人类的生存方式，语言化的世界别无选择地要通过语言的方式来实现，即使老庄的"不言之教"、禅宗的"不立文字"，终究还是留下了五千言的《老子》和浩如烟海的禅宗语录。人类从根本上来说是无法离开语言而又不能突破语言局限的。语言的魅力就在于言说主体可以主动操纵语言的限度和表意的空间，从而化被动为主动，实现语意的超越和功能的拓展。朱熹已经认识到语言达理、尽理的职能是主要的，而其不尽理和对思维的固化是次要的，并且在一定的语境下，诸如"难言""少言""忘言"的言不尽理的缺陷是可以转化为"言尽理"的表达功能的。

二、语言学价值

总体而言，朱熹的言理观既是吸收传统言意论的创造性转化，融合着儒释道"言尽意""言不尽意""得理忘言"的精华；又有朱熹独到的理解与创新。朱熹的言理观蕴含着语言工具论、语言思想论、语言信息论、语言功能论、语言符号论思想，与现代语言学思想具有一定的契合之处，是现代语言学理论发展的源头活水。

一是语言既是工具又是思想。语言是什么？这是一个困扰人类数千年之久的问题。语言与人、与世界、与社会、与心智或精神的关系等都是人

---

①② 朱熹撰，朱杰人、严佐之、刘永翔主编：《朱子全书》第7册，上海：上海古籍出版社，合肥：安徽教育出版社2010年版，第21页。

③ 黎靖德编，王星贤点校：《朱子语类》卷十四，北京：中华书局2020年版，第326页。

类文明史乃至科学史上的重大研究问题。其中一个最为重要的问题却是如何理解语言的本质,如何理解人类语言与人类思想之间的关系。古希腊亚里士多德将语言活动作为人类思想表达的主要形式,认为思想的真理性存在于语言描述的事实之中,语言表达是思想得以呈现的有力工具,这个观点一直持续到西方近代哲学家洛克、休谟那里。

"先秦墨家为尚言者,道家为偏尚默者,儒家盖得其中。"① 就朱熹而言,他秉承儒家言语"时中"精神,辩证地看待语言的工具性,既认可言能达意、言能尽言,也认为"言不尽意"是一种客观存在,是语言无法回避的天然本性。

语言文字是人类最重要的交际工具,也是重要的文化资源,在社会沟通、资源保存和开发、人类发展起着基础性、全局性、保障性的作用。尤其是以语言文字为载体的文化知识能够使人类走出自然的混沌,认知世界,获得生存的技能和生命的自觉。"吾道之所寄不越乎语言文字之间。"②"若不学文,则无以知事理之当否。"③ 语言是思想的载体,思想离不开语言,只能存在于语言之中,语言成为记载思想的工具和通向圣人大道的桥梁。

就"言意"关系而言,如"意"为"天理大道""精神体验""思想思维"等人类尚未认识透彻的抽象之物,语言往往出现捉襟见肘的窘况。因为语言是符号系统,其符号的数量是有限的、变化是缓慢的,其能指和所指的联系是任意的,其表达是静态和单向的,这种有限性、稳定性、任意性、静态性、单向性、普遍性很难完全适应社会和自然对语言意义表达所需具有的无限性、灵活性、固定性、动态性、多向性和特殊性的要求。朱熹如同老子、庄子一样,认为"道"因其"无形无影""无声无臭象",不可言说,认为语言局限了人们的视野,限制了人们认识世界的深度、宽度和广度。

朱熹认为语言也是思想。他说:"圣人言语,皆天理自然。"④"圣贤一

---

① 唐君毅:《中国哲学原论·导论篇》,北京:中国社会科学出版社2005年版,第146页。
② 朱熹:《四书章句集注》,北京:中华书局2011年版,第17页。
③ 黎靖德编,王星贤点校:《朱子语类》卷二十一,北京:中华书局2020年版,第611页。
④ 黎靖德编,王星贤点校:《朱子语类》卷十一,北京:中华书局2020年版,第221页。

句是一个道理。"① 在朱熹看来,圣人言语即是圣人思想和天理大道。《易经·系辞上》曰:"形而上者谓之道,形而下者谓之器。"② 朱熹既认同"道""器"的区别,又认为两者是相联系的,"然器亦道,道亦器也。道未尝离乎器,道亦只是器之理。如这交椅是器,可坐便是交椅之理;人身是器,语言动作便是人之理。"③ "语言和人身"犹如"道和器",语言是"道",是"理",人身是"器",是工具。道为体,道决定器,器体现道,也就是说,语言是从道中流出而体现道的。语言与理在言说中,不是人在言说,而是语言在支配着人在言说。"不是人们在使用语言,相反,是语言利用人们的身体在说话,在说的过程中,身体是工具和载体,而思想则以语言的形式得以显露。"④ 这类似于伽达默尔对语言游戏的阐释:"在语言游戏中,不是主体在做游戏,而是游戏在支配着这主体。这样,语言取得了替代我思主体的地位。"⑤ 因此说语言仅仅是交流思想的工具,那是贬低了它的价值。而应该把语言看作思想本身,"若识得圣人言语,便晓得天下道理。"⑥ 圣人言语即是天下道理,语言的世界就是思想的世界。

二是话语信息理论。话语信息结构影响话语语义的表达和理解。言语中负载着信息,但言语结构中各个成分所负载的信息的容量和价值是不一样的,语言结构和信息含量之间不是完全对等的关系,而是经常出现程度不等的言意的背离,如下文朱熹所言的"道理都在空处"。

幹问:"尝看文字,多是虚字上无紧要处最有道理。若做文粗疏,粗解,这般意思,却恐都不见了。"曰:"然。且如今说'秉彝',这个道理却在'彝'字上'秉'字下。所以庄子谓'批大郤,导大窾',便是道理都在空处。如《易》中说'观其会通,以行其典礼',通便是空处。行得去,便是通;会,便是四边合凑来处。"⑦

---

① 黎靖德编,王星贤点校:《朱子语类》卷三十八,北京:中华书局2020年版,第1212页。
② 杨天才、张善文译注:《周易》,北京:中华书局2011年版,第600页。
③ 黎靖德编,王星贤点校:《朱子语类》卷七十七,北京:中华书局2020年版,第2401页。
④ 钱冠连:《语言:人类最后的家园》,北京:商务印书馆2005年版,第3页。
⑤ 陶秀璈、姚小平主编:《语言研究中的哲学问题》,北京:中央编译出版社2010年版,第69-70页。
⑥ 黎靖德编,王星贤点校:《朱子语类》卷二十一,北京:中华书局2020年版,第598页。
⑦ 黎靖德编,王星贤点校:《朱子语类》卷一百三,北京:中华书局2020年版,第3178页。

朱熹这个言语理论是非常高明的，已经孕育着话语信息的空缺理论。从现代语法研究上来看，虚词语义是"虚""空"的，但它负载的信息更重要。语调、语气词、量词、连词、模态词、指示词等虚词对于话语信息表达起关键作用，如语气词，涉及整个句子的语气判断，表肯定的语气词与表否定的语气词可以反转整个语句含义的表达。再如，与英语有冠词相比，汉语名词没有冠词限定，但在理解话语时必须补充出来才能准确理解话语所蕴含的信息。以"人来了""人为财死""操场上有人"为例，三句中的"人"是相同的，但每句话所指又是不同的，第一句指"特定的某个人"，第二句是"所有的人"，第三句是"一个人以上"，"人"前面空缺之处需要依据语境补充出来的信息是最为重要的。这和朱熹所言的"道理都在空处"的内涵是完全相同的。在读书著述中，朱熹反复强调，理解言语中所蕴含的道理时，"到紧要处，全不消许多文字言语。"[①]"初看须用这本子，认得要害处，本子自无可用。"[②] 要在"无文字"处体会出天理大道，犹如"寄言出意""文外之重旨"。

从话语信息结构来分析，因为无言语文字之处蕴含着文本的新信息，这个新信息是文本尚未明确表达却蕴含于旧信息之中的。一般而言，一个话语结构中，已知信息在文前，在文字字面意义之中，而未知信息在文后，在文字字面信息之内，要获知新信息，需要从已知信息和文字字面意思中推导出来。朱熹对于圣人言语的重视，又强调要在"无言语文字"中理会，说明他已经认识到话语信息结构影响话语语义的表达和理解。

三是语言应用理论。朱熹基本上是承袭孔孟以语言伦理学的眼光看待语言的态度，其言语观包含慎言恶佞、言行一致、谨言慎语、非礼勿言、言必有中、言当雅顺、知言知人等，涉及语言功用、语言态度、语言能力、语言行为、语言规范的论说。例如，他传承孔子"有德者必有言"，把语言与中国人最看重的"德"联系起来，提出"无有说不出之理"；传承孔孟倡导的"罕言""慎言""讷言"之说，认为君子会"耻其言"，不敢尽情表达自己内心的意志，将谨言慎语、言而有信的态度作为践理修身

---

① 黎靖德编，王星贤点校：《朱子语类》卷十二，北京：中华书局2020年版，第264页。
② 黎靖德编，王星贤点校：《朱子语类》卷十四，北京：中华书局2020年版，第312页。

的一个重要规范加以阐释和发展;认同"辞达"却不反对"言之无文,行之不远",强调言语修辞对义理的表达的积极意义;传承孔子言语"时中"的精神,认为语言言说道理要恰到好处,提出"中和"的语言规范,"说得多,又剩了;说得少,又说不出,皆是不自得。"① 意识到言说对象、时空等语境因素对道理表达的影响,言说策略要因人、因时、因事、因地而调整;这些论述都反映了他既有对语言"言尽意"的肯定,又有对"言不尽意"的超越,蕴含丰富的语用学思想。朱熹有深厚的音韵、训诂、文字学识,但他并没有为语言而研究语言,而是侧重人对语言的运用和语言的运用如何更好为传情达理服务,因为在儒家语言文化中,正确的言说方式及其道德品质比细致的语言科学知识更为重要。

四是语言符号理论。学者早就注意到语言符号的任意性和理据性问题,索绪尔指出:"语言符号是任意的。"② 认为语言符号能指和能指之间是没有任何联系的。而荀子则提出:"名无固宜,约之以命。约定俗成谓之宜,异于约则谓不宜。"③ 认为语言符号音义之间是有关联的,音义结合的社会认可过程就是约定俗成的理据性。我国第一部字源专著《释名》提出"名必有源,源循音推"④ 理据论。朱熹秉承前人的观点,在阐释"言理"说中论述语言符号的理据性,从名实、理气层次探讨"言意"的辩证关系。

张载《正蒙》曰:由太虚,有天之名;由气化,有道之名;合虚与气,有性之名;合性与知觉,有心之名。⑤ 就名物关系而言,先有物后有名,名是指称物体的;物的变化产生新的名称。朱熹阐释说:"有是物则有是理与气,故有性之名;若无是物,则不见理之所寓。'由太虚有天之名',只是据理而言。'由气化有道之名',由气之化,各有生长消息底道理,故有道之名。既已成物,则物各有理,故曰:'合虚与气有性之

---

① 黎靖德编,王星贤点校:《朱子语类》卷五十七,北京:中华书局2020年版,第1633页。
② [瑞士]索绪尔著,高名凯译:《普通语言学教程》,北京:商务印书馆1980年版,第102页。
③ 方勇、李波译注:《荀子》,北京:中华书局2011年版,第362页。
④ 陆宗达、王宁:《训诂与训诂学》,太原:山西教育出版社1994年版,第353-354页。
⑤ 张载:《张子正蒙》,上海:上海古籍出版社2000年版,第94页。

名.'"① 他将名物的先后关系进一步密切化，肯定名产生于物，名指称物，言表达意；同时物又是理的"寓所"，物不同，则理不同，由此，"名"和"理"由于共同的存在"物"而产生了关系。

朱熹关于言语理据论也有两段类似精彩的论述：

"人之所以得名，以其仁也。言仁而不言人，则不见理之所寓；言人而不言仁，则人不过是一块血肉耳。必合而言之，方见得道理出来。"②

朱熹认为，不是以"人"训"仁"，"人""仁"是物与理的关系，也是言与意的关系。"人"是"仁"的物体或寓所，"仁"是"人"的"道理"或精神，两者相互依存，不可分离。"人"之所以为人，获得"人"这个名称，正是因为有仁爱、仁慈之理，"人"是名称，是言辞，其功能是指称"仁"；而"仁"是仁德，是"人"命名的内在根据，内含于"人"中。

"五方之民，言语不通，却有暗合处。盖是风气之中，有自然之理，便有自然之字，非人力所能安排，如'福'与'备'通。"③

朱熹所言的"福""备"是同源词，虽然言语形式不同，但其意义是相通的，说明他已经认识到"声近义通"的音韵理论。在他看来，"理"是语词创造和使用的自然条件，是"异言同义"的条件。言可尽理，言中也蕴含着理，这个自然之理也就是语言的理据。他将人发音的生理特点与自然界的运动微妙地结合起来，既有外部的感应，又有内部生发的相互适应，将语言与人的品性、与自然界特性结合起来，寻求造词的理据性和语言发源的可论证性。

---

① 黎靖德编，王星贤点校：《朱子语类》卷六十，北京：中华书局2020年版，第1740页。
② 黎靖德编，王星贤点校：《朱子语类》卷六十一，北京：中华书局2020年版，第1776页。
③ 黎靖德编，王星贤点校：《朱子语类》卷八十七，北京：中华书局2020年版，第2728页。

第三章 训诂"质疑"与"阙疑"的中和

朱熹善于质疑,对何谓质疑、如何质疑、如何标记疑问等皆有诸多理论阐发,同时他还阐发了阙疑的条例、方法、意义,如何处理质疑与阙疑两者关系。

在训诂实践中,朱熹遍疑群经,对《诗经》《尚书》《周礼》《礼记》《左传》《公羊传》《谷梁传》《孝经》等皆提出质疑,同时也疑遍众人,自孔孟圣人至师友学人都提出质疑。尤其是他对《古文尚书》的质疑,不仅开启后世辨伪的滥觞,而且其所蕴含的辨伪方法、辨伪精神对于挖掘《古文尚书》的价值和当下创造性转化和创新性发展中华优秀传统文化具有重要的启发意义。

朱熹的"质疑"与"阙疑"的命题,留存的是古代知识分子做学问的问题意识和求是精神,揭示了"守正"与"创新"的辩证关系,"阙"是属于该不该阐释的价值向度,是本体和前提,是对古典语文学的守正问题;"疑"是如何阐释的技术向度,是功用和方法,是对古典语文学的创新问题。"阙"与"疑"蕴含的正是守正与创新的辩证统一关系。只"阙"不"疑",语文学只会陷于固步自封的抱残守缺,只"疑"不"阙",就会滑向牵强附会的恣意妄为。朱熹在"阙"与"疑"中表现出来的守正态度和创新精神对后世的研究具有重要的指导意义。

第一节 "质疑"之道及其训诂之创新

汉学拘守师门,墨守成规,将经典文本的权威绝对化、凝固化。到了隋唐,虽然儒家的义疏进一步吸取了佛教、玄学各学派之长并逐渐克服了古今文之争的影响,但以孔颖达为代表的官方学者编定的《五经正义》主张"疏不破注",体现出一种保守和权威化。"章句训诂不能尽餍学者之心,于是宋儒起而言义理。"① 对汉学的僵化思想和由于严守汉唐注疏而造成式微的反思催生了北宋的文化改革和宋儒重建儒家经典的思想。他们怀疑批判"正义"的权威性和"五经文本"的神圣性,提倡自由灵性的阅读方法,出现了庆历新政的"学术不一,一人一义,十人十义"②和熙宁新政的"先儒传注,一切废不用"③ 的"新学"思潮。

"新学"思潮的出现与发展和汉学原典主义训诂、唐代"疏不破注"的文化传统有着千丝万缕的联系,因为任何社会文化的进步、发展总是在过去文明积累和传承的基础上前进的。正如钱穆曾说:"我民族国家之前途,仍将于我先民文化所贻自身内部获得其生机。"④ 朱熹是南宋著名的思想家、哲学家、宋代理学集大成者,在面对汉学和宋学分歧的学术语境下,秉承"集大成者"学术风格,在阙疑中守正,在疑古中创新,在传承儒学道统中创新理学思想。朱熹的传承与创新,正如钱穆所言:"朱子解经极审慎,务求解出原书本义。但亦有时极大胆,极创辟,似与原书本义太不相干。"⑤

一、"疑"之道

朱熹是理学大家,也是一位卓越的训诂学家,"他注释的书如《诗集传》等,本身就是高水平的训诂学著作。他对古音也有较深的研究,其'叶韵说'等影响很大,值得认真清理。语言学大师王力指出,《诗经》的词义凡《毛传》《郑笺》有异者,应以朱熹《诗集传》为断;著名训诂学家殷孟伦甚至称朱熹为宋代训诂学第一人,足见朱熹在语言学史上的地位。"⑥ 朱熹以怀疑的态度审视典籍,在阅读、阐释文本时不断地对旧有古注或经典典籍提出质疑,进而提出不同的假设、学说和理论。

---

① [清]皮锡瑞:《经学历史》,北京:中华书局1959年版,第80-90页。
② [宋元]马端临:《文献通考》卷三十一,北京:中华书局2011年版,第907页。
③ [元]脱脱等:《宋史》卷三百二十七,北京:中华书局1985年版,第10550页。
④ 钱穆:《国史大纲·引论》上册,北京:商务印书馆1996年版,第32页。
⑤ 钱穆:《朱子学提纲》,武汉:长江文艺出版社2020年版,第43页。
⑥ 郭齐、尹波点校:《朱熹集》,成都:四川教育出版社1996年版,第5-6页。

（一）疑之对象

"'阐释'是就已有的文化与语言的意义系统作出具有新义新境的说明与理解，它是意义的推陈出新，是以人为中心，结合新的时空环境与主观感知展现出来的理解、认知与评价。"① 朱熹在阐释经典文本，宋代特定的时空环境往往需要其对已有的学说进行批判，对典籍文本语言文字形音义、篇章秩序及其名物、典章制度等提出怀疑，发前人未发之言。

"疑自'当'字以下不然，盖十一《唐》中，'上'字无平声。若从侧声，但'终不可长也'，'长'字作音'仗'，则'当'字、'上'字、'亢'字皆叶矣。"②

此语例是关于谐音的质疑。

《书》中"迪"字或解为蹈，或解为行，疑只是训"顺"字。《书》曰："惠迪吉，从逆凶，惟影响。"逆，对顺，恐只当训顺也。③

伊川解此句不须疑。但"邑人不诫吉"一句似可疑，恐《易》之文义不如此耳。④

以上语例是关于词义、文义的质疑。

"象恭滔天。""滔天"二字美，因下文而误。⑤

本文似亦有阙语，疑"作册"二字乃衍文，而阙一"公"字也。以此可见刘歆所见《古文》已非其正，而今本亦有阙误，难尽信也。⑥

以上语例是关于文本羡文或字词有无的质疑。

九四"弗过遇之"，过遇，犹言加意待之也。上六"弗遇过之"，疑亦

---

① 成中英：《本体与诠释》，北京：生活·读书·新知三联书店 2000 年版，第 7 页。
② 黎靖德编，王星贤点校：《朱子语类》卷七十三，北京：中华书局 2020 年版，第 2277 页。
③ 黎靖德编，王星贤点校：《朱子语类》卷七十八，北京：中华书局 2020 年版，第 2447-2248 页。
④ 黎靖德编，王星贤点校：《朱子语类》卷七十，北京：中华书局 2020 年版，第 2136 页。
⑤ 黎靖德编，王星贤点校：《朱子语类》卷七十八，北京：中华书局 2020 年版，第 2431 页。
⑥ 朱熹撰，朱杰人、严佐之、刘永翔主编：《朱子全书》第 23 册，《答潘子善》，上海：上海古籍出版社，合肥：安徽教育出版社 2010 年版，第 2920 页。

当作"弗过遇之",与九三"弗过防之",文体正同。①

"同律度量衡,修五礼、五玉、三帛,二生、一死赘。如五器,卒乃复。"旧说皆云"如五器",谓即是诸侯五玉之器。初既辑之,至此,礼既毕,乃复还之。看来似不如此,恐书之文颠倒了。"②

以上语例是关于文本语序、文序的质疑。

又"凡养老五帝宪"(止)"皆有惇史"一节,疑错简,恐或当在上文"玄衣而养老之下。"③

以上语例是关于文本缺简、错简的怀疑。

又云:"碑本《后赤壁赋》'梦二道士','二'字当作'一'字,疑笔误也。"④

以上语例是关于文本文字错误的怀疑。

某旧二十许岁时,读至此,便疑此语有病,只是别无它说可据,只得且随它说,然每不满。⑤

以上语例是关于语病的怀疑。

《孝经》,疑非圣人之言。⑥

疑《盘》《诰》之类是一时告语百姓;盘庚劝谕百姓迁都之类,是出于记录。⑦

以上语例是对《孝经》《尚书》等经典的怀疑。

在朱熹著述中,怀疑的对象涉及音韵、文字、训诂、校勘、修辞、语法等,同时也包含天地鬼神、山川草木、鸟兽虫鱼、人文历史、王制礼仪、风土习俗,等等。

---

① 黎靖德编,王星贤点校:《朱子语类》卷七十三,北京:中华书局2020年版,第2276页。
② 黎靖德编,王星贤点校:《朱子语类》卷七十八,北京:中华书局2020年版,第2437页。
③ 朱熹撰,朱杰人、严佐之、刘永翔主编:《朱子全书》第23册,《答赵恭父》,上海:上海古籍出版社,合肥:安徽教育出版社2010年版,第1896页。
④ 黎靖德编,王星贤点校:《朱子语类》卷一百三十,北京:中华书局2020年版,第3802页。
⑤ 黎靖德编,王星贤点校:《朱子语类》卷七十,北京:中华书局2020年版,第2124页。
⑥ 黎靖德编,王星贤点校:《朱子语类》卷七十八,北京:中华书局2020年版,第2413页。
⑦ 黎靖德编,王星贤点校:《朱子语类》卷八十二,北京:中华书局2020年版,第2608页。

旧以圣祖为人皇中之一,黄帝自是天降而生,非少昊之子。其说虚诞,盖难凭信也。①

此语例是关于黄帝诞生传说的怀疑。

尧知鲧不可用而尚用,此等事皆不可晓。当时治水事,甚不可晓。且如滔天之水满天下,如何用工!如一处有,一处无,尚可。既"洪水滔天",不知如何掘地注海?今水深三尺,便不可下工。如水甚大,则流得几时,便自然成道,亦不用治。不知禹当时治水之事如何。②

此语例是关于尧舜治水历史传说的怀疑。

"苗顽弗即工",此是禹治水时,调役他国人夫不动也。后方征之。既格而服,则治其前日之罪而窜之,窜之而后分北之。今说者谓苗既格而又叛,恐无此事。③

此语例是关于三苗部落归顺后又反叛的历史事件的怀疑。

朱熹在怀疑文本的同时,也怀疑文本的创作者,如孔孟圣人、前贤时人、师友门人,等等。

朱熹特别尊崇孔子和孟子,把"二程"(程浩、程颐)和自己当作是由孔子经过曾参、子思、孟子这一儒家道统的继承和发扬者。但是这并不影响朱熹对圣人思想的质疑。

又曰:"看来《无妄》合是'无望'之义,不知孔子何故使此'妄'字。如'无妄之灾','无妄之疾',都是没巴鼻恁地。"④

朱熹怀疑孔子使用"妄"字是无根据的。

又言:"孟子说'瀹济漯而注诸海,决汝汉,排淮泗而注诸江'。据今水路及《禹贡》所载,惟汉入江,汝泗自入淮,而淮自入海,分明是误。盖一时牵于文势,而不暇考其实耳。今人从而强为之解释,终是可笑!"⑤

---

① 黎靖德编,王星贤点校:《朱子语类》卷七十八,北京:中华书局2020年版,第2434页。
② 黎靖德编,王星贤点校:《朱子语类》卷七十八,北京:中华书局2020年版,第2432页。
③ 黎靖德编,王星贤点校:《朱子语类》卷七十八,北京:中华书局2020年版,第2466页。
④ 黎靖德编,王星贤点校:《朱子语类》卷七十一,北京:中华书局2020年版,第2191页。
⑤ 黎靖德编,王星贤点校:《朱子语类》卷七十九,北京:中华书局2020年版,第2471页。

朱熹认为孟子关于禹疏九河的记载是错误的，其错误原因是未经实地考察。此外他还说："孟子说贡、助、彻，亦有可疑者。"①

朱熹甚至对于备受他尊重的"二程"也经常提出怀疑或批评。

> 程子说"易"字，皆为《易》之书而言，故其说如此，但鄙意似觉未安。②

在朱熹看来，对待一切原有学说甚至是权威人物都应持怀疑态度，不要为旧说、先师所羁绊。朱熹也怀疑同时代文人的著述论说。

> 若谓圣人贬人，则当时大国灭典礼，叛君父，务吞并者，常书公，书侯。不贬此，而独责备於不能自存之小柄，何圣人畏强陵弱，尊大抑小，其心不公之甚！故今解《春秋》者，某不敢信，正以此耳。③

同时他倡导做学问也要善于质疑自己。"人之病，只知他人之说可疑，而不知己说之可疑。"④ 这使得他不断地修正自己的学说。他前后经过四十余年反复修改《四书》的注释，在他七十一岁临终前一天还在修改《大学诚意》章的注。

> 又问："巽有优游巽入之义；权是仁精义熟，于事能优游以入之意。"曰："是。"又曰："巽是入细底意，说在九卦之后，是八卦事了，方可以行权。某前时以称扬为说了，错了。"⑤

朱熹敢于质疑、批评自己的学说。

从阐释学视角看，"疑"什么、"疑"谁，是阐释的对象或客体。朱熹还阐发了如何疑的方法问题。

（二）疑之方法

关于"疑"的方法，朱熹认为，要会真疑，要于无疑处生疑，要疑得

---

① 黎靖德编，王星贤点校：《朱子语类》卷五十五，北京：中华书局2020年版，第1595页。
② 朱熹撰，朱杰人、严佐之、刘永翔主编：《朱子全书》第22册，《答吕子约》，上海：上海古籍出版社，合肥：安徽教育出版社2010年版，第2181页。
③ 黎靖德编，王星贤点校：《朱子语类》卷十，北京：中华书局2020年版，第207页。
④ 黎靖德编，王星贤点校：《朱子语类》卷二十五，北京：中华书局2020年版，第750页。
⑤ 黎靖德编，王星贤点校：《朱子语类》卷七十六，北京：中华书局2020年版，第2382页。

第三章 训诂"质疑"与"阙疑"的中和

"合疑处",要在比较中疑。

"今人读书有疑,皆非真疑。"① "假疑"只是拿无用的话语来问问而已,对学问毫无益处。那么何为"真问题"?从朱熹和学生谈论如何学习的对话中可以看出有两点:一是于圣贤言语本意理解有疑惑者,如他说:"熟考圣贤言语,求个的确所在。"② 如在理解经典文本的正意时而产生的疑问,朱熹认为这是"疑其所当疑",是真疑。二是在做功夫处自然产生的疑问,如熟读经典文本时产生的疑问,"比来读之,亦觉其有可疑者。"③或在涵养功夫时产生的疑问,如他说:"若是做得工夫,有疑可问,便好商量。"④ 疑之"真""假"之分,其实也是"当不当疑"的问题。"不疑其所当疑,故眼前合理会处多蹉过;疑其所不当疑,故枉费了工夫。"⑤该疑而不疑,就会错过精彩处;不该疑而疑,就是枉费工夫。

他批评学者拘泥于圣人而固步自封的错误求道之习。

世上有一般议论,成就后生懒惰。如云不敢轻议前辈,不敢妄立论之类,皆中怠惰者之意。前辈固不敢妄议,然论其行事之是非,何害?固不可凿空立论,然读书有疑,有所见,自不容不立论。其不立论者,只是读书不到疑处耳。⑥

不敢轻议前辈往往陷入固步自封之境遇,而质疑他人、创立新说又出现妄议前人、凿空立论之流弊。朱熹秉持不偏不倚之态度,批评了不敢质疑的懒惰行为,认为在尊重旧说的基础上要敢于质疑,勇于立论。所谓不敢立论只是其未能深入思考,未能在思考中产生真正的疑问或见解。

朱熹自叙求学经验,"某虽看至没紧要底物事,亦须致疑",⑦ 怀疑是

---

① 黎靖德编,王星贤点校:《朱子语类》卷一百一十九,北京:中华书局2020年版,第3505页。

②⑤ 黎靖德编,王星贤点校:《朱子语类》卷一百二十一,北京:中华书局2020年版,第3572页。

③ 朱熹撰,朱杰人、严佐之、刘永翔主编:《朱子全书》第22册,《答何叔京》,上海:上海古籍出版社,合肥:安徽教育出版社2010年版,第1803页。

④ 黎靖德编,王星贤点校:《朱子语类》卷一百一十八,北京:中华书局2020年版,第3470页。

⑥ 黎靖德编,王星贤点校:《朱子语类》卷十一,北京:中华书局2020年版,第234页。

⑦ 黎靖德编,王星贤点校:《朱子语类》卷一百二十一,北京:中华书局2020年版,第3575页。

学问的开端。同时,质疑应伴随求道的整个过程。

> 然熟读精思既晓得后,又须疑不止如此,庶几有进。若以为止如此矣,则终不复有进也。①

有疑问之后,还需持之以恒地思索,直至所疑豁然开朗。如他说:"初间疑处,只管看来,自会通解。若便写在策上,心下便放却,于心下便无所得。某若有未通解处,自放心不得,朝朝日日,只觉有一事在这里。"② 心中应时时想着所疑之问,思索探求。"蓄疑而不决者,其终不成。"③ 不解决疑问,终究难以成就大业。朱熹阐发了有了疑问后如何请教师友的问题。他认为学习应自力更生,面对学问之疑惑,也应尽力自行解决。

> 若有疑处,且须自去思量,不要倚靠人,道待去问他。若无人可问时,不成便休也!人若除得个倚靠人底心,学也须会进。④

在面对疑问或困难时,首先应该依靠自己去思考、去探索,而不是立刻寻求他人的帮助或答案。

朱熹倡导要敢于质疑前人旧说,但他反对随意、毫无证据的怀疑。

> "'善固性也,然恶亦不可不谓之性也',疑与孟子抵牾。"曰:"这般所在难说,卒乍理会未得。某旧时初看,亦自疑。但看来看去,自是分明。今定是不错,不相误,只着工夫子细看。莫据己见,便说前辈说得不是。"⑤

朱熹提出不能仅凭自己偏见就否定前辈的思想,质疑应该建立于确凿的事实和证据之上。

问:"承先生赐教读书之法,如今看来,圣贤言行,本无相违。其间

---

① 黎靖德编,王星贤点校:《朱子语类》卷十一,北京:中华书局2020年版,第229页。
② 黎靖德编,王星贤点校:《朱子语类》卷一百一十八,北京:中华书局2020年版,第3461页。
③ 黎靖德编,王星贤点校:《朱子语类》卷十三,北京:中华书局2020年版,第279页。
④ 黎靖德编,王星贤点校:《朱子语类》卷一百一十三,北京:中华书局2020年版,第3352—3353页。
⑤ 黎靖德编,王星贤点校:《朱子语类》卷九十五,北京:中华书局2020年版,第2962页。

所以有可疑者，只是不逐处研究得通透，所以见得抵牾。若真个逐处逐节逐段见得精切，少间却自到贯通地位。"曰："固是。如今若苟简看过，只一处，便自未曾理会得了，却要别生疑义，徒劳无益。"①

之所以会有疑惑，只是因为自己没有逐处逐节逐段地深入研究，导致理解不够透彻，从而产生了看似矛盾的地方。如果确能精细地逐处逐节逐段地去理解和领悟，那么最终会达到贯通、一致的认识。

在论读书之法时，朱熹提出如何疑的问题。

凡看文字，诸家说有异同处，最可观。谓如甲说如此，且捋扯住甲，穷尽其词；乙说如此，且捋扯住乙，穷尽其词。两家之说既尽，又参考而穷究之，必有一真是者出矣。②

将《精义》诸家说相比并，求其是，便自有合辨处。③

通过阅读思考和反复的质疑论证，探索发现那些在相同点和不同点后面掩藏着的本质和规律，从而构建阐释性的训诂理论，其表现为集"疑古、辨伪、释古"为一体的治学之道。

（三）疑之时机

"疑"要把握时机。那么何时疑最合适？朱熹认为要"待其可疑而后疑之"。④他举庖丁解牛为例，认为"疑"得过早，是读书不多，"今人所疑，古人都有说了，只是不曾读得。"⑤"疑"得过迟，又会错过值得理会的义理之处。那么何时是"待其可疑"之时？"理既未尽，而胸中不能无疑。"⑥

此外，朱熹还分析了如何对待读书中发现的疑问。

---

① 黎靖德编，王星贤点校：《朱子语类》卷一百一十六，北京：中华书局2020年版，第3414页。
② 黎靖德编，王星贤点校：《朱子语类》卷十一，北京：中华书局2020年版，第236页。
③ 黎靖德编，王星贤点校：《朱子语类》卷十一，北京：中华书局2020年版，第234页。
④ 黎靖德编，王星贤点校：《朱子语类》卷二十，北京：中华书局2020年版，第557页。
⑤ 黎靖德编，王星贤点校：《朱子语类》卷八十七，北京：中华书局2020年版，第2735页。
⑥ 朱熹撰，朱杰人、严佐之、刘永翔主编：《朱子全书》第21册，《答汪尚书》，上海：上海古籍出版社，合肥：安徽教育出版社2010年版，第1297页。

问："看理多有疑处。如百氏之言，或疑其为非，又疑其为是，当如何断之？"曰："不可强断，姑置之可也。"①

对于读书求道中遇到的似是而非之疑，不可强解，只需放置心中，留着他日时机成熟再寻求解答。他又提出读书、思考的重要性。

若是有志朴实头读书，真个逐些理会将去，所疑直是疑，亦有可答。②
大凡看文字要急迫不得。有疑处，且渐渐思量。若一下便要理会得，也无此理。③

潜心苦读，涵养穷索，才是解决疑问的方法。

"疑"可以转向"无疑"，"无疑"处蕴含着可疑之问题，"不是于那疑处看，正须于那无疑处看。"④ 治学的工夫是从"无疑"处看出"疑问"，要从无关紧要处致疑，在"疑"处思考、发现真知灼见，才能著书立说。

同时，疑要疑得恰当好处。朱熹曾评价四个门人，"安卿煞不易，他会看文字，疑得都是合疑处。若近思，固不能疑。蕈卿又疑得曲折，多无事生出事。"⑤ 又曰："公疑得太过，都落从小路去了。"⑥ "不能""疑得曲折"和"疑得太过"都不恰当，"疑得都是合疑处"才是朱熹认可的善于质疑。

（四）疑之标记

朱熹疑辨经典文本，对于未能确证之处认为"当为疑词以见之"⑦。针对不同的疑惑，以不同的疑词进行标记。他在与方伯谟的信件中就《韩文考异》辑刊时有较为详细的疑词标记讨论。

---

① 黎靖德编，王星贤点校：《朱子语类》卷十一，北京：中华书局2020年版，第229页。
② 黎靖德编，王星贤点校：《朱子语类》卷一百二十一，北京：中华书局2020年版，第3587页。
③ 黎靖德编，王星贤点校：《朱子语类》卷十一，北京：中华书局2020年版，第228页。
④ 黎靖德编，王星贤点校：《朱子语类》卷十，北京：中华书局2020年版，第211页。
⑤⑥ 黎靖德编，王星贤点校：《朱子语类》卷五十一，北京：中华书局2020年版，第1486页。
⑦ 朱熹撰，朱杰人、严佐之、刘永翔主编：《朱子全书》第21册，《再答敬夫论中庸章句》，上海：上海古籍出版社，合肥：安徽教育出版社2010年版，第1347页。

未定，则各加"疑"字。别本者已定则云"定当从某本"，未定，则云"且当从某本"。或监本、别本皆可疑，则云"当阙"，或云"未详"。①

朱熹认为，应当以"疑""且当从某本""当阙""未详"等词语对不同层次的问题进行标记。

"其《或问》中皆是辨诸家说理未必是。有疑处，皆以'盖'言之。"②

就朱熹文献中的"疑"词标记，大致可将其分为三个层次：

第一层次是直接标注"疑"，如在《诗集传》中，朱熹提出"此诗疑亦前篇妇女所作"③"此疑亦淫奔之诗"④ "此诗疑皆为晋而作"⑤ 等，以标注其怀疑。

第二层次是"疑"词标注后予以阐释。朱熹从训诂学的视角，对文本中的语音、语词、语义等提出异议，并罗列他人观点。

《诗经·日月》：乃如之人兮，逝不古处。《诗集传》："古处，未详。或云，以古道相处也。"⑥

第三层次是朱熹考证最为详细的，既标注疑词、罗列他人观点，又阐述自己的观点，对某些内容进行完善和补充。

曰："《语》有两处如此说，皆不可晓。寻常有三般说话：一以为上数事我皆无有；一说谓此数事外我皆复何有；一说云于我何有，然皆未安，某今阙之。"⑦

朱熹对古注或古人文义的质疑或意义的新阐发，其态度是非常谨慎和客观的。如他经常使用"恐""似乎"表达质疑。

---

① 朱熹撰，朱杰人、严佐之、刘永翔主编：《朱子全书》第22册，《与方伯谟》，上海：上海古籍出版社，合肥：安徽教育出版社2010年版，第2020页。
② 黎靖德编，王星贤点校：《朱子语类》卷十四，北京：中华书局2020年版，第315页。
③ 朱熹：《诗集传》，北京：中华书局2011年版，第57页。
④ 朱熹：《诗集传》，北京：中华书局2011年版，第67页。
⑤ 朱熹：《诗集传》，北京：中华书局2011年版，第81页。
⑥ 朱熹：《诗集传》，北京：中华书局2011年版，第24页。
⑦ 黎靖德编，王星贤点校：《朱子语类》卷三十六，北京：中华书局2020年版，第1181页。

问"劳乎坎"。曰:"恐是万物有所归,有个劳徕安定他之意。"①

"劳乎坎","劳"字去声,似乎慰劳之意;言万物皆归藏于此,去安存慰劳他。②

就朱熹文献中的"疑"词,形成"未""不""难"三个系列。"未系列"的疑词主要有:未详、未闻、未安、未考、未尽、未知、未敢信、未可晓、未必、未然、未明,等等。"不系列"的疑词则有:不知所谓、不可考、晓不得、不可知,等等。"难"系列的疑词有:难说、难晓、难知,等等。

朱熹还依据怀疑程度之轻重以不同的词语进行标注,以"未安"为例,如表示可能要怀疑,或怀疑程度较轻,一般标注为"似未安""恐未安""小未安""有未安处",而程度较重则标注为"竟未安""皆未安""诚似未安""颇未安""多所未安""尤未安""殊未安""深所未安"等。

二、训诂之创新

朱熹尊崇经典而又不迷信经典,敢疑前人不敢疑,敢发时人不敢发之语,其怀疑的目的在于破除迷信、探究新知和阐发新说。

在思考和探索儒家文化的创新与创造,朱熹融儒释道于一体,以去圣化、去经化破除对圣人和经典的迷信。去圣化就是"将中国古代历史人物作为可以分析、讨论的对象,而不是将其当作圣人对待。"③ 尧作为儒家圣王谱系的第一人,在儒者心目中占据着特殊地位。同样,禹凭借水工伟绩获得舜的禅让,成为儒家圣王谱系的第三人。朱熹作为儒家道统的传承人,对儒家圣王谱系的尧、舜、禹的地位是尊崇的,但他也认为"圣人亦人耳,岂有异于人哉?"④ 由此他依据地理学、水利学的学理和基于特定历

---

① 黎靖德编,王星贤点校:《朱子语类》卷七十七,北京:中华书局2020年版,第2405页。
② 黎靖德编,王星贤点校:《朱子语类》卷三十六,北京:中华书局2020年版,第2404页。
③ 刘学斌:《去圣化、去经化、去派化:中国优秀传统文化创新与转化的理念前提》,《福建师范大学学报》2020年第3期。
④ 朱熹:《四书章句集注》,北京:中华书局2011年版,第280页。

史和自然条件对"鲧治水""禹治水"的治水之道表示怀疑,这是通过对圣人行事的质疑实现对圣人权威化的迷信和服从的破除。"前辈固不敢妄议,然论其行事之是非,何害?"① 不能妄议菲薄圣人,但对圣人某些言行是可以议论的,也就是在研究圣人时要破除由于圣化思维的影响而局限了圣人思想的研究,将圣人思想作为历史客观存在而对其开展符合历史和文化创新需求的研究。

读书治学,也要破除大众迷信和注重思想创发。如"人多说性方说心,看来当先说心。"② 朱熹从文字产生的先后顺序认为,"心"字是一个字母,先产生于"性""情",从汉字字件构造的视角既破除了大众"性统心"的观点,又阐释了他"心统性情"的学说。朱熹批评治学盲从、鹦鹉学舌和鼓捣聒噪的习惯,认为是工夫未到位,理会不仔细,"才见一庸人胡说,便从他去"③"遂敬信其说"④"便糜然从之"。⑤

朱熹提倡要善于怀疑,认为"疑"可以获取新知识。例如,朱熹怀疑"棐"字是被人误用为"辅"字,后来他在颜师古注《汉书》中获得佐证,证实了他"'棐'与'匪'同"的观点。他说:"某疑得之。"⑥ 因疑而获取新知识,所以朱熹倡导要多疑,把对学问的怀疑当作一种日用工夫来涵养,要涵养到极致,如此"方是有长进处,大疑则可大进。"⑦

怀疑之后还要持之以恒地进行探究,即格物穷理。

问:"'师或舆尸',伊川说训为'众主',如何?"曰:"从来有'舆尸血刃'之说,何必又牵引别说?某自小时未曾职训诂,只读白本时,便疑如此说。后来从乡先生学,皆作'众主'说,甚不以为然。今看来,只是兵败,舆其尸而归之义。小年更读《左传》'形民之力,而无醉饱之心',意欲解释'形'字是割剥之意,醉饱是厌足之意,盖以为割剥民力而无厌足之心。后来见注解皆以'形'字训'象'字意,云象民之力,而

---

① 黎靖德编,王星贤点校:《朱子语类》卷十一,北京:中华书局2020年版,第234页。
② 黎靖德编,王星贤点校:《朱子语类》卷五,北京:中华书局2020年版,第112页。
③④ 黎靖德编,王星贤点校:《朱子语类》卷五,北京:中华书局2020年版,第113页。
⑤ 黎靖德编,王星贤点校:《朱子语类》卷五,北京:中华书局2020年版,第114页。
⑥ 黎靖德编,王星贤点校:《朱子语类》卷七十八,北京:中华书局2020年版,第2448页。
⑦ 黎靖德编,王星贤点校:《朱子语类》卷一百一十五,北京:中华书局2020年版,第3381页。

无已甚，某甚觉不然。但被'形'字无理会，不敢改他底。近看《贞观政要》，有引用处皆作'刑民'，又看《家语》亦作'刑民'字，方知旧来看得是。此是祭公箴穆公之语，须如某说，其语方切。"①

朱熹自叙如何质疑、考据、阐释经文字词。自小时便怀疑众家阐释"舆尸"为"众主"说是有误的。尤其是"形民"之"形"，朱熹认为注解皆以"形"字训"象"字意是不恰当的，他通过考证《贞观政要》《家语》等材料，认为该字应为"割剥"之意。

同时，朱熹的"疑"主张于经典义理要自有真见，信之不疑。"自得于己，则所以处之者安固而不摇"。② 他在与师友门人研读经典时，总是倡导要对经典的义理真有所得，要"自见得""真见得""见得真"。

道理要见得真，须是表里首末，极其透彻，无有不尽；真见得是如此，决然不可移易，始得。③

在朱熹看来，"真见"就是要透彻地理解到义理的真、善、美，达到"理与我一"，犹如我"从他肚里穿过"，浑然一体。如此方能不被他人、他物所迁移或所蒙蔽。"久当有以自信，不为高谈虚见所移夺也。"④ 也就是说，学者理会义理，见之真，将圣贤言语自化为自己的信念，成为笃行之本。由"疑"至"信"，将对圣贤言语的质疑转化为对圣贤之道的认同，使之内化于价值理念和人生信念。那么如何实现由"疑"至"信"？程颐曰："觉悟便是信。"朱熹对此阐释为：

未觉悟时，不能无疑，便半信半不信。已觉悟了，别无所疑，即是信。⑤

在尚未全面、深入地理解道理时，对道理的可靠性就会秉持半信半疑的态度；而一旦通过学习和思考达到了对道理的深刻理解和体验，就会消

---

① 黎靖德编，王星贤点校：《朱子语类》卷七十，北京：中华书局2020年版，第2133页。
② 朱熹：《四书章句集注》，北京：中华书局2011年版，第273页。
③ 黎靖德编，王星贤点校：《朱子语类》卷一百一十七，北京：中华书局2020年版，第3435页。
④ 朱熹撰，朱杰人、严佐之、刘永翔主编：《朱子全书》第23册，《答徐子融》，上海：上海古籍出版社，合肥：安徽教育出版社2010年版，第2766页。
⑤ 黎靖德编，王星贤点校：《朱子语类》卷九十七，北京：中华书局2020年版，第3036页。

除之前的疑惑，对道理产生坚定的信念。在理学的思想体系中，觉悟被视为达到信仰的必要条件。只有真正觉悟了某个道理，人们才能对它产生坚定的信仰，从而在生活中践行这个道理。这种信仰不是盲目的，而是基于深刻的理解和体验之上的。因此，追求觉悟和信仰的过程，实际上是一个不断深化理解、消除疑惑、坚定信念的过程。

在朱熹看来，怀疑就是要否定原有学说，其结果是要实现对旧有理论的突破和对原先学说的超越。他遍注群经，其《四书章句集注》《诗集传》《楚辞集注》《周易本义》中关于文字、音韵、语词、语法、修辞等都许多新的阐发。郭在贻高度评价朱熹的训诂成就，认为"朱熹注书，不墨守旧注，不规规于零词碎句，而能会通大意，简洁明了，无诘诎繁碎之病，为训诂学放一异彩。"① 朱熹对许多看似已成定律的学说产生怀疑，在别人不敢疑问的地方提出疑问，如他说："只是孔子说，人便不敢议，他人便怎地不得。"② 朱熹对孔子的阐释表示怀疑，认为《既济》《未济》篇中的"濡尾""濡首"意思就是野狐过水，孔子解释为"饮酒濡首"是不恰当的。但后人因为是孔子的阐释，而不敢提出异议。

李太白诗不专是豪放，亦有雍容和缓底，如首篇"大雅久不作"，多少和缓！陶渊明诗人皆说是平淡。据某看，他自豪放，但豪放得来不觉耳。其露出本相者是《咏荆轲》一篇，平淡底人如何说得这样言语出来！③

再如，朱熹对"性理"之学的阐发。《中庸》首句曰："天命之谓性，率性之谓道，修道之谓教。"朱熹以"理"释"性"，曰："性，即理也。天以阴阳五行化生万物，气以成形，而理亦赋焉，犹命令也。于是人物之生，因各得其所赋之理，以为健顺五常之德，所谓性也。"④ 将"性"与"理"的等同关系，将人性的本质与宇宙的根本法则或规律联系起来，强调了人性中蕴含的道德价值和宇宙秩序的一致性。

朱熹对"格物致知"思想的诠释是，《大学》是诠释史上最系统、影响最大的。他以《大学》为蓝本，穷究其"经"和"传"的内容和语言，

---

① 郭在贻：《训诂学》，北京：中华书局2005年版，第131页。
② 黎靖德编，王星贤点校：《朱子语类》卷七十三，北京：中华书局2020年版，第2281页。
③ 黎靖德编，王星贤点校：《朱子语类》卷一百四十，北京：中华书局2020年版，第4063页。
④ 朱熹：《四书章句集注》，北京：中华书局2011年版，第19页。

认为其经文部分和传文部分存在不对应部分,即存在"错简"问题。他由此着力校对调整"三纲八目",又发现原文中没有专门对"格物致知"的解释,遂在考证和综合前人之说的基础上将《格物传》一章补进《大学》中,创造了他"格物致知"思想的核心观点。

闲尝窃取程子之意以补之曰:"所谓致知在格物者,言欲致吾之知,在即物而穷其理也。盖人心之灵莫不有知,而天下之物莫不有理,惟于理有未穷,故其知有不尽也。是以《大学》始教,必使学者即凡天下之物,莫不因其已知之理而益穷之,以求至乎其极。至于用力之久,而一旦豁然贯通焉,则众物之表里精粗无不到,而吾心之全体大用无不明矣。此谓物格,此谓知之至也。"①

第二节 "阙疑"之道及其训诂之守正

阙疑是中国学术史上的重要治学方法,语出《论语·为政》:"多闻阙疑,慎言其余,则寡尤。"这是孔子告诫弟子子张要"多听,有怀疑的地方,加以保留;其余足以自信的部分,谨慎地说出,就能减少错误。"②《汉书·艺文志》也说:"后世经传既已乖离,博学者又不思多闻阙疑之义,而务碎义难逃,便辞巧说,破坏形体。"③刘知幾所著《史通》提出的"疑古惑经"④思想,王鸣盛则说:要"诚能有疑,则阙事必纪实,自无文胜之敝,知几虽有蹉驳,要为有意务实者,故予窃比之。"⑤

一、"阙疑"之道

朱熹博学多才,一生著作等身,在经学、史学、哲学、文学、佛学、

---

① 朱熹:《四书章句集注》,北京:中华书局2011年版,第8页。
② 杨伯峻:《论语译注》,北京:中华书局2015年版,第27页。
③ [东汉]班固:《汉书》卷三十,北京:中华书局1962年版,第1723页。
④ [唐]刘知幾:《史通》卷十三、十四,上海:上海古籍出版社2015年版,第349—362页。
⑤ [清]王鸣盛:《十七史商榷》卷一百,北京:中华书局2010年版,第1485页。

乐律、道教、语言学等都有深入的研究，但在传道著书中，仍然保持谦虚谨慎的态度，不强不知以为知，认为治学不存疑，就会犯错误，"则胡乱把不是底也将来做是了"。① 他在遍注群经中积累了丰富的注疏经验，对阙疑的类型、方法有诸多理论的阐发。

（一）阙疑的类型

分析总结其"阙疑"的类型，主要有：

一是典籍中无明文记载、记载不详，或后世由于典籍流转而造成的阙文脱简或流失等难以考证或考证不全的，皆当"阙之"。

无所考，当阙之。②

无证而可疑者，只当阙之。③

《论语集注》："'山梁雌雉，时哉！时哉！'子路共之，三嗅而作。"朱熹集注："然此必有阙文，不可强为之说。姑记所闻，以俟知者。"④

二是阐释主体对典籍文本词义、句义或义理理解未透彻、不妥当，不可阐释或难以阐释的，或阐释之后存在矛盾的，也应当"阙疑"。

有不可通者，阙之可也。⑤

经书有不可解处，只得阙。⑥

可晓者当推，难明者当阙，按图以观则可见矣。⑦

三是对无证据、无来源或阐释主体未熟悉、未了解的典籍文字，亦应"阙之"。

---

① 黎靖德编，王星贤点校：《朱子语类》卷二十四，北京：中华书局 2020 年版，第 721 页。
② 朱熹撰，朱杰人、严佐之、刘永翔主编：《朱子全书》第 23 册，《答林正卿》，上海：上海古籍出版社，合肥：安徽教育出版社 2010 年版，第 2809 页。
③ 黎靖德编，王星贤点校：《朱子语类》卷八十，北京：中华书局 2020 年版，第 2530 页。
④ 朱熹：《四书章句集注》，北京：中华书局 2011 年版，第 116 页。
⑤ 朱熹撰，朱杰人、严佐之、刘永翔主编：《朱子全书》第 21 册，《与张敬夫论癸巳论语说》，上海：上海古籍出版社，合肥：安徽教育出版社 2010 年版，第 1384 页。
⑥ 黎靖德编，王星贤点校：《朱子语类》卷十一，北京：中华书局 2020 年版，第 237 页。
⑦ 朱熹撰，朱杰人、严佐之、刘永翔主编：《朱子全书》第 21 册，《答袁机仲别幅》，上海：上海古籍出版社，合肥：安徽教育出版社 2010 年版，第 1671 页。

此等无证据，可且阙之。①

但未晓其根源，则姑阙之以俟知者，亦无甚害，不必卓然肆意立论而轻排之也。②

四是词义不明确、模棱两可，阐释容易穿凿附会者，也应存疑。

"终不可长也"，爻义未明，此亦当阙。③

或未深晓，且当置而不论，以谨阙疑。④

五是对理解经典义理或对修己治人无意义或非重要者，或对社会实践无意义的，朱熹认为也应该"阙之"。

窃谓读书凡若此类，与其求必通而陷于凿，且又虚费目力而无补于日用切己之功，则似不若阙之之为愈也。⑤

所喻《乡党》卒章疑义，此等处且当阙之，却于分明易晓、切于日用治心修己处反复玩味，深自省察，有不合处，即痛加矫革，如此方是为己功夫，不可只于文字语言上着力也。⑥

同时，在现有的学术语境下，尚未发现可以更好地修正或颠覆旧有理论的证据，即使有怀疑，朱熹仍然认为应该遵循旧有学说或已有理论，谨慎地表示要"姑从……说""依……说""随众说""如注说""只得作……解""只且仍旧""详之"等。

《绿衣》四章，章四句。庄姜事见《春秋传》。此诗无所考，姑从《序》说。⑦

---

① 朱熹撰，朱杰人、严佐之、刘永翔主编：《朱子全书》第22册，《答董叔重》，上海：上海古籍出版社，合肥：安徽教育出版社2010年版，第2361页。
② 朱熹撰，朱杰人、严佐之、刘永翔主编：《朱子全书》第21册，《答袁机仲》，上海：上海古籍出版社，合肥：安徽教育出版社2010年版，第1677页。
③ 黎靖德编，王星贤点校：《朱子语类》卷七十三，北京：中华书局2020年版，第2276页。
④ 朱熹撰，朱杰人、严佐之、刘永翔主编：《朱子全书》第21册，《答袁机仲》，上海：上海古籍出版社，合肥：安徽教育出版社2010年版，第1681页。
⑤ 朱熹撰，朱杰人、严佐之、刘永翔主编：《朱子全书》第23册，《答胡平一》，上海：上海古籍出版社，合肥：安徽教育出版社2010年版，第2763页。
⑥ 朱熹撰，朱杰人、严佐之、刘永翔主编：《朱子全书》第23册，《答曾泰之》，上海：上海古籍出版社，合肥：安徽教育出版社2010年版，第2648页。
⑦ 朱熹：《诗集传》，北京：中华书局2011年版，第23页。

"坎不盈，祗既平"，"祗"字他无说处，看来只得作"抵"字解。①

而对于那些难以断定是非的论述，往往采取"两存"的做法。

"百姓"，或以为民，或以为百官族姓，亦不可考，姑存二说可也。②

典籍中的"百姓"一词往往有两种意义，如《典谟》中"百姓"，是指的"民众"；而《国语》中说"百姓"，则多是指百官族姓。朱熹的这两种说法，成为后世研究典籍文本一词多义现象的宝库。

此外，朱熹对待古注古说秉持辩证之态度。

一本云："问：'三皇当从何说？'曰：'只依孔安国之说。然五峰又将天地人作三皇，羲、农、黄、唐、虞作五帝，云是据《易系》说当如此。要之不必如此。且如欧公作《泰誓论》，言文王不称王，历破史迁之说。此亦未见得史迁全不是，欧公全是。盖《泰誓》有"惟九年大统未集"之说。若以文王在位五十年之说推之，不知九年当从何数起。又有"曾孙周王发"之说，到这里便是难理会，不若只两存之。又如《世本》所载帝王世系，但有滕考公成公，而无文公定公，此自与《孟子》不合。理会到此，便是难晓，亦不须枉费精神。'"③

朱熹认为对待欧阳修《泰誓论》和"史迁之说"，不能以"全是"或"全不是"这种单一的观点进行判断，而是结合文本进行具体阐释，如难以确定其真伪是非，不若两存之。再如，对于《世本》载帝王世系的学说，与《孟子》不合，对于这种学说，就不需考证或理解。

（二）强解

在对训诂注释中，与留存原文原意之阙疑不同的是"强解"。所谓"强解"即对经典经文认识和理解一味以自己的意愿进行曲解。

朱熹主张"阙疑处不强解"，因为"强解"往往使语义不通，或脱离文本本意。

---

① 黎靖德编，王星贤点校：《朱子语类》卷七十一，北京：中华书局2020年版，第2200页。
② 黎靖德编，王星贤点校：《朱子语类》卷七十八，北京：中华书局2020年版，第2427页。
③ 黎靖德编，王星贤点校：《朱子语类》卷七十八，北京：中华书局2020年版，第2412页。

问:"据文势,则'内外使知惧'合作'使内外知惧',始得。"曰:"是如此。不知这两句是如何。硬解时也解得去,但不晓其意是说甚底,上下文意都不相属。"①

问:"《书》当如何看?"曰:"且看易晓处。其他不可晓者,不要强说;纵说得出,恐未必是当时本意。近世解《书》者甚众,往往皆是穿凿。如吕伯恭,亦未免此也。"②

"其初难知",至"非其中爻不备",若解,也硬解了,但都晓他意不得。③

他批评吕祖谦强解《尚书》而出现诸多牵强附会的错误。例如,他在阐释"不至于穀"中的"至"改为"志"时认为,如此改是因为"志"比"至"能更好地解释语义,但是也不一定正确。也就是说,在一定条件下,可能会有其他更好的阐释。所以他说"不可又就上面撰,便越不好了。"④ 认为"说不行,不如莫解;解便不好,如解白为黑一般。"⑤ 也就是说,"强解"的后果往往是黑白颠倒,穿凿附会,于经文的解读和流传毫无意义。

《尚书》中《盘庚》《五诰》之类,实是难晓。若要添减字硬说将去,尽得。然只是穿凿,终恐无益耳。⑥

朱熹还分析了另一种情况,即硬解或强解经典,或许能看似文通义顺,实质背离了文本原意。

或问:"《乾》是至健不息之物,经历艰险处多。虽有险处,皆不足为其病,自然足以进之而无难否?"曰:"不然。旧亦尝如此说,觉得终是硬说。《易》之书本意不如此,正要人知险而不进,不说是我至健顺了,凡有险阻,只认冒进而无难。"⑦

(三)阙疑与强解之辩证关系

朱熹在注释典籍中不是一味地存疑的,而是该疑则疑,该解则解。

---

①③ 黎靖德编,王星贤点校:《朱子语类》卷七十六,北京:中华书局2020年版,第2384页。
② 黎靖德编,王星贤点校:《朱子语类》卷七十八,北京:中华书局2020年版,第2425页。
④⑤ 黎靖德编,王星贤点校:《朱子语类》卷三十五,北京:中华书局2020年版,第1141页。
⑥ 黎靖德编,王星贤点校:《朱子语类》卷七十八,北京:中华书局2020年版,第2416页。
⑦ 黎靖德编,王星贤点校:《朱子语类》卷七十六,北京:中华书局2020年版,第2387页。

第三章 训诂"质疑"与"阙疑"的中和

大抵尚书有不必解者，有须着意解者。不必解者，如《仲虺之诰》《太甲》诸篇，只是熟读，义理自分明，何俟于解？如《洪范》则须着意解。如《典》《谟》诸篇，辞稍雅奥，亦须略解。若如《盘庚》诸篇已难解，而《康诰》之属，则已不可解矣。①

朱熹辩证分析《尚书》的内容，因为他认为，读《尚书》最重要的是"求圣人之心"，如要求得尧的治民和舜的事君之道。作为中华优秀传统文化的《尚书》，蕴含着丰富哲学思想、人文精神、教化思想、道德理念等，可以为人们认识和改造世界提供有益启迪，可以为治国理政提供有益启示，也可以为道德建设提供有益启发。朱熹对待《尚书》及优秀传统文化的态度，也是当下传承发展优秀传统文化的态度。

是阙疑还是阐释，朱熹认为应该遵循时机。他认为，阙疑是为了等待阐释的时机。如他经常说："读书讲明义理，到此等处虽有不同，姑阙其疑，以俟它日，未晚也。"②

此外，朱熹还肯定了有些强解中创发新的义理。

"允恭克让"，程先生说得义理亦好，只恐《书》意不如此。程先生说多如此，诗尤甚，然却得许多义理在其中。③

朱熹认为程颐对"允恭克让"的阐发可能背离了《尚书》的原意，但蕴含着精辟的义理。

"疑"和"解"之间的界限就是是否对典籍义理的理会有价值，是否对学者的修己治人有益处。

如《大禹谟》，又却明白条畅。虽然如此，其间大体义理固可推索。但于不可晓处阙之，而意义深远处，自当推究玩索之也。然亦疑孔壁中或只是畏秦焚坑之祸，故藏之壁间。大概皆不可考矣。④

难以理解的语句应"阙疑"，而对于那些义理深厚，蕴含丰富修己治人的圣人大道的语言，即使它们难以理解，也要穷究理会，涵养穷索。

---

① 黎靖德编，王星贤点校：《朱子语类》卷七十八，北京：中华书局2020年版，第2419页。
② 黎靖德编，王星贤点校：《朱子语类》卷九十七，北京：中华书局2020年版，第3044页。
③ 黎靖德编，王星贤点校：《朱子语类》卷七十八，北京：中华书局2020年版，第2426页。
④ 黎靖德编，王星贤点校：《朱子语类》卷七十八，北京：中华书局2020年版，第2414页。

《禹贡》地理，不须大段用心，以今山川都不同了。理会《禹贡》，不如理会如今地理。如《禹贡》济水，今皆变尽了。①

倡导"学贵适用"②的朱熹，认为没有实践价值的学问就不需要用心理会。在阐释经典或阅读文本，他不仅重视典籍文本中字义的训诂、探源和辨析，更为重要的是要在字义的训诂、探源和辨析中正确地理解经典文本中圣人之道。"借经以通乎理耳，理得，则无俟乎经。"③ 训诂的目的除了解释文意以达到理解经书，还应有利于其涵养工夫。在与学生探讨读书目的时，朱熹曾明确指出，"公且说，人之读书，是要将作甚么用？所贵乎读者，是要理会这个道理，以反之于身，为我之益而已。"④ 修学与为人合一，读书的目的就是要理解圣人大道，知性知天，超凡而达圣。

二、训诂之守正

朱熹对儒家经典的阐释，是融合着时代需求的一种境遇性的叙事活动，需要在已有的历史叙事中寻求与未来想象中的某种契合，需要他在与经典文本产生交互性的对话中理解、守正和创新传统语文学思想。

"守正"出自《史记·礼书》："循法守正者见侮于世，奢溢僭差者谓之显荣。"⑤ 司马迁"守正"之说针砭时弊，既是对"坚守正道者遭世人侮辱者"的哀叹，也是对恪守正道的向往。"正"者，大道也，是正确理论和客观规律，在儒学中也蕴含着高尚的道德情操。朱熹说："学者惟当以正自守，而穷理之有无，久久当自见得。读书讲明义理，到此等处虽有不同，姑阙其疑，以俟它日，未晚也。"⑥ "以正自守"在语文学上就是要坚守无征不信、尊重前人训诂成果和尊重儒家经典文本。

朱熹贯彻无征不信的原则，在考据中注重引经据典，要求资料搜集得原原委委，以详实的材料考证其怀疑之说。他在考释礼学时，由于古代礼

---

① 黎靖德编，王星贤点校：《朱子语类》卷七十九，北京：中华书局2020年版，第2469页。
② 黎靖德编，王星贤点校：《朱子语类》卷一百二十，北京：中华书局2020年版，第3557页。
③ 黎靖德编，王星贤点校：《朱子语类》卷十一，北京：中华书局2020年版，第236页。
④ 黎靖德编，王星贤点校：《朱子语类》卷八十，北京：中华书局2020年版，第2549页。
⑤ [西汉]司马迁：《史记》卷二十三，北京：中华书局1982年版，第1159页。
⑥ 黎靖德编，王星贤点校：《朱子语类》卷九十七，北京：中华书局2020年版，第3044页。

乐废坏已经两千余年，多数礼学典籍失传已无据可考究，面对这种"百无一二"的古礼，认为不能"悬空说义"，"须是且将散失诸礼错综参考，令节文度数一一着实，方可推明其义。"① 要对典籍的记载和史料的真伪进行系统分析和详细考辨，这样才能重新阐释礼仪之义。他曾多次表示，在考释某一学说时往往要将诸家学说拿来一一对照，就其异同之处进行一一研究，反复考证，"又熟看久之，方敢决定断说这说是，那说不是。"② 在具体的训释中，朱熹或直接采用先儒注释，或在古注的基础上补充完善。例如，《诗经·小雅·十月之交》："皇父卿士，番维司徒，家伯为宰，仲允膳夫。"对"卿士"的阐释，先引用《周礼》《公羊》《左氏》的观点，在此基础上，朱熹释为"盖以宰属而兼总六官，位卑而权重也。司徒掌邦教，冢宰掌邦治，皆卿也。"③ 在引用前人研究成果时，他认为要"如训诂，则当依古注。"④"某解《语孟》，训诂皆存。"⑤

朱熹始终相信"圣人之言，便是一个引路底"，⑥ 也谨遵圣人立言示训，坚守不悖于古人，不误于来者的治学之道。他认为"凡先儒解经，虽未知道，然其尽一生之力，纵未说得七八分，也有三四分。"⑦ 所以他在疑古的同时，注重研究旧注和吸取众家之长，在注疏之时往往博采同时代学者的观点，如《四书章句集注》引用的直接标注姓名的学者就有260余个，张载、胡瑗、程颐、杨时、吕大临、吕祖谦、王安石、欧阳修、苏轼等学说兼收并蓄。在"注解《诗经》时多参考毛传、郑笺、孔颖达的疏以及陆德明的《经典释文》；注解《礼记》的《大学》《中庸》篇时多参考郑玄的注及孔颖达的疏，即《礼记正义》；注解《论语》时多参考何晏的《论语集解》；注解《孟子》时多参考赵岐的《孟子章句》；注解《楚辞》时多参考王逸的《楚辞章句》，兼采五臣的注及洪兴祖的补注；注解《周

---

① 黎靖德编，王星贤点校：《朱子语类》卷八十四，北京：中华书局2020年版，第2654页。
②⑦ 黎靖德编，王星贤点校：《朱子语类》卷八十，北京：中华书局2020年版，第2548页。
③ 朱熹：《诗集传》，北京：中华书局2011年版，第175页。
④ 黎靖德编，王星贤点校：《朱子语类》卷七，北京：中华书局2020年版，第156页。
⑤ 黎靖德编，王星贤点校：《朱子语类》卷十一，北京：中华书局2020年版，第226页。
⑥ 黎靖德编，王星贤点校：《朱子语类》卷一百一十四，北京：中华书局2020年版，第3363页。

易》时亦多参考旧传古训，对古籍旧注予以了充分的继承。"① 正因为朱熹既吸取了《毛传》《郑笺》之长，也采集了齐人辕固生、鲁人申培公、燕人韩婴的学说，兼收并蓄"数十家之说"之长，使其《诗集传》成为"继《毛传》《郑笺》《毛诗正义》之后的又一部里程碑式的《诗经》注本，对后世产生了极其巨大的影响"。② 正如钱穆所评价："朱子于经学，虽主以汉唐古注疏为主，亦采及北宋诸儒，又采及理学家言，并又采集南宋与朱子同时之人。其意实欲融贯古今，汇纳群流，采撷英华，酿制新实。此其气魄之伟大，局度之宽宏，在儒学传统中，惟郑玄差堪在伯仲之列。"③

朱熹尤为推崇圣人言语，认为"圣人为万世立言"，④ "圣人之言，大中至正之极，而万世之标准也。"⑤ 称赞圣人之言，"好如荷叶上水珠，颗颗圆"、⑥ "明如日月"，⑦ 把圣人之道，比作人的"饥食渴饮"。⑧

作为五经之一的《尚书》，在汉武帝时就取得了儒家的经典地位，后至唐代经孔颖达作疏，《古文尚书》获得官学的正统地位。但朱熹怀疑《书序》不是孔安国所做，因为"汉文粗枝大叶，今《书序》细腻，只似六朝时文字。"⑨ 对于《尚书》的辨疑，依据的也是文本的语言，认为其语言有"极分晓"和"极难晓"两种，其原因是《尚书》有古文和今文之分。古文易读，今文或夹杂方言，或是曲折表达，或是现场记录，存在脱简可疑。朱熹也怀疑《尚书》今文，"若说道都是古人元文，如何出于孔氏者多分明易晓，出于伏生者都难理会？"⑩ 这种怀疑是基于他对《尚书》义理的坚信和其权威性的维护，因为"《书》中可疑诸篇，若一齐不信，

---

① 贾璐：《朱熹训诂研究》，北京：中国社会科学出版社2015年版，第18页。
② 朱熹：《诗集传》，北京：中华书局2011年版，第2页。
③ 钱穆：《朱子学纲要》，上海：上海三联出版社2002年版，第30页。
④ 黎靖德编，王星贤点校：《朱子语类》卷三十二，北京：中华书局2020年版，第978页。
⑤ 朱熹撰，朱杰人、严佐之、刘永翔主编：《朱子全书》第24册，《论语训蒙口义序》，上海：上海古籍出版社，合肥：安徽教育出版社2010年版，第3615页。
⑥ 黎靖德编，王星贤点校：《朱子语类》卷三十四，北京：中华书局2020年版，第1064页。
⑦ 黎靖德编，王星贤点校：《朱子语类》卷十一，北京：中华书局2020年版，第230页。
⑧ 黎靖德编，王星贤点校：《朱子语类》卷八，北京：中华书局2020年版，第159页。
⑨ 黎靖德编，王星贤点校：《朱子语类》卷七十八，北京：中华书局2020年版，第2420页。
⑩ 黎靖德编，王星贤点校：《朱子语类》卷七十九，北京：中华书局2020年版，第2502页。

恐倒了《六经》。"① "彻底否定《尚书》，就会动摇六经的神圣地位，而六经地位的动摇，无疑会冲击其理学思想体系。"② 基于此，朱熹是"宁信不疑"的。"朱熹并未关注过古、今文《尚书》的真伪问题，对于古、今文之间的差异，只是客观评价，而不是为了证明其真伪。"③ 朱熹的怀疑不是否定《尚书》的经典地位，而是还原《尚书》的本真和更好地崇尚《尚书》。

第三节 训诂中和实践：《古文尚书》的质疑与辨伪

在传世文献中，《尚书》文本时代久远、流转曲折，先后出现《今文尚书》《古文尚书》《孔传古文尚书》、张霸"百两篇"、杜林漆书、梅赜古本等多个版本，其《古文尚书》来源就有"孔子宅壁、河间献王、河内女子、宫中秘府、杜林、孔氏家族"④ 等，由于版本翻转刻印，讹谬不断，矛盾丛生，引发学者的质疑。朱熹也提出怀疑，他说："伏生《书》多艰涩难晓，孔安国壁中《书》却平易易晓。"⑤ "今此却尽释之，岂有千百年前人说底话，收拾于灰烬屋壁中与口传之余，更无一字讹舛！"⑥ "况孔《书》至东晋方出，前此诸儒皆不曾见，可疑之甚！"⑦ 从易读、讹损、训释、晚出怀疑《古文尚书》是伪书。此外，朱熹还对《书大序》《书小序》《孔安国传》开展系统辨疑，由此开启《尚书》辨疑的滥觞启迪，后世学者蔡沉的《书集传》、赵孟頫的《书今古文集注》、吴澄的《书纂言》、梅鷟的《尚书考异》、阎若璩的《尚书古文疏证》，无一不受其影响。

对于朱熹《尚书》辨疑思想，后人理解往往各异，如就《尚书》辨伪

---

① 黎靖德编，王星贤点校：《朱子语类》卷七十九，北京：中华书局2020年版，第2502页。
② 李燕：《论朱熹辨〈书〉与其"既疑且信"》，《学术界》2011年第1期。
③ 王春林：《"朱熹疑伪〈古文尚书〉"一说考辨》，《福建论坛》2009年第8期。
④ 杨善群：《古文〈尚书〉流传过程探讨》，《学习与探索》2003年第4期。
⑤ 黎靖德编，王星贤点校：《朱子语类》卷七十八，北京：中华书局2020年版，第2412页。
⑥⑦ 黎靖德编，王星贤点校：《朱子语类》卷七十八，北京：中华书局2020年版，第2421页。

原因而言，就有"护经"说、①"举业"说、②"调停"说；③ 就《古文尚书》是否为伪书，就有"伪书"说和"非伪书"说，④ 其中"护经"说和"伪书"说成为两种流行的观点。

《古文尚书》是中国古代历史文献中的重要典籍，被视为儒家经典之一。它汇集了大量古代的政治、经济、文化等方面的文献，对于研究中国古代历史、政治、文化等方面具有极高的学术价值。而朱熹对《古文尚书》的辨伪，不仅开启后世辨伪的滥觞，而且其所蕴含的辨伪方法、辨伪精神对于挖掘《古文尚书》的价值和当下创造性转化和创新性发展中华优秀传统文化具有重要的启发意义。

一、从文本语境考辨："《古文尚书》为伪"乃后人误解

朱熹为何既质疑《古文尚书》为伪书，又为何不推翻甚至维护《古文尚书》？学界普遍认为《古文尚书》是理学"心性学"的根基，朱熹基于维护《古文尚书》经学地位又回护它。《四库总目》云："《古文尚书》……朱子语录亦疑其伪。然言性、言心、言学之语，宋人据以立教者，其端皆发自古文，故亦无肯轻议者。"⑤ 如刘起釪认为："他们心知古文可疑还要维持，就是朱熹'怕倒了六经'的心理在作祟。因为他们的理学言心、言道、言性理，都是依傍伪古文《大禹谟》来的，所以就这样扭扭妮妮地保存了伪古文原貌。"⑥ 王祥辰也认为"朱熹等人没有大肆攻击伪《书》，追根溯源

---

① 下文所引用的《四库总目》、刘起釪、王祥辰都认为朱熹是基于维护《古文尚书》"六经"地位而不攻击它。此外顾颉刚、蒋善国先生也秉持此说。
② 参见朱浩《"怀疑"与"举业"——朱熹说解〈尚书〉的两难课题》(《推进朱子学与闽学的深入研究——朱子闽学与亚洲文化论坛文集》2016，第121页)认为"面对《尚书》因流传所造成的伪经问题，朱子仅仅提出怀疑，并未如梅鷟、阎若璩开创出颠覆的言论，有一原因在于朱熹对'举业'的'不反对'。"
③ 参见陈梦家《尚书通论》（中华书局2005年版，第100页）认为"朱子所疑极为确当，可惜他只敢疑序、传之讹，于经文本身犹为调停之说。"
④ 参见王春林《"朱熹疑伪《古文尚书》"一说考辨》（《福建论坛》2009年第8期，第41页）认为"虽然朱熹看到了古文和今文两者的差距，但他并不认为古文和今文有优劣之分，更从来没有从文本的真实性角度怀疑过古文或者今文。"
⑤ ［清］永瑢等撰：《四库全书总目》卷十二，北京：中华书局1965年版，第96页。
⑥ 刘起釪：《尚书学史》，北京：中华书局1989年版，第244页。

则是，如若视《古文尚书》为伪书，那么《古文尚书》中被宋儒奉为权威的"虞廷十六字"亦为伪书。宋代理学赖以维持的基础若被摧毁，宋儒苦心建立的理学大厦将轰然倒塌。"①

分析以上学术观点，存在一个共同的观点，即都主张朱熹质疑《古文尚书》并且确证《古文尚书》就是伪书，其立论的基础有三点：一是《古文尚书》和《今文尚书》的语言难易不符合《尚书》流传实况，二是《古文尚书》为伪恐"倒了《六经》"，三是"虞廷十六字"出自《道经》和《论语》。那么，这些观点确实是朱熹的观点还是后人对朱熹的误解？有必要回归文本语境进行逐条分析。

一是朱熹从语言之难懂怀疑《古文尚书》，但又从文体、语言演变、《今文尚书》和《古文尚书》优劣视角予以阐释和回护。

《朱子语录》中朱熹四次从语言难易角度比较《今文尚书》和《古文尚书》的区别，并进而提出《古文尚书》是"晚书"的学说。他说："某尝疑孔安国《书》是假书。"②《古文尚书》是用先秦古文字书写的，而《今文尚书》以汉代文字书写的，按常理推测，《古文尚书》应该比《今文尚书》更加古奥难懂。但朱熹发现《古文尚书》文从字顺、语言易晓，而《今文尚书》却佶屈聱牙、艰涩难懂。但他提出质疑的同时又从文体、词语、流传情况作了阐发。

《书》有易晓者，恐是当时做底文字，或是曾经修饰润色来。其难晓者，恐只是当时说话。盖当时人说话自是如此，当时人自晓得，后人乃以为难晓尔。若使古人见今之俗语，却理会不得也。以其间头绪多，若去做文字时，说不尽，故只直记其言语而已。③

《尚书》诸《命》皆分晓，盖如今制诰，是朝廷做底文字；诸《诰》皆难晓，盖是时与民下说话，后来追录而成之。④

朱熹分析《尚书》平易和深奥两种语言风格形成的原因，认为前者是经修饰润色后的官方文书，是书面语；后者是用于应急的语录体，是包含

---

① 王祥辰：《清代吴派〈尚书〉学疑辨成就管窥》，《学海》2018年第2期。
② 黎靖德编，王星贤点校：《朱子语类》卷七十八，北京：中华书局2020年版，第2421页。
③④ 黎靖德编，王星贤点校：《朱子语类》卷七十八，北京：中华书局2020年版，第2416页。

方言俗语的口语，如在《尧典》篇中，认为"女于时观厥刑于二女""钦哉"是尧的口语词，而"厘降二女于沩汭，嫔于虞"是史官之词。夹杂口语、书面语多种语言成分，又历经时代变化和语言自身演化的方言俗语较标准语确实更深奥，更难以理解；而对伏生而言，他以口语宣讲《尚书》，在当时确实比较通俗易懂，但历经时代变更和语言演变，口语中所蕴含的方言俗语后人往往难以理解而使得语言更深奥难懂。这样的分析在《朱子语类》中共出现8次之多，足以说明朱熹是尽力回护《古文尚书》的。这还可以从朱熹两次回答学生"《尚书》古文、今文有优劣否"之问得以证实。

伯丰再问："《尚书》古文、今文有优劣否？"曰："孔壁之传，汉时却不传，只是司马迁曾师授。如伏生《尚书》，汉世却多传者，鼂错以伏生不曾出，其女口授，有齐音不可晓者，以意属成，此载于史者。及观经传，及《孟子》引'享多仪'出自《洛诰》，却无差。只疑伏生偏记得难底，却不记得易底。然有一说可论难易：古人文字，有一般如今人书简说话，杂以方言，一时记录者；有一般是做出告戒之命者。疑《盘》《诰》之类是一时告语百姓；盘庚劝论百姓迁都之类，是出于记录。至于《蔡仲之命》《微子之命》《冏命》之属，或出当时做成底诏告文字，如后世朝廷词臣所为者。然更有脱简可疑处。"①

又问："壁中之《书》，不及伏生《书》否？"曰："如《大禹谟》，又却明白条畅。虽然如此，其间大体义理固可推索。但于不可晓处阙之，而意义深远处，自当推究玩索之也。然亦疑孔壁中或只是畏秦焚坑之祸，故藏之壁间。大概皆不可考矣。"②

前一段，朱熹提出"流传"和"语言难易"两个问题，对前一个问题，在第二段话语中作了"畏秦焚坑之祸，故藏之壁间"的推测性回答；第二个问题则分析《古文尚书》《今文尚书》"诏告体""记录体"文体语言的语词构成的不同及其形成原因，他并没有明确指出过古、今文《尚书》的真伪问题。在第二段回答中，朱熹反而肯定《大禹谟》语言明白条

---

① 黎靖德编，王星贤点校：《朱子语类》卷七十八，北京：中华书局2020年版，第2413页。
② 黎靖德编，王星贤点校：《朱子语类》卷七十八，北京：中华书局2020年版，第2414页。

畅、义理丰富深远，要学者推究玩索，可以看出朱熹并没有承认《古文尚书》为伪或为劣，反而是肯定它，尊崇它。

二是"倒了《六经》"是《今文尚书》而不是《古文尚书》。

《四库总目》、刘起釪、王祥辰等都认为，朱熹之所以没有直接攻击《古文尚书》为伪书，是怕"倒了《六经》"，这是学者对朱熹文意的错误解读。《朱子语录》中此句话出现的语境如下：

《书》中可疑诸篇，若一齐不信，恐倒了《六经》。如《金縢》亦有非人情者，"雨，反风，禾尽起"，也是差异。成王如何又恰限去启《金縢》之书？然当周公纳策于匮中，岂但二公知之？《盘庚》更没道理。从古相传来，如经传所引用，皆此书之文，但不知是何故说得都无头。且如今告谕民间一二事，做得几句如此，他晓得晓不得？只说道要迁，更不说道自家如何要迁，如何不可以不迁。万民因甚不要迁？要得人迁，也须说出利害，今更不说。《吕刑》一篇，如何穆王说得散漫，直从苗民蚩尤为始作乱说起？①

此语例中，"恐倒了《六经》"的主语是"《书》中可疑诸篇"。而朱熹所列举的"可疑诸篇"有《金縢》《盘庚》《吕刑》，它们皆出自《今文尚书》。由此至少可以说明，朱熹所害怕倒了《六经》的是《今文尚书》，而不是学者所言的《古文尚书》和《大禹谟》。

其实，朱熹对《尚书》很多篇目都质疑过，如《今文尚书》中的《金縢》《盘庚》《吕刑》《尧典》《舜典》《禹贡》《汤誓》《大诰》《康诰》《梓材》，例如，他由《尧典》"洪水滔天"怀疑"尧治水"之事，由"修五礼"怀疑《舜典》有错简；认为《禹贡》文本有谬误、有羡文，"所记地理治水曲折，多不甚可晓。"②"所载南方山川，多与今地面上所有不同。"③ 由此怀疑禹治水和孟子说"瀹济漯而注诸海"有误；多次怀疑、否定《盘庚》，认为"古我先王将多于前功"全无意义，"迁都"是大鹘突，"《盘庚》之类，非特不可晓，便晓了，亦要何用？"④ 怀疑《康诰》

---

① 黎靖德编，王星贤点校：《朱子语类》卷七十九，北京：中华书局2020年版，第2502页。
② 黎靖德编，王星贤点校：《朱子语类》卷七十九，北京：中华书局2020年版，第2467页。
③ 黎靖德编，王星贤点校：《朱子语类》卷七十九，北京：中华书局2020年版，第2472页。
④ 黎靖德编，王星贤点校：《朱子语类》卷七十八，北京：中华书局2020年版，第2420页。

《酒诰》说："又《书》亦多可疑者，如《康诰》《酒诰》二篇，必是武王时书。"① 怀疑《梓材》说："《梓材》一篇又不知何处录得来，此与他人言皆不领。"②《古文尚书》中《泰誓》《武成》《伊训》《太甲》等篇，质疑的内容包括语言文字、文物礼制、史实地理和思想义理等等。

三是朱熹并没有认定"虞廷十六字"出自《道经》和《论语》。

顾吉刚、刘起釪都认定理学的"思想渊源就是在《大禹谟》这一篇伪古文的十六个字上"。③ 据阎若璩《尚书古文疏证》考定，"人心惟危，道心惟微；惟精惟一"出自《荀子》所引《道经》，"允执厥中"出自《论语》。

> 故《道经》曰："人心之危，道心之微。"危微之几，唯明君子而后能知之。此篇前又有"精于道，一于道"之语，遂隰括为四字，复续以《论语》"允执厥中"以成十六字。④

毛奇龄《古文尚书冤词》认为"人心之危，道心之微"必不能早于"一心惟危，道心惟微"之说，"精于道，一于道"重点是"道"，若隰括而为"精一于道"，这种说法有一定道理，但终究基于语言预感的理解还不是"有据之言"。

对于前三句是否出自《道经》，尚未发现朱熹对此有直接的论述。但是朱熹对老子《道德经》语言的传习有两段论述：

> 盖老聃周之史官，掌国之典籍、三皇五帝之书，故能述古事而信好之。如五千言，亦或古有是语而老子传之，未可知也。⑤

> 徜问："如《史记》引《周书》'将欲取之，必固与之'之类，此必非圣贤语。"曰："此出于《老子》。疑当时自有一般书如此，故老子五千言皆绰缀其言，取其与己意合者则入之耳。"⑥

---

①② 黎靖德编，王星贤点校：《朱子语类》卷七十八，北京：中华书局 2020 年版，第 2422 页。
③ 刘起釪：《尚书学史》，北京：中华书局 1989 年版，第 276 页。
④ ［清］阎若璩：《尚书古文疏证》，上海：上海古籍出版社 2013 年版，第 122 页。
⑤ 朱熹撰，朱杰人、严佐之、刘永翔主编：《朱子全书》第 21 册，《答汪尚书》，上海：上海古籍出版社，合肥：安徽教育出版社 2010 年版，第 1293 页。
⑥ 黎靖德编，王星贤点校：《朱子语类》卷七十八，北京：中华书局 2020 年版，第 2412 - 2413 页。

第三章 训诂"质疑"与"阙疑"的中和

依据老子史官的身份和渊博的学识，他完全有可能已经阅读过《古文尚书》。朱熹认为《老子》可能是他据己意缉缀古有书籍之语而流传下来的，其中，古籍之书就包含"三皇五帝之书"。朱熹这两段话都是阐释《尚书》而言的，据此来看，他极有可能已经认识到"虞廷十六字"和《老子》的流传关系，按他的意思来理解，《道经》中"人心之危，道心之微""精于道，一于道"有可能引自三皇五帝之书的《尚书》，而不是学者所言的"人心惟危，道心惟微；惟精惟一"引自《道经》。

关于"惟精惟一，允执厥中"，朱熹还有两段与其出处有关的论述：

> 惟精者，精审之而勿杂也；惟一者，有首有尾，专一也。此自尧舜以来所传，未有他议论，先有此言。圣人心法，无以易此。经中此意极多，所谓"择善而固执之"，择善，即惟精也；固执，即惟一也。又如"博学之，审问之，谨思之，明辨之"，皆惟精也；"笃行"，又是惟一也。又如"明善"，是惟精也；"诚之"，便是惟一也。《大学》致知、格物，非惟精不可能；诚意，则惟一矣。学则是学此道理。孟子以后失其传，亦只是失此。①

朱熹在此明确指出，"惟精惟一"，是自尧舜以来千古不变的圣人相传的心法，并且引用《论语》《大学》所蕴含的与之同义的圣人之道予以论证。据此可推导，《尚书》中的"惟精惟一"是"择善而固执之"等话语的理论源泉和大道根基。可惜自孟子后失传，也正因为失传，才引发后世诸多的质疑。

> "尧当时告舜，只说一句。是时舜已晓得那个了，所以不复更说。舜告禹时，便是怕禹尚未晓得，故恁地说。《论语》后面说'谨权量，审法度，修废官，举逸民'之类，皆是恰好当做底事，这便是执中处。尧、舜、禹、汤、文、武治天下，只是这个道理。圣门所说，也只是这个。虽是随他所问说得不同，然却只是一个道理。②

按朱熹此段话语理解，"虞廷"十六字中的"允执厥中"是尧告舜的

---

① 黎靖德编，王星贤点校：《朱子语类》卷七十八，北京：中华书局2020年版，第2456页。
② 黎靖德编，王星贤点校：《朱子语类》卷七十八，北京：中华书局2020年版，第2458－2459页。

语言,"人心惟危,道心惟微;惟精惟一"是舜告禹的话语,它们出现的时间是有先后顺序的,并且出自前三言是解释说明"允执厥中"。而据阎若璩意见,"人心惟危,道心惟微;惟精惟一"出自《道经》,"允执厥中"出自《论语》,其时间先后顺序和朱熹推断的顺序是不一样的。

朱熹怀疑《古文尚书》为伪书,又从时代、文本、语言演变等视角予以阐释以消除怀疑。由此可知,朱熹本人并没有确定和证实《古文尚书》为伪书,至于后世吴澄、梅鷟、阎若璩、惠栋等学者考定《古文尚书》为伪书,这是后人的学术观点,学者所认定的《古文尚书》为伪书会"倒了《六经》"和"虞廷十六字"出自《道家》和《论语》也是后人的观点,切不可以将后人观点强加给朱熹。

二、从辨伪精神考辨:疑伪是为"求真"而非"证伪"

既然朱熹未证伪,就没有理由"攻击""废除"《古文尚书》,也就没有理由不利用《大禹谟》"虞廷十六字"。也就是说,朱熹对《大禹谟》的致用是基于经书本身的"真经"及其所蕴含的学术价值。其实,即使朱熹确证《古文尚书》为伪书,他也会尊崇它,利用它的,因为朱熹一以贯之坚持"有一说是时,亦须还它底是"①的辩证疑辨精神。

具体至《尚书》疑辨中,他主张"凡事有一半是,一半不是,须要精辨其是非。惟一者,既辨得是非,却要守得彻头彻尾。惟其如此,故于应事接物之际,头头捉着中。"②讲究治学要精辨是非,还原是非,守住是非。对于一部经典文本而言,书之本原、圣人之正意才是流传的根本,乃是"中",辨其真伪,还原本真,而又能实现义理之通达与致用,这就是辨伪之"中和"的理念表达。

朱熹将"辩证中和"的理念运用于实事求是《尚书》辨伪中。他说:"大凡道理须宽心看,使各自开去。打叠了心胸,安顿许多道理在里面,高者还他高,下者还他下,大者还他大,小者还他小,都历历落落,是多

---

① 黎靖德编,王星贤点校:《朱子语类》卷七十八,北京:中华书局2020年版,第2423页。
② 黎靖德编,王星贤点校:《朱子语类》卷七十八,北京:中华书局2020年版,第2456-2457页。

少快活!"① 他对《尚书》文本语言文字的脱简、错简、讹字、经义的不合理、史实的失真以及《古文尚书》《书大序》《书小序》《孔安国传》的著者、时代等进行了文献考辨,以"历历落落"的理念求得治《书》的求真境界。

他在考辨《书大序》《书小序》时对其年代和作者有不同的猜想和判断,认为《书大序》的成书时间可能是"六朝""魏晋""晋宋""后汉""唐",时间跨度从魏晋至后汉七百余年的历史;而其作者可能是"孔家人"或"与《孔丛子》同一人";《书小序》的作者不是孔子,可能是"周秦间低手人作",《尚书注》的作者不是孔安国。作于何时,作者何人,朱熹的辨疑并未明确"唯一作者"和"绝对年代",这和传统考辨习惯倾向于将经典文本的固化看作是一次性创作的结果不同,他的辨疑具体问题具体分析、客观而更具启示意义。后世学者考定《古文尚书》的作者有"皇甫谧""王肃""梅赜""东晋孔安国"等诸说,但没有一种意见有足够的证据使其学说得以成立;至于作于何时,"朱子以后学者,大约赞同朱子之说,也不能决定年代。"② 这从正反两方面证明了朱熹在未能有确凿材料支撑下秉承含混的质疑是有先见之明的,他的言论也是具有启发后人质疑的真知灼见。

他的求是求真的辨伪还体现于他对宋代各《尚书》注解的客观评价中。他认为"诸说此间亦有之,但苏氏伤于简,林氏伤于繁,王氏伤于凿,吕氏伤于巧,然其间尽有好处,如制度之属,只以疏文为本。若其间有未稳处,更与挑剔,令分明耳。"③ 例如,他认为吴才老《书裨传》"考究上极有功夫;辨证极好;最为精当;《梓材》是《洛诰》中书,甚好;吴斗南说雨属水,旸属火,燠属木,寒属金,风属土;他讨得证据甚好;其他文字亦有错乱而移易得出人意表者,然无如才老此样处,恰恰好好。"也指出他的缺点有"义理上自是看得有不仔细;浅陋无取;设意专以世俗猜狭怨忿之心窥圣人;'具训于蒙士',谓古者墨刑人,以蒙蒙其首,恐不然;'五刑是五典之刑'是乱说"等,既肯定其合理处,又指出其未恰当

---

① 黎靖德编,王星贤点校:《朱子语类》卷二十五,北京:中华书局2020年版,第773页。
② 陈梦家:《尚书通论》,北京:中华书局2005年版,第97页。
③ [宋]蔡沉:《书集传》,北京:中华书局2017年版,第7页。

处，因人而异，不偏不倚。

学界普遍认为朱熹既疑且信《古文尚书》是因为《古文尚书》尤其是《大禹谟》中的"虞廷十六字"是其理学"人心道心"说的源泉，若攻击《大禹谟》或《古文尚书》为伪书，则是推倒了理学大厦的根基，从朱熹作为道统的传承者来说，这种说法是有一定道理的。而更为重要的因由是朱熹精辨是非、实事求是的治学理念。《古文尚书》作为儒学经典地位及其蕴含的治世大法，朱熹是不可能会因为尚未被证实的伪说而全盘否定的，这不符合朱熹所倡导的"辩证中和"的实事求是的辨伪理念。其实，朱熹对待《今文尚书》的态度如同《古文尚书》，也是既疑且信且用。他的质疑是基于《尚书》存在可质疑之处，他的崇尚也是如此，他所维护的是《尚书》中一切"修身齐家治国平天下"的天理大道。

三、从辨伪致用考辨：疑伪是为了求"圣人之心"和"治天下之大法"

孟子采用的"黜其杂乱之说，所以尊经"① 的求真的疑经方法，平衡了"疑经"和"尊经"的矛盾，对后世影响深远。欧阳修继承孟子的思想，"然而六经非一世之书也，其传之缪非一日之失也，其所以刊正补辑非一人之能也。使学者各极其所见，而明者择焉，十取其一，百取其十，虽未能复六经于无失，而卓如日月之明。然聚众人之善以补辑之，庶几不至于大缪，可以俟圣人之复生也。"② 推崇孟子、欧阳修学说的朱熹，不可避免地受到这种学说的影响，在《尚书》疑辨中，他将理性知识和经学义理相融合，用时代思想观念审视《尚书》，在对文献质疑和阐释中糅合着尊王忠君、儒家仁义礼智等政治伦理和道德理性的思想动机，以求将"求真"与"致用"融于《尚书》的文献考据和义理阐发中。这正是朱熹既质疑又释疑《古文尚书》的原因，怀疑是手段，目标是更好地尊崇和利用它。因为在朱熹看来，《尚书》记载着"治天下之大法"。

---

① ［宋］欧阳修：《欧阳修全集》，北京：中华书局2001年版，第303页。
② ［宋］欧阳修：《欧阳修全集》，北京：中华书局2001年版，第667页。

第三章 训诂"质疑"与"阙疑"的中和

若《尚书》，却只说治国平天下许多事较详。如尧典'克明俊德，以亲九族'，至'黎民于变'，这展开是多少！《舜典》又详。①

大概此篇所载，便是尧、舜、禹、汤、文、武相传治天下之大法。②

舜禹相传，只是说"人心惟危，道心惟微；惟精惟一，允执厥中"。③

《大禹谟》中所言的"治天下之大法"即"人心惟危，道心惟微；惟精惟一，允执厥中"四句话。二程将其发展为尧、舜、禹"三圣传授心法"，成为尧、舜、禹、文、武、周公、孔子一脉相传的道统的核心精神。朱熹以"十六字心传"阐发圣人的传心之旨，使传心与传道结合起来，从而完善和发展了二程以来的道统论及心性论。可见程朱道统论、心性论的阐发，离不开《大禹谟》等儒家经典。朱熹推崇《大禹谟》，目的在于阐发圣人相传之心法。④ 也就是他从《大禹谟》"人心惟危，道心惟微，惟精惟一，允执厥中"获得启示构建了宋明理学思想大厦的理论源泉。他们的质疑不是要打倒所有儒家经典，而是通过怀疑、批判，拣选出他们满意的内容，阐发他们的义理，构建新儒学。朱熹对《尚书》的推崇和致用，超越了经书文本文献的真伪，其实从东晋豫章内史梅赜献给朝廷的《古文尚书》算起至今已经1800多年，能历经1800年历史的考验的书籍，本身就具有非凡的历史价值。"其辞富而备，其义弘而雅，故复而不厌，久而愈亮"。⑤ 即便是《古文尚书》晚出的二十五篇，语言明白正大，典雅深醇，富含政治训诫、思想智慧和治国大略。

朱熹明确指出治《尚书》关键是要求得"圣人之心，见得"二帝三王之心"。他在答蔡沉的信中说："最是《书说》未有分付处，因思向日喻及《尚书》文义通贯犹是第二义，直须见得二帝三王之心而通其所可通，毋强通其所难通，即此数语，便已参到七八分。"⑥ 这种思想成为朱熹嘱托蔡沉撰写《书集传》的原则：

---

① 黎靖德编，王星贤点校：《朱子语类》卷七十八，北京：中华书局2020年版，第2417页。
② 黎靖德编，王星贤点校：《朱子语类》卷七十八，北京：中华书局2020年版，第2459页。
③ 黎靖德编，王星贤点校：《朱子语类》卷七十八，北京：中华书局2020年版，第2458页。
④ 李燕：《论朱熹辨〈书〉与其"既疑且信"》，《学术界》2011年第1期。
⑤ [清]董诰等编：《全唐文》卷一百四十六，北京：中华书局1983年版，第1474页。
⑥ 朱熹撰，朱杰人、严佐之、刘永翔主编：《朱子全书》第25册，《答蔡仲默》，上海：上海古籍出版社，合肥：安徽教育出版社2010年版，第4717页。

然二帝、三王之治本于道，二帝、三王之道本于心，得其心则道与治固可得而言矣。何者？精一执中，尧、舜、禹相授之心法也；建中建极，商汤、周武相传之心法也；曰德、曰仁、曰敬、曰诚，言虽殊而理则一，无非所以明此心之妙也。至于言天则严其心之所自出，言民则谨其心之所由施。礼乐教化，心之发也。典章文物，心之著也。家齐国治而天下平，心之推也。心之德，其盛矣乎！二帝、三王，存此心者也；夏桀、商受，亡此心者也；太甲、成王，困而存此心者也。存则治，亡则乱，治乱之分，顾其心之存不存如何耳。后世人主有志于二帝、三王之治，不可不求其道；有志于二帝、三王之道，不可不求其心。求心之要，舍是书何以哉？①

从此序可以看出，朱熹、蔡沉认为，圣人之心是二帝三王之道的根本，二帝三王之道是尧舜禹三代理学的根据，是整个社会政治治理、礼乐教化、典章文物的根源，由此将传心、求道与治国联系起来，明确治《书》以求"圣人之心"的致用价值。

朱熹质疑《尚书》，因为《尚书》文本文字存在讹误，黜去文本内部的错谬以及与其他文本的矛盾之处，一统"五经"文本的本真实况，这种质疑是迫于求真实性、完整性、客观性而开展的。此外，基于宋代社会矛盾和儒者的社会担当，对朱熹而言，更为重要的是通过质疑《尚书》以进一步坚信《尚书》、崇尚《尚书》和利用《尚书》，从而构建起理学以服务于宋廷中央集权和皇权思想的巩固。求真以致用，在文献考据和义理阐发这个"两难"矛盾中，朱熹实现两者的中和。"熹窃谓生于今世而读古人之书，所以能别其真伪者，一则以其义理之所当否而知之，二则以其左验之异同而质之，未有舍此两涂而能直以臆度悬断之者也。"② 他总结其考辨方法是"义理之当否"和"左验之异同"的结合，即既注重文献知识的考据又注重义理的发明。

---

① [宋] 蔡沉：《书集传》，北京：中华书局2017年版，第13页。
② 朱熹撰，朱杰人、严佐之、刘永翔主编：《朱子全书》第21册，《答袁机仲》，上海：上海古籍出版社，合肥：安徽教育出版社2010年版，第1664页。

四、回归语境：朱熹《尚书》疑伪思想的理解途径

学者从自身立场出发理解朱熹《尚书》疑辨思想，意见分歧，莫衷一是。这说明了朱熹疑辨思想是有生命力的，因为"任何一种思想，尤其是原创思想，在历史的长河中并非一成不变，'阐释—否定—再阐释'是思想发展的一种路径，思想理论若没有可阐释、可变更的特性，固执于一，那么这种思想往往没有生命力，终将消逝在历史的长河中。"① 此外，这也是学术研究之常态，由于时代变迁、语言演变、文本流传的变故，包括朱熹在内的后世学者对《尚书》文本的阐释不一定就完全符合经文的真意。

理解朱熹《尚书》疑辨思想客观性固然重要，而更为重要的是面对这些分歧的诸多理解，应该如何更为客观准确地理解朱熹的原意，我们认为还是应该从文本的语言文字之本义与历史事件之真相即文本语境和历史语境出发，研究朱熹是如何提出，究竟为何，以及后世学者是如何通过对朱熹《尚书》疑辨的阐释来传达其个人对其思想的体认。

文本语境对语言的运用和理解具有限制作用。在文本中，文本语言和文本细节，包括语词构成、关键术语、表达方式和篇章脉络等都是文本语境的构成要素。讨论朱熹关于《古文尚书》为伪的问题，必须以他直接论述该问题的文本文献为依据，否则很容易淡化或忽略朱熹辨伪的基本关切点。从文本表述方式来看，朱熹在论述《尚书》疑辨时常以概数词、推测性副词表达他对待《尚书》怀疑不决的态度。例如，"（吕祖谦）说经多巧。"② "《尚书》多不可晓，固难理会。"③ "《禹贡》一书所记地理治水曲折，多不甚可晓。"④ 这些语例中的"多"表达的是概数"大部分"之义，是对《尚书》或学人的实事求是的评价。此外，朱熹还以"大体""大抵""恐"等表达他谨慎的怀疑态度。如他说："大抵此篇只是几个'一'

---

① 朱军：《理学与宋元时期文道关系的演变》，《中国哲学史》2018年第4期。
② 黎靖德编，王星贤点校：《朱子语类》卷七十八，北京：中华书局2020年版，第2464页。
③ 黎靖德编，王星贤点校：《朱子语类》卷七十九，北京：中华书局2020年版，第2474页。
④ 黎靖德编，王星贤点校：《朱子语类》卷七十九，北京：中华书局2020年版，第2467页。

字上有精神，须与细看。"① "今说者谓苗既格而又叛，恐无此事。"② 再如，他说：某尝疑孔安国《书》是假书。③《书序》恐不是孔安国做。④ 以"恐""尝"等表推测的副词表达他对《古文尚书》《书序》游移不定的怀疑。

而至《尚书注》和《小序》，他所用语词的不同表明朱熹对两者怀疑态度是截然不同的。他说："《尚书》决非孔安国所注。"⑤ "《小序》断不是孔子做！"⑥ 以"决非""断不是"直斥其伪，断然证伪。在理解、阐释朱熹思想时，回归到思想论述的文本中，依据语境分析其字词句的含义和指向很重要，切不可断章取义，人云亦云。

此外，还要回归到历史语境，从朱熹生活的历史时代和时代赋予朱熹的历史使命视角理解朱熹为何既要质疑又要利用《尚书》。

宋朝疑风兴起，至嘉祐年间，更是形成了"循守注疏者谓之腐儒。穿凿臆说者谓之精义"⑦ 的疑经风气。据杨新勋统计，"两宋疑经者165人，其中北宋52人，南宋113人"，⑧ 其中生于朱熹之前的共计85人，怀疑《尚书》者则有53人，⑨ 例如，欧阳修怀疑《泰誓》《益稷》为伪，刘敞怀疑《武成》《尧典》《舜典》等，王安石改定《武成》，苏轼《书传》对《禹贡》《洪范》《舜典》《益稷》《大禹谟》《顾命》等的质疑和考定，程颐疑改《金滕》《泰誓》《武成》，吴棫首次疑辨《古文尚书》为伪，郑樵著有《书考》《书辨讹》《夹漈书传》以考订《尚书》文字。朱熹遍疑群经，不能不说是受了宋朝疑风的影响。面对《尚书》复杂的文本和后世学

---

① 黎靖德编，王星贤点校：《朱子语类》卷七十九，北京：中华书局2020年版，第2479页。
② 黎靖德编，王星贤点校：《朱子语类》卷七十八，北京：中华书局2020年版，第2466页。
③ 黎靖德编，王星贤点校：《朱子语类》卷七十八，北京：中华书局2020年版，第2421页。
④⑤⑥ 黎靖德编，王星贤点校：《朱子语类》卷七十八，北京：中华书局2020年版，第2420页。
⑦ ［清］王梓材、冯云濠编撰，沈芝盈、梁运华点校：《宋元学案补遗》卷八，北京：中华书局2012年版，第823页。
⑧ 杨新勋：《宋代疑经研究》，北京：中华书局2007年版，第60页。
⑨ 怀疑《尚书》的53人：王禹偁、欧阳修、龚鼎臣、刘敞、王安石、程颢、程颐、姜潜、苏轼、王雱、孙谔、余焘、晁说之、叶梦得、张九成、陈鹏飞、吴棫、陈大猷、郑樵、胡宏、林之奇、王十朋、林光朝、洪迈、王质、张文伯、胡洵直、朱熹、薛季宣、吕祖谦、楼钥、陈亮、叶适、王楙、黄榦、陈淳、程珌、林夔孙、赵彦卫、蔡沈、戴栩、赵汝谈、张文伯、章如愚、魏了翁、陈振孙、方大琮、何基、王柏、马廷鸾、金履祥、车若水、贺成大。

者诸多的研究成果，朱熹指出"且如《书》中注家所说，错处极多。"①"其间错误解不得处煞多"，② 针对后世注者以讹传讹繁多的错误注释，他秉承实事求是的求真态度，具体辩证地考定其是非正误，这是他作为儒者治学的责任。因此，他始终把质疑考据看成是治学之不可或缺的思路、方式和方法，他遍疑群经，怀疑《诗经》《尚书》《周礼》《礼记》《左传》《公羊传》《谷梁传》《孝经》等，也怀疑圣人先贤，如他说"圣人亦人耳，岂有异于人哉？"③ 认为圣人也是人，也会有错误。

宋廷在政治、文化上采取"文德政治""重文轻武""以儒立国"的政策，以此巩固中央集权、强化皇权思想，并赋予了儒生在政治上参与政府决策的权利，促使大批儒生开始将经学研究和关注社会结合起来，通过治经以完成儒者治国的使命，如"范仲淹将经学与政治相连，治经重大义和致用；孙复关注现实社会，以制度焦虑治《春秋》，讲尊王，明大义，为时人激赏；胡瑗治经重经义和实用；石介治经倡古义；李觏倡导新的礼论；尤其是欧阳修不但大胆遍疑群经，而且也提出了自己的经学理论，领导了宋代儒学复兴运动和古文运动。"④

朱熹理学思想的兴起，正是南宋政治经济困顿而儒家文化与佛、老思想冲击最为激烈的时候。"及其没而遂失其传焉。则吾道之所寄不越乎言语文字之间，而异端之说日新月盛，以至于老、佛之徒出，则弥近理而大乱甚矣。"⑤ 面对宋代社会现实与儒道久衰的客观事实，朱熹要肩负起光复弘扬儒家大统的使命就是要融会贯通儒释道并使其时代化，以适应社会和时代发展的需要，以实现儒者治世的理想。

为此，他着力弘扬正统儒学所倡导"二帝三王"的"圣道王公"精神。为了改善或圣人化《尚书》中文王、武王、周公的形象，他怀疑《书序》和《尚书》错简，否定武王阴鸷、观兵之说，否定周公践阼称王之说，他的这些改造正是糅合着宋代社会强化政治伦理和道德伦理思想建设

---

① 黎靖德编，王星贤点校：《朱子语类》卷七十九，北京：中华书局2020年版，第2504页。
② 黎靖德编，王星贤点校：《朱子语类》卷七十九，北京：中华书局2020年版，第2508页。
③ 朱熹：《四书章句集注》，北京：中华书局2011年版，第280页。
④ 杨新勋：《宋代疑经研究》，北京：中华书局2007年版，第43页。
⑤ 朱熹：《四书章句集注》，北京：中华书局2011年版，第17页。

的需求。再如，朱熹推崇《洪范》、阐释"皇极"思想，也是基于它们有重要的现实政治意义。因为人君居于天下之至中，则必有天下之纯德，而后可以立至极之标准。他希望人君能"正心修身"躬身垂范，为天下之楷模，以实现他"立大中至正之标准以观天下而天下化之"的政治目标。

他对《禹贡》"大一统"的政治观的阐释，对《洪范》五行、五事、八政、五纪、三德、稽疑、庶征、五福六极为内容阐释天人关系的阐释，皆是阐发《尚书》文本义理以糅合宋代政治上强化中央集权和皇权思想需求而进行的创新性的发展。此外，他还发掘《大禹谟》的"杀不辜宁失不经"之诫，《太甲》的"俭德永图"之训，《仲虺之诰》的"谓人莫己若"之诫，《说命》的"股肱良臣"启沃之谊，《旅獒》的"不宝异物贱用物"之诫，《同命》的"左右前后皆正人'之美等等，通过推论三代兴衰治忽之端，以明诸心，以求为矛盾尖锐、危机四伏的宋廷寻得解脱致治大略。他的疑辨《尚书》，是为了将传承圣人之道视为己任，糅合了适于时代意识形态和学术重建的需要而创造性地利用《尚书》的圣人之道和治国之略。

朱熹辨疑《古文尚书》，其缘由是《古文尚书》文本的复杂，旨在于考镜源流，正本清源，宣示《古文尚书》儒典之地位，解决理学在开创期所要解决的理论源泉问题。由此，朱熹考辨《古文尚书》《今文尚书》中一切可疑之处，包括语言文字、典章文物、天文地理以及义理大道等，《大禹谟》中的"人心惟危，道心惟微；惟精惟一，允执厥中"则很好地实现了这一目的；其次是受其"精辨其是非"的实事求是的治学理念影响的。他遍注群经，也遍疑群经，但他并没有全盘推翻哪一本典籍，也没有坐实《古文尚书》为伪书。他是以"疑经"服务"尊经"和"用经"，即他以质疑和文献的考据求得《古文尚书》所蕴含的纲常伦理、天理大义的阐发，从而获取构建理学的思想源泉和治国理政的理念思维，是一种中和辩证，古为今用，推陈出新的治学方法。对今人来说，对此问题的讨论，要回归到文本语境与历史语境，坚持"有一份材料说一份话"的原则，避免出现以后人之言为朱熹之言或今人代朱熹立言的情况。更为重要的是，要传承发扬朱熹所秉持的中和辩证、求真致用的疑伪精神，实事求是、与时俱进推动中华优秀传统文化的创造性转化和创新性发展。

第四章　修辞"奇伟"与"安稳"的中和

关于言语修辞，古人有不同的论述和主张，《周易》曰："修辞立其诚，所以居业也。"① 《尚书》曰："辞尚体要，不惟好异。"② 《诗经》云："维号斯言，有伦有脊。"③ 《春秋左传》曰："言之无文，行而不远。"④ 《论语》曰："辞达而已矣。"⑤ 这些都是阐释言语修辞的精辟之语，蕴含古人关于言语修辞的经验总结和理论探索。

朱熹重视语言修辞，就修辞论而言，传承发展"修辞立其诚"，提出"修省言辞，诚所以立也；修饰言辞，伪所以增也"的修辞论说。他传承发展孔子"文质彬彬"论、"辞达"论，主张文质并重、文质不可相胜，提出"文字奇而稳方好"修辞论。朱熹注重文辞的修饰与美化，如就修辞技巧而言，朱熹对比喻、叶韵、重言、互文、省文、谦辞等修辞格有理论探讨。就修辞技巧而言，朱熹同时也是一个修辞运用大师，对偶、层递、顶真、回环、排比、反复、错综、比喻、比拟、夸张、拈连、摹状等修辞格的运用比比皆是，熠熠生辉，尤其是读书比喻修辞随心所欲，信手拈来，极具特色。朱熹亦注重文辞的稳妥与准确，提出"下字，直是称轻等重""作文自有稳字""天生成腔子"等言说，其关于圣人言语的体悟和践行体现其"稳妥"文辞观。

---

① 杨天才、张善文译注：《周易》，北京：中华书局2011年版，第13页。
② 王世舜、王翠叶译注：《尚书》，北京：中华书局2012年版，第483页。
③ 周振甫：《诗经译注》，北京：中华书局2010年版，第275页。
④ ［战国］左丘明著，杜预注：《左传》，上海：上海古籍出版社2016年版，第616页。
⑤ 杨伯峻：《论语译注》，北京：中华书局2015年版，第248页。

第一节 "修辞立其诚"的立说

"修辞立其诚"内涵丰富,对中国文学、文章学、修辞学、文艺学产生了深远影响,学者对"修""辞""诚"的含义、"修辞"与"立诚"的关系以及"修辞"的含义、"修辞学"的内涵的变化等有不同的阐发和观点。

一、学者论"修辞立其诚"

"君子进德修业。忠信,所以进德也。修辞立其诚,所以居业也。"①孔子以"修辞立其诚"来解释《周易》的《乾》卦"九三"爻辞,认为言辞者要修饰言语,不妄语,不虚言,把修辞立诚作为君子发展事业的根本途径之一。

《文心雕龙》对"修辞立其诚"有阐发。

凡群言发华,而降神务实,修辞立诚,在于无愧。②

刘勰认为,文章或言辞要力求文采华丽,但在撰写祈祷的祝文时,则应保持朴实无华的风格,怀有真诚之心意,表达真实的思想感情。"修辞"即"修饰文辞","诚"即"真诚之心意"。

毖祀钦明,祝史惟谈。立诚在肃,修辞必甘。③

祭祀神明应慎重恭敬,严肃庄重,修饰文辞要完美无瑕。"修辞"即"修饰文辞"。刘勰从祝辞、盟辞这类祭祀盟约类的应用文的视角界定"修辞立诚"即指文辞修辞要真诚、有诚意。作为一种沟通神人工具的祝词,象征天地万物的发展变化与吉凶休咎的关系从而蕴含吉凶辨别和行动指南的功能,因此,修辞也不是一般的言语修饰,而是一种祝史作辞的言语行

---

① 杨天才、张善文译注:《周易》,北京:中华书局2011年版,第13页。
② [南朝梁]刘勰著,王志彬译注:《文心雕龙》,北京:中华书局2012年版,第115页。
③ [南朝梁]刘勰著,王志彬译注:《文心雕龙》,北京:中华书局2012年版,第119页。

为,是一种官守职业行为。

"修辞立其诚,所以居业"者,辞谓文教,诚谓诚实也。外则修理文教,内则立其诚实,内外相成,则有功业可居,故云"居业也"。①

唐孔颖达释"修"为"修理","辞"为文教,"诚"为"诚实",认为"修辞"有内外之分,内指"诚实",外指"文教",两者是相辅相成的并列关系。

明代万廷言对"修辞立其诚"有详细阐发,具体如下:

君子为下所归,乾乾惕若,思进德以大其用,必有所居之业,亦惟在修辞立其诚。辞,庸言也;立诚,言有物也。惟子臣弟友,家庭事使,应酬唯诺之常,修省言辞,体当自己,诚意令有物而已。盖诚本人理,人理所见,惟是言行。言常易放,故立诚须在修辞,而修辞亦惟是分位之内不敢放耳。浩浩乾坤,所居之业不过如此,不亦事简而功切耶!然人情辞饰而修者非庸,非庸业不可居;辞庸而忽者不修,不修无业可居。今饰非所论,惟庸言易忽最所切要,不敢不修。且如接对寻常,偶尔发辞,不觉失谬。如昔人云:"泥泞五寸,须说一尺。"意气动浮,出其本位,便已非诚,而况其他?故必片言半辞皆令当体,从见在自心流出,虽念正行动物,未为不善,然犹出位之思。须一切不杂,一一天真,乃为真修真立。何者?修非为辞,为立诚耳。诚非在外,即见在本分,心通天地,彻幽明,贯古今,随处平满,总只是当前一念,毫发增损便为欠缺,更复何论?故思不出位,言行皆庸,乃所谓诚,亦曰忠信。知至至此,知终终此,身念得主,无断续出入,乃为居业也。老子曰:"多言数穷,不如守中。"则言中似分,不若即所修辞便自立诚,心口为一,尤更亲体。自此默会诚源,无论语默前后,浑然一致,则大人之造也。或疑修辞非止庸言,不知有物,训于家人,善不善应于居室,君子所以召荣辱而动天地,宁复有外于庸言?即有,君子弗言,谓非人理也,非人理则非诚。诚者天道,非诚则违天,君子所以危而惕也,故曰学莫要矣。世以修饰文辞为

---

① [唐]孔颖达疏,于天宝点校:《宋本周易注疏》卷第一,北京:中华书局2018年版,第24页。

修，则君子耻之。①

万廷言阐发君子修辞的重要性，他释"辞"为"庸言"，"立诚"为"言有物也"。"庸言"即日常言语，语出《易经·乾卦·文言曰》中的"庸言之信，庸行之谨"，意为在平常的话语中要讲信用，在平常的行为中要谨慎。"修辞立其诚"指日常一言一语皆要言之有物，言语诚信。君子的言行要与其身份、地位和职责相符合，不越位，不妄言。即使是一句普通的话，也要从内心真实流出，体现其真实想法和态度。在此，他还指出，"修辞"重在修养言辞，而非修饰言辞，君子是以"修饰文辞"为羞耻的。

到明时，"修辞"之义已经慢慢偏转到"言辞"义。如薛瑄认为"修辞以立其诚"之义为"必须无一言妄发"，"辞"为"言语"，从学道的视角要求言语要谨慎。他说："苟信口乱谈而资笑谑，其违道远矣。笑谑不惟乱气，而且乱心。言谨则气定心一。言要专一，心要专一。"② 与"诚"相对的是"信口乱谈""笑谑之言"，将"修辞立诚"视为"谨言慎语"的修养工夫。来知德也将"辞"界定为"言辞"，他说："修省其辞以立诚，而外无一言之不实，则言行相顾，有以允蹈其贞实之事，所居之业自居安而不迁矣，故所以居业。夫德业之进修，固在于忠信修辞立诚矣。"③ 认为"修辞立诚"即"言行相顾"，"忠信修辞立诚"是"德业进修"的条件。

清代李光地认为"修辞"的本义是"见于事者无一言之不实也"。④ 他还集录了诸家关于"修辞"的立说。

> 俞氏琰曰："德"与"忠信"，皆主于心者也，业与辞，皆见于事者也，事已成谓之业，"修业"者，业未成则修而成之也。居业，业已成则居而守之也。辞，言辞也。修，谓修省，非修饰也。诚，即忠信也。"立其诚"，谓立其诚意，而不为私意所汩挠也。若但以修饰言辞为心则伪矣，

---

① [明]万廷言著，张昭炜点校：《易说》，北京：中华书局2015年版，第413—414页。
② [明]薛瑄撰，孙浦桓点校：《读书续录》卷二，南京：凤凰出版社2017年版，第265页。
③ [明]来知德撰，王丰先点校：《周易集注》，北京：中华书局2019年版，第177页。
④ [清]李光地著，刘大钧整理：《康熙御纂周易折中》卷第十六，成都：巴蜀书社2013年版，第563页。

君子闲邪存其诚，则无一念之不正也，"修辞立其诚"，则无一言之不实也。①

俞琰释"辞"为"言辞"，"修"为"修省"，"修辞立其诚"为"无一言之不实"。

林氏希元曰：实心为善乃诚也，若辞不修，语孝弟俱是空言无实事，则此诚终于消散，不聚集矣，何由立，又何绩业可居，故工夫又在修治言辞上，先行其言而后从之，言必有物，凡吐口言语皆是实事，无一句虚妄，乃"修辞"也。"修辞"则行成，孝成个孝，弟成个弟，吾心之诚，集聚而不消散，故曰"立其诚"，诚立则业修而可居，非立诚之外，又有居业工夫也。②

林希元释"辞"为"言辞"，"修"为"修治"，"修辞"即"言必有物""无一句虚妄"，认为修辞是居业之工夫。

"修辞立其诚"。修其内则为诚，修其外则为巧。言《易》以辞为重，《上系》终于默而成之，养其诚也；《下系》终于六辞，验其诚不诚也。辞非止言语，今之文，古所谓辞也。③

黄宗羲区分"修"有内外之别，修其内为"诚"，修其外为"巧"，释"辞"为"言语"和"文"。

由上可知，到清代，大多数学者仍将"修辞"当作修养工夫，但已有学者视其为一门语言学问，如朱彝尊说："训诂其言，解释其义之学，所以修辞也。"④ 阮元说："展转相因，益知古人修辞之妙。"⑤

现代学者对"修辞"也有不同的理解。王齐洲从《周易》卦易辞和言

---

① ［清］李光地著，刘大钧整理：《康熙御纂周易折中》卷第十六，成都：巴蜀书社2013年版，第564－565页。
② ［清］李光地著，刘大钧整理：《康熙御纂周易折中》卷第十六，成都：巴蜀书社2013年版，第565页。
③ ［清］黄宗羲原著，［清］全祖望补修，陈金生、梁运华点校：《宋元学案·困学纪闻》，北京：中华书局1986年版，第2858页。
④ 曾枣庄主编：《宋代序跋全编》卷二四，《易传外篇序》，济南：齐鲁书社2015年版，第625页。
⑤ ［清］阮元撰，邓经元点校：《揅经室集》，《轮解》第一，北京：中华书局1993年版，第133页。

说语境去考察，认为"辞"不是一般的言语，是圣人所作的卦爻辞；"诚"不是"忠信"之义，而是"中正"义；"修辞立其诚"是"修辞者持中正之心，怀敬畏之情，对自己的言辞切实承担责任，采用最好的方式予以表达，并预期达致成功"。① 陈望道提出"修辞"可分为广狭两义，"（甲）狭义，以为修当作修饰解，辞当作文辞解，修辞就是修饰文辞；（乙）广义，以为修当作调整或适用讲，辞当作语辞解，修辞就是调整或适用语辞。"②

从以上学者关于"修辞立其诚"的言说中可以得知："修辞"有内外之分，内指道德修养，外指言辞修养。现代意义上的"修辞学"是由德行修养工夫逐渐发展为修饰言辞的一门学问。

二、朱熹论"修辞立其诚"

朱熹对"辞""修辞""立诚"的含义以及"修辞""立诚"的关系，如何"修辞立诚"都有阐释，既有对前人的传承，也有创新性的阐发。

（一）"辞"

《说文解字》释"辞"为"讼也"，即本义为"分争辩讼"之言，引申为言辞、文辞之义。例如，"弗克庸帝，大淫泆有辞。"③"不妄说人，不辞费。"④"诐辞知其所蔽，淫辞知其所陷，邪辞知其所离，遁辞知其所穷。生于其心，害于其政；发于其政，害于其事。"⑤

朱熹所言的"辞"有"言辞""文辞"之义。

> 凡圣人威仪言辞，皆德之著见于外者，学者所共闻也。⑥
> 前辈做《春秋》义，言辞虽粗率，却说得圣人大意出。⑦

---

① 王齐洲：《"修辞立其诚"本义探微》，《文史哲》2009年第6期。
② 陈望道：《修辞学发凡》，上海：复旦大学出版社2008年版，第1页。
③ 王世舜、王翠叶译注：《尚书》，北京：中华书局2012年版，第245页。
④ 王文锦译解：《礼记译解》，北京：中华书局2016年版，第2页。
⑤ 杨伯峻译注：《孟子译注》，北京：中华书局2016年版，第66页。
⑥ 黎靖德编，王星贤点校：《朱子语类》卷二十八，北京：中华书局2020年版，第883页。
⑦ 黎靖德编，王星贤点校：《朱子语类》卷八十三，北京：中华书局2020年版，第2648页。

第四章 修辞"奇伟"与"安稳"的中和

曰:"经是直底,纬是横底。理会得天下事横者直者各当其处,皆有条理分晓,便是经天纬地。其次如文辞之类,亦谓之'文',但是文之小者耳。"①

便如《诗本义》中辨毛郑处,文辞舒缓,而其说直到底,不可移易。②

朱熹将"说辞""辞气"连用相对,指文章之言语。在阐释训诂中,朱熹也将"辞"阐释为"言辞""文辞"。例如,"君子所贵乎道者三:动容貌,斯远暴慢矣;正颜色,斯近信矣;出辞气,斯远鄙倍矣。"朱熹解释:辞,言语。气,声气也。③"宰我、子贡善为说辞,冉牛、闵子、颜渊善言德行。"朱熹释:说辞,言语也。④ 朱熹认为"辞"是"言语""语",涉及的概念包含"语词""话语""文言""语言"。分别举一例子如下。

于,叹美辞。⑤

铭,名其器以自警之辞也。⑥

引夫子之言,而言圣人能使无实之人不敢尽其虚诞之辞。⑦

盖古书之辞,而孟子引以证源源而来之意,见其亲爱之无已如此也。⑧

关于语词,朱熹所阐释的类型丰富。诸如:叹辞、语辞、誓辞、问辞、应辞、答辞、决辞、谦辞、疑辞、叹美辞、惊叹辞、禁止辞、语助辞、发语辞、反语辞、起答辞、酬答之辞、君臣之辞、推本之辞、受命之辞、偏诐之辞、自省之辞、放荡之辞、劳慰之辞、虚设之辞、深予之辞、赞美之辞、颂愿之辞、称扬之辞、怨天之辞、怪而叹之辞、不得已之辞、疑而问之辞、戒占者之辞、告其民之辞、疑而未定之辞,对"辞"的功能作了详细的分类。

从朱熹所使用的"辞"来看,其内涵包含词、句、段、篇章,和语言或言语相关的都是修省或修饰的对象。

---

① 黎靖德编,王星贤点校:《朱子语类》卷二十九,北京:中华书局2020年版,第887页。
② 黎靖德编,王星贤点校:《朱子语类》卷八十,北京:中华书局2020年版,第2545页。
③ 朱熹:《四书章句集注》北京:中华书局2011年版,第99页。
④ 朱熹:《四书章句集注》北京:中华书局2011年版,第217页。
⑤⑥ 朱熹:《四书章句集注》北京:中华书局2011年版,第6页。
⑦ 朱熹:《四书章句集注》北京:中华书局2011年版,第7页。
⑧ 朱熹:《四书章句集注》北京:中华书局2011年版,第285页。

（二）"修辞"

宋程颢说："言能修省言辞，便是要立诚。若只是修饰言辞为心，只是为伪也。若修其言辞，正为立己之诚意，乃是体当自家'敬以直内，义以方外'之实事。"① 程颢对于他的门人苏昞"修辞何以立诚"之问，从反面作了回答，"苟以修饰言语，为心是伪而已。"② 释"修"为"修省"与"修饰"，"辞"为"言辞"，"诚"为"诚心"或"诚意"，将"修辞"一分为二，"修省言辞是立诚"，"修饰言辞是为伪"，"立诚"是"修辞修省言辞"的目的。《汉语大词典》释"修省"为"修身反省"，"修饰"为"修改润饰，使文字生动"，两者的区别是前者注重以言语修身，后者注重言辞优美。作为理学家程颢，注重言辞的真实而反对言辞的虚伪。

朱熹传承程颢的修辞之说，"修省言辞，诚所以立也；修饰言辞，伪所以增也。"③ "修辞"有"修省言辞"和"修饰言辞"之别，而"修饰言辞"往往会增加言辞的"伪"性。朱熹特别指出，"修辞"不仅仅是作文和文章学上的言语修饰。他说："所谓修辞立诚以居业者，欲吾之谨夫所发以致其实，而尤先于言语之易放而难收也。其曰'修辞'，岂作文之谓哉？今或者以修辞名左右之斋，吾固未知其所谓然。"④

朱熹从正反两方面对"修辞"进行定义。他说："出辞气，逊以出之，修辞也，修辞立其诚也。修辞不是咬文嚼字，咬文嚼字却是巧言。"⑤ 其所言的"修辞"是"逊以出辞气"，即言语谦逊，文辞优雅，而非咬文嚼字。也就是"修辞"绝不是单纯追求语词奇巧瑰丽，而是君子以言语辞气为载体的修心养性。

作为理学家朱熹，在阐释"修辞"的丰富内涵时侧重"修省言辞"而

---

① 朱熹、吕祖谦：《近思录》，扬州：广陵书社 2018 年版，第 14-15 页。
② [宋] 杨时辑：《二程粹言》（卷上），清同治五年正谊堂全书本，第 23 页。
③ 朱熹撰，朱杰人、严佐之、刘永翔主编：《朱子全书》第 22 册，《答吕子约》，上海：上海古籍出版社，合肥：安徽教育出版社 2010 年版，第 2176 页。
④ 朱熹撰，朱杰人、严佐之、刘永翔主编：《朱子全书》第 23 册，《答巩仲至》，上海：上海古籍出版社，合肥：安徽教育出版社 2010 年版，第 3094 页。
⑤ 朱熹撰，朱杰人、严佐之、刘永翔主编：《朱子全书》第 7 册，《论语精义》卷第四下，上海：上海古籍出版社，合肥：安徽教育出版社 2010 年版，第 290 页。

非"修饰言辞",如他说:

> 修辞,只是"言顾行,行顾言"之意。①

> "修辞,只是如'非礼勿言'。若修其言辞,正为立己之诚意,乃是体当自家'敬以直内,义以方外'之实事,便是理会敬义之实事,便是表里相应。"②

> 问:"曾子忠信,却于外面理会?"曰:"此是'修辞立其诚'之意。"曰:"莫是内面工夫已到?"曰:"内外只是一理。事虽见于外,而心实在内。告子义外,便错了。"③

朱熹认为"择言"是"修省言辞","修辞"是言行一致,"修辞"是"逊以出之",还是"非礼勿言",是人的内在修养工夫。

(三)"诚"

《说文解字》释"诚"为:信。"诚"之本义为"诚实不欺或真实无妄"。儒家以"修己安人"为立身之理想,注重从哲学、伦理学视角阐发其含义。

《中庸》:诚者,天之道也;诚之者,人之道也。诚者不勉而中,不思而得,从容中道,圣人也。诚之者,择善而固执之者也。

朱熹注:诚者,真实无妄之谓,天理之本然也。诚之者,未能真实无妄,而欲其真实无妄之谓,人事之当然也。圣人之德,浑然天理,真实无妄,不待思勉而从容中道,则亦天之道也。未至于圣,则不能无人欲之私,而其为德不能皆实。故未能不思而得,则必择善,然后可以明善;未能不勉而中,则必固执,然后可以诚身,此则所谓人之道也。不思而得,生知也。不勉而中,安行也。择善,学知以下之事。固执,利行以下之事也。④

《中庸》:诚者自成也,而道自道也。

朱熹注:诚以心言,本也;道以理言,用也。⑤

---

① 黎靖德编,王星贤点校:《朱子语类》卷六十九,北京:中华书局2020年版,第2085页。
② 黎靖德编,王星贤点校:《朱子语类》卷九十五,北京:中华书局2020年版,第2982页。
③ 黎靖德编,王星贤点校:《朱子语类》卷二十一,北京:中华书局2020年版,第594页。
④ 朱熹:《四书章句集注》,北京:中华书局2011年版,第32页。
⑤ 朱熹:《四书章句集注》,北京:中华书局2011年版,第35页。

《中庸》：天地之道，可一言而尽也：其为物不贰，则其生物不测。

朱熹注：天地之道，可一言而尽，不过曰诚而已。不贰，所以诚也。诚故不息，而生物之多，有莫知其所以然者。①

《中庸》认为"诚"是天道、人道的本质，是世界万物得以存在的根据，主张圣人以诚为性，具有明善、择善、固执的本能。朱熹认为"诚"就是真实无妄，是天理的本性；是心的体现，是一种道德意识，所以君子必以诚为贵。

《大学》：所谓诚其意者，毋自欺也。

朱熹注：诚，实也。意者，心之所发也。实其心之所发，欲其一于善而无自欺也。②

《大学》所言之"诚"，即"诚意"，即不自欺。朱熹认为"诚"即"实"也，是心意之实。

《孟子·离娄》：悦亲有道：反身不诚，不悦于亲矣；诚身有道：不明乎善，不诚其身矣。

朱熹注：诚，实也。反身不诚，反求诸身而其所以为善之心有不实也。③

《孟子·离娄》：是故诚者，天之道也；思诚者，人之道也。至诚而不动者，未之有也；不诚，未有能动者也。

朱熹注：诚者，理之在我者皆实而无伪，天道之本然也；思诚者，欲此理之在我者皆实而无伪，人道之当然也。④

《孟子》提出"诚身有道"的观念，诚是一种悦亲之道，以"诚"行德，必能感动别人，也是反求诸身，是自己达到"诚"的境界，这是最大的快乐。朱熹在此还是强调"诚"的真实无伪和作为天理人道的根本。

此外，朱熹侧重"诚"所蕴含的哲学和理义的阐发。

---

① 朱熹：《四书章句集注》，北京：中华书局2011年版，第35页。
② 朱熹：《四书章句集注》，北京：中华书局2011年版，第5页。
③ 朱熹：《四书章句集注》，北京：中华书局2011年版，第263页。
④ 朱熹：《四书章句集注》，北京：中华书局2011年版，第264页。

诚只是实。①

忠信便是诚。②

表里如此,方是诚。③

诚者,真实无妄之谓。④

只是一个心,便是诚;才有两个心,便是自欺。⑤

十分真实,恁地便是诚;若有八九分恁地,有一分不恁地,便是夹杂些虚伪在内,便是不诚。⑥

诚是实理,是人前辈后都恁地,做一件事直是做到十分,便是诚。若只做得两三分,说道今且谩恁地做,恁地也得,不恁地也得,便是不诚。⑦

朱熹所言的"诚"具有"诚悫""真实""忠诚""诚实""真诚""诚心""忠信""实情""实理"义,包含"无妄""无诈""无伪""无欺""表里如一"等内涵,强调"诚"的"真实无妄"之义。

《说文解字》释"诚"为"信","信"为"诚",两者是近义词。朱熹也释:"信,诚也。"⑧ 但他认为两者是有区别的。

问诚、信之别。曰:"诚是自然底实,信是人做底实。故曰:'诚者,天之道。'这是圣人之信。若众人之信,只可唤做信,未可唤做诚。诚是自然无妄之谓。如水只是水,火只是火,仁彻底是仁,义彻底是义。"⑨

叔器问:"诚与信如何分?"曰:"诚是个自然之实,信是个人所为之实。《中庸》说'诚者,天之道也',便是诚。若'诚之者,人之道也',便是信。信不足以尽诚,犹爱不足以尽仁。上是,下不是。"⑩

诚者实有之理,自然如此。忠信以人言之,须是人体出来方见。⑪

---

① 黎靖德编,王星贤点校:《朱子语类》卷六,北京:中华书局2020年版,第125页。
② 黎靖德编,王星贤点校:《朱子语类》卷九十七,北京:中华书局2020年版,第3037页。
③ 黎靖德编,王星贤点校:《朱子语类》卷二十三,北京:中华书局2020年版,第666页。
④ 朱熹:《四书章句集注》,北京:中华书局2011年版,第27页。
⑤ 黎靖德编,王星贤点校:《朱子语类》卷十六,北京:中华书局2020年版,第413页。
⑥ 黎靖德编,王星贤点校:《朱子语类》卷九十七,北京:中华书局2020年版,第3012页。
⑦ 黎靖德编,王星贤点校:《朱子语类》卷九十六,北京:中华书局2020年版,第3012页。
⑧ 朱熹:《四书章句集注》,北京:中华书局2011年版,第283页。
⑨ 黎靖德编,王星贤点校:《朱子语类》卷六,北京:中华书局2020年版,第126页。
⑩ 黎靖德编,王星贤点校:《朱子语类》卷六,北京:中华书局2020年版,第127页。
⑪ 黎靖德编,王星贤点校:《朱子语类》卷六,北京:中华书局2020年版,第124页。

朱熹从"天道、人道""天性、人性""自然性、人为性""圣人、众人""词义轻重"五个视角辨析"诚""信"的区别。这种从义理视角区别词义，是符合词义实情的。从词义本义分析，"诚"侧重"自然的真实"；而"信"，《說文解字注》：人言则无不信者，故从人言，侧重"人为的真实"。就表"真实"义的程度而言，"诚"重于"信"。朱熹还区别了"诚"与"敬""谨"。

诚只是一个实，敬只是一个畏。①
敬是不放肆底意思，诚是不欺妄底意思。②
妄诞欺诈为不诚，怠惰放肆为不敬，此诚敬之别。③
"谨"字未如敬，敬又未如诚。④

朱熹认为"诚"是"实"和"不欺诈"，而"敬"是"畏"和"不放肆"。"诚"即要切合实际，符合实情，真实可信；而"敬"则要敬畏、尊重，言行合礼而有节制。就词义轻重而言，"诚"重于"敬"，"敬"又重于"谨"。朱熹也从"自然、人为""使用对象"视角区别"诚""忠"的语义。

诚者实有之理，自然如此。忠信以人言之，须是人体出来方见。⑤
"诚"字以心之全体而言，"忠"字以其应事接物而言，此义理之本名也。⑥

"诚"侧重"心"，自然性，而"忠"表现为"事"，人为性。从以上"诚"与"信""敬""谨""忠"的语义阐释可以发现，朱熹善于从词语的本义阐释其理学意义。

"诚"表现在言辞上"是说处有真实底道理"，⑦但真实的话语不一定是真理。对于追求"格物致知"的朱熹而言，"修辞立其诚"之"诚"还应是符合客观事实的真理之话语。《中庸》曰："诚者，天之道也；诚之者，人之道也。"⑧他在阐释这句话时说："诚者，真实无妄之谓，天理之

---

①②③④　黎靖德编，王星贤点校：《朱子语类》卷六，北京：中华书局2020年版，第126页。
⑤⑥　黎靖德编，王星贤点校：《朱子语类》卷六，北京：中华书局2020年版，第127页。
⑦　黎靖德编，王星贤点校：《朱子语类》卷六十九，北京：中华书局2020年版，第2084页。
⑧　朱熹：《四书章句集注》，北京：中华书局2011年版，第32页。

本然也。"① 天理就是客观存在的规律和法则，这从认知能力提出的要求，人的认知水平达到客观真理的地步，才能够实现话语的真实，而"人之道"就是要努力探究和把握客观规律，从而让言辞成为真理。

"诚"表现在言语上还要忠信和诚心。

"诚，便即是忠信；修省言辞，便是要立得这忠信。若口不择言，只管逢事便说，则忠信亦被汩没动荡，立不住了。"②

"人而无真实诚心，则所言皆妄。"③

"实得仁于心，则发出来为仁之言，做出来为仁之行；实得义于心，则发出来为义之言，做出来为义之行。"④

"立诚"就是要以忠信"修省言辞"。人没有诚心，则语言就不诚信；人有仁心，其语言就蕴含着仁爱之情。因为人在说辞时，心即是口，口即是心。言语之诚不是来自外部力量的驱使，而是从内心深处去反省、体悟个人言语的信度，也就是要"反身而诚"，如此才能正心诚意去对待自己的言语，即使半言片语，都应当从内心深处流出，如此才是真修真立。在朱熹看来，诚心即忠心、善心，就是既要忠于己，也要爱于人。如他批评当时南宋社会风俗颓靡，一些士大夫依靠花言巧语的欺骗而获取官爵，认为这是为官之不信的体现，必将被后世所唾弃。他也多次批评某些官府立法是强盗新法，因为新法没有体现为官者的"爱人之心"。在朱熹心目中，言语忠信就是要做到忠诚老实、光明磊落，而不是盗名欺世、弄虚作假；要做到尽己之心、人己无欺，而不是口是心非、阳奉阴违；要做要忠君爱民、取信于民，而不是欺上瞒下，失信于民。

（四）"修辞"与"忠信"的关系

语言是表达思想的工具，同时语言也是思想本身。修辞要实现由表及里，实现与"忠信"的殊途同归，朱熹认为是要"克己""敬恕"，在这里"修辞"是语言道德和修养问题。朱熹阐发了"修辞立诚"与"忠信

---

① 朱熹：《四书章句集注》，北京：中华书局2011年版，第32页。
② 黎靖德编，王星贤点校：《朱子语类》卷九十五，北京：中华书局2020年版，第2982页。
③ 黎靖德编，王星贤点校：《朱子语类》卷二十四，北京：中华书局2020年版，第727页。
④ 黎靖德编，王星贤点校：《朱子语类》卷三十四，北京：中华书局2020年版，第1044页。

进德"的关系。他说:"忠信,主于心者,无一念之不诚也。修辞,见于事者,无一言之不实也。虽有忠信之心,然非修辞立诚,则无以居之。"①"忠信,心也;修辞,事也。然蕴于心者,所以见于事也;修于事者,所以养其心也。此圣人之学所以内外两进,而非判然两事也。"②"忠信"是就"心之诚"而言的,"修辞"是就"事之实"而言的,忠信是修辞之主宰,修辞是忠信之载体和手段。

同时他又认为两者表现为内外、表里关系,"忠信便是在内,修辞是在外。"③"'忠信进德','修辞立诚',表里通彻,无一毫之不实,何更用直内。"④"忠信进德"和"修辞立诚"是一事两面。忠信是内,是心有所得;而修辞是外,言语修养。之所以是外,是因为"人不诚处,多在言语上。"表里所指虽然不同,然表里通彻,也就是说,修辞立诚就是个人修养进德。因为"'忠信进德'是见个'修辞立诚'底道理,'修辞立诚'是行个'忠信进德'底道理。""忠信进德"和"修辞立诚"是言行的关系,而"言者行之表",要表里相应,两者是不可分离的,在修辞实践中,表现于"言顾行,行顾言"。"言顾行"是指个人言语要符合行为的可能性和逻辑性,符合客观事实和发展规律;"行顾言"是指个人行为要符合言语修养、社会道德和伦理规范。

朱熹认为"修辞"与"忠信"是表里关系,主张"修辞"就是"立诚",如他说:"修辞便是立诚,如今人持择言语,丁一确二,一字是一字,一句是一句,便是立诚。若还脱空乱语,诚如何立?"⑤ 修辞的本质就是要真诚,要言之有物,表达真实的思想和情感,在语言表达上要明确、准确、真实、真诚。

(五)"修辞立诚"的本质是修养品行

"辞,言语。气,声气也。鄙凡陋也。倍,与背同,谓背理也。言道

---

① 朱熹撰,廖名春点校:《周易本义》,北京:中华书局2009年版,第36页。
② 朱熹撰,朱杰人、严佐之、刘永翔主编:《朱子全书》第22册,《答范伯崇》,上海:上海古籍出版社,合肥:安徽教育出版社2010年版,第1778页。
③ 黎靖德编,王星贤点校:《朱子语类》卷九十七,北京:中华书局2020年版,第3037页。
④ 黎靖德编,王星贤点校:《朱子语类》卷四十二,北京:中华书局2020年版,第1307页。
⑤ 黎靖德编,王星贤点校:《朱子语类》卷六十九,北京:中华书局2020年版,第2086 - 2087页。

虽无所不在，然君子所重者，在此三事而已。是皆修身之要、为政之本，学者所当操存省察，而不可有造次颠沛之违背者也。"① 朱熹把修辞立诚当作修身之要和为政之本。他曾告诫他的门人说："吾学既得于心，则修其辞；命辞无差，然后断事；断事无失，吾乃沛然。"② 把修辞作为为学之法，认为"修辞"是精义"入神"至"神化"的工具，是"知"的载体和"行"的指导的统一体。

语言是思维的工具，是表情达意的手段，是人们交际交流的重要媒介。同时，语言也是一柄"双刃剑"，具有正反两方面的作用，"好言自口，莠言自口。"③ 口是福之根也是祸之门，不同的话语会产生不同的影响，言语不谨慎往往导致危险与动乱，导致君臣关系的破裂，导致事业的失败，所以君子须谨慎缜密而不轻易发言。"言行，君子之枢机。枢机之发，荣辱之主也。言行，君子之所以动天地也，可不慎乎？"④ 在孔子看来，言语是君子思想开合的枢机，事关君子的荣辱。此外，言语还是君子之所以宣传鼓动天地万物的工具。因此，君子应该非常谨慎地对待自己的言行。"与人善言，暖于布帛；伤人之言，深于矛戟。"⑤ 不同的话语会产生不同的效果。然而言易行难，在交际交往中，人往往忽视语言产生的结果，也就容易张口而言，脱口而出，甚至信口开河。"人多是将言语做没紧要，容易说出来"，⑥ 以致"人不诚处，多在言语上"。⑦ "人多因言语上，便不忠信。"⑧ 人是否忠信，首先表现于语言上，故要重视语言的修辞。朱熹指出，"修辞"不仅仅是言语交际和文章学上的言语修饰，"所谓修辞立诚以居业者，欲吾之谨夫所发以致其实，而尤先于言语之易放而难收也。"⑨ 修辞也是一个人德行修养的体现。"修辞立诚，大段着气力"⑩，要在日常言语处下功夫，修养"忠""信""诚"之品行。修养德行其实自

---

① 朱熹：《四书章句集注》，北京：中华书局2011年版，第99-100页。
② 黎靖德编，王星贤点校：《朱子语类》卷九十八，北京：中华书局2020年版，第3065页。
③ 周振甫译注：《诗经译注》，北京：中华书局2010年第2版，第274页。
④ 杨天才、张善文译注：《周易》，北京：中华书局2011年版，第577页。
⑤ 方勇、李波译注：《荀子》，北京：中华书局2011年版，第37页。
⑥⑧⑩ 黎靖德编，王星贤点校：《朱子语类》卷六十九，北京：中华书局2020年版，第2085页。
⑦ 黎靖德编，王星贤点校：《朱子语类》卷六十九，北京：中华书局2020年版，第2095页。
⑨ 朱熹撰，朱杰人、严佐之、刘永翔主编：《朱子全书》第23册，《答巩仲至》，上海：上海古籍出版社，合肥：安徽教育出版社2010年版，第3094页。

然而然也是在修辞言语。

　　抑又闻之，古之圣贤所以教人，不过使之讲明天下之义理，以开发其心之知识，然后力行固守以终其身。而凡其见之言论、措之事业者，莫不由是以出，初非此外别有岐路可施功力，以致文字之华靡、事业之恢宏也。①

　　朱熹认为，实现"文字之华靡、事业之恢宏"的路径是：由"讲明天下之义理"至"开发其心之知识"再至"力行固守以终其身"，在明理、修心、践行的致知力行的努力下，言语修养自然而然提高。由此可知，朱熹言语修辞的本质不仅仅是修饰言辞，使言辞成为有效的表情达意的工具；而且还是修养品行，使言辞最终成为实现君子理想人格的门径。

　　诚信是儒家道德的核心，也是言语的精华所在。自孔子提出"修辞立其诚"，古人已经认识到语言和品德的内在关系，认识到语言修辞与人的道德修养之间紧密联系，"言为心声，只有道德高尚的人，才能说出感人、动人的言辞，才能表达'信言'、'善言'。所以，'修辞立其诚'便成为一条根本性的原则，贯穿古今。"② 在当今社会，"立诚"这一道德准则依然具有不可替代的重要性。它不仅是人们应当恪守的基本道德规范，也是修辞表达所追求的最高境界。在修辞活动中，真诚是基石，只有以真诚为基础的言辞才能触动人心，才能产生深远影响。因此，无论是在日常生活中还是在文学创作中，"修辞立其诚"依然是必须遵循的重要原则之一。

三、语言准则：忠信

　　"忠""信"是儒家道德的重要范畴。孔子十分重视忠信，"主忠信"，③ 将其视为君子的两种基本道德，"子以四教：文，行，忠，信"，④

---

① 朱熹撰，朱杰人、严佐之、刘永翔主编：《朱子全书》第 23 册，《答巩仲至》，上海：上海古籍出版社，合肥：安徽教育出版社 2010 年版，第 3094 页。
② 陈光磊、王俊衡著：《中国修辞学通史·先秦两汉魏晋南北朝卷》，长春：吉林教育出版社 1998 年版，第 11 页。
③ 杨伯峻：《论语译注》，北京：中华书局 2015 年版，第 8 页。
④ 杨伯峻：《论语译注》，北京：中华书局 2015 年版，第 107 页。

将忠信作为教育的基本内容。他认为:"言忠信,行笃敬,虽蛮貊之邦,行矣。"① 言语忠信是立足之本。

就"忠"而言,孔子曰:"臣事君以忠"②"行之以忠",③ 主张臣子要忠诚于君主;对待朋友,则"忠告而善道之",④ 忠心地劝告,好好地引导。"君子有九思:视思明,听思聪,色思温,貌思恭,言思忠,事思敬,疑思问,忿思难,见得思义。"⑤ 将言语忠诚视为君子应时时思虑的九种言行举止之一。"吾日三省吾身——为人谋而不忠乎?与朋友交而不信乎?传不习乎?"⑥ 将尽心竭力替他人办事作为每日反省的内容。曾子认为"忠""恕"是孔子之道的根本体现。

孔子亦十分重视诚信的价值,认为诚信不仅是个人安身立命之基石,更是国家稳固繁荣之根本,"民无信不立。"⑦"人而无信,不知其可也。"⑧ 信誉是人的第二生命,一个人如果没有信誉,将无法立足于社会。要达到诚信,在个人修行上就要内诚于心,真实无欺,与人交往要"言而有信"。⑨ 孔子高度赞扬子路的忠诚守信,"片言可以折狱者,其由也与?"⑩ 正是因为子路有明断笃信之德,语出必信,积久人皆信服。《孔子家语》记载了孔子对楚庄王履行承诺、恢复陈国政权的高度赞扬:

贤哉楚王!轻千乘之国而重一言之信。匪申叔之信,不能达其义,匪庄王之贤,不能受其训。⑪

孔子将言语诚信视为个人安身立命之理、交朋结友之德和统治者治国理政之道。

朱熹传承孔子言语忠信的观点,并进一步阐发忠信的内涵与区别。他

---

① 杨伯峻:《论语译注》,北京:中华书局2015年版,第235-236页。
② 杨伯峻:《论语译注》,北京:中华书局2015年版,第43页。
③ 杨伯峻:《论语译注》,北京:中华书局2015年版,第185页。
④ 杨伯峻:《论语译注》,北京:中华书局2015年版,第189页。
⑤ 杨伯峻:《论语译注》,北京:中华书局2015年版,第256页。
⑥ 杨伯峻:《论语译注》,北京:中华书局2015年版,第4页。
⑦ 杨伯峻:《论语译注》,北京:中华书局2015年版,第181页。
⑧ 杨伯峻:《论语译注》,北京:中华书局2015年版,第29页。
⑨ 杨伯峻:《论语译注》,北京:中华书局2015年版,第7页。
⑩ 杨伯峻:《论语译注》,北京:中华书局2015年版,第184页。
⑪ 杨朝明、宋立林:《孔子家语通解》,济南:齐鲁书社2009年版,第109页。

认为"忠信"是一理。

> 忠信只是一理。自中心发出来便是忠，着实便是信。谓与人说话时，说到底。见得恁地了，若说一半不肯说尽，便是不忠。有这事说这事，无这事便说无，便是信。只是一个理，自其发于心谓之忠，验于事谓之信。①

忠、信本质是相同的，忠源自内心，信体现于事。具体于语言而言，"忠"的标准是应有尽有，毫不保留；而"信"的标准则是真实、准则，诚实无欺，名实相副。

> "尽己只是尽自家之心，不要有一毫不尽。如为人谋一事，须直与它说这事合做与否。若不合做，则直与说这事决然不可为。不可说道，这事恐也不可做，或做也不妨。此便是不尽忠。信即是忠之见于事者。所以说'忠信，内外也'，只是一物。未有忠而不信者，亦未有信而不出于忠者。只是忠则专就发己处说，信则说得来周遍，事上都要如此。"②

"忠"体现语言的确定性、直观性，而不是模棱两可。"信"体现语言的周遍性准则。两者的区别朱熹以"病情、香炉、桌子、盏、楪、颜色、大小"等日常生活的案例进行了对比分析。

> 如今俗语云"逢人只说三分话"，只此便是不忠。③
> 且如某今病得七分，对人说只道两三分，这便是发于己者不能尽。④
> 且如甲谓之甲，乙谓之乙，信也；以甲为乙，则非信矣。⑤
> 循物无违，譬如香炉只唤做香炉，桌只唤做桌，便着实不背了。若以香炉为桌，桌为香炉，便是背了它，便是不着实。⑥

"尽己"是"忠"，"循物无违"是信，即遵循或按照事物的本性和规律。

朱熹继承并发扬孔子的"信言"思想，"人无信，则语言无实"⑦，把语言作为一个人品德的衡量标准之一。他在强调"信言"的功能意义的同

---

①②⑤⑥ 黎靖德编，王星贤点校：《朱子语类》卷二十一，北京：中华书局2020年版，第596页。
③④ 黎靖德编，王星贤点校：《朱子语类》卷二十一，北京：中华书局2020年版，第599页。
⑦ 黎靖德编，王星贤点校：《朱子语类》卷二十四，北京：中华书局2020年版，第727页。

时,进一步阐释"信言"的丰富内涵:以信为本,信守诺言;实事求是,表里如一;忠诚实心,人己无欺;以义为准,讲究技巧。

(一) 重视诚信,信守诺言

"语言,物也;而信,乃则也。"① 朱熹认为语言是诚信的载体,诚信是语言的准则。语言不仅承载诚信,反映诚信,还可以提升诚信;诚信不仅规范语言,还可以发展语言,两者相互促进,彼此共存,共生同构。朱熹这种语言的诚信观既看到语言的物质性,又看到语言的社会性。语言诚信是保障语言秩序的规范,表现于个体层次的语言诚信,要求个体在言语行为上要注重言出必行,言行一致;表现在社会集体层次或文化共同体层次的语言诚信,要求在特定文化共同体有意思地使用普通认同的语言诚信规约。

以诚信方式行事,表现在言语行为上就是要信守、践行诺言,而不是言而无信。朱熹强调言行一致的同时,对其内涵作了具体的要求:一是言行相副要有周遍性,信是言行相顾之谓。② "信则说得来周遍,事上都要如此。"③ 处处都要言行相顾。在朱熹看来,"信"就是符合客观事物的话语,也就是"言行一致"。二是言行相副要有持续性,他说:"人而无真实诚心,则所言皆妄,今日所言要往东,明日走在西去,这便是言不可行。"④ 时时都要言行相副。三是要谨言慎行。说话容易,做事难,人在说话前,要谨慎思考。朱熹强调谨慎言语,这是君子的言语行为准则之一。"谨于言,亦不专为耻躬之不逮,大凡言语皆当谨也。"⑤ "事难行,故要敏;言易出,故要谨。就有道而正其言行之是非。"⑥ 四是务实践行,"信是朴实头做。"⑦ 即要脚踏实地、实事求是地践行诺言。朱熹多次强调,一个人说

---

① 黎靖德编,王星贤点校:《朱子语类》卷二十一,北京:中华书局2020年版,第602页。
② 黎靖德编,王星贤点校:《朱子语类》卷二十一,北京:中华书局2020年版,第594页。
③ 黎靖德编,王星贤点校:《朱子语类》卷二十一,北京:中华书局2020年版,第596页。
④ 黎靖德编,王星贤点校:《朱子语类》卷二十四,北京:中华书局2020年版,第727页。
⑤ 朱熹撰,朱杰人,严佐之,刘永翔主编:《朱子全书》第22册,《答程允夫》,上海:上海古籍出版社,合肥:安徽教育出版社2010年版,第1944页。
⑥ 黎靖德编,王星贤点校:《朱子语类》卷二十二,北京:中华书局2020年版,第645页。
⑦ 黎靖德编,王星贤点校:《朱子语类》卷四十五,北京:中华书局2020年版,第1407页。

话，如果不诚信，不能将自己说过的话付诸实践，那就应该以此为羞耻。

（二）实事求是，表里如一

"着实便是信"，① 语言表达要符合事实，忠实于客观事实。在朱熹看来，"信言"有质和量的标准。"质"是一事物区别于另一事物的根本属性。朱熹认为"且如甲谓之甲，乙谓之乙，信也；以甲为乙，则非信矣。"②语言表达时，要准确区别事物。鹿是鹿，马是马，这就是信言；而如果把鹿唤作马，把马唤作鹿，不符合客观事物，也就不是信言。他打比方说，"这桌子，黄底便道是黄，黑者便道是黑。"③

朱熹讲究信言，反对说话夸夸其谈，言而不实，"人之所以易其言者，以其不知空言无实之可耻也。"④ 未做一分，便说十分的言语行为是可耻的；同时他也反对"佞者"，认为"佞是无实之辩"，⑤ 是没有调查就口无遮拦乱说话的言语行为。

"信言"还要求在量上符合客观事实，对于一个人而言，说话要符合自己的良知，要尽忠。"谓与人说话时，说到底。见得恁地了，若说一半不肯说尽，便是不忠。"⑥要完整、准确表达客观事实，含糊不清、藏着掖着、似是而非的言语都不是信言。如作为臣子，要为君主建言献策，而应该明确表达"该不该""如何做"的问题。再如向医生陈述病情，是七分病情，就不能说成是八分或六分。大、小、轻、重都要据实而言，言过其实和言不及实都是欺骗的话语。

（三）忠诚实心，人己无欺

孟子曰："心之官则思，思则得之，不思则不得也。"⑦ "心"之功能即思维，认为心是人的思维器官，所以"言为心声"。朱熹也说："人而无

---

①②⑥　黎靖德编，王星贤点校：《朱子语类》卷二十一，北京：中华书局2020年版，第596页。
③　黎靖德编，王星贤点校：《朱子语类》卷二十一，北京：中华书局2020年版，第599页。
④　黎靖德编，王星贤点校：《朱子语类》卷二十七，北京：中华书局2020年版，第860页。
⑤　黎靖德编，王星贤点校：《朱子语类》卷二十七，北京：中华书局2020年版，第866页。
⑦　杨伯峻：《孟子译注》，北京：中华书局2016年版，第298页。

真实诚心，则所言皆妄。"① "实得仁于心，则发出来为仁之言。"② "十九伯诚确人，语必不妄。"③ 人没有诚心，则语言就不诚信；人有仁心，其语言就蕴含着仁爱之情；诚实的人，语言必让人信任。诚不是来自外部力量的驱使，而是从内心深处去反省、体悟个人言语的信度，也就是要"反身而诚"，如此才能正心诚意去对待自己的言语。

在朱熹看来，诚心即忠心、善心，"信言"就是既要忠于己，也要爱于人。如他批评当时南宋社会风俗颓靡，一些士大夫依靠花言巧语的欺骗而获取官爵，认为这是为官之不信的体现，必将被后世所唾弃。他也多次批评某些官府立法是强盗新法，因为新法没有体现为官者的"爱人之心"。

在朱熹心目中，言语忠信就是要做到忠诚老实、光明磊落，而不是盗名欺世、弄虚作假；要做到尽己之心、人己无欺，而不是口是心非、阳奉阴违；要做要忠君爱民、取信于民，而不是欺上瞒下，失信于民。

（四）以义为准，讲究技巧

就"信义关系"而言，孔子提出"君子贞而不谅"④ "言必信，行必果，硁硁然小人哉"⑤ "信近于义，言可复也"⑥ 等观点，朱熹作了阐发，强调言语之"信"与"义"的重要性的同时，要求以"义"为标准，辩证地处理好两者的关系。

朱熹认识到"信"与"义"之间的矛盾，他对如何做到"信近于义"作了阐发。

其一是要慎始慎终，他说："凡言，须先度是非可否。果近于义而后言，则其言可践。恐不近于义，其言将不可复也。"⑦ "只如初与人约，便用思量他日行得，方可诺之。"⑧ 在合约之前，要考虑是否合义，日后能否践行，要慎始慎终，思前想后，不信口开河，不轻易诺言，如此方能"信

---

① 黎靖德编，王星贤点校：《朱子语类》卷二十四，北京：中华书局 2020 年版，第 727 页。
② 黎靖德编，王星贤点校：《朱子语类》卷三十四，北京：中华书局 2020 年版，第 1044 页。
③ 黎靖德编，王星贤点校：《朱子语类》卷二，北京：中华书局 2020 年版，第 30 页。
④ 杨伯峻译注：《论语译注》，北京：中华书局 2015 年版，第 246 页。
⑤⑥ 杨伯峻译注：《论语译注》，北京：中华书局 2015 年版，第 201 页。
⑦ 黎靖德编，王星贤点校：《朱子语类》卷二十二，北京：中华书局 2020 年版，第 638 页。
⑧ 黎靖德编，王星贤点校：《朱子语类》卷二十二，北京：中华书局 2020 年版，第 642 页。

近于义",否则就会害义或害信。

  圣人到这处,却有个义存焉。有可说与不可说,又当权其轻重。①

  "忠信"不仅是指真实地表达自己的想法,还需要在表达时应该权衡轻重,并根据是否符合"义"来做出判断和选择。真正的诚信应该是建立在符合道义的基础上的言行一致。

  其二是要明理。曰:"万一料事不过,则如之何?"曰:"这却无可奈何,却是自家理不明尔。"② 明理才能判定其是非。朱熹把"信"与天理联系起来,如:"天之所命者,果何物也?"曰:"仁义礼智信。"③ 在这里,把"信"与仁、义、礼、智并列为天理,明信守信即要明理守理。

  那么,朱熹"义"的标准如何实现?通过梳理朱熹关于"信言"的阐述,主要有四个方面:

  其一,要说与身份相符的话。孔子的弟子子张爱说大话,诸如"我之大贤欤,于人何所不容?我之不贤欤,人将拒我,如之何其拒人也!"④ 朱熹认为这句话说得原本是很好的,有见识,有气魄,但应该是诸如孔子这类圣人说的,而子张是一个贤人,说这句话过于张扬和不实,不符合身份要求。

  盖诚不忍以寿皇圣体之重,委之水泉沙砾之中、残破浮浅之地,是以痛愤激切,一为陛下言之。譬如乡邻亲旧之间,有以此等大事商量,吾乃明知其事之利害必至于此,而不尽情以告之,人必以为不忠不信之人。而况臣子之于君父,又安忍有所顾忌而默默无言哉!⑤

  朱熹传承孔子言语忠信思想,认为作为臣子就应承担起为君主尽忠信之言的义务。明知道事情的利弊,却不全力告诉君主,此人定是个不忠诚、不诚实的臣子。

  其二,不说自我标榜的话。关于曾皙"咏而归"与颜回的"不改其乐"所蕴含的道理的讨论,朱熹认为,曾皙的"咏而归"是自己言说的,而颜回

---

① 黎靖德编,王星贤点校:《朱子语类》卷二十一,北京:中华书局2020年版,第601页。
② 黎靖德编,王星贤点校:《朱子语类》卷二十二,北京:中华书局2020年版,第639页。
③ 黎靖德编,王星贤点校:《朱子语类》卷九十四,北京:中华书局2020年版,第2905页。
④ 杨伯峻:《论语译注》,北京:中华书局2015年版,第288页。
⑤ 朱熹撰,朱杰人、严佐之、刘永翔主编:《朱子全书》第20册,《山陵议状》,上海:上海古籍出版社,合肥:安徽教育出版社2010年版,第732页。

的"不改其乐"是孔子称赞他的。前者狂妄,后者谦逊。所以朱熹说:"大凡人自说乐时,便已不是乐了。"① 一个人自我标榜,往往是言过其实的。

其三,思考清楚了再说。朱熹阐发"仁者其言也讱"认为,仁者之人,是心里酝酿好了、斟酌清楚了再说话,而不是信口胡说乱说。

> 如今人与人要约,当于未言之前,先度其事之合义与不合义。合义则言,不合义则不言。言之,则其言必可践而行之矣。今不先度其事,且鹘突恁地说了,到明日却说这事不义,我不做,则是言之不可践也。言而不践,则是不信;践其所言,又是不义,是不先度之故。②

而一个张口说话、夸夸其谈的人,是没有思考他所说的话是否可行,因此,说话之前要以"仁者之心"去思考话语中的是非善恶,要以"义"的准则思考是否适宜,要以"信"的标准思考是否合乎事实。三思而后言,话语的数量少了,而其质量却高了,如此方是有智慧的人。

其四,善于识别谗言和诬告。在日常工作生活中,日积月累的谗言和紧迫切身的诬告总是存在的,往往影响人的工作心情甚至是切身利益。面对谗言和诬告,朱熹认为,最为关键的是要识别其中的真伪,要看得明白,看得远。就如识别药材一样,如判断其为假药,任凭推销者花言巧语,也能稳住脚跟,不受其蛊惑。

第二节 修辞"奇伟"之论说与践行

朱熹是著名的理学家、哲学家、思想家、教育家,是理学和儒学的集大成者,就文道关系而言,历代学者皆认为朱熹重道而轻文,如有"重道轻文""道本文末""先道后文"的"文道分离"说,③ 有"文道并重"

---

① 黎靖德编,王星贤点校:《朱子语类》卷四十,北京:中华书局2020年版,第1251页。
② 黎靖德编,王星贤点校:《朱子语类》卷二十二,北京:中华书局2020年版,第637页。
③ 参见束景南《朱子大传》,福州:福建教育出版社1992年版,第172页;莫砺锋《朱熹文学研究》,南京:南京大学出版社2000年版,第132页;刘真伦《从明道到载道——论唐宋文道关系理论的变迁》,《文学遗产》2005年第5期。

"文道一体""文道一贯"的"文道合一"说,① 有朱熹作为理学家和文学家身份的"文道矛盾"说。②

朱熹不仅是重道的理学家,亦是重文的文学家。朱熹提出"文从道出""文便是道"的文道观。朱熹在批判欧阳修时也指出"道德文章之不可使出于二"的观点:

> 然彼知政事礼乐之不可不出于一,而未知道德文章之尤不可使出于二也。夫古之圣贤,其文可谓盛矣,然初岂有意学为如是之文哉?有是实于中,则必有是文于外……不必讬于言语、著于简册,而后谓之文,但自一身接于万事,凡其语默动静,人所可得而见者,无所适而非文也。姑举其最而言,则《易》之卦画、《诗》之咏歌、《书》之记言、《春秋》之述事,与夫礼之威仪、乐之节奏,皆已列为《六经》而垂万世,其文之盛,后世固莫能及。③

他提出"文道合一"说,认为文、道原本是一物同体,文既是道的载体,又是道本身。因此,对道的重视,其实也是对文的重视。肯定"文"对"道"的传播功能,是对"文"价值的提升而不是消解。如他分析二程影响力远不如王禹偁、韩琦和苏轼时说:"盖王公之文章、韩公之勋业,皆以震耀于一时,而其议论气节,卓荦奇伟,尤足惊动世俗之耳目,则又皆莫若苏公之为盛也。若程夫子,则其事业湮郁,既不得以表于当年;文词平淡,又不足以夸于后世。独其道学之妙,有不可诬者,而又非知德者莫能知之,此其遗迹所以不能无显晦之殊,亦其理势之宜然也。"④ 具有感

---

① 参见钱穆《朱子学新案》第 1 册,北京:九州出版社 2011 年版,第 221 页;吴长庚《朱熹文学思想论》,合肥:黄山书社 1994 年版,第 61 页;程刚《文道合一与诗乐合一——朱熹与邵雍文学本体论之比较》,《孔子研究》2008 年第 5 期;罗书华《"文从道中流出":朱熹对文道关系的新理解》,《海南大学学报》2014 年第 2 期;王利民《朱熹诗文的文道一本论》,《浙江大学学报》2002 年第 1 期。

② 参见时新良《文道合一诗道合一——试论朱熹的文学思想》,陕西师范大学硕士学位论文,2009 年,第 23 页;郑子瑜、宗廷虎《中国修辞学通史·隋唐五代宋金元卷》,长春:吉林教育出版社 1998 年版,第 314 - 315 页;李士金《朱熹文学思想研究》,北京:人民文学出版社 2013 年版,第 287 - 291 页。

③ 朱熹撰,朱杰人、严佐之、刘永翔主编:《朱子全书》第 23 册,《读唐志》,上海:上海古籍出版社,合肥:安徽教育出版社 2010 年版,第 3373 - 3374 页。

④ 朱熹撰,朱杰人、严佐之、刘永翔主编:《朱子全书》第 24 册,《黄州州学二程先生祠记》,上海:上海古籍出版社,合肥:安徽教育出版社 2010 年版,第 3797 页。

召力的优美文辞的影响力远胜于二程理学之作。

朱熹"文道合一"的文道观决定了他对待文章和修辞的关系,他重视修辞,在文章修辞理论上提出"文字奇而稳方好"的中和论,重视"伟文",反对"奇文"。

一、"文以伟辞"

朱熹强调文章文法与华藻对义理表达的重要性。在文辞文采上,朱熹主张"文以伟辞",否则"且将尽变秀才而为学究矣。"① "伟辞"即"壮美瑰丽的文词"。

朱熹尤为推崇文辞优美、气象宏大、意蕴丰富、用字巧妙、笔力雄厚而又自然纯粹的文辞。如他赞美"楚汉间文字真是奇伟,岂易及也!"② 赞扬"王龟龄奏议气象大。"③ 称赞"欧公不尽说,含蓄无尽,意又好。"④ 赞叹"欧、苏全不使一个难字,而文章如此好!"⑤ 赞誉"《谢表》中自叙一段,只是自胸中流出,更无些窒碍,此文章之妙也。"⑥ 此外,他还用了很多其他的赞美"伟辞"的语词,汇总如表4-1所示。

表4-1　　　　　　　朱熹"伟辞"的类型及语词表达

类型	语词表达
文辞优美	正、高、精、好、精绝、精彩、奇伟、伟丽、美丽、忒好、峻洁、明快、俊健、险奇、议论好、字字响、大纲领、锋刃利、抑扬顿挫、庄重详实、词笔皆佳、依韵而和、雄深敏妙、明白俊伟

---

① 朱熹撰,朱杰人、严佐之、刘永翔主编:《朱子全书》第21册,《答吕伯恭》,上海:上海古籍出版社,合肥:安徽教育出版社2010年版,第1500页。
② 黎靖德编,王星贤点校:《朱子语类》卷一百三十九,北京:中华书局2020年版,第4029页。
③ 黎靖德编,王星贤点校:《朱子语类》卷一百三十九,北京:中华书局2020年版,第4051页。
④ 黎靖德编,王星贤点校:《朱子语类》卷一百三十九,北京:中华书局2020年版,第4045页。
⑤ 黎靖德编,王星贤点校:《朱子语类》卷一百三十九,北京:中华书局2020年版,第4059页。
⑥ 黎靖德编,王星贤点校:《朱子语类》卷一百三十九,北京:中华书局2020年版,第4042页。

续表

类型	语词表达
气象宏大	正气、骨气、直气、气骨、气魄、浑厚、和气、和平、驰骋、雄健、雅健、雄豪、豪放、豪杰、豪壮、壮浪、壮伟发越、平心定气、平和纯正、雍容和缓、敷腴温润、温润雄浑、气象近道、规模广阔、气格高远、规模阔大、深厚久长、词气蔼然、飘逸气概、宏阔澜翻、帝王底气焰
意蕴丰富	余意、饱满、意又好、含蓄无尽、旨趣幽深、平说而意自长、枯淡中有意思、文意尤有力、巧之中犹有混成底意思
用字巧妙	精密、谨严、细腻、缜密方严、巧好无余、合当下一个字、一字挨一字
笔力雄厚	精神、气力、有力、锋锐、笔力高妙、笔力极健、笔势奇逸、笔力愈健
自然纯粹	自在、纯粹成体、无一字做作、自胸中流出、天生成腔子

就文辞技巧而言，朱熹所崇尚的好文章的标准是多元的，既讲究文章的选词造句、谋篇布局的语言艺术，也追求文辞蕴含丰富的文义意蕴、文气意象，并且在朱熹看来，文辞义理大道的自然流露更为重要，他强调创作的"自成腔子"，认为一等的好文章是作者内心情感、内蕴思想的自然流露。如他称赞陶渊明的诗为高，因为"正在其超然自得。"① 赞扬司马相如是写赋的圣人，因为"他自在流出！"② "腔子"在这里是一个喻体，而腔子里面装满的是作者所蕴含的胸怀抱负、思想道德、文化修养等内在品质孕育而成的气质和精神。

客观地讲，自有文章写作以来，就有文法的存在。在文道关系中，朱熹已经认识到文法的存在，并且认为好的文章存在着可供后人学习借鉴的好的文法，通过熟读或模仿经典文本可以提高创作技巧。如他说："读《孟子》，非惟看它义理，熟读之，便晓作文之法：首尾照应，血脉通贯，语意反覆，明白峻洁，无一字闲。人若能如此作文，便是第一等文章！"③ 朱熹尊崇圣贤及其经典文本，把圣贤言语及其作品视为最高的文章典范，在学习圣人之道的同时也就是学习了圣人之文法。同时朱熹评价文人文法

---

① 朱熹撰，朱杰人、严佐之、刘永翔主编：《朱子全书》第23册，《答谢成之》，上海：上海古籍出版社，合肥：安徽教育出版社2010年版，第2755页。
② 黎靖德编，王星贤点校：《朱子语类》卷一百三十九，北京：中华书局2020年版，第4032页。
③ 黎靖德编，王星贤点校：《朱子语类》卷十九，北京：中华书局2020年版，第533页。

也是辩证的,虽然批评"苏文害正道,甚于老佛",① 但也认为"苏氏文辞伟丽,近世无匹,若欲作文,自不妨模范。"② 在论诗中,朱熹倡导句法和法度在诗歌创作中的运用。他说:"诗须是平易不费力,句法浑成。"③ 赞扬李白是诗圣,因为"非无法度,乃从容于法度之中。"④ 主张诗文平易自然的同时,倡导章法、句法、字法等文法的精雕细琢,可见朱熹不但不弃文轻文,而是倾心于追求文辞的艺术技巧的。

朱熹自小喜爱文学,在中年以前曾下大功夫练习作文。他的文集除了奏状、论学等大量说理文以外,也有许多碑、铭、记、序之类文字,其中不乏文学性较强的佳篇。如《云谷记》《百丈山记》《江陵府曲江楼记》等文,或叙游览见闻,或写山水风景,都是情文并茂,具有很强艺术性的文学佳作。又如他的《记孙觌事》语言简洁生动,人物形象鲜明,表现出很高的文学技巧。这体现了朱熹对文学和文辞技巧的重视。

"质胜文则野,文胜质则史。"⑤ 朱熹秉承的是先秦孔子以来辞达和辞巧并行不悖的修辞理论,认为"理既无害,文意又协,何为而不可从也?"⑥ 注重文采修辞对于表情达意和义理大道的润饰和传播的作用。例如,他认为比喻"是以人所易晓者明其所难晓者耳";⑦ 重言是"以深明之",⑧ 具有反复叮咛的表达意义;互文是"欲学者察乎两者,而审其取舍之几也"。⑨

二、反对"奇文"

朱熹非常反对文人在读书著述中追求奇说、奇论、奇道的文风,他在

---

① 黎靖德编,王星贤点校:《朱子语类》卷一百三十九,北京:中华书局2020年版,第4039页。
② 朱熹撰,朱杰人、严佐之、刘永翔主编:《朱子全书》第22册,《答程允夫》,上海:上海古籍出版社,合肥:安徽教育出版社2010年版,第1864页。
③ 黎靖德编,王星贤点校:《朱子语类》卷一百四十,北京:中华书局2020年版,第4066页。
④ 黎靖德编,王星贤点校:《朱子语类》卷一百四十,北京:中华书局2020年版,第4063页。
⑤ 杨伯峻译注:《论语译注》,北京:中华书局2015年版,第89页。
⑥ 朱熹撰,朱杰人、严佐之、刘永翔主编:《朱子全书》第21册,《与张钦夫》,上海:上海古籍出版社,合肥:安徽教育出版社2010年版,第1319页。
⑦ 黎靖德编,王星贤点校:《朱子语类》卷九十八,北京:中华书局2020年版,第3072页。
⑧⑨ 朱熹:《四书章句集注》,北京:中华书局2011年版,第58页。

与门人师友求学问道中，面对学者读书、解经、作文的"求新""求奇""奇特"行为，往往持否定、批评的态度。

> 正恐须且尽底放下，令胸中平实，无此等奇特意想。方是正当也。①
>
> 见成所书者更自理会不得，却又取不书者来理会，少间只是说得奇巧。②
>
> 而或者因此求之太过，便作无限玄妙奇特商量。此所以求之愈工，而失之愈远。③
>
> 昨见所论三子具体而微，似未免太徇时好。然务为奇险，反使词义俱不通畅。④
>
> 又不且整理其大病根原，而计较奇细，展转向枝叶上辨论，所以言虽多而道理转不分明。⑤
>
> 今来学者一般是专要作文字用，一般是要说得新奇，人说得不如我说得较好，此学者之大病。⑥
>
> 今病于末俗之好奇而力主文义章句之学，意已稍偏，惩于熙、丰、崇、宣之祸而以当时旧俗为极盛至当而不可易，又似太过。⑦

从以上朱熹关于"奇"的阐释中可以看出，他反对求学问道中务求"新奇""奇巧""新奇好看""新奇巧妙""高奇新妙""奇险""奇巧""奇特""奇细""奇特""奇妙"的行为，认为这些行为对己求学和修身无益。所以他反对著述立言的"奇论""奇说""奇异之说""好奇之论""异端新奇之说""新奇可喜之论""高奇新妙之说"，反对著述中一味使

---

① 朱熹撰，朱杰人、严佐之、刘永翔主编：《朱子全书》第22册，《答姜叔权》，上海：上海古籍出版社，合肥：安徽教育出版社2010年版，第2462页。
② 黎靖德编，王星贤点校：《朱子语类》卷八十，北京：中华书局2020年版，第2517页。
③ 朱熹撰，朱杰人、严佐之、刘永翔主编：《朱子全书》第22册，《答胡伯逢》，上海：上海古籍出版社，合肥：安徽教育出版社2010年版，第2152页。
④ 朱熹撰，朱杰人、严佐之、刘永翔主编：《朱子全书》第22册，《答严居厚》，上海：上海古籍出版社，合肥：安徽教育出版社2010年版，第2064页。
⑤ 朱熹撰，朱杰人、严佐之、刘永翔主编：《朱子全书》第22册，《答吴伯丰》，上海：上海古籍出版社，合肥：安徽教育出版社2010年版，第2432页。
⑥ 黎靖德编，王星贤点校：《朱子语类》卷十一，北京：中华书局2020年版，第235页。
⑦ 朱熹撰，朱杰人、严佐之、刘永翔主编：《朱子全书》第21册，《答吕伯恭》，上海：上海古籍出版社，合肥：安徽教育出版社2010年版，第1498页。

用"新奇言语""险句奇语"。在《朱子语类》中，朱熹使用"奇"字的语句共36例，其中用于表示"奇说"的14例、"奇论"的8例、"奇道（道理）"的5例、"奇文"的5例、"奇事"2例，"奇策""奇观"各1例。对于"奇说""奇论""奇道"等"新奇"之说朱熹不管是在著书立说还是传道受业中，都是最为反对的。

大抵所论多未着实，不周匝，又时为险句奇语轩轾于其间，尤觉不稳当。①

他便不穷究这道理是如何，都见不透彻，只是搜求隐僻之事，钩摘奇异之说，以为博，如此岂能得约！②

江西士风好为奇论，耻与人同，每立异以求胜。如陆子静说告子论性强孟子，又说荀子"性恶"之论甚好，使人警发，有缜密之功。③

近世儒者不将圣贤言语为切己之事，必于上面求新奇可喜之论，屈曲缠绕，诡秘变怪，不知圣贤之心本不如此。④

圣人言语说得平正，必欲求奇说令高远如何！今人说文字，眼前浅近底，他自要说深；在外底，他要说向里；本是说他事，又要引从身上来；本是说身上事，又要引从心里来，皆不可。⑤

朱熹反感文人作文追求新奇、奇特的风气，在文辞文采上，他反对务求新奇和"工巧"的文风。如批评时举说文字"终是过高而伤巧"、⑥ 伯恭解《尚书》"却是伤于巧"、⑦ 苏轼"便伤于巧，议论有不正当处"。⑧ 他说："巧言即所谓花言巧语。"⑨ "巧"文就是一个人学识缺失、思想缺位

---

① 朱熹撰，朱杰人、严佐之、刘永翔主编：《朱子全书》第23册，《答或人》，上海：上海古籍出版社，合肥：安徽教育出版社2010年版，第3141页。
② 黎靖德编，王星贤点校：《朱子语类》卷五十七，北京：中华书局2020年版，第1637页。
③ 黎靖德编，王星贤点校：《朱子语类》卷一百二十四，北京：中华书局2020年版，第3627页。
④ 黎靖德编，王星贤点校：《朱子语类》卷一百一十四，北京：中华书局2020年版，第3363页。
⑤ 黎靖德编，王星贤点校：《朱子语类》卷二十六，北京：中华书局2020年版，第782页。
⑥ 黎靖德编，王星贤点校：《朱子语类》卷四十五，北京：中华书局2020年版，第1400页。
⑦ 黎靖德编，王星贤点校：《朱子语类》卷七十八，北京：中华书局2020年版，第2425页。
⑧ 黎靖德编，王星贤点校：《朱子语类》卷一百三十九，北京：中华书局2020年版，第4043页。
⑨ 黎靖德编，王星贤点校：《朱子语类》卷二十，北京：中华书局2020年版，第586页。

而仅以玄妙文辞作为掩盖而已的手段。

朱熹所谓的"巧"文,是在分析批评前贤时人著作文风时提出的,具体可分为以下四种类型:一是反对因过于重视文采而导致文质分离的文章和文风。他在答吕祖谦的回信时说:"但一种文胜而义理乖僻者,恐不可取。"① 二是反对只工于言语、言词纤巧之文。如他批评苏轼的文章"词意矜豪谲诡,亦有非知道君子所欲闻"。② 三是反对故弄玄妙、文意崎岖之文。如批评他的学生的文章驰骋好异。"止缘好异,所以见异端新奇之说从而好之。"③ 批评宋玉、相如、王褒、扬雄等人,"则一以浮华为尚,而无实之可言矣"。④ 四是反对闷气、无气象之文,"今人做文字,却是胭脂腻粉妆成,自是不壮浪,无骨气。"⑤ 朱熹关于"巧"文的类型及语词表达如表 4-2 所示。

表 4-2　　　　朱熹"巧"文的类型及语词表达

类型	语词表达
重文轻理	悦乎世俗、阿世狥俗、浮华无实、辞多理寡、只工于文字、徒文而无质、衔浮华而忘本实、文胜而义理乖僻、只欲以言语取胜、立说求奇又失正理、只就语言文字下功夫
言词纤巧浮伪	涩、巧、穿凿、新巧、泛滥、巧而晦、肥腻腥臊、酸醎苦涩、险句奇语、妄言绮语、新奇相高、烦碎缴绕、虚费说词、浮伪纤巧、侈丽闳衍、屈曲纤巧、华靡辨巧、差异底字、更易新好生面、狂恠雕镂神头鬼面
文意崎岖	玄妙、先立己见、缘文生义、用意崎岖、异端新奇、意多而酸涩
闷气无气象	奸巧、繁絮、善困、细弱、絮气闷人、倾危变幻、轻扬诡异、矜豪谲诡、胭脂腻粉无骨气

---

① 朱熹撰,朱杰人、严佐之、刘永翔主编:《朱子全书》第 21 册,《答吕伯恭》,上海:上海古籍出版社,合肥:安徽教育出版社 2010 年版,第 1476 页。
② 朱熹撰,朱杰人、严佐之、刘永翔主编:《朱子全书》第 22 册,《答程允夫》,上海:上海古籍出版社,合肥:安徽教育出版社 2010 年版,第 1864 页。
③ 黎靖德编,王星贤点校:《朱子语类》卷一百三十九,北京:中华书局 2020 年版,第 4052 页。
④ 朱熹撰,朱杰人、严佐之、刘永翔主编:《朱子全书》第 23 册,《读唐志》,上海:上海古籍出版社合肥:安徽教育出版社 2010 年版,第 3374 页。
⑤ 黎靖德编,王星贤点校:《朱子语类》卷一百三十九,北京:中华书局 2020 年版,第 4054 页。

朱熹认为"徒文而无质"是不可行的，反对将文章视为一种纯粹的艺术形式，"譬如树木，必有本根，则自然有枝叶华实。若无本根，则虽有枝叶华实，随即萎落矣。"① 因为只专工于文字、巧于辩说，"文字愈工、辨说愈巧，而其为害愈甚。"② 就文辞层面而言，是以难代易、以假代真；就义理层面而言，往往枉顾经文之大义、圣人之大道而不顾，其后果是理解经文断章取义，理会义理偏离了本意和初心，既歪曲了圣贤之本心，又延续了自欺欺人的错误之道。

朱熹批评文人奇特文风和奇巧修辞，但他认为圣人语言中的奇特文风则是要细心体会。如他说："虽是圣人，亦不自知里面有许多巧妙奇特，直是要人细心体认，不可草草立说也。"③ 要用心理会圣人言语中的巧妙奇特的思想，由此可知朱熹秉持的是辩证的态度。

三、践行：朱熹的读书比喻

朱熹是理学大家，也是一位卓越语言学家和语言实践的高手，擅长近取诸身、远取诸物，说古道今、引经据典，"朱熹在其言谈中广泛地运用各种修辞手法如比喻、比拟、夸张、摹状、拈连、例示、示现、绝语、对偶、顶真、错综、回环、仿词、警策、排比、反复、层递、反问、设问等。除此之外，朱熹的口语表达，还十分重视调动语音手段增强语言表达效果，如声训、叠音、平仄、押韵、双声、叠韵等。最难得的是，他能够自觉地讲求节律的运用，注意音节搭配、声韵配合语调、语速、语力的调整使用，使语言具有鲜明的节奏感和旋律美。"④ 以比喻为例，朱熹善于与学生问答之间运用比喻说明道理，形象亲切，每每有画龙点睛之妙。尤其是朱熹的读书比喻，喻体丰富，一喻多用，富有特色。"朱子不假思索，

---

① 黎靖德编，王星贤点校：《朱子语类》卷二十五，北京：中华书局2020年版，第742页。
② 朱熹撰，朱杰人、严佐之、刘永翔主编：《朱子全书》第23册，《读周南仲》，上海：上海古籍出版社，合肥：安徽教育出版社2010年版，第2873页。
③ 朱熹撰，朱杰人、严佐之、刘永翔主编：《朱子全书》第21册，《答袁机仲》，上海：上海古籍出版社，合肥：安徽教育出版社2010年版，第1668页。
④ 叶玉英：《朱熹口语文献修辞研究》，厦门：厦门大学出版社2011年版，第283页。

得心应手。所有当前事物，均可作喻，真所谓'取之左右逢其源'。"① 形成朱熹所追求的"奇伟"的语言风格。

（一）读书比喻的类型

"为学之道，莫先于穷理，穷理之要必在于读书。"② 朱熹在讲学中为了让门人更好地理解和运用读书方法，构建了大量生动有趣、妙涵哲思的读书比喻。

1. 读书如入身心

人类的认知源于身体，朱子以人所熟悉的身心为源域，将人身心的部分特征映射于读书，构建人体身心类的读书比喻。

一是构建"身"的比喻。在朱子读书比喻系统中，以身体为喻体的有：手、掌、指头、脚、尾、头、肚、肝肺、身、皮（皮肤）、肉、骨、髓、血脉、撑肠拄肚，等等。

着力处大段在这里，更熟看，要见血脉相贯穿。③

盖《论语》中言语，真能穷究极其纤悉，无不透彻，如从孔子肚里穿过，孔子肝肺尽知了，岂不是孔子！④

须是今日去了一重，又见得一重；明日又去了一重，又见得一重。去尽皮，方见肉；去尽肉，方见骨；去尽骨，方见髓。⑤

以上语例以"血脉相贯穿""从孔子肚里穿过，孔子肝肺尽知了""去尽皮，方见肉；去尽肉，方见骨；去尽骨，方见髓"为喻体，比喻读书要层层深入，要深刻理解其文本内容，更需洞悉其思想内容和义理天道。

二是构建"心"的比喻。心是理学最重要的概念之一。心统摄性和情。性在心之内，为心所主宰，性在心的主宰下发而为情。而这个心是犹

---

① 陈荣捷：《朱子新探索》，重庆：重庆出版社2021年版，第368页。
② 朱熹撰，朱杰人、严佐之、刘永翔主编：《朱子全书》第20册，《行宫便殿奏札二》，上海：上海古籍出版社，合肥：安徽教育出版社2010年版，第668页。
③ 黎靖德编，王星贤点校：《朱子语类》卷十八，北京：中华书局2020年版，第514页。
④ 黎靖德编，王星贤点校：《朱子语类》卷十九，北京：中华书局2020年版，第528页。
⑤ 黎靖德编，王星贤点校：《朱子语类》卷十，北京：中华书局2020年版，第212页。

第四章　修辞"奇伟"与"安稳"的中和

如有源便流的本心，因此，心首先是主宰的心，表现在读书比喻中是要"把捉"得住心。他教导弟子在读《论语》《孟子》等圣贤之言之时要"入心""着心""收心"和"定心"，要将"本心陷溺之久"，"将心贴在书册上"，"将心去事物中衮、汩没"，才能知晓文意，才能方见得一段道理出，由此不至"失心"，使心偏曲、杂乱、峣崎，或到处"走作、驱逐"而使"心怅怅然"；或像撞墙撞壁的村愚目盲无知之人，使心"飞扬跳踯"，如涉大水般浩无津涯。

　　读书须将心贴在书册上，逐句逐字，各有着落，方始好商量。①
　　须是策励此心，勇猛奋发，拔出心肝与他去做！②

在以上两例中，朱熹强调读书要"贴心"和"策励此心"，比喻读书要切己体察、着紧用力。

在朱子理学中，人心和道心是统一的。"知觉从耳目之欲上去，便是人心；知觉从义理上去，便是道心。"③耳目之欲的人心可以转化为义理之心的道心，在穷究义理"把捉"住的人心也就是道心。朱子认为人心转向道心的途径之一是要敬心。所以他强调读书要存心、养心、敬心，使心定、心立、心安、心活、心策励和心收敛，反对心散漫、心峣崎、心驰骋、心飞扬、心偏曲。

心不止是人体机能的一种器官。"心之官则思"，作为一种具有"思"之功能的器官，还是一种基本比喻意象——容器。容器的构造、大小、质量以及内存之物的多少会影响容器容量。朱熹认为："凡物有心而其中必虚，如饮食中鸡心猪心之属，切开可见。人心亦然。只这些虚处，便包藏许多道理，弥纶天地，该括古今。"④作为容器的心，里面越空虚，容积越大，越能容纳更多的义理，所以他主张读书要"虚心""心虚""心必欲其空"，使心之容量更大，他反复告诫弟子们读书穷理要"刮净心"，能使"心纯于一理"，不能让"一己私见"堵塞了心。

此外，容器具有内外之别，作为容器之心也具有内外之分，即"内

---

① 黎靖德编，王星贤点校：《朱子语类》卷十一，北京：中华书局2020年版，第218页。
② 黎靖德编，王星贤点校：《朱子语类》卷八，北京：中华书局2020年版，第168页。
③ 黎靖德编，王星贤点校：《朱子语类》卷七十八，北京：中华书局2020年版，第2450页。
④ 黎靖德编，王星贤点校：《朱子语类》卷九十八，北京：中华书局2020年版，第3063页。

心"与"外心"。朱熹把"静、宽、平、入、粗、虚"等用于表示空间的源域映射目标域"心"。这一比喻把"心"看作了容纳思想的容器,这个容器可"出入"、可"收放"、可"活动"、可"安定"。

2. 读书如饥渴饮食

饮食是人类基本的生存条件,汉语中存在丰富的饮食词语,折射出汉语丰富的饮食文化。朱熹将汉语饮食词语运用于读书系统中,构建出具有丰富汉文化内蕴的"饮食"类读书比喻,如读书如饮醇酒、读书如吃荔枝、读书如吃糖、读书如饥之欲食、读书须玩味、读书须见滋味出,等等。总结朱熹构建的"饮食"类读书比喻,主要有五种类型:一是以具体食物为源域的,如饮食、食物、果子、饭、熟饭、荔枝、砂糖、生姜、肉、皮、核、酒等;二是以食物的滋味为源域的,如滋味、生、熟、酸、咸、苦、涩、甜等;三是以饮食动作为源域的,如吃、玩味、咀嚼;四是以饮食状态为源域的,如饥而食、无味、饥渴之于饮食、饱食终日、饥忘食、渴忘饮、饥而后食、渴而后饮等;五是以饮食器具为源域,如碗。从中可以发现,中国的饮食文化的丰富内涵和独特地位,即饮食不止停留于人类维持生存本能的层次,而是升华到满足人的读书、修身等精神需求的境地。

读书如饮食,朱熹将"饮食"比喻读书的方法、内容、过程和成效。

孔子未尝不说,只是公自不会看耳。譬如今沙糖,孟子但说糖味甜耳。孔子虽不如此说,却只将那糖与人吃。人若肯吃,则其味之甜,自不待说而知也。[1]

此比喻以"沙糖"为例,阐释学习体验的重要性。

《论语》易晓,《孟子》有难晓处。《语》《孟》《中庸》《大学》是熟饭,看其他经,是打禾为饭。[2]

将《论语》等经典比作"熟饭",强调了其易于理解、直接可吸收的特点,而将其他经典比作需加工的"禾",则形象地说明了这些著作的深

---

[1] 黎靖德编,王星贤点校:《朱子语类》卷十九,北京:中华书局2020年版,第527页。
[2] 黎靖德编,王星贤点校:《朱子语类》卷十,北京:中华书局2020年版,第524页。

奥与复杂性。此比喻通过"熟饭"与"打禾为饭"的对比，阐发了学习儒家经典与其他经典的难易差异，直观展示了学习内容的阶段性。

大凡读书，须是熟读。熟读了，自精熟；精熟后，理自见得。如吃果子一般，劈头方咬开，未见滋味，便吃了。须是细嚼教烂，则滋味自出，方始识得这个是甜是苦是甘是辛，始为知味。①

以品尝果子的过程比喻吃果子，生动地阐述了读书需要熟读、精思、深悟的道理。

须是缓缓理会，须是逐一章去搜索。候这一章透彻后，却理会第二章，久后通贯却事事会看。如吃饭样，吃了一口，又吃一口，吃得滋味后，方解生精血。若只恁地吞下去，则不济事。②

此比喻以吃饭为喻，生动地阐述了深入阅读重要性。通过"吃了一口，又吃一口，吃得滋味后，方解生精血"的描绘，强调了理解知识的渐进性和深度体验的价值。读书如同品尝美食，需细细咀嚼，方能领悟其精髓，转化为内在的智慧与能力。

只是不熟，不曾玩味入心，但守得册子上言语，所以见册子时记得，才放下便忘了。若使自家实得他那意思，如何会忘！譬如人将一块生姜来，须知道是辣。若将一块砂糖来，便不信是辣。③

此比喻通过"生姜"与"砂糖"的鲜明对比，巧妙地揭示了学习中的深度理解与表面记忆之别。生姜的辣味象征深刻的理解和体验，而砂糖则代表表面的、无实质的感知。

3. 读书如战争

"兵者，国之大事，死生之地，存亡之道，不可不察也。"④战争关乎国家和将士的死生、存亡，其间是残忍和艰辛的，所以需要道、天、地、将、法的和谐合作。由此可知"战争"是个复杂的概念系统。如战争需要

---

① 黎靖德编，王星贤点校：《朱子语类》卷十，北京：中华书局2020年版，第206页。
② 黎靖德编，王星贤点校：《朱子语类》卷十九，北京：中华书局2020年版，第529页。
③ 黎靖德编，王星贤点校：《朱子语类》卷一百二十一，北京：中华书局2020年版，第3560页。
④ 陈曦译注：《孙子兵法》，北京：中华书局2011年版，第2页。

弓、箭、刀等工具，作为战争的主体（人）需要对这些工具施加作用力（如拉、厮杀、砍）等并且需要有耐力、毅力等精神品格。朱熹熟知战争的性质和特点，将"战争"这个概念系统用于阐述、理解"读书"概念，构建了形象、富有个性的"读书如战争"比喻。

当如射者，专心致志，只看红心。①

看文字，须是如猛将用兵，直是鏖战一阵。②

看文字，须大段着精彩看。耸起精神，树起筋骨，不要困，如有刀剑在后一般！③

且如攻城，四面牢壮，若攻得一面破时，这城子已是自家底了，不待更攻得那三面，方入得去。④

若大着意思反复熟看，那正当道理自涌出来。不要将那小意智私见识去间乱他，如此无缘看得出。如千军万马，从这一条大路去，行伍纪律，自是不乱。若拨数千人从一小路去，空搅乱了正当底行阵，无益于事。⑤

在"读书如战争"比喻系统中，朱熹以"用兵相杀、猛将用兵、两军冢杀、鏖战、擂起鼓、攻、杀、大杀等表战场厮杀情状"映射读书"着紧用力"，用"有生路、善胜、攻城、攻得破等表示战争结果"的概念映射读书的成效，用"射弓、射箭、刀剑、兵器、红心等表示战争武器"的概念映射读书的"循序渐进""居敬持志"，用"千军万马、射者等表示战争主体"的概念映射读书的主体，用"沉船破釜、项羽救赵、四面牢壮、行伍纪律等战争典故映射读书的"艰辛""用力"和"切己体察"。战争的情状、成效、主体、过程、作用力等概念在朱熹教学传道的需求和经验的激发下，与读书的特征进行配对，构成读书的比喻系统。

4. 读书如炼丹煎药

数千年来，中医一直担负着中华民族的繁衍生息，是中华文明的重要

---

① 黎靖德编，王星贤点校：《朱子语类》卷一百一十四，北京：中华书局2020年版，第3375页。

② 黎靖德编，王星贤点校：《朱子语类》卷十，北京：中华书局2020年版，第202页。

③ 黎靖德编，王星贤点校：《朱子语类》卷十，北京：中华书局2020年版，第201页。

④ 黎靖德编，王星贤点校：《朱子语类》卷十九，北京：中华书局2020年版，第537页。

⑤ 黎靖德编，王星贤点校：《朱子语类》卷一百二十一，北京：中华书局2020年版，第3574页。

组成部分。"直到 16 世纪以前，中医的地位始终是独一无二的，在世界范围内，也是先进的。"① 中医讲究阴阳、理气，与古代哲学密切相关。朱熹以中医的煎药服药为比喻，构建读书比喻。虽然这类的语例不多，但是形象、生动比喻读书须循序渐进、熟读精思、虚心涵泳等。

读书如炼丹，初时烈火锻煞，然后渐渐慢火养。②

读书要须耐烦，努力翻了巢穴。譬如煎药，初煎时，须猛着火；待滚了，却退着，以慢火养之。③

看书非止看一处便见道理。如服药相似，一服岂能得病便好！须服了又服，服多后，药力自行。④

今读书紧要，是要看圣人教人做工夫处是如何。如用药治病，须看这病是如何发，合用何方治之；方中使何药材，何者几两，何者几分，如何炮，如何炙，如何制，如何切，如何煎，如何吃，只如此而已。⑤

朱熹在教学中十分注重着紧用力和循序涵养读书之法的辩证运用，要求学生要努力学习，不可借"涵养理会"之托辞人懒惰不读书或徜徉终日不做工夫，同时也强调学习要涵泳之功，久久蕴味，慢慢寻绎，正如炼丹需烈火锻煞之后，以慢火渐养；煎药需猛火滚烫之后，以慢火煎熬；正如以药治病，需一服一服之后药力自行，即读书不可偷懒，亦急迫不得，以炼丹、煎药、服药为喻体，比喻读书需涵泳理会，非常富有启发意义。同时，朱熹还以药如何治病之法映射圣人如何教授学生读书做工夫，如他认为孔子劝诫子夏、子游是"以水济水，以火济火，药各中其病"的教育。

5. 读书如农业灌园

中华民族以农业为主，土地田园成为财富的基础和象征。因此中国历代注重耕种之术。朱熹将"田园"概念和耕种之术引入读书，将原本看起

---

① 黄寅焱、车离：《关于中医文化学研究问题》，《医学与哲学》1998 年第 8 期。
② 黎靖德编，王星贤点校：《朱子语类》卷一百一十四，北京：中华书局 2020 年版，第 3375 页。
③ 黎靖德编，王星贤点校：《朱子语类》卷一百一十四，北京：中华书局 2020 年版，第 3389 页。
④ 黎靖德编，王星贤点校：《朱子语类》卷十，北京：中华书局 2020 年版，第 213 页。
⑤ 黎靖德编，王星贤点校：《朱子语类》卷十，北京：中华书局 2020 年版，第 200 页。

来不同的事物，通过比喻转化生成新的意义，由此带来全新的感受，激发学生的想象力。"田园"类源域主要有：田地、农之有畔、陂塘之水、开沟、低洼处、浇灌、田亩阔狭去处、耕、溉田等。

读书不可不先立程限。政如农功，如农之有畔。为学亦然。①

此比喻将读书与农耕相类比，形象地突出了设定学习目标与计划的重要性。

园夫灌园，善灌之夫，随其蔬果，株株而灌之。少间灌溉既足，则泥水相和，而物得其润，自然生长。②

此比喻以园夫灌园为喻，阐释学习应细心耕耘，持之以恒。

今人读书未多，义理未至融会处，若便去看史书，考古今治乱，理会制度典章，譬如作陂塘以溉田，须是陂塘中水已满，然后决之，则可以流注滋殖田中禾稼。若是陂塘中水方有一勺之多，遽决之以溉田，则非徒无益于田，而一勺之水亦复无有矣。③

以陂塘蓄水溉田为喻阐释学习应由浅入深，循序渐进。在知识积累不足、义理未融会贯通的情况下，急于涉猎史书、考古治乱等高级领域，就如同陂塘水浅而妄图灌溉，不仅无益于灌田（学识增长），反而会导致本已有的一勺之水（知识）也消耗殆尽。

6. 读书如建房入屋

朱熹以"房屋"为源域，映射读书须循序渐进、熟读理会、着紧用力、树立目标。其类型包括：观屋、看屋、入屋、关门闭户、起屋、阔开基、广开址、居烧屋之下等等。

观书须宽心平易看，先见得大纲道理了，然后详究节目。公今如人入大屋，方在一重门外，里面更有数重门未入未见，便要说他房里事，如何得！④

---

① 黎靖德编，王星贤点校：《朱子语类》卷十，北京：中华书局2020年版，第213页。
② 黎靖德编，王星贤点校：《朱子语类》卷十，北京：中华书局2020年版，第206页。
③ 黎靖德编，王星贤点校：《朱子语类》卷十一，北京：中华书局2020年版，第239页。
④ 黎靖德编，王星贤点校：《朱子语类》卷一百一十八，北京：中华书局2020年版，第3459页。

看文字，须逐字看得无去处。譬如前后门塞定，更去不得，方始是。关了门，闭了户，把断了四路头，此正读书时也。①

须就源头看教大底道理透，阔开基，广开址。如要造百间屋，须着有百间屋基；要造十间屋，须着有十间屋基。②

读书是一个持续的过程，将"读书的先读大纲、再读文本内容的过程"比喻为"由外大门至内门再至内屋的过程"，使人注意到"读书"和"入屋"之间通常不可能意识到的联系，既新奇独特而又合情合理。同时，"读书"进一步融合了"入屋"的诸如"容器"特征、"源头"特征，也就是说，两者间共享了更多的相似性特征。由此，读书就如一个容器（房子），需关门闭户，沉潜于中；读书还如夯实地基，需从源头强化。

7. 其他读书比喻

朱熹读书比喻除以上六类之外，还有"交通"类比喻、"讼法"类比喻、"动物"类比喻、"道路"类比喻、"水火"类比喻、"树木"类比喻、"人物"类比喻、"物体"类比喻，如表4-3所示。

表4-3　　　　　　　朱熹其他类读书比喻

比喻类型		语例
"交通"类	读书如撑船	须是踏翻了船，通身都在那水中，方看得出！
		如坐漏船之中！
	读书如骑马	公读书如骑马，不会鞭策得马行
	读书如转水车	这个是转水车相似，只拨转机关子，他自是转，连那上面磨子筛箩一齐都转，自不费力。
"讼法"类	读书如捉贼	如捉贼，先擒尽弱者，则贼魁自在这里，不容脱也。
	读书如听讼	须如人受词讼，听其说尽，然后方可决断。
	读书如纳税	向见州郡纳税，数万钞总作一结。
	读书如酷吏之用法	正如酷吏之用法深刻，都没人情，直要做到底。

---

① 黎靖德编，王星贤点校：《朱子语类》卷十，北京：中华书局2020年版，第201页。
② 黎靖德编，王星贤点校：《朱子语类》卷八，北京：中华书局2020年版，第161页。

续表

比喻类型		语例
"动物"类	读书如鸡伏卵	如鸡伏卵，只管日日伏，自会成。
	读书如庖丁解牛	如庖丁解牛，目视无全牛，是也。
"道路"类	读书如见大路	如大路看不见，只行下偏蹊曲径去。
	读书如识路头（行程）	识得行程，须便行始得。
"水火"类	读书如涉大水	若涉大水，浩无津涯，少间便会失心去。
	义理如清水	如一源清水，只管将物事堆积在上，便壅隘了。
	读书如救火	读书如救火，如追亡。
"树木"类	读书如削木头	如一件木头，须先划削平易处，至难处，一削可除也。
	读书不生枝节	读书，且就那一段本文意上看，不必又生枝节。
"人物"类	（公）如村愚目盲无知之人	使公到今已老，此心怅怅然，如村愚目盲无知之人，撞墙撞壁，无所知识。
	读书如矮子看戏	如矮子看戏相似，见人道好，他也道好。
	读书如人贩私盐	正如人贩私盐，担私货，恐人捉他，须用求得官员一两封书，并掩头行引，方敢过场、务，偷免税钱。
"物体"类	读书如见织锦	文字只是旧时文字，只是见得开，如织锦上用青丝，用红丝，用白丝。若见不得，只是一片皂布。
	看文字如摸渣滓	看文字却只摸得些渣滓，到有深意好处，却全不识！
	读书如稊稗	然它不肯读书，只任一己私见，有似个稊稗。

（二）读书比喻的特点

比喻是人类思维的闪光，语言艺术的花朵。它既可以用于描绘形象，又可以用于说明事理。它能把抽象事物形象化，概括事物具体化，陌生事物熟习化，深奥道理浅显化。它能表达人类复杂、深刻而美妙的思维，能增强人类语言的美感性，具有很高的审美意义和表达价值。"《语类》用喻，凡千百次。所举之喻，亦数百种。"① 朱熹以丰富的比喻阐明哲理，以具体、熟悉的事物、已知的道理说明陌生的事物或深奥道理。

朱熹的读书比喻表征其理学家和文学家的语言风格。

一是从比喻喻体分析，朱熹信手拈来，就地取材，近取诸身，远取诸物，丰富多彩。其读书喻体主要来源于身体、饮食、战争、医药、农园、房屋等，少数来源于交通、讼法、动物、道路、水火、树木、人物和物体类，在数量上分布并不均等，且后者大多是诸如"路""水""火""人""木头"之类的上位概念。

比喻模式反映其审美情趣。《诗经》善用动物、植物、水以及风、雨、雪、霜、雷、星星、月亮、太阳、玉等表天气物候和自然物象作喻体，其中动物就有40多种。《庄子》喻体的选择以"山川""四季"自然现象为主，具有现实性和哲理性。张一南认为"在永明以前，绝大多数比喻都以自然物为喻体的比喻，崇尚自然美；永明以后兴起齐梁式比喻，即以人工物为喻体、同时本体不为人类的比喻，倾向于崇尚人工美。"② 如苏轼善于用美人和华贵之物作喻体，韩愈喜欢用动物作喻体。而朱熹所选用的喻体往往是人们日常生活所见、所用的物体，诸如以饮食、医药、身体、农田、房屋等为源域，表现出一种通俗易懂、平和自然而不失新意，显得自然亲切的同时而又寓意深刻；正如朱熹本人所言："举目前之近事，而至理存焉。"③ 朱熹由比喻而表现出的语言风格，是和孟子"言近而指远"④的语言技巧一脉相承的。但从数据上看，朱熹更倾向于从身体和文化体验构建读书比喻，尤其是"心"类比喻高频出现，这与朱熹理学思想的表达密切相关。

二是从比喻结构上分析，朱熹以多种形式建构读书比喻，如名词、动词、形容词等单个词语或复合词，也包含复合句、小句、语篇，以多种形式认知和反映读书之法和读书规律。其一个突出的特点是构建复杂的多重比喻。

---

① 陈荣捷：《朱子新探索》，重庆：重庆出版社2021年版，第368页。
② 张一南：《北宋诗歌比喻模式的演进》，《云南大学学报》2014年第2期。
③ 朱熹：《四书章句集注》，北京：中华书局2011年版，第349页。
④ 杨伯峻：《论语译注》，北京：中华书局2016年版，第378页。

今且要读书，须先定其心，使之如止水，如明镜。①

公读书如骑马，不会鞭策得马行；撑船，不会使得船动。②

这个物事要得不难。如饥之欲食，渴之欲饮，如救火，如追亡，似此年岁间，看得透，活泼泼地在这里流转，方是。③

以不同的喻体从不同的视角表达读书的内容或方法，正是这些不同的喻体，彰显出朱熹语言在色调上的"绮丽性"，而这种绮丽性是"形"和"神"的统一，是生动形象性和读书哲理的统一，这是多重比喻结构给人的多重不同的艺术感受。正如朱熹在评价"疏影横斜水清浅，暗香浮动月黄昏"这两句诗的艺术意蕴所言："这个便是难说，须要自得言外之意始得。须是看得那物事有精神，方好。若看得有精神，自是活动有意思，跳踯叫唤，自然不知手之舞，足之蹈。这个有两重：晓得文义是一重，识得意思好处是一重。"④而对于这多重艺术意蕴的感受的获得需要"须是踏翻了船，通身都在那水中"。⑤朱熹把人对知识的获得比喻为如人入水，达到人与知识交融的境界。

三是从比喻本体分析，在朱熹读书比喻系统中，读书的方法、精神、内容、目标、态度、成效是比喻的本体。朱熹重视读书穷理，提出"读书六法"，即循序渐进、熟读精思、虚心涵泳、切己体察、着紧用力、居敬持志。这些读书之法是展现读书之情状的，而情状是最难以用语言准确表达的。朱熹以比喻构建起情状描写的桥梁，使原本表现情理的读书之法具有更丰富的体验性和更浓厚的情趣性，在一定程度上弥补了经议策论语言上有情理无韵味的缺失。

读书须是件件读，理会了一件，方可换一件。这一件理会得通彻是当了，则终身更不用再理会，后来只须把出来温寻涵泳便了。若不与逐件理会，则虽读到老，依旧是生底，又却如不曾读一般，济甚事！如吃饭，不

---

① 黎靖德编，王星贤点校：《朱子语类》卷十一，北京：中华书局2020年版，第218页。
② 黎靖德编，王星贤点校：《朱子语类》卷一百一十六，北京：中华书局2020年版，第3409页。
③ 黎靖德编，王星贤点校：《朱子语类》卷八，北京：中华书局2020年版，第166页。
④⑤ 黎靖德编，王星贤点校：《朱子语类》卷一百一十四，北京：中华书局2020年版，第3362页。

成一日都要吃得尽！须与分做三顿吃，只恁地顿顿吃去，知一生吃了多少饭！读书亦如此。①

此语例以"吃饭顿顿吃"为喻体，比喻"读书要件件读"，强调读书要循序渐进。

大凡读书，须是熟读。熟读了，自精熟；精熟后，理自见得。如吃果子一般，劈头方咬开，未见滋味，便吃了。②

此语例以"吃果子"为喻体，比喻"读书"要熟读精思，方能体会到义理的味道。

既有着落，虽不再读，自然道理浃洽，省记不忘。譬如饮食，从容咀嚼，其味必长；大嚼大咽，终不知味也。③

此语例以"饮食从容咀嚼"为喻体，比喻"读书"要涵养体悟，如此才能道理浃洽。

譬如今沙糖，孟子但说糖味甜耳。孔子虽不如此说，却只将那糖与人吃。人若肯吃，则其味之甜，自不待说而知也。④

此语例以"人吃沙糖"为喻体，比喻"读书"应切己体察，如此才能知行合一。

如两军厮杀，两边擂起鼓了，只得拚命进前，有死无二，方有个生路，更不容放慢。⑤

此语例以"两军厮杀"比喻读书，将战场上的你死我活、殊死拼搏的场景再现到读书的语境中，渲染着紧用力读书的精神风貌。

竦起精神，树起筋骨，不要困，如有刀剑在后一般！⑥

---

① 黎靖德编，王星贤点校：《朱子语类》卷一百一十八，北京：中华书局2020年版，第3480页。

② 黎靖德编，王星贤点校：《朱子语类》卷十，北京：中华书局2020年版，第206页。

③ 黎靖德编，王星贤点校：《朱子语类》卷十，北京：中华书局2020年版，第209页。

④ 黎靖德编，王星贤点校：《朱子语类》卷十九，北京：中华书局2020年版，第527页。

⑤ 黎靖德编，王星贤点校：《朱子语类》卷一百一十六，北京：中华书局2020年版，第3421页。

⑥ 黎靖德编，王星贤点校：《朱子语类》卷十，北京：中华书局2020年版，第201页。

此语例以"刀剑在后一般"比喻读书要专心致志。

四是从比喻构思的过程上分析。在人的脑海中，对"读书"存在着一种原发性的认知结构，这种结构是由读书作为一个动作持续的过程构成的。"语言结构是认知结构的投射，一个认知结构可以控制一大群相关的语言结构。"① 由此，在诸如"读书如骑马""读书如捉贼""读书如听讼""读书如救火""读书如炼丹"等比喻结构中，所投射的是人对读书过程的认知，且在比喻中，"骑马""捉贼""听讼"等词语突出、强化读书着紧用力、专心致志的程度。

第三节　修辞"安稳"之立说与践行

在文章的修辞审美上，朱熹提出"文字奇而稳方好。不奇而稳，只是阘茸"② 的修辞观。"稳"是儒家一以贯之追求的"辞达意"。作为通往圣域门径的文辞，首先是要稳妥地表情达意。在朱熹看来，文辞之"质实"、义理之"平正"、论道之"分晓"、文思之"缜密"、文章之"着题"、篇幅之"适长"、科段之"条理"、语言之"坦易明白"、用字之"通俗"都是文字稳妥的表现。但只务求于文意之妥当表达，就会使文章颓废不振。

作为理学家朱熹，在言辞表达时，注重遣词造句对义理的理解和表达，注重下字要"稳"，反对"新奇"等有害圣人大道理解的言语行为。

一、"下字，直是称轻等重"

"下字"即写文章选词用字，蕴含字法、词法和句法。刘勰论文一贯重视文字运用的重要性。《风骨》篇曰："故练于骨者，析辞必精；深乎风

---

① 刘大为：《比喻、近喻与自喻——辞格的认知性研究》，上海：学林出版社2016年版，第118页。

② 黎靖德编，王星贤点校：《朱子语类》卷一百三十九，北京：中华书局2020年版，第4057页。

者，述情必显。捶字坚而难移，结响凝而不滞，此风骨之力也。"①《镕裁》篇曰："句有可削，足见其疏；字不得减，乃知其密。"②认为用字选词必须精确、坚实而难于更易。《章句》又曰："夫人之立言，因字而生句，积句而为章，积章而成篇。篇之彪炳，章无疵也；章之明靡，句无玷也。句之清英，字不妄也。"③字、句、章、篇，各有其用，各有要求，各有其法，而字是构成句、章、篇的基本要素，"一字不妄"的炼字尤为重要。故刘勰专篇论炼字，曰："是以缀字属篇，必须拣择：一避诡异，二省联边，三权重出，四调单复。"④唐宋时期，炼字更成为文人学士所追求的创造艺术。《全唐五代诗格汇考》有多处关于下字、用字的记载。

夫用字有数般：有轻，有重；重中轻；有轻中重；有虽重浊可用者，有轻清不可用者。事须细律之。若用重字，即用轻字拂之，便快也。⑤

夫作诗用字之法，各有数般：一敌体用字，二同体用字，三释训用字，四直用字。但解作诗，一切文章，皆如此法。若相闻书题、碑文、墓志、赦书、露布、笺、章、表、奏、启、策、檄、铭、诔、诏、诰、辞、牒、判，一同此法。今世间之人，或识清而不知浊，或识浊而不知清。若以清为韵，余尽须用清；若以浊为韵，余尽须浊；若清浊相和，名为落韵。⑥

论述诗词创作和文章写作的用字方法以及用字韵调应遵循"清浊相配"的原则。

宋张表臣《珊瑚钩诗话》曰："诗以意为主，又须篇中练句，句中练字，乃得工耳。"⑦陈师道曰："学诗之要，在乎立格、命意、用字而已。"⑧他们都强调"炼字"的重要性，认为无论是著文还是写诗，都必须

---

① ［南朝梁］刘勰著，王志彬译注：《文心雕龙》，北京：中华书局2012年版，第340页。
② ［南朝梁］刘勰著，王志彬译注：《文心雕龙》，北京：中华书局2012年版，第378页。
③ ［南朝梁］刘勰著，王志彬译注：《文心雕龙》，北京：中华书局2012年版，第392-393页。
④ ［南朝梁］刘勰著，王志彬译注：《文心雕龙》，北京：中华书局2012年版，第444页。
⑤ 张伯伟撰：《全唐五代诗格汇考》，南京：凤凰出版社2002年版，第162-163页。
⑥ 张伯伟撰：《全唐五代诗格汇考》，南京：凤凰出版社2002年版，第171-172页。
⑦ ［唐］贾岛撰，齐文榜校注：《贾岛集校注·历代诗评》，北京：中华书局2020年版，第717页。
⑧ ［宋］陈师道撰，任渊注，冒广生补笺：《后山诗注补笺》，北京：中华书局2020年版，第717页。

高度重视"炼字"。

朱熹亦注重炼字，在传道著述中，尤其是在注疏经书中，阐发了诸多注疏如何"下字"的观点。

"立"字下得有力，夫然后耳目之官小者弗能夺也，是安得不为大人哉！①

圣人下得言语恁地镇重，恁地重三叠四，不若今人只说一下便了，此圣人所以为圣人。②

他以第一揲扐为扐，第二第三揲不挂为扐，第四揲又挂。然如此，则无五年再闰。厉録云："则是六年再闰也。"如某已前排，真个是五年再闰。圣人下字皆有义。③

《阴符经》说"天地之道浸，故阴阳胜"。"浸"字最下得妙，天地间不陡顿恁地阴阳胜。④

"和顺"字、"理"字，最好看。圣人下这般字，改移不得。不似今时，抹了却添几字，都不妨。⑤

"以通神明之德，以类万物之情"，尽于八卦，而《震》《巽》《坎》《离》《艮》《兑》又总于《乾》《坤》。曰"动"，曰"陷"，曰"止"，皆健底意思；曰"入"，曰"丽"，曰"悦"，皆顺底意思。圣人下此八字，极状得八卦性情尽。⑥

朱熹分析了经文中用字有力、镇重、巧妙、准确和形象的语例。他还分析了经文中同义词选用的不同效果。

又曰："古人下字各不同。如'刚、毅、勇、猛'等字，虽是相似，其义训各微不同，如适间说'推'与'充'相似。"⑦

圣贤所说工夫，都只一般，只是一个"择善固执"。《论语》则说

---

① 黎靖德编，王星贤点校：《朱子语类》卷五十九，北京：中华书局1995年版，第468页。
② 黎靖德编，王星贤点校：《朱子语类》卷十七，北京：中华书局2020年版，第464页。
③ 黎靖德编，王星贤点校：《朱子语类》卷七十五，北京：中华书局2020年版，第2337页。
④ 黎靖德编，王星贤点校：《朱子语类》卷七十六，北京：中华书局2020年版，第2364页。
⑤ 黎靖德编，王星贤点校：《朱子语类》卷七十七，北京：中华书局2020年版，第2398页。
⑥ 黎靖德编，王星贤点校：《朱子语类》卷七十六，北京：中华书局2020年版，第2369页。
⑦ 黎靖德编，王星贤点校：《朱子语类》卷三十五，北京：中华书局2020年版，第1127页。

第四章 修辞"奇伟"与"安稳"的中和

"学而时习之",孟子则说"明善诚身"。只是随他地头所说不同,下得字来各自精细,真实工夫只是一般。须是尽知其所以不同,方知其所以同也。①

"刚、毅、勇、猛"皆为形容勇敢的同义词,但内涵各异。"择善固执""学而时习之""明善诚身"都强调知行合一的重要性,圣贤由于其所处的环境、语境以及所面对的人群不同,遣词造句有所差异,但他们所言的"修身治心"的目标是相同的。朱熹赞扬圣人语言"精细"对于大道表达的重要性,他由此提出要识别圣人语言并理会践行圣人言语的观点,对待圣人言语的态度是"尽知其异而知其同"。因此,读经典文本,要注重圣人的下字特点。

曰:"《易》道本与天地齐准,所以能弥纶之。凡天地间之物,无非《易》之道,故《易》能'弥纶天地之道',而圣人用之也。'弥'如封弥之'弥',糊合便无缝罅;'纶'如纶丝之'纶',自有条理。言虽是弥得外面无缝罅,而中则事事物物各有条理。弥,如'大德敦化';纶,如'小德川流'。弥而非纶,则空疏无物;纶而非弥,则判然不相干。此二字,见得圣人下字甚密也。"②

朱熹分析《易》"弥纶天地之道"中的"弥""纶"内涵的联系与区别,说明圣人选词的精密性。

朱熹已经注意到"近义词"问题,认为古人下文字准确表现于近义词的恰当选用中。

问:"'信近义,恭近礼',何谓近?"曰:"近只是合,古人下字宽。今且就近上说,虽未尽合义,亦已近义了;虽未尽合礼,亦已近礼了。"③

朱熹在此说明的是古人下字"宽"的特点,"宽"能让人对字的理解有更多的拓展空间,内涵更为丰富。

---

① 黎靖德编,王星贤点校:《朱子语类》卷六十四,北京:中华书局2020年版,第1903页。
② 黎靖德编,王星贤点校:《朱子语类》卷七十四,北京:中华书局2020年版,第2301－2302页。
③ 黎靖德编,王星贤点校:《朱子语类》卷二十二,北京:中华书局2020年版,第639页。

问:"先生解《西铭》'天地之塞'作'窒塞'之'塞',如何?"曰:"后来改了,只作'充塞'。横渠不妄下字,各有来处。其曰'天地之塞',是用孟子'塞乎天地';其曰'天地之帅',是用'志,气之帅也'。"①

朱熹认为古人下文字准确的特点还表现于"各有来处",即每下一句话,都讲究来源出处,注重引经据典的准确性。每个词的词义都有准确的来源和深刻的内涵,如同为"塞"有"窒塞""充塞"之不同的义项,在注释圣人言词的要理解圣人用词的用意和来源,即不但要回到文本之中阐释词义,还要回归圣人思想之中探求语词的含义。例如,他阐释"故"字的字义就是遵循文本和圣人两结合的标准的。

问:"伊川谓:'则,语助也;故者,本如是者也。今言天下万物之性必求其故者,只是欲顺而不害之也。'伊川之说如何?"曰:"'则'字不可做助语看了,则有不足之意。性最难名状。天下之言性者,止说得故而已矣。'故'字外,难为别下字。如故,有所以然之意。利,顺也;顺其所以然,则不失其本性矣。水性就下,顺而导之,水之性也。'搏而跃之',固可使之在山矣,然非水之本性。"②

将"故"解释为"如是者""所以然",是"性"的本然属性,是符合"性"难以言说而又必须解释的特点的。

朱熹也谈论诗歌的下字,如他说:"诗字字要响。"③ 即诗歌选词注重选用音节响亮的字词。古典诗歌与音乐有天然的亲缘性,"下字贵响,造语贵圆",④ 诗歌要求可歌可诵,有悦耳的节奏感。《诗话杂记》对此作了解释:"以音韵言之,必求其响;以色泽言之,以求其圆。响对于哑而言,圆对于涩而言。何谓哑?专求对偶之典丽,篇幅之停匀,而中无气息,奄然欲仆,无哀怨清激之声,无慷慨悲歌之意,无悱恻缠绵之情,无芬芳秀

---

① 黎靖德编,王星贤点校:《朱子语类》卷五十二,北京:中华书局 2020 年版,第 1525 页。
② 黎靖德编,王星贤点校:《朱子语类》卷五十七,北京:中华书局 2020 年版,第 1646—1647 页。
③ 黎靖德编,王星贤点校:《朱子语类》卷一百四十,北京:中华书局 2020 年版,第 4064 页。
④ [宋] 严羽撰,普慧、孙尚勇、杨遇青评注:《沧浪诗话》,北京:中华书局 2014 年版,第 87 页。

第四章 修辞"奇伟"与"安稳"的中和

逸之致,如是则字句虽稳切,而声响必暗哑。治之法,厥惟响字。古人诗之佳者,笔力则九鼎可扛,字价则千金是直,既可以娱心,又足以感人。至若圆之一字,更为难能,郊寒岛瘦之讥,为二人之诗句过于僻涩也。李杜所以有诗仙诗圣之称者,为其诗句之圆满也。"① 所谓"响",即在音韵上指的是诗歌的音节流畅、声音悦耳,能够引起读者的共鸣和回响。与"哑"相对,"哑"则指的是诗歌缺乏音韵之美,读起来平淡无奇,无法引起读者的兴趣和情感共鸣。要使诗歌"响",需要诗人精心挑选字句,注重音韵的和谐与节奏的变化,使诗歌读起来既有力量又有美感。

从以上语例中可知,朱熹讲究选词用字,其用字以有力、有义、准确、精密、巧妙、形象,内涵丰富。

朱熹本人也注重炼字。在传道讲学中,朱熹经常向学生阐发自己是如何下字的,传授选字用词的经验。"某解此处,下这般字义,极费心思。"② "某下一字时,直是称轻等重,方敢写出!"③ 他自言平生最为用力的是《大学章句》,对其注解的选词用字的意义、用法、色彩等反复考量,精雕细刻,精益求精。"《论语集注》如称上称来无异,不高些,不低些。"④ 讲究文章的字斟句酌。他又说:"解文字,下字最难。某解书所以未定,常常更改者,只为无那恰好底字子。把来看,又见不稳当,又着改几字。所以横渠说命辞为难。"⑤ 朱熹以"稳当"为选词标准,选用表意贴切、稳妥、精确的字词。

德元问:"何谓'妙众理'?"曰:"若无知,道理何从而见!所以谓之'妙众理',犹言能运用众理也。'运用'字有病,故只下得'妙'字。"⑥

曰:"'妙'字便稍精彩,但只是不甚稳当,'具'字便平稳。"⑦

此两段语录中,朱熹自述"运用众理""妙众理""具众理"三个词

---

① [宋]严羽撰,普慧、孙尚勇、杨遇青评注:《沧浪诗话》,北京:中华书局2014年版,第87-88页。
② 黎靖德编,王星贤点校:《朱子语类》卷六十四,北京:中华书局2020年版,第1929页。
③ 黎靖德编,王星贤点校:《朱子语类》卷十一,北京:中华书局2020年版,第236页。
④ 黎靖德编,王星贤点校:《朱子语类》卷十九,北京:中华书局2020年版,第534页。
⑤ 黎靖德编,王星贤点校:《朱子语类》卷十四,北京:中华书局2020年版,第316页。
⑥ 黎靖德编,王星贤点校:《朱子语类》卷十七,北京:中华书局2020年版,第466页。
⑦ 黎靖德编,王星贤点校:《朱子语类》卷十七,北京:中华书局2020年版,第467页。

语选用的不同，认为"运用众理"表达语义有毛病；"妙"字精彩，但不稳当；"具"字平稳。选用"具"字最为恰当。再如朱熹关于"克明德"之"克"的阐释：

曰："此'克'字虽训'能'字，然'克'字重于'能'字。'能'字无力，'克'字有力。便见得是他人不能，而文王独能之。若只作'能明德'，语意便都弱了。凡字有训义一般，而声响顿异，便见得有力无力之分，如'克'之与'能'是也。"①

朱熹在此分析了"克"与"能"虽语义相近，但声响和语义轻重却不同，"可"语义重于"能"字。朱熹在此分析语词声响对词义训释的影响。

二、"作文自有稳字"

朱熹所言的"稳"是遣词造句之安稳，即要准确、恰当。

做文字下字实是难，不知圣人说出来底，也只是这几字，如何铺排得恁地安稳！②

此语例中朱熹连用苏辙"下不着"文章合用的字、郑齐叔"思量不着"文章稳妥的字、张载"惟命字难"的话语强调文章修辞选用稳妥字词的重要性。他提出"作文自有稳字"③的用字观，认为文章自有"合用底字""稳底字"，而后人用字不稳妥，只是因为"始者思之不精"④。"合用底字""稳底字"其实是最好、唯一的字，也就是朱熹所言的"不妄"的字，是语言文字所表达的恰好就是作者心里的所思所想，两者完全一致。这种精确妥帖的字非常难得，这也就是朱熹反复强调下字稳妥并非易事，感慨写文章选词造句实在是困难的原因。

---

① 黎靖德编，王星贤点校：《朱子语类》卷十七，北京：中华书局2020年版，第470页。
② 黎靖德编，王星贤点校：《朱子语类》卷一百三十九，北京：中华书局2020年版，第4034页。
③ 黎靖德编，王星贤点校：《朱子语类》卷一百三十九，北京：中华书局2020年版，第4042页。
④ 黎靖德编，王星贤点校：《朱子语类》卷一百三十九，北京：中华书局2020年版，第4059页。

第四章 修辞"奇伟"与"安稳"的中和

在朱熹心目中,圣人用字准确、稳妥,是后世文人遣词造句的榜样和楷模。他经常批评后世文人遣词造句或阐释经书不稳贴、不准确。

> 司马迁、贾生文字雄豪可爱,只是逞快,下字时有不稳处,段落不分明。①

在朱熹看来,司马迁、贾谊选词造句都有不恰当处。他还批评大文豪苏轼"下字亦有不贴实处"②"坡文只是大势好,不可逐一字去点检。"③亦批评学生崇尚异端新奇之说,认为"看他下字都不甚恰好,有合当下底字,却不下,也不是他识了不下,只是他当初自思量不到。"④反对语言的一味纤巧不实的用词风格。

朱熹对后世文人的批评是主要的,但他也并不否认文人用字恰当、准确的情况。

> 因云:"前辈言,解经命字为难。近人解经,亦间有好处,但是下语亲切,说得分晓。若前辈所说,或有不大故分晓处,亦不好。如近来耿氏说《易》'女子贞不字'。伊川说作'字育'之'字'。耿氏说作'许嫁笄而字'之'字',言'女子贞不字'者,谓其未许嫁也,却与昏媾之义相通,亦说得有理。"⑤

语例中,朱熹肯定后世文人注疏用字的亲切、准确,其所秉持的是客观、中正态度。他主张语言要"稳",是基于对圣人言语的崇尚的基础上,对今人作文言语虚浮华丽之风的批评,他的赞誉和批评是有标准的,即语言文采和义理表达的平衡问题。朱熹将语言视为理解圣人大道的桥梁和载体,而准确选词造句又是困难的,由此他强调要注重语言、字词的锤炼,注重区别近义词,注重词义的理据性、来源性、准确性、合理性、自然

---

① 黎靖德编,王星贤点校:《朱子语类》卷一百一十六,北京:中华书局2020年版,第3424页。
②③ 黎靖德编,王星贤点校:《朱子语类》卷一百三十九,北京:中华书局2020年版,第4046页。
④ 黎靖德编,王星贤点校:《朱子语类》卷一百三十九,北京:中华书局2020年版,第4052页。
⑤ 黎靖德编,王星贤点校:《朱子语类》卷三十七,北京:中华书局2020年版,第1194-1195页。

性，这些都是言语之稳的表现。"稳"的对立面是"不稳"，即浮华，朱熹强调"稳"是反对"浮华"，不是反对"文采"和"修辞"。

三、"天生成腔子"

朱熹讲究修辞之稳的第二个观点是"天生成腔子"，即选词造句要自然，语言要浑然自成。

文字自有一个天生成腔子，古人文字自贴这天生成腔子。①

何谓"腔子"？朱熹曰："腔子犹言郛郭，此是方言，指盈于人身而言。"② 本义指的是身体的躯壳，"朱熹把它运用在论文上，指的是文章的体制、法规、法度。"③ 引申为语言文字有内在的自然的韵律和节奏，"天生成腔子"强调语言用字的自然、稳妥和准确，是一种浑然天成的境界。在赞扬司马相如为"赋之圣者"中对此有进一步阐释：

如这般文字，更无些小窒碍。想只是信口恁地说，皆自成文。④

林艾轩云："司马相如赋之圣者。扬子云、班孟坚只填得他腔子。如何得似他自在流出！"⑤

"天生成腔子"即文章是"自在流出""信口恁地说""自成文"，也就是说，文章是文人内在思想情感的自然流露。朱熹主张浑然自成的修辞观，反对"有个文字腔子""入个腔子做""只填得他腔子"的造作、类型化的修辞观。因为"天生成腔子"是有感而发，是其内在胸怀抱负、文化修养、学识能力的自然表现；而"做文章"虽然重在修辞技巧，而其内在修养却远不如前者。

---

① 黎靖德编，王星贤点校：《朱子语类》卷一百三十九，北京：中华书局2020年版，第4059页。
② 黎靖德编，王星贤点校：《朱子语类》卷五十三，北京：中华书局2020年版，第1563页。
③ 宗廷虎、李金苓：《中国修辞学通史·隋唐五代宋金元卷》，长春：吉林教育出版社2001年版，第393页。
④ 黎靖德编，王星贤点校：《朱子语类》卷一百三十九，北京：中华书局2020年版，第4030页。
⑤ 黎靖德编，王星贤点校：《朱子语类》卷一百三十九，北京：中华书局2020年版，第4032页。

四、践行：朱熹对圣人言语的体悟与体察

在朱熹心目中，朱熹认为圣人是为万世立言，圣人言语为万世之标准。他提出，对待圣人言语要"格文字"和"格话"（即"格语"），"须是合下便行将去"（即"践言"）。朱熹讲究"格语践言"的方法，认为要以熟读精思、理会浃洽、切己体察之法体认和践行圣人言语"万世标准"的内涵。

（一）体悟：圣人言语为万世标准

语言是人类最重要的交际工具和思维工具，是文化的最重要的载体，也是推动人类进步的重要力量。不管是作为儒家思想的创立者孔子，还是自称为儒家道统的继承者、发扬者的朱熹都非常重视语言。孔子曾把"言语"与"德行""政事"和"文学"并立为儒学"四科"，并培养出子贡、宰我这样善于言辞的哲人。朱熹尤为推崇圣人言语，把圣人言语比作远望都见好的千花，比作荷叶上的圆滚滚的水珠，比作明亮的日月。朱熹从言语风格视角阐述圣人言语的特点，认为圣人言语具有意旨归一、中正平和、自然明白、圆润温厚、精密稳妥、宽阔高远的特点。

1. 意旨归一

意旨归一即义理俱全，字字皆蕴含丰富义理。在朱熹看来，圣人语言即是天理大道，表现为圣人所言都是实理，是当然之理；圣人下字字字皆有义，无一字虚。所以"圣人言语，固是旨意归一。"①"圣人言语，义理该贯。"②

在朱熹看来，义理俱全表现在三个方面：一是圣人言语蕴含读书悟道、穷理尽性的功能。圣人言语一句一道理，如孔子"逝者如斯夫，不舍昼夜"蕴含的即是"吾之心，即天地之心"的道理，所以学者不仅要理会得文义，更须理会得道理，因为"若识得圣人言语，便晓得天下道理"。③

---

① 黎靖德编，王星贤点校：《朱子语类》卷二十五，北京：中华书局2020年版，第735页。
② 黎靖德编，王星贤点校：《朱子语类》卷十三，北京：中华书局2020年版，第282页。
③ 黎靖德编，王星贤点校：《朱子语类》卷二十一，北京：中华书局2020年版，第598页。

不仅要"知得",更要"守得"。① 知致后,还要涵养、操存,使之成"性理"。二是圣人言语是启发人智慧、教人为人处世的道理,如他说:"圣贤千言万语,只是教人做人而已",② 并且是"且从近处做"。③ "近处"就是从身边事、从小事、从简单的事开始做起,注重久久为功。三是圣人言语能指导后人修身齐家治国平天下。圣人言语可以"扫涤人私意,使人人全得恻隐、羞恶之心",④ 使人"从善意善事",使人恪守仁义礼智信儒家道德规范和君君、臣臣、父父、子子的社会秩序。

2. 中正平和

孔子是一个出色的哲学家、教育家,也是一个睿智、慈爱的长者。他奉行"过犹不及"的"中庸"之道,主张"宽猛相济"的言行准则,其语言给人中正和平、温婉和顺的形象。朱熹非常推崇孔子语言把圣人言语比作"荷叶上水珠子,一颗一颗圆。"⑤ 以水珠比喻圣人言语的圆润,形象而富有意境。朱熹认为:"圣人说话,中正不偏。"⑥ "圣人则中正和平,无所偏倚。"⑦ "惟圣人说出,句句字字都恰好。"⑧ "中正"表现为圣人言语风格始终如一,"自上说下来,也恁地;自下说上去,也恁地。"⑨ 表现为"两头都平"⑩ "精粗轻重得宜"⑪ "有浅说底,有深说底"⑫ "高下小大皆宜,左右前后不相悖",⑬ 大小、轻重、深浅、高低、精粗、前后都要无过无不及;也表现为"圣人说话,随人浅深"、⑭ "看来圣人不恁地死杀说,只逐义随事说道理而已",⑮ 圣人言谈因人、因事、因时、因地、因物而

---

① 黎靖德编,王星贤点校:《朱子语类》卷九,北京:中华书局2020年版,第184页。
② 黎靖德编,王星贤点校:《朱子语类》卷十三,北京:中华书局2020年版,第299页。
③ 黎靖德编,王星贤点校:《朱子语类》卷八,北京:中华书局2020年版,第162页。
④ 黎靖德编,王星贤点校:《朱子语类》卷十一,北京:中华书局2020年版,第231页。
⑤ 黎靖德编,王星贤点校:《朱子语类》卷三十四,北京:中华书局2020年版,第1065页。
⑥ 黎靖德编,王星贤点校:《朱子语类》卷六十四,北京:中华书局2020年版,第1936页。
⑦ 黎靖德编,王星贤点校:《朱子语类》卷八,北京:中华书局2020年版,第160页。
⑧ 黎靖德编,王星贤点校:《朱子语类》卷九十七,北京:中华书局2020年版,第3024页。
⑨ 黎靖德编,王星贤点校:《朱子语类》卷二十一,北京:中华书局2020年版,第608页。
⑩ 黎靖德编,王星贤点校:《朱子语类》卷二十一,北京:中华书局2020年版,第609页。
⑪ 黎靖德编,王星贤点校:《朱子语类》卷八十一,北京:中华书局2020年版,第2580页。
⑫ 黎靖德编,王星贤点校:《朱子语类》卷三十二,北京:中华书局2020年版,第997页。
⑬ 黎靖德编,王星贤点校:《朱子语类》卷二十一,北京:中华书局2020年版,第610页。
⑭ 黎靖德编,王星贤点校:《朱子语类》卷四十二,北京:中华书局2020年版,第1307页。
⑮ 黎靖德编,王星贤点校:《朱子语类》卷六十九,北京:中华书局2020年版,第2103页。

异,时时处中。"平和"即平正、平一、和谐,"圣人之言,由本及末,先后有序。其言平正,无险绝之意。"① 其言语本末兼具、主次分明、先后有序。例如,《论语·述而》"子温而厉,威而不猛,恭而安"中"而"前后两词语的关系是"大抵曰'温',曰'威',曰'恭',三字是主;曰'厉',曰'不猛',曰'安',是带说。"② "温"与"厉"、"威"与"不猛"、"恭"与"安"是主次关系。《论语》中以"……而……""而不"结构表达中正的语义的如:谨而信、温而厉、恭而安、敬事而信、节用而爱人、周而不比、乐而不淫、哀而不伤、劳而不怨、仁而不佞、述而不作、钓而不纲、威而不猛、犯而不校、狂而不直、侗而不愿、悾悾而不信、泰而不骄、正而不谲、矜而不争、群而不党、磨而不磷、涅而不缁、惠而不费、欲而不贪、和而不同等。

3. 自然明白

朱熹用自然形容圣人言语的本真状态,即圣人言语是圣人之心的自然流露,其语言明白易晓、自在天然。

圣人说话,开口见心,必不只说半截,藏着半截。③

圣人言语,皆天理自然,本坦易明白在那里。只被人不虚心去看,只管外面捉摸。及看不得,便将自己身上一般意思说出,把做圣人意思。④

紧要在上三句,说会如此,方得个中,方得个恰好。这也到这地头当说中,便说个中。圣贤言语,初不是着意安排,只遇着这字,便说出这字也。⑤

朱熹认为,圣人言语是圣人思想的自然体现,不需雕饰,无需安排。

圣贤语言,只似常俗人说话。⑥

圣贤说得语言平,如《中庸》《大学》《论语》《孟子》,皆平易。⑦

---

① 黎靖德编,王星贤点校:《朱子语类》卷二十一,北京:中华书局2020年版,第614页。
② 黎靖德编,王星贤点校:《朱子语类》卷三十四,北京:中华书局2020年版,第1099页。
③ 黎靖德编,王星贤点校:《朱子语类》卷十九,北京:中华书局2020年版,第531页。
④ 黎靖德编,王星贤点校:《朱子语类》卷十一,北京:中华书局2020年版,第221页。
⑤ 黎靖德编,王星贤点校:《朱子语类》卷一百五,北京:中华书局2020年版,第3209页。
⑥ 黎靖德编,王星贤点校:《朱子语类》卷一百二十,北京:中华书局2020年版,第3552页。
⑦ 黎靖德编,王星贤点校:《朱子语类》卷一百五,北京:中华书局2020年版,第3206页。

圣人言语明白，载之书者，不过孝弟忠信。其实精粗本末，只是一理。①

圣人见成言语，明明白白，人尚晓不得，如何须要立一文字，令深于圣贤之言！②

圣人言语是自然而然，一气呵成的，没有刻意的遣词造句，是最能表达义理的。沈德潜《说诗晬语》说："古人不废炼字法，然以意胜而不以字胜，故能平字见奇，常字见险，陈字见新，朴字见色。"③朱熹称赞圣人不尚华丽，而尚朴实，而是把朴朴实实的常用字、俗字用新、用奇、用活。如何才能达到"平字见奇"，关键在于立意，在于思想内容。因此，不管是圣人语言还是朱熹所言的明白平易，不是道理的浅显乏味，相反，圣人之道是极精微的、高远的，却又平实的，"圣人之道，如饥食渴饮。"④"夫道若大路然，岂难知哉！"⑤朱熹连用两个比喻，将圣人之道比作人之饮食和大路，是日用生活不觉的道理，是用"孝悌忠信日用常行"的常用词使精微的道理通俗易懂。他说："此说非不好，但如此，则是圣人已先计较，方为此说，似非圣人之意。圣人言语虽是平易，高深之理即便在这里。学者就《中庸》处看，便见得高明处。"⑥即用明白的言辞表达深奥的道理，言理之间的平易和深奥，是圣人文本的高明之处。圣人语言明白还体现于亲切上。

孟子又以射譬喻，最亲切。⑦

《孟子》之书，明白亲切，无甚可疑者。⑧

孟子说："仁，人心也。"此语最亲切。

曰："圣人告人，如'居处恭，执事敬，与人忠'之类，无非言仁。

---

① 黎靖德编，王星贤点校：《朱子语类》卷一百一十五，北京：中华书局2020年版，第3385页。
② 黎靖德编，王星贤点校：《朱子语类》卷一百二十三，北京：中华书局2020年版，第3620页。
③ ［清］沈德潜撰，王宏林笺注：《说诗晬语笺注》，北京：人民文学出版社2011年版，第332－333页。
④⑤ 黎靖德编，王星贤点校：《朱子语类》卷八，北京：中华书局2020年版，第159页。
⑥ 黎靖德编，王星贤点校：《朱子语类》卷三十四，北京：中华书局2020年版，第1083页。
⑦ 黎靖德编，王星贤点校：《朱子语类》卷五十八，北京：中华书局2020年版，第1664页。
⑧ 黎靖德编，王星贤点校：《朱子语类》卷一百五，北京：中华书局2020年版，第3209页。

若见得时,则何处不是全体?何尝见有半体底仁!但'克己复礼'一句,却尤亲切。"①

朱熹尊崇圣人言语的坦易明白,反对为圣贤言语过多地注释圣人文本。如他说:"要之,圣贤言语,正大明白,本不须恁地传注。"②"人言语本自明白,不须解说。只为学者看不见,所以做出注解与学者省一半力。若注解上更看不出,却如何看得圣人意出!"③ 对于经典文本的阐释,标准是"发明其辞,使人玩味",而不是句句阐释或自传经书,而误导后学,因为在朱熹看来,后人对经典文本的阐释,往往会因"记其一而遗其百,得其粗而遗其精","一""百""粗""精"的得失是朱熹所反对的。在他看来,言辞通俗明白的圣人经典文本,只要熟读玩味就可以领会。"学者读书,多缘心不在,故不见道理。圣贤言语本自分晓,只略略加意,自见得。若是专心,岂有不见!"④ 而没有领会道理,是没有专心理会圣人言语。

4. 浑全温厚

"浑"即"浑全""浑然""浑成"。

圣人虽所以告懿子者意在三家僭礼,然语意浑全,又若不专为三家发也。⑤

便是圣人说话浑然。⑥

圣人便不如此,且看"行有余力,则以学文",是多少浑成!⑦

"全"指圣人言语内容完整齐全、义理俱全、博大精深。

圣人说得来本末精粗具举。⑧

---

① 黎靖德编,王星贤点校:《朱子语类》卷四十一,北京:中华书局2020年版,第1282页。
② 黎靖德编,王星贤点校:《朱子语类》卷十九,北京:中华书局2020年版,第536页。
③ 黎靖德编,王星贤点校:《朱子语类》卷十九,北京:中华书局2020年版,第537页。
④ 黎靖德编,王星贤点校:《朱子语类》卷十一,北京:中华书局2020年版,第218页。
⑤ 黎靖德编,王星贤点校:《朱子语类》卷二十三,北京:中华书局2020年版,第687页。
⑥ 黎靖德编,王星贤点校:《朱子语类》卷四十五,北京:中华书局2020年版,第1397页。
⑦ 黎靖德编,王星贤点校:《朱子语类》卷二十一,北京:中华书局2020年版,第613-614页。
⑧ 黎靖德编,王星贤点校:《朱子语类》卷四十一,北京:中华书局2020年版,第1272页。

圣人说这几句，浅深轻重尽在里面。①

"厚"即"浑厚""温厚"。

圣人言语自浑全温厚。②
然而圣人之言自是浑厚，占得地位阔。③

"圆润"指语意连贯，脉络相连，浑然一体。

"儆戒无虞"至"从己之欲"，圣贤言语，自有个血脉贯在里。④

圣贤说出来底言语，自有语脉，安顿得各有所在，岂似后人胡乱说了也！⑤

如孟子当时固不是要作文，只言语说出来首尾相应，脉络相贯，自是合着如此。⑥

5. 精密稳妥

"谨密"指言语详密、谨密、紧密、精密、细密、齐整，表达精确，盛水不漏。

圣人言语，都如此周遍详密。⑦
看圣人言，只三四句，便说得极谨密。⑧
视听自外入，言动自内出，圣人言语紧密如此。⑨
圣人语言极精密，无些子偏重，亦无些子罅漏。⑩
圣人言语皆枝枝相对，叶叶相当，不知怎生排得恁地齐整。⑪
只是圣人言语细密，要人子细斟量考索耳。⑫

---

① 黎靖德编，王星贤点校：《朱子语类》卷三十四，北京：中华书局2020年版，第1043页。
② 黎靖德编，王星贤点校：《朱子语类》卷三十五，北京：中华书局2020年版，第1120页。
③ 黎靖德编，王星贤点校：《朱子语类》卷二十九，北京：中华书局2020年版，第896页。
④ 黎靖德编，王星贤点校：《朱子语类》卷七十八，北京：中华书局2020年版，第2448页。
⑤ 黎靖德编，王星贤点校：《朱子语类》卷十一，北京：中华书局2020年版，第238页。
⑥ 黎靖德编，王星贤点校：《朱子语类》卷一百五，北京：中华书局2020年版，第3208页。
⑦ 黎靖德编，王星贤点校：《朱子语类》卷四十二，北京：中华书局2020年版，第1325页。
⑧ 黎靖德编，王星贤点校：《朱子语类》卷四十一，北京：中华书局2020年版，第1293页。
⑨ 黎靖德编，王星贤点校：《朱子语类》卷四十一，北京：中华书局2020年版，第1290页。
⑩ 黎靖德编，王星贤点校：《朱子语类》卷二十四，北京：中华书局2020年版，第707页。
⑪ 黎靖德编，王星贤点校：《朱子语类》卷十，北京：中华书局2020年版，第211页。
⑫ 黎靖德编，王星贤点校：《朱子语类》卷五十五，北京：中华书局2020年版，第1604页。

圣人说话，磨棱合缝，盛水不漏。①

"稳妥"即遣词造句稳当、妥帖。

也有时下未肯恁地做底，圣人说话稳。②

圣贤下语，一字是一字，不似今人作文字，用这个字也得，改做那一字也得。③

要之，做文字下字实是难，不知圣人说出来底，也只是这几字，如何铺排得恁地安稳！④

6. 宽阔高远

"宽阔高远"指宽大、宽缓、宽舒、宽阔、宽洪、高远。

看圣人所言，多少宽大气象！⑤

圣人之言宽缓，不急迫。⑥

圣人之言宽舒，无所偏失。⑦

圣人说数，说得简略高远疏阔。⑧

圣人七通八达，事事说到极致处。⑨

圣人多说个广大宽洪之意，学者要须体之。⑩

圣人说一句话，便是恁地阔，便是从头说下来。⑪

（二）体察：格语践言

朱熹认为自己是儒家的继承者和发扬者，在他心目中，孔子作为圣

---

① 黎靖德编，王星贤点校：《朱子语类》卷十九，北京：中华书局2020年版，第527页。
② 黎靖德编，王星贤点校：《朱子语类》卷二十六，北京：中华书局2020年版，第783页。
③ 黎靖德编，王星贤点校：《朱子语类》卷十五，北京：中华书局2020年版，第373页。
④ 黎靖德编，王星贤点校：《朱子语类》卷一百三十九，北京：中华书局2020年版，第4034页。
⑤ 黎靖德编，王星贤点校：《朱子语类》卷二十，北京：中华书局2020年版，第551页。
⑥ 黎靖德编，王星贤点校：《朱子语类》卷三十二，北京：中华书局2020年版，第979页。
⑦ 黎靖德编，王星贤点校：《朱子语类》卷二十六，北京：中华书局2020年版，第802页。
⑧ 黎靖德编，王星贤点校：《朱子语类》卷六十七，北京：中华书局2020年版，第2006页。
⑨⑩ 黎靖德编，王星贤点校：《朱子语类》卷十一，北京：中华书局2020年版，第237页。
⑪ 黎靖德编，王星贤点校：《朱子语类》卷四十五，北京：中华书局2020年版，第1413页。

人，是人伦之极，其"言语是铁定的条法"，①不可随意更改，否则就不是尊崇圣人，更难以入圣贤之道。所以他主张，对待圣人言语要"格语践言"。

"格犹穷也。"②"格，至也。"③程颐对"格"作了两种训释，一种是训"格"为"穷"，另一种是训"格"为"至"，两种训释虽不同，但都有"穷究""考究"之意。程颐还认为"一物须有一理"；④朱熹也认为"物物各具一理"，⑤其中的"物"，既是客观世界"一花一世界"之外物，也是道德世界"仁义礼智信"之"性分中物"。合而言之，"格物"意为格物理，既要考究客观世界之知识，也要穷究道德世界之理（物理、事理、伦理）。朱熹对圣人言语的穷究和体察主要有熟读求索、理会浃洽、切己体察。

1. 熟读求索

朱熹曰："圣人言语只熟读玩味，道理自不难见。"⑥后世学者要只就文字间求之，要章章熟读、句句求索、字字玩味，要反复沉潜讽诵，以至于圣人之言犹如自己之言；此后，还须思量圣人之言是说个什么，要将何用。如此熟读精思，方能识得圣人气象，理解领会圣人言语之义理。

朱熹反对错误地对待圣人言语的方法和态度。他多次批评学者和门人"以意捉志"或擅立"新奇可喜之论""自立学说"，对待圣人言语没有秉承循序渐进、熟读精思的方法，却"贪多欲速"，自立新说。例如，"只是被他说出一样，却将圣贤言语硬折入他窠窟里面。"⑦批评浙中之学牵强附会，将名义比类牵合而说。

近世儒者不将圣贤言语为切己之事，必于上面求新奇可喜之论，屈曲

---

① 黎靖德编，王星贤点校：《朱子语类》卷五十六，北京：中华书局2020年版，第1611页。
② [宋] 程颢、程颐撰，潘富恩导读：《二程遗书》，上海：上海古籍出版社2000年版，第373页。
③ [宋] 程颢、程颐撰，潘富恩导读：《二程遗书》，上海：上海古籍出版社2000年版，第332页。
④ [宋] 程颢、程颐撰，潘富恩导读：《二程遗书》，上海：上海古籍出版社2000年版，第242页。
⑤ 黎靖德编，王星贤点校：《朱子语类》卷六十一，北京：中华书局2020年版，第1798页。
⑥ 黎靖德编，王星贤点校：《朱子语类》卷十九，北京：中华书局2020年版，第537页。
⑦ 黎靖德编，王星贤点校：《朱子语类》卷二十七，北京：中华书局2020年版，第853页。

缠绕，诡秘变怪，不知圣贤之心本不如此。①

朱熹批判儒者不注重逐句逐字熟读领会圣人言语，却妄自立新意。

在熟读精思时，朱熹特别强调"以意逆志"之法。他认为"以意逆志"是以"虚心"去"等候诗人之志"，犹如等待客人的自然相会。他批评学者以自己的私意解说圣人言语，自以为是，却牵强附会，甚至歪曲了圣人之道，以致"以意逆志"。

最怕自立说笼罩，此为学者之大病。②

自家只去抉开不是浑沦底物，硬去凿；亦不可先立说，牵古人意来凑。③

以上两例是朱熹批评学者先立己意，以己意牵强附会圣人言语。正如朱熹所说："今学者有二种病，一是主私意，一是旧有先入之说。"④ 如此理会，终无进益。朱熹总结谈经者的四种毛病："本卑也，而抗之使高；本浅也，而凿之使深；本近也，而推之使远；本明也，而必使至於晦，此今日谈经之大患也。"⑤ 这四种毛病是因为谈经者"以意捉志"，故意拔高圣人言语而导致，他说："学者多好高，只是将义理略从肚里过，却翻出许多说话。"⑥ 因此，朱熹强调要以正确的态度去看待、熟读圣人言语，要"平心看""宽看""深入看""看得破""虚心平气看"，还要"将圣人言语折衷"看，要看得圣人言语本意，体认得圣人句中之意，而不可误解或枉曲圣人的心意。他非常赞同程颐以"平实"的态度对待圣人言语。

此外，朱熹认为理会圣人言语要存疑而"不可就上面撰"，⑦ "若要强安排，便须百端撰合，都没是处。"⑧ 要下"读书百遍"的苦功夫，方能"文义自见"，方能领会圣人言语的义理。

---

① 黎靖德编，王星贤点校：《朱子语类》卷一百一十四，北京：中华书局2020年版，第3363页。
② 黎靖德编，王星贤点校：《朱子语类》卷四十，北京：中华书局2020年版，第1261页。
③ 黎靖德编，王星贤点校：《朱子语类》卷十一，北京：中华书局2020年版，第226页。
④⑤ 黎靖德编，王星贤点校：《朱子语类》卷十一，北京：中华书局2020年版，第238页。
⑥ 黎靖德编，王星贤点校：《朱子语类》卷八，北京：中华书局2020年版，第171页。
⑦ 黎靖德编，王星贤点校：《朱子语类》卷三十五，北京：中华书局2020年版，第1141页。
⑧ 黎靖德编，王星贤点校：《朱子语类》卷六十一，北京：中华书局2020年版，第1787页。

2. 理会浃洽

朱熹"浃洽"二字，源于程颐，认为程子言"时复思绎，浃洽於中，则说"，极有深意。他曾训示门人理会道理不透彻，批评学生把"偶然只见"当作是领会圣人义理，并拿来与师友谈论。他说："凡于圣贤言语思量透彻，乃有所得。譬之浸物于水：水若未入，只是外面稍湿，里面依前干燥。必浸之久，则透内皆湿。"① 积习多后，自然浃洽，犹如浸物于水，透内皆湿。即于圣人言语理会得条理贯通，意蕴透彻。

而这个过程就是要循序渐进，沈潜反覆，犹如一个善灌园夫，株株而灌，使泥水相和，物得其润，则自然生长；犹如炼丹，初时烈火锻煞，然后渐渐慢火炖养。如此缓缓温寻，反复玩味，道理自出。朱熹说："某旧日读书，方其读《论语》时，不知有《孟子》；方读《学而》第一，不知有《为政》第二。今日看此一段，明日且更看此一段，看来看去，直待无可看，方换一段看。如此看久，自然洞贯，方为浃洽。"②

朱熹还运用了很多形象的比喻强调如何穷究理会圣人言语。

人有言，理会得《论语》，便是孔子；理会得《七篇》，便是孟子。子细看，亦是如此。盖《论语》中言语，真能穷究极其纤悉，无不透彻，如从孔子肚里穿过，孔子肝肺尽知了，岂不是孔子！③

此语例把"透彻领会孔子言语"比喻为"从孔子肚里穿过"。

圣人言语，自家当如奴仆，只去随他，教住便住，教去便去。④

此语例把对待圣人言语应比如奴仆一样理会，而不似朋友一样去较量，唯有如此才能思量、理会自己如何好德、好色。

只是将圣人言语只管浸灌，少间自是生光精，气象自别。⑤

此语例把理会圣人言语比作"灌溉农园"，浸透其间，自然融会贯通。

---

① 黎靖德编，王星贤点校：《朱子语类》卷二十，北京：中华书局 2020 年版，第 548 页。
② 黎靖德编，王星贤点校：《朱子语类》卷一百四，北京：中华书局 2020 年版，第 3184 页。
③ 黎靖德编，王星贤点校：《朱子语类》卷十九，北京：中华书局 2020 年版，第 528 页。
④ 黎靖德编，王星贤点校：《朱子语类》卷三十六，北京：中华书局 2020 年版，第 1187 页。
⑤ 黎靖德编，王星贤点校：《朱子语类》卷一百三十七，北京：中华书局 2020 年版，第 4002 页。

第四章　修辞"奇伟"与"安稳"的中和

此外，朱熹认为领会圣人言语往往要联系上下文，要注重文势、语脉和语意，他说："这一段文势直是紧，如龙虎变化。"① 把圣人言语的语境比喻龙虎之变，形象生动地凸显了圣人言语的技巧。要理解圣人言语之真意，需要结合语境，如朱熹常说"孔子之意未必如此"②"当观前后字义也"③"要通下章看"，④ 也就是要通过上下文的语义的深浅轻重和逻辑关系领悟圣人言语的内蕴。

圣贤说出来底言语，自有语脉，安顿得各有所在，岂似后人胡乱说了也！⑤

此语例批评后人胡乱领会圣人言语。

直卿问："'一以贯之'，是有至一以贯之。曰："一，只是一个道理，不用说至一。"⑥

此语例批评后人随意添字，曲解圣人言语之意。

朱熹反对学者孤立地理解圣人言语，如针对他的学生"行有余力，则以学文，是如何"之问，批评他"读书最不如此比并"，他认为"文便是穷理，岂可不见之于行"⑦。理会圣人之言，要于中庸处看，方能见得高明。例如，朱熹在回答门人"孔子成《春秋》而乱臣贼子惧"⑧ 时，提出要以中正的态度，理会孔子《春秋》蕴含的道德精神，要求门人要依据经书所记载的事实，"仔细斟量考索"⑨，对于先王之道，着力理会其中的是非、得失、成败、盛衰之原因。

朱熹亦反对学者以偏概全地理解圣人言语。例如，他就学生关于"非礼勿动，遗却视、听、言三事"的问题，认为"此却只是提此一语，以概

---

① 黎靖德编，王星贤点校：《朱子语类》卷六十，北京：中华书局2020年版，第1739页。
② 黎靖德编，王星贤点校：《朱子语类》卷三十五，北京：中华书局2020年版，第1140页。
③ 黎靖德编，王星贤点校：《朱子语类》卷五十九，北京：中华书局2020年版，第1728页。
④ 黎靖德编，王星贤点校：《朱子语类》卷六十，北京：中华书局2020年版，第1738页。
⑤ 黎靖德编，王星贤点校：《朱子语类》卷十一，北京：中华书局2020年版，第238页。
⑥ 黎靖德编，王星贤点校：《朱子语类》卷二十七，北京：中华书局2020年版，第833页。
⑦ 黎靖德编，王星贤点校：《朱子语类》卷三十四，北京：中华书局2020年版，第1088页。
⑧ 杨伯峻译注：《孟子译注》北京：中华书局2016年版，第121页。
⑨ 黎靖德编，王星贤点校：《朱子语类》卷五十五，北京：中华书局2020年版，第1604页。

其余"，① 并且反对学生误解或偷梁换柱地理解圣人言语，如他批评学生上蔡将圣人"只说做仁"理解为"知仁"和"识仁"，认为"煞有病"。②

3. 切己体察

"格物不可只理会文义，须实下工夫格将去。"③ 朱熹并非纯粹是为了知识而学习理会圣人言语，他更重视把圣人言语中的圣人之道贯彻于现实生活的实践中，着力圣人之道的践履。"致知、力行，用功不可偏。"④ 朱熹强调学以致知，知行合一。他批评匹夫无行，认为"凡日用之间，动止语默，皆是行处"。⑤ 并且以孔门七十子求学为例，强调力行之难和工夫全在行上的道理。《朱子语类》中第十三卷专章记录朱熹关于知行合一的论述，强调理会圣人言语的着力点和目标在于"工夫"和"力行"之中，要反之于身，玩味体验，躬行实践。

孔子言语简，若欲得之，亦非用许多工夫不得。⑥
持守体察，讲学考索，凡圣人所说底，皆著去做。⑦
学者当以圣贤之言反求诸身，一一体察。⑧
读书，须将圣贤言语就自身上做工夫，方见事事是实用。⑨

再如，《朱子语类》中有一段朱熹与陈淳关于《论语》的问答对话，较能体现朱熹对圣人言语的体认和圣人之道的践行。

先生问："《论语》如何看？"淳曰："见得圣人言行，极天理之实而无一毫之妄。学者之用工，尤当极其实而不容有一毫之妄。"曰："大纲也是如此。然就里面详细处，须要十分透彻，无一不尽。"⑩

陈淳认为要以"无一毫之妄"的态度用工于圣人言语，以见得并能极天理之实，强调理会并能践行圣人之道。朱熹认为陈淳只大概理解了圣人

---

①② 黎靖德编，王星贤点校：《朱子语类》卷四十一，北京：中华书局2020年版，第1296页。
③ 黎靖德编，王星贤点校：《朱子语类》卷十八，北京：中华书局2020年版，第486页。
④ 黎靖德编，王星贤点校：《朱子语类》卷九，北京：中华书局2020年版，第183页。
⑤ 黎靖德编，王星贤点校：《朱子语类》卷十三，北京：中华书局2020年版，第273页。
⑥ 黎靖德编，王星贤点校：《朱子语类》卷十九，北京：中华书局2020年版，第541页。
⑦ 黎靖德编，王星贤点校：《朱子语类》卷二十六，北京：中华书局2020年版，第800页。
⑧ 黎靖德编，王星贤点校：《朱子语类》卷十一，北京：中华书局2020年版，第223页。
⑨ 黎靖德编，王星贤点校：《朱子语类》卷三十四，北京：中华书局2020年版，第1058页。
⑩ 黎靖德编，王星贤点校：《朱子语类》卷十九，北京：中华书局2020年版，第531页。

言语之意，还须就细小之处领会得十分透彻，才能体察圣人之心、践行圣人之道。再如，朱熹与众弟子谈论何为"仁"时，说："须要将圣贤言语体之于身。如'克己复礼'与'出门如见大宾'，须就自家身上体看我实能克己与主敬行恕否？件件如此，方始有益。"① 反求诸己，不止于躬行处体悟着力，还须将身与心融为一体。"圣人言语，只要平看。儒者缘要切己，故在外者，多拽入来做内说；在身上者，又拽来就心上说。"② 切己体察，要由外入内，由身入心。如他要求学生将孔子"居处恭，执事敬，与人忠，虽之夷狄不可弃也"之言存养于心中。"心"是朱熹理学中的一个重要概念。心统摄性和情，性在心之内，为心所主宰，性在心的主宰下发而为情。朱熹强调以"自家之心体验圣人之心"③，认为穷理尽性需要强化"心"的作用。他认为"存心""养心""定心""敬心""诚心""虚心""净心""纯心""明心""宽心""平心""苦心""放心""正心""尽心"等都是体认圣人言语的关键，因为心是主宰，用心才能理解体会到万事万物之中的道理。"心包万理，万理具于一心。"④ 心之主宰，使人存天理，克己欲，从而使言语符合圣人的标准。志属情，情发于心，心正则志正。"才志于义，便入君子路；才志于利，便入小人路。"⑤ "志"成"君子"和"小人"之路的分界线。朱熹认为学者要立大志，即要"成圣"。而实现成圣的途径便是践履和"痛切恳恻做工夫"⑥，他说："圣贤直是真个去做，说正心，直要心正；说诚意，直要意诚；修身齐家，皆非空言。"⑦ 圣人信守承诺，言行相符。而做工夫时要"勇猛奋发，拔出心肝"，如"救火追亡"，如"擂起战鼓""沉船破釜""居烧屋之下和坐漏船之中"。

---

① 黎靖德编，王星贤点校：《朱子语类》卷二十四，北京：中华书局2020年版，第1305页。
② 黎靖德编，王星贤点校：《朱子语类》卷二十四，北京：中华书局2020年版，第1303页。
③ 黎靖德编，王星贤点校：《朱子语类》卷一百二十，北京：中华书局2020年版，第2887页。
④ 黎靖德编，王星贤点校：《朱子语类》卷九，北京：中华书局2020年版，第191页。
⑤ ［宋］陈淳著，熊国祯、高流水点校：《北溪字义》，北京：中华书局1983年版，第6页。
⑥ 黎靖德编，王星贤点校：《朱子语类》卷八，北京：中华书局2020年版，第166页。
⑦ 黎靖德编，王星贤点校：《朱子语类》卷八，北京：中华书局2020年版，第165页。

第五章　篇章要素与义理表达的中和

篇章要素理论是现代语言学和篇章分析中的一个重要概念。古代文论虽未提出系统的篇章要素理论，但自古即有优良的章法学和解经学阐释传统，其中蕴含着极为丰富的篇章语言学思想。诸如篇章的衔接性、连贯性、目的性、可接受性、信息性、情景性、篇际性等内涵，古人都有深刻的阐释；再如文势、语脉包含篇章的衔接性、连贯性，语境对应的篇章的情景性，引用蕴含目的性等，形成富有特色的篇章理论。朱熹关于篇章的论说，聚焦于文势、语脉、语境、引用、重言、篇首、篇尾、"关键"字词章句等，其指向的是义理表达和思想体悟。

第一节　文势、语脉与义理表达

"文势""语脉"是中国古代文论两个富有意蕴的概念。朱熹在传承前人思想的基础上，以文势、语脉评论前人著述之篇章结构。他所涉及的"势"包含"文势"与"语势"，"脉"包含"语脉""血脉""笔力""笔势""笔路""气脉"，其内涵各异。与古文学家不同的是，朱熹论说"文势""语势"并未对其进行概念界定或类型分类，而是在传道著述中以文势、语脉评述经典尤其是圣人文章的气势和结构，论说文势、语脉和义理的关系，形成独具理学特色的"文势""语势"论。

一、文势的内涵与嬗变

"文势""文脉"是中国古代文论中具有独特民族特色的重要观点。最早提出"文势"的学者是建安时期的著名诗人刘桢。

第五章 篇章要素与义理表达的中和

文之体势，实有强弱，使其辞已尽而势有余，天下一人耳，不可得也。然文之任势，势有刚柔，不必壮言慷慨，乃称势也。①

从古代"势"的发展脉络来看，刘勰在探讨"文势"方面展现出了显著的开拓性贡献。他在总体上确立了"定势"的基本原则和规律，为后世文学创作和文学批评提供了重要的理论支撑。刘勰认为文章之"势"，即各类文章的基本格调，是一种客观的自然趋势。它决定于"体"，"体"又决定于"情"，情、体、势三者是"始末相承"，不可违背的。文章的体势是多种多样的，有的强烈，有的微弱。但能够在文章的内容表达完毕之后，仍然能够让人感到其气势磅礴、余音绕梁的作者，是非常罕见的。刘勰引用刘桢的观点，肯定文势在言说和文章的作用。然而，文章所依赖的气势，有刚强也有柔和，并不是只有使用豪壮、慷慨的言辞才能称其为有气势。刘桢在此提出"体势"和"任势"的区别，"体势"指的是文章或文体的整体风格和气势，受到文体、作者个人风格、时代背景等多种因素的影响；"任势"则更多地强调作者在创作过程中对文章气势的把握和运用，包含因势施谋、借势成事的意味。

又陆云自称："往日论文，先辞而后情，尚势而不取悦泽；及张公论文，则欲宗其言。"夫情固先辞，势实须泽，可谓先迷而后能从善矣。②

这里讨论的是"言辞"和"情势"孰先孰后、孰重孰轻的问题。陆云主张先"情势"后"言辞"，"情势"重于"言辞"。而刘勰认为在文章中，情感（情）应该优先于言辞（辞）的表达，因为情感是文章的灵魂，言辞只是情感的载体。同时，文章的气势虽然重要，但也需要言辞的流畅和优美来衬托和增强。因此他提出"夫情致异区，文变殊术，莫不因情立体，即体成势也"，③情思确定文章的体裁，再借助于体就来形成文章的基本格调的。所谓"势"，即"乘利而为制也"，④也就是要因势利导，即"在文学创作中，作者常根据自身条件以及客观事物的有利和不利因素来

---

①② ［南朝梁］刘勰著，王志彬译注：《文心雕龙》，北京：中华书局2012年版，第360页。
③④ ［南朝梁］刘勰著，王志彬译注：《文心雕龙》，北京：中华书局2012年版，第356页。

选择合适的表现方式以及创作手法"。① 刘勰还提出"形生势成，始末相承"②之说，认为有了"体"则必然有"势"，要遵循文体的"自然之势"，顺应不同体制发展的自然趋势。此外，文章定势还要遵循"兼解以俱通"③和"随时而适用"④，即善于综合各种文体的格调，融会贯通，灵活采用。

唐代诗论对"势"的哲学内涵、类型、与诗歌意境的关系等有深入的阐发和拓展。最值得重视的是，王昌龄在《诗格》中讨论了诗歌创作的"十七势"。

第一，直把入作势。第二，都商量入作势。第三，直树一句，第二句入作势。第四，直树两句，第三句入作势。第五，直树三句，第四句入作势。第六，比兴入作势。第七，谜比势。第八，下句拂上句势。第九，感兴势。第十，含思落句势。第十一，相分明势。第十二，一句中分势。第十三，一句直比势。第十四，生煞回薄势。第十五，理入景势。第十六，景入理势。第十七，心期落句势。⑤

王昌龄诗歌说"势"论内涵丰富，涉及诗歌的结构、情感表达、意境营造等，认为诗歌理与景应该互相契合。

皎然《诗式》对"文势"也多有阐发。

高手述作，如登荆、巫，觑三湘、鄢、郢山川之盛，萦回盘礴，千变万态（文体开阖作用之势）。或极天高峙，崒焉不群，气腾势飞，合沓相属（奇势在工）。或修江耿耿，万里无波，欻出高深重复之状（奇势互发）。古今逸格，皆造其极妙矣。⑥

高手作诗，注重文势，其作品如同山川，萦绕回旋、气势磅礴、千变万化；如同高耸入云的山峰，独立而不群，气势腾飞，连绵不断；如同悠长的江河，平静而深邃，波澜不惊，却蕴含着深厚的内涵和重复的韵律。

---

① 赵秒秒：《"文势"术语与中国古代小说批评研究》，山东大学硕士学位论文，2022 年，第 4 页。
② ［南朝梁］刘勰著，王志彬译注：《文心雕龙》，北京：中华书局 2012 年版，第 363 页。
③④ ［南朝梁］刘勰著，王志彬译注：《文心雕龙》，北京：中华书局 2012 年版，第 357 页。
⑤ ［日］遍照金刚撰，卢盛江校笺：《文镜秘府论校笺》，北京：中华书局 2019 年版，第 99 页。
⑥ ［唐］皎然著，李壮鹰校注：《诗式校注》，北京：人民文学出版社 2003 年版，第 2 页。

皎然崇尚文章之奇势，即奇势在工、奇势互发。所谓"奇势"即盛唐诗文中散发出来的雄深雅健的意境和风格。皎然还阐发了文势与立意、取境、创立风格之间存在紧密的联系，丰富了"文势"理论的内涵。

在晚唐五代诗论中，"势论"是颇为流行的，并且富有特色。

他们不仅强调"势"，而且还给"势"安上了许多名目。据钟惺《砾评词府灵蛇》神集"物象构势"归纳，计有二十势，是将齐己《风骚旨格》中的"诗有十势"合僧神彧《诗格》中的"诗有十势"而成。今本后十势所列"龙潜巨浸势"，已见前十势中。《词府灵蛇》本作"鹍奋垂天势"。除此以外，如徐夤的《雅道机要》、桂林僧景淳大师的诗评以及佚名的《诗评》等书中，均涉及到此类"势"可见这在当时是颇为流行的。①

在唐五代诗格中，齐己《风骚旨格》是最有影响力的一部著作，其中富有创造性地阐释了"诗有十势"。所谓"十势"具体指：狮子返掷势、猛虎踞林势、丹凤衔珠势、毒龙顾尾势、孤雁失群势、洪河侧掌势、龙凤交吟势、猛虎投涧势、龙潜巨浸势、鲸吞巨海势。② 此说影响很大，"如神彧《诗格》的'十势'，除了五种有取于皎然《诗式》，另外'五势'多有得于齐己；徐夤《雅道机要》'明势含升降'节有'八势'因袭齐己；除了补充'孤雁失群势'的例句外，仅'二势'为齐己所无，即'云雾绕山势'和'孤峰直起势'；佚名《诗评》中'诗有八势'节也是从齐己'十势'中稍加变化而来。前引《蔡宽夫诗话》对晚唐五代诗格中'势论'的批评，亦以齐己为。代表可以看出，在晚唐五代诗格中，齐己的《风骚旨格》是最为重要的一部。"③

宋代文章的评点在中国古代评点学中起到了开创性的作用。它不仅建立了一系列具有深远影响的文学批评术语和体制，还为后世的评点学提供了重要的基础。在南宋时期，古文评点领域的专家如吕祖谦、楼昉、谢枋得等人，都对"文势"这一概念进行了更为深入的解读和阐述。

---

① 张伯伟撰：《全唐五代诗格汇考》，南京：凤凰出版社2002年版，第24页。
② ［唐］释齐己：《风骚旨格》，北京：中华书局1985年版，第4－5页。
③ 张伯伟撰：《全唐五代诗格汇考》，南京：凤凰出版社2002年版，第25页。

吕祖谦在《古文关键·总论看文字法》明确指出"文势规模"①对研读古文的重要性。他评价苏洵《管仲论》的结尾"缴得精神有力，如破竹势，一句紧一句"②，该结尾紧凑有序，势如破竹，一气呵成，凸显文章论说结构的连贯性和流畅性。他评价苏轼《晁错论》曰："此数句起得好，如平波浅濑忽跳起一浪"，③以平静河面上突然跃起的一道浪花比喻文章的精彩起伏赞美文章的起势。在《范增论》题下评曰："这一篇要看抑扬处。渐次引入难一段之曲折，若无陈涉之得民一段，便接羽杀卿子冠军一段去，则文字直了，无且义帝之立一段，又直了，惟有此二段，然后见曲折处。吾当论，一段前平平说来，忽换起放开说，见得语新意相属，又见一伏一起处。"④赞美了文势的抑扬顿挫、曲折起伏。谢枋得在《文章轨范》曰："议论精明而断制，文势圆活而婉曲，有抑扬有顿挫有擒纵。"⑤认为抑扬、顿挫和擒纵等方式的运用能使古文文势更加圆活和婉曲。

元代杨载《诗法家数》在讨论律诗"起承转合"理论明确"势"的要求。

律诗要法：起承转合。破题，或对景兴起，或比起，或引事起，或就题起。要突兀高远，如狂风卷浪，势欲滔天。颔联：或写意，或写景，或书事，用事引证。此联要接破题，要如骊龙之珠，抱而不脱。头联：或写意、写景、书事、用事引语，与前转之意相应相避。要变化，如疾雷破山，观者惊愕。结句：或就题结，或开一步，或缴前联之意，或用事，必放一句作散场，如剡溪之棹，自去自回，言有尽而意无穷。⑥

律诗破题应当突兀高远，其势犹如滔天卷浪。头联应善于变化，其产生突然、强烈的气势，引起人们的惊愕和注意。

明清两代"势"的运用与阐发臻于成熟与完善。王夫之从情与景的关系视角论诗歌之势，如他说："以意为主，势次之。势者，意中之神理也。惟谢康乐为能取势。宛转屈伸以求尽其意；意已尽则止，殆无剩语；夭矫

---

① [宋]吕祖谦著，邱江宁点校：《古文关键》，杭州：浙江古籍出版社2017年版，第1页。
② [宋]吕祖谦著，邱江宁点校：《古文关键》，杭州：浙江古籍出版社2017年版，第86页。
③ [宋]吕祖谦著，邱江宁点校：《古文关键》，杭州：浙江古籍出版社2017年版，第93页。
④ [宋]吕祖谦著，邱江宁点校：《古文关键》，杭州：浙江古籍出版社2017年版，第66页。
⑤ [宋]谢枋得：《文章轨范》，郑州：中州古籍出版社1991年版，第12页。
⑥ 张伯伟撰：《全唐五代诗格汇考》，南京：凤凰出版社2002年版，第189页。

连蜷,烟云缭绕,乃真龙,非画龙也。"① "意"是创作的出发点和核心,它决定了作品的风格、色彩、构图等各个方面。"势"是用来表达"意"的一种手段或工具。虽然"势"在艺术创作中非常重要,但它是服务于"意"的,是次要的,两者的关系是以"意"来选择合适的"势","势"与"意"相契合。王夫之以谢灵运善于"取势"为例,在创作时,需要通过不断的尝试和修改,使作品的形态、动态和气势与自己的"意"相符合,达到"夭矫连蜷"和"烟云缭绕"的气势。

清代沈德潜论诗亦重视诗之"气""势"。他说:"诗有五用例。一曰用字。二曰用形。三曰用气。四曰用势,五曰用神。用字一。用事不如用字也。用形二。用字不如用形也。用气三,用形不如用气也。用势四,用形不如用势也。用神五,用势不如用神也。"② "气""势"比诗之用事、用字、用形更为重要。他还论说了诗歌如何营造雄伟的气势。

歌行起步,宜高唱而入,有"黄河落天走东海"之势。以下随手波折,随步换形,苍苍莽莽中,自有灰线蛇踪,蛛丝马迹,使人眩其奇变,仍服其警严。至收结处,纡徐而来者,防其平衍,须作斗健语以止之;一往峭折者,防其气促,不妨作悠扬摇曳语以送之,不可以一格论。③

沈德潜认为诗歌的开头应该高亢激昂,气势磅礴;诗歌的发展应该曲折变化,令人惊奇和眩目;诗歌的结尾,应以对立的文势使其气韵协和。

包世臣对文论之"势"有重要阐发,他在《艺舟双楫·文谱》中提出行文六法:奇偶、疾徐、垫拽、繁复、顺逆、集散,对文势进行了系统性地探讨。

从古至今,关于文势的论说和观点非常复杂,涉及文势的内涵、类型与产生要素的阐述。

---

① [清]王夫之著,戴鸿森笺注:《姜斋诗话笺注》,上海:上海古籍出版社2012年版,第48-49页。
② 张伯伟撰:《全唐五代诗格汇考》,南京:凤凰出版社2002年版,第189页。
③ 张伯伟撰:《全唐五代诗格汇考》,南京:凤凰出版社2002年版,第177页。

二、文势与义理

文势的内涵丰富,"大致指词义训释、措词造句的凭借以及篇章旨意、时代社会背景对词义的制约等"。① 文势是文本自身所呈现出来的自然的态势、气势和格调。"属于作品的形式范畴,指受作品体制规范制约、在表现内容时所呈现出来的具有一定动态感的格局态势。它既受作家感情精神的制约,又与作品体制、语言文字、结构布局、表现技巧、意象组合方法等因素密切相关。"② 在传道著述中,朱熹关于"文势"的论说内容也比较丰富,包括"文势""语势"。"文势"《朱子语例》就有51例,其含义有如下类型:

一是表示语言的气势和格调。

> 到致知格物处,便较亲切了,故文势不同,不曰"致知者先格其物",只曰"致知在格物"也。③

就"致知者先格其物"与"致知在格物"的不同而言,前者比后者更强调必须性,语气更强烈。所言的"文势"表示文章的态势。

> 这一段文势直是紧,若精神钝底,真个赶他不上。如龙虎变化,直是捉搦他不住!④

"文势直是紧"意味着文章的气势非常紧凑、强烈,犹如有一股不可阻挡的力量,用"如龙虎变化,直是捉搦他不住"比喻生动地描绘了文势的强烈和不可预测性。

> 先生因言,《论语》中有子说数章,文势皆奥涩,难为人解。⑤

此句的"文势皆奥涩"指的是文风深奥、晦涩,"文势"表示文章的风格或格调。

---

① 孙良明:《古籍译注树立语境观的重要性》,《古籍整理研究学刊》1992年第5期。
② 吴建民:《中国古代"文势"论》,《学术论坛》2013年第3期。
③ 黎靖德编,王星贤点校:《朱子语类》卷十五,北京:中华书局2020年版,第378页。
④ 黎靖德编,王星贤点校:《朱子语类》卷六十,北京:中华书局2020年版,第1739页。
⑤ 黎靖德编,王星贤点校:《朱子语类》卷二十二,北京:中华书局2020年版,第642页。

二是表示文本上下文的连贯、衔接蕴含的气势或态势，朱熹主要用于分析上下文的结构分析。

"文字须宽看，仔细玩味，方见得圣人语言。如'小人之中庸'，分明这一句是解上文。人见他偶然脱一个'反'字，便恁地硬说去，小人中庸做小人自为中庸，下面文势且直解两句。未有那自以为中庸底意，亦何必恁地翻转。"①

此句的文势是文章的逻辑发展方向，也就是文章接下来的内容安排。

据文势时，"甚矣，吾衰也"是一句，"久矣，吾不复梦见周公"是一句。惟其久不梦见，所以见得是衰。若只是初不梦见时，也未见得衰处。②

此"文势"指的是语句间的节奏感和连贯性。

周问："'固穷'有二义，不知孰长？"曰："固守其穷，古人多如此说。但以上文观之，则恐圣人一时答问之辞，未遽及此。盖子路方问：'君子亦有穷乎？'圣人答之曰：'君子固是有穷时，但不如小人穷则滥尔。'以'固'字答上面'有'字，文势乃相应。"③

此"文势"指的是上下文的词语间的呼应的连贯气势。

三是"文势"和"义理""道理"相对，表示文章在结构、语言和思想表达上所展现出的动态性、连贯性擅长。

授书莫限长短，但文理断处便住。若文势未断者，虽多授数行，亦不妨。④

此句"文理"与"文势"对应而言。"文理"指的是文章的内在逻辑结构和组织方式，如文章的段落划分、句子之间的逻辑关系、信息的层次安排等。"文势"指的是文章的气势。如果一个句子或段落虽然很长，但内容紧密相连、气势流畅，那么即使多教授几行，也不会给读者造成阅读上的障碍。

---

① 黎靖德编，王星贤点校：《朱子语类》卷四十七，北京：中华书局2020年版，第1436页。
② 黎靖德编，王星贤点校：《朱子语类》卷三十四，北京：中华书局2020年版，第1046页。
③ 黎靖德编，王星贤点校：《朱子语类》卷四十五，北京：中华书局2020年版，第1393页。
④ 黎靖德编，王星贤点校：《朱子语类》卷七，北京：中华书局2020年版，第156页。

旧尝看《栾城集》，见他文势甚好，近日看，全无道理。①

此两句"文势""义理"相对。前句用来描述《栾城集》在文学表达上的动态效果和流畅气势。

四是表示风格、气势，朱熹利用此文势进行词义训诂、语义阐发、文本校刊。

鲜是少，对下文"未之有也"，上下文势如此。②

朱熹利用上下文风格阐释"鲜"为"少"义。

问："'古之欲明明德于天下者'至'致知在格物'，详其文势，似皆是有为而后为者。"曰："皆是合当为者。经文既自明德说至新民，止于至善，下文又却反覆明辨，以见正人者必先正己③。

依据上下文语境阐发"有为而后为者"之义。

"言不耕不获，不菑不畬，无所为于前，无所冀于后，未尝略起私意以作为，唯因时顺理而已。程传作'不耕而获，不菑而畬'，不唯添了'而'字，又文势牵强，恐不如此。"④

朱熹认为程颐将"不耕不获，不菑不畬"改作"不耕而获，不菑而畬"，使得文势变得突兀、牵强。因为后者缺乏原文中的含蓄和道理的自然流露。

问："据文势，则'内外使知惧'合作'使内外知惧'，始得。"曰："是如此。不知这两句是如何。硬解时也解得去，但不晓其意是说甚底，上下文意都不相属。"⑤

此"文势"指的是上下文的衔接和连贯性。依据上下文文势，将"内外使知惧"调整为"使内外知惧"更为合适，这样更符合原文的"文势"。

与"文势"含义相似的是"语势"，《朱子语类》共有10例，分别对

---

① 黎靖德编，王星贤点校：《朱子语类》卷六十二，北京：中华书局2020年版，第1806页。
② 黎靖德编，王星贤点校：《朱子语类》卷二十，北京：中华书局2020年版，第561页。
③ 黎靖德编，王星贤点校：《朱子语类》卷十五，北京：中华书局2020年版，第382页。
④ 黎靖德编，王星贤点校：《朱子语类》卷七十一，北京：中华书局2020年版，第2192页。
⑤ 黎靖德编，王星贤点校：《朱子语类》卷七十六，北京：中华书局2020年版，第2384页。

其内涵进行阐述。

问"君子无所争"章。曰:"'君子无所争',必于射见之。言射有胜负,是相争之地,而犹若此,是不争也。语势是如此。"①

而子贡以此论之,乃其所以不如颜子者。夫子非以子贡之知二,为不如颜子之知十也。此固非当时答问之旨,然详味谢氏语势,恐其若是。②

曰:"'非义袭而取之',其语势如'人之有是四端,犹其有四体',却不是说有无四体底人。言此气须是集义方生得,不是一旦向义外面袭取得那气来,教恁地浩然。"③

以上"语势"可以理解为说话或论述的气势、逻辑或趋势中蕴含的语意。

"观我"是自观,如"视履考祥"底语势。"观其"亦是自观,却从别人说。《易》中"其"字不说别人,只是自家,如"乘其墉"之类。④

曰:"此说虽精巧,然'胡不狃狃'一句,语势似不如此。'胡不',犹言'遐不作人'!言岂不狃狃乎!"⑤

此"语势"指的是语言逻辑结构所蕴含的气势。

曰:"孟子又云:'知皆扩而充之,若火之始然,泉之始达,苟能充之,足以保四海;苟不充之,不足以事父母。'与'知斯二者,节文斯二者'一段,语势有不同,一则说得紧急,一则说得有许多节次,次序详密。"⑥

此"语势"指的是逻辑结构、节奏秩序的紧密、分明、详细和条理。

"君子深造之以道",语势稍倒,"道"字合在"深造"之前。⑦

问:"'智之于贤者',或云:'吾既有智,则贤者必见之。'此说如

---

① 黎靖德编,王星贤点校:《朱子语类》卷二十五,北京:中华书局2020年版,第747页。
② 黎靖德编,王星贤点校:《朱子语类》卷二十八,北京:中华书局2020年版,第878页。
③ 黎靖德编,王星贤点校:《朱子语类》卷五十二,北京:中华书局2020年版,第1535页。
④ 黎靖德编,王星贤点校:《朱子语类》卷七十,北京:中华书局2020年版,第2166页。
⑤ 黎靖德编,王星贤点校:《朱子语类》卷八十一,北京:中华书局2020年版,第2584页。
⑥ 黎靖德编,王星贤点校:《朱子语类》卷五十六,北京:中华书局2020年版,第1624页。
⑦ 黎靖德编,王星贤点校:《朱子语类》卷五十七,北京:中华书局2020年版,第1632页。

何?"曰:"如此解,似语势倒而不顺。"①

以上两例中的"语势"指的是词语的先后顺序或语义的先后顺序。

问:"'诚者,自成也;而道自道也。'两句语势相似,而先生之解不同,上句工夫在'诚'字上,下句工夫在'行'字上。"②

这里的"语势相似"指的是"诚者,自成也"和"而道自道也"这两句话在形式上有着相近的结构,都使用了"…者,…也"的句式。"语势"指的是语言结构。

盖与之言,颜子都无可否,似个愚者。及退而观其所行,皆夫子与之言者,一一做得出来不差,岂不是足以发明得夫子之道。其语势只如此。③

此句意思是:颜渊能够将孔子所说的话一一做出来,不差分毫,那岂不是足以表明他已经完全理解和领悟了孔子的道理。孔子在教导时所使用的"语势"就是如此。其中的"语势"指的是孔子话语或表达方式的态势、风格或趋势。

朱熹还论说了文势和文意的关系问题。

一是文势与文意的和谐。

朱熹反复强调读书著述应顺应语势,如他说:"忿又重于怒心。然此处须看文势大意。但此心先有忿懥时,这下面便不得其正。"④依据文势判断、解析、阐发文意。

问:"程子以'直'字为句,先生以'以直'字属下句。"曰:"文势当如此说。若以'直'字为句,当言'至大至刚至直'。又此章前后相应,皆是此意。先言'自反而缩',后言'配义与道'。所谓'以直养而无害',乃'自反而缩'之意。大抵某之解经,只是顺圣贤语意,看其血脉通贯处为之解释,不敢自以己意说道理也。"⑤

---

① 黎靖德编,王星贤点校:《朱子语类》卷六十一,北京:中华书局2020年版,第1784页。
② 黎靖德编,王星贤点校:《朱子语类》卷六十四,北京:中华书局2020年版,第1918页。
③ 黎靖德编,王星贤点校:《朱子语类》卷二十四,北京:中华书局2020年版,第695页。
④ 黎靖德编,王星贤点校:《朱子语类》卷十六,北京:中华书局2020年版,第424页。
⑤ 黎靖德编,王星贤点校:《朱子语类》卷五十二,北京:中华书局2020年版,第1519页。

朱熹以"血脉通贯"比喻经典文献中思想、意义或道理的连贯性和一致性，强调解经要顺乎原意，尊重并顺应经典文献本身的内在逻辑和体系。

"涣其群"，言散小群做大群，如将小物事几把解来合做一大把。东坡说这一爻最好，缘他会做文字，理会得文势，故说得合。①

朱熹认为苏轼"涣其群"意义阐释得准确，其原因之一是他能够准确把握文本的气势和节奏，由此可知，文势对于文意的理解和阐释的重要性。

二是文势与文意的背离。涉及不同的类型：

"顺天命"，说道理时，彷佛如伊川说，也去得，只是文势不如此。②

禄有常数，夫子何心轻重于其间哉！"为其母请粟"，观其文势，非禄秩也明矣。③

此是文势与文意不相符合。

此直深许其有仁耳。人多说是许其似仁而非仁，以文势观之，恐不恁地，只是许其仁耳。④

此是文势超出文意。

"知皆扩而充之"，南轩把知做重，文势未有此意。"知"字只带"扩充"说。⑤

此是文势未含文意。

据文势时，"甚矣，吾衰也"是一句，"久矣，吾不复梦见周公"是一句。惟其久不梦见，所以见得是衰。若只是初不梦见时，也未见得衰处。此也无大义理，但文势当是如此。⑥

---

① 黎靖德编，王星贤点校：《朱子语类》卷七十三，北京：中华书局2020年版，第2271页。
② 黎靖德编，王星贤点校：《朱子语类》卷七十二，北京：中华书局2020年版，第2239页。
③ 黎靖德编，王星贤点校：《朱子语类》卷三十一，北京：中华书局2020年版，第948页。
④ 黎靖德编，王星贤点校：《朱子语类》卷六十，北京：中华书局2020年版，第1763页。
⑤ 黎靖德编，王星贤点校：《朱子语类》卷五十三，北京：中华书局2020年版，第1571页。
⑥ 黎靖德编，王星贤点校：《朱子语类》卷三十四，北京：中华书局2020年版，第1046页。

此是有文势无义理。

> 或曰："'突如其来如'与'焚如',自当属上句。'死如、弃如',自当做一句。"说时亦少通,但文势恐不如此。①

此是语义通顺而文势不合理。

概而言之,朱熹并未对"文势"作了明确的定义,从《朱子语类》中使用的语例可以概括其大致有三层含义:一是指语言逻辑结构、节奏秩序;二是指语言逻辑结构、节奏秩序所蕴含的气势;三是指语言呈现出的态势、风格或趋势。

三、语脉与义理

"文势"强调的是语言文本的气势、态势,而文脉(语脉)则是文本的脉络、文理,是语言或文本中各个部分之间的内在联系和逻辑顺序。

"脉"是中医学、堪舆学的范畴,指脉络、文理,体现古人象天法地思想,后渗透和影响至文论、书论、文论等领域,都有外在结构的完整、内在的生命力连贯的因素要求。文脉犹如人之血脉,意义非凡。刘勰对"脉"有论述,"启行之辞,逆萌中篇之意;绝笔之言,追媵前句之旨。故能外文绮交,内义脉注,跗萼相衔,首尾一体。"② 意为一篇文章的开头,就应该隐含着文章中间部分的意思;而文章的结尾,则应该回应并延续前面句子的主旨。在内容上则像血脉一样贯通,意义相连,形成一个有机的整体。他又说:"若统绪失宗,辞味必乱;义脉不流,则偏枯文体。"③ 如果文章的头绪条理失去中心,文辞的意味必定杂乱;文章脉络不通,那就会使文章半体瘫痪。刘勰论及文章如何脉络连贯及脉络连贯的意义。南宋吴沆亦曰:"诗有肌肤、有血脉、有骨格、有精神。无肌肤则不全,无血脉则不通,无骨格则不健,无精神则不美。四者备,然后成诗。"④ 指出文脉的意义。严羽分析诗歌脉络所应回避的缺点,曰:"语忌直,意忌浅,

---

① 黎靖德编,王星贤点校:《朱子语类》卷七十一,北京:中华书局2020年版,第2202页。
② [南朝梁]刘勰著,王志彬译注:《文心雕龙》,北京:中华书局2012年版,第395页。
③ [南朝梁]刘勰著,王志彬译注:《文心雕龙》,北京:中华书局2012年版,第651页。
④ [南宋]吴沆:《环溪诗话》,北京:中华书局1988年版,第130页。

脉忌露，味忌短，音韵忌散缓，亦忌迫促。"① 认为诗歌的文理脉络忌讳显露。

朱熹也以文脉、语脉分析文辞的逻辑结构和脉络，尤其是圣人言辞或经典典籍的结构。《朱子语类》中共有27例"语脉"的论述，其内涵大致是文辞的逻辑结构、上下文语境等。概而言之，朱熹有两个观点，一是认为文本自有语脉。

> 心性本不可分，况其语脉是"尽其心者，知其性"。②
> 钻来钻去，语脉却是如此，方见得两个"未见"字不相碍。③
> 子贡乃是圣人就知识学问语之；曾子，就行上语之，语脉各不同。④
> 圣贤说出来底言语，自有语脉，安顿得各有所在，岂似后人胡乱说了也！⑤
> 又曰："人做文章，若是子细看得一般文字熟，少间做出文字，意思语脉自是相似。"⑥

二是要依循语脉，理会经文之意。

> 大凡看文字，须认圣人语脉，不可分毫走作。⑦
> 兼文义，伊川及诸儒皆已说了，某只就语脉中略牵过这意思。⑧
> 其话有未通者，略检注解看，却时时诵其本文，便见其语脉所在。⑨
> 直要见圣贤语脉所在，这一句一字是如何道理。⑩

---

① ［南宋］严羽撰，普慧、孙尚勇、杨遇青评注：《沧浪诗话》，北京：中华书局2014年版，第89页。
② 黎靖德编，王星贤点校：《朱子语类》卷六十，北京：中华书局2020年版，第1729页。
③ 黎靖德编，王星贤点校：《朱子语类》卷二十六，北京：中华书局2020年版，第799－800页。
④ 黎靖德编，王星贤点校：《朱子语类》卷二十七，北京：中华书局2020年版，第829页。
⑤ 黎靖德编，王星贤点校：《朱子语类》卷十一，北京：中华书局2020年版，第238页。
⑥ 黎靖德编，王星贤点校：《朱子语类》卷一百三十九，北京：中华书局2020年版，第4033页。
⑦ 黎靖德编，王星贤点校：《朱子语类》卷二十一，北京：中华书局2020年版，第608页。
⑧ 黎靖德编，王星贤点校：《朱子语类》卷六十七，北京：中华书局2020年版，第2013页。
⑨ 黎靖德编，王星贤点校：《朱子语类》卷八十，北京：中华书局2020年版，第2537页。
⑩ 黎靖德编，王星贤点校：《朱子语类》卷一百一十七，北京：中华书局2020年版，第3431页。

朱熹没有阐释"语脉"的内涵，但他重视语脉在理解文意的作用，他反复强调要探寻文本的语脉所在，要遵循语脉、依据语脉解读经典本意。语脉是理解文意的基础，"苟失语脉，又安得意蕴邪？"①

与"语脉"同义的另一个表达文章逻辑结构的词是"血脉"，朱熹以"血脉"比喻文章的脉络，常以"血脉相贯""血脉通贯""血脉贯通"比喻文章脉络贯通。《朱子语类》中共有16例相关的表述。

"儆戒无虞"至"从己之欲"，圣贤言语，自有个血脉贯在里。如此一段，他先说"儆戒无虞"，盖"制治未乱，保邦未危"，自其未有可虞之时，必儆必戒。能如此，则不至失法度、淫于逸、游于乐矣。若无个儆戒底心，欲不至于失法度、不淫逸、不游乐，不可得也。既能如此，然后可以知得贤者、邪者、正者、谋可疑者、无可疑者。若是自家身心颠倒，便会以不贤为贤，以邪为正，所当疑者亦不知矣。何以任之，去之，勿成之哉？盖此三句，便是从上面有三句了，方会恁地。又如此，然后能"罔违道以干百姓之誉，罔咈百姓以从己之欲"。盖于贤否、邪正、疑审，有所未明，则何者为道，何者为非道，何者是百姓所欲，何者非百姓之所欲哉？②

此段话语中，朱熹阐释"儆戒无虞"至"从己之欲"的段落和语义关系。他认为先说"儆戒无虞"，然后可以知得贤者、邪者、正者、谋可疑者、无可疑者，他以"先……后"表示话语与话语的先后顺序和语义逻辑层次。"盖此三句，便是从上面有三句了，方会恁地。"说明句子与句子间是有严密的逻辑关系的。

先生问："《大学》看得如何？"曰："大纲只是明明德，而着力在格物上。"曰："着力处大段在这里，更熟看，要见血脉相贯穿。"③

"血脉相贯穿"是一个比喻性的表达，用来形容文本或思想体系中各个部分之间的紧密联系和内在一致性。在这里，它指的是《大学》各个章节、各个概念之间如同人体的血脉一样，紧密相连、相互贯穿，共同构成

---

① ［清］牛运震撰，宁宇点校：《诗志·例言》，北京：中华书局2020年版，第1页。
②③ 黎靖德编，王星贤点校：《朱子语类》卷十八，北京：中华书局2020年版，第514页。

了一个完整的思想体系。

孟子则前有引导，后有推助，自然无恐惧纷扰，而有以自胜。告子则前后无引助，只恁孤立硬做去，所以与孟子不动心异也。"不得于言"以下，但作如此看，则此一章血脉贯通，而于知言养气，诐、淫、邪、遁之辞，方为有下落也。①

此语例中的"血脉贯通"指的是《孟子·公孙丑》章的内在联系和逻辑关系。朱熹推崇圣人经典，相应地，他认为圣人文章的脉络贯通、层次清晰，如他盛赞《孟子》"首尾照应，血脉通贯，语意反覆，明白峻洁，无一字闲"，② 学习《孟子》，便能作出一流的文章。他还赞扬"古人文章皆是行正路"，③ 因此要学习模仿古人文章的"意思句语血脉势向"④。作文如此，阅读经典亦如此。朱熹反复强调阅读典籍要细看熟读文章脉络，"他那里自看得个血脉相牵连，要自子细看。"⑤ "如史书要见事变之血脉，不可不熟。"⑥

语脉是指构成语言单位的内在逻辑线索，涵盖语言的连贯和衔接、文章的结构。在著书立说中，朱熹以语脉为切入点，解读经文的语言衔接方式和段落的逻辑关系。

"是以君子有絜矩之道"，这却是说到政事上。"是以"二字，是结上文，犹言君子为是之故，所以有絜矩之道。⑦

"故'物格，而后知至；知至，而后意诚；意诚，而后心正；心正，而后身修'。著'而'字，则是先为此，而后能为彼也。"⑧

"是以"是表因果关系的连词，朱熹认为它具有总结上文的作用，"而"是表述条件关系的连词，两者皆具有衔接上下文和连贯语义的

---

① 黎靖德编，王星贤点校：《朱子语类》卷五十二，北京：中华书局2020年版，第1503页。
② 黎靖德编，王星贤点校：《朱子语类》卷十九，北京：中华书局2020年版，第533页。
③④ 黎靖德编，王星贤点校：《朱子语类》卷一百三十九，北京：中华书局2020年版，第4034页。
⑤ 黎靖德编，王星贤点校：《朱子语类》卷六十，北京：中华书局2020年版，第1737页。
⑥ 黎靖德编，王星贤点校：《朱子语类》卷一百一十九，北京：中华书局2020年版，第3497页。
⑦ 黎靖德编，王星贤点校：《朱子语类》卷十六，北京：中华书局2020年版，第440页。
⑧ 黎靖德编，王星贤点校：《朱子语类》卷十六，北京：中华书局2020年版，第432页。

作用。

朱熹也注重对经典文本的关键语句之间的逻辑关系进行分析。

亚夫问:"'欲正其心者,先诚其意。'此章当说所以诚意工夫当如何。"曰:"此继于物格、知至之后,故特言所谓'诚其意者,毋自欺也'。若知之已至,则意无不实。惟是知之有毫末未尽,必至于自欺。"①

《大学》"八条目"的顺序是格物、致知、诚意、正心、修身、齐家、治国、平天下。朱熹认为"欲正其心者,先诚其意"其语序在后,是为了"特言"即强调"诚意"。也就是说,朱熹认识到语序的先后影响语意的表达。语篇行文哪句话先说,哪句话后说,哪个意思先表达,哪个意思后表达,观点和观点、情节和情节之间如何衔接组合,都要讲究先后顺序,要有条不紊,要体现事理的逻辑性、思想的规律性和思维的条理性。

在阐释实践中,由于古代典籍中多有纰漏、阙文、衍文、倒文、错文等现象,朱熹利用语脉校勘版本、修正纰漏,即要"推敲字义,寻求语脉"②。

朱熹的语脉论说,尤为强调关键字词、句段对语篇的重要意义。

先生曰:"看文字,须看他紧要处。且如大段落,自有个紧要处,正要人看。如作一篇诗,亦自有个紧要处。'格物'一章,前面说许多,便是药料。它自有个炮爁炙煿道理,这药方可合,若不识个炮爁炙煿道理,如何合得药!药方亦为无用。"③

朱熹所言的"紧要处",即篇章、段落的关键字词。他以药方为比喻,无关紧要处是"药料",关键处是"炮爁炙煿"等炮制方法。关键字词、句段是理解文意的枢纽,是合成药的药方。由此可知,朱熹已认识到语脉对文义的制约作用。

与"文势""语脉"相似的还有"笔力""笔势""笔路""气脉"等表达文章气势、结构、脉络的词语。朱熹在评述前人文章时有点到为止的

---

① 黎靖德编,王星贤点校:《朱子语类》卷十六,北京:中华书局2020年版,第399-400页。
② [清]永瑢等:《钦定四库全书总目》(上册),北京:中华书局1965年版,第142页。
③ 黎靖德编,王星贤点校:《朱子语类》卷十八,北京:中华书局2020年版,第498页。

论述。

因论诗,曰:"尝见傅安道说为文字之法,有所谓'笔力',有所谓'笔路'。笔力到二十岁许便定了,便后来长进,也只就上面添得些子。笔路则常拈弄时,转开拓;不拈弄,便荒废。此说本出于李汉老,看来作诗亦然。"①

笔力指字、画、文章在笔法上表现的气势和力量。笔路指笔法、写文章的思路。朱熹区别笔力与笔路的区别,笔力受年龄局限,应在年轻时就要深厚笔力,而笔路则需要不断学习、磨炼和开拓。

笔势指文章的意态和气势,更多地体现在文章的构思、布局、遣词造句,是创作者情感、思想和力量等个性和风格的体现。

问:"要看文以资笔势言语,须要助发义理。"曰:"可看《孟子》《韩文》。韩不用科段,直便说起去至终篇,自然纯粹成体,无破绽。如欧、曾却各有一个科段。却曾学曾,为其节次定了。今觉得要说一意,须待节次了了,方说得到。"②

在朱熹看来,孟子和韩愈文章行云流水,一气呵成,形成紧密相连,和谐一体的气势。流畅的笔势有助于内容和义理的理解和阐发。

因说伯恭所批文,曰:"文章流转变化无穷,岂可限以如此?"某因说:"陆教授谓伯恭有个文字腔子,才作文字时,便将来入个腔子做,文字气脉不长。"先生曰:"他便是眼高,见得破。"③

"气脉"指文章或文学创作中的内在连贯性和生命力。一篇好的文章,其各个段落、句子乃至字词之间应该有着紧密的内在联系,形成一个有机的整体。这种内在联系就构成了文章的"气脉",它使得文章在结构上紧凑有序,在表达上流畅自然,文字之间仿佛有着某种呼吸和脉动,蕴含着

---

① 黎靖德编,王星贤点校:《朱子语类》卷一百三十九,北京:中华书局2020年版,第4057-4058页。
② 黎靖德编,王星贤点校:《朱子语类》卷一百三十九,北京:中华书局2020年版,第4056页。
③ 黎靖德编,王星贤点校:《朱子语类》卷一百三十九,北京:中华书局2020年版,第4058页。

生命力和活力。

四、语境与义理

语境，即语言环境，包括情景语境和上下文语境，情景语境指使用语言进行交际时的具体场合及语言交际的背景等。这包括人的身份、场合、社会历史环境等各种因素。上下文语境指与本词语有关系的前后词语，或本句话前后的语句。

语境为语义的理解和阐释提供了必要的背景信息，使得语义在特定的环境中得以准确表达和理解。故此，朱熹反复强调要回归文本上下文理解意义。

凡读书，须看上下文意是如何，不可泥着一字。如《扬子》："于仁也柔，于义也刚。"到《易》中，又将刚来配仁，柔来配义。如《论语》："学不厌，智也；教不倦，仁也。"到《中庸》又谓："成己，仁也；成物，智也。"此等须是各随本文意看，便自不相碍。①

朱熹在此段话语中深刻阐述了阅读和理解经典经文时应回归文本语境，并通过《扬子》《易》《论语》和《中庸》中的例子，进一步说明了语境对语义的影响。在《扬子》中，"柔"被用来配"仁"，"刚"被用来配"义"；而在《易》中，则相反，"刚"被用来配"仁"，"柔"被用来配"义"。同样，《论语》和《中庸》中对"智"和"仁"的描述也存在差异。这些差异表明，同一个词或概念在不同的语境下可能有不同的含义和解释。因此，应该回归文本的具体语境来理解和解释其中的字词和概念，以避免因为片面理解或误解而导致的错误和混乱。

问："一般字，却有浅深轻重，如何看？"曰："当看上下文。"②

曰："古注如此，程氏从之。然自上下文推之，故知'以直'字属下句，不是言气体，正是说用工处。"③

又曰："某当初读'自暴自弃'章，只恁地鹘突读去。伊川《易传》

---

①② 黎靖德编，王星贤点校：《朱子语类》卷十一，北京：中华书局2020年版，第237页。
③ 黎靖德编，王星贤点校：《朱子语类》卷五十二，北京：中华书局2020年版，第1520页。

云'拒之以不信,绝之以不为',当初也匹似闲看过。后因在舟中偶思量此,将《孟子》上下文看,乃始通串,方始说得是如此,亦温故知新之意。"①

理解字词的浅深层含义、情感色彩,词句的断句,章句的义理,不能仅仅依靠词语、此句或章句本身,而必须将其置于整个句子、段落乃至整篇文章的语境中进行考察。

语义是语境在语言表达中的具体体现,反映了语境中的各种因素和关系。通过语义的分析和理解,可以进一步揭示把握说话者的真实意图和深层含义。朱熹特别重视通过文字的理解还原语境,以此进一步揭示话语的深层含义。

子曰:"为之难,言之得无切乎?"

《论语集注》:愚谓牛之为人如此,若不告之以其病之所切,而泛以为仁之大概语之,则以彼之躁,必不能深思以去其病,而终无自以入德矣。故其告之如此。②

朱熹通过还原孔子此言的语境,认为孔子选择从言语谨慎这一具体而微的方面入手,告诉司马牛如何通过日常生活中的言行举止来培养自己的品德。

君子敬而无失,与人恭而有礼。四海之内,皆兄弟也。君子何患乎无兄弟也?

《论语集注》:既安于命,又当修其在己者。故又言苟能持己以敬而不间断,接人以恭而有节文,则天下之人皆爱敬之,如兄弟矣。盖子夏欲以宽牛之忧,故为是不得已之辞,读者不以辞害意可也。③

朱熹分析前后两句话是因果关系。"盖子夏欲以宽牛之忧,故为是不得已之辞,读者不以辞害意可也"是朱熹对原文背景的解释。他认为子夏言说的目的是宽慰司马牛,缓解他的忧虑。这种言辞可能是出于无奈,所

---

① 黎靖德编,王星贤点校:《朱子语类》卷一百五,北京:中华书局2020年版,第3208页。
② 朱熹:《四书章句集注》,北京:中华书局2011年版,第126页。
③ 朱熹:《四书章句集注》,北京:中华书局2011年版,第127页。

以读者在理解时不应被言辞所迷惑,而要把握其背后的真正意图。

子张问明。子曰:"浸润之谮,肤受之愬,不行焉。可谓明也已矣。浸润之谮肤受之愬不行焉,可谓远也已矣。"

《论语集注》:二者难察而能察之,则可见其心之明,而不蔽于近矣。此亦必因子张之失而告之,故其辞繁而不杀,以致丁宁之意云。①

朱熹认为孔子是针对子张之过失而言说的,这是朱熹对孔子言语语境的分析,重复具有反复叮咛的作用。

齐景公问政于孔子。孔子对曰:"君君,臣臣,父父,子子。"

《论语集注》:此人道之大经,政事之根本也。是时景公失政,而大夫陈氏厚施于国。景公又多内嬖,而不立太子。其君臣父子之间,皆失其道,故夫子告之以此。②

朱熹解释"君君,臣臣,父父,子子"所提出的历史语境。

子曰:"必也正名乎!"

《论语集注》:是时出公不父其父而祢其祖,名实紊矣,故孔子以正名为先。③

朱熹解释"必也正名乎"的历史语境。

子曰:"其事也。如有政,虽不吾以,吾其与闻之。"

《论语集注》:是时季氏专鲁,其于国政,盖有不与同列议于公朝,而独与家臣谋于私室者。故夫子为不知者而言,此必季氏之家事耳。④

朱熹解释"其事也"的历史语境。

朱熹还对《论语》中群弟子语言记录的多少、详略的原因进行阐释,如他说:"《子张第十九》此篇皆记弟子之言,而子夏为多,子贡次之。盖孔门自颜子以下,颖悟莫若子贡;自曾子以下,笃实无若子夏。故特记之

---

① 朱熹:《四书章句集注》,北京:中华书局2011年版,第127页。
② 朱熹:《四书章句集注》,北京:中华书局2011年版,第129页。
③ 朱熹:《四书章句集注》,北京:中华书局2011年版,第134页。
④ 朱熹:《四书章句集注》,北京:中华书局2011年版,第136页。

第五章　篇章要素与义理表达的中和

详焉。"① 子贡的聪慧机敏、子夏的敦厚忠诚深受孔子喜爱，这也是他们言论能被详细记录下来的原因。

孟子曰："尽信《书》，则不如无《书》。吾于《武成》，取二三策而已矣。仁人无敌于天下。以至仁伐至不仁，而何其血之流杵也？"

《论语集注》：孟子言此则其不可信者。然《书》本意，乃谓商人自相杀，非谓武王杀之也。孟子之设是言，惧后世之惑，且长不仁之心耳。②

《尚书》记载武王伐纣，因商纣士兵倒戈自相残杀而致"血流漂杵"。孟子认为武王是仁人，不可能会大肆杀人而导致"血流漂杵"事件，认为这是《尚书》的不可信之处。朱熹认为，《武成》所记载的本义是商朝的士兵自相残杀，而不是说周武王杀了他们。孟子之所以不全信《武成》，是担心后世的人会被误导，进而滋长不仁之心。

朱熹善于还原孔子言说的语境，通过还原语境，补充或揭示出孔子话语的深层含义。

阙党童子将命。或问之曰："益者与？"子曰："吾见其居于位也，见其与先生并行也。非求益者也，欲速成者也。"③

《论语义疏》解释"益者与"为"此童子而传辞，是自求进益之道也与"④。而朱熹阐发为"或人疑此童子学有进益，故孔子使之传命以宠异之也"⑤，"宠异之"是朱熹对或人之言语境的还原。朱熹在此基础上进一步分析孔子此言的深层含义并非"宠异之"，而是教育此儿童，他说："孔子言吾见此童子，不循此礼。非能求益，但欲速成尔。故使之给使令之役，观长少之序，习揖逊之容。盖所以抑而教之，非宠而异之也。"⑥认为，孔子通过安排儿童传辞的任务，旨在教育他通过观察长幼秩序、学习恭敬谦逊的礼节，以此培养良好的道德品行，这是朱熹对孔子教育思想的创发。而朱熹所借助的正是通过还原言语交际双方人事关系陈述的意图和方式去阐释语义，具有现代语言学的"情景语境"的内涵。

---

① 朱熹：《四书章句集注》，北京：中华书局2011年版，第175页。
② 朱熹：《四书章句集注》，北京：中华书局2011年版，第342页。
③⑤⑥ 朱熹：《四书章句集注》，北京：中华书局2011年版，第150页。
④ ［梁］皇侃撰，高尚榘校点：《论语义疏》，北京：中华书局2013年版，第389页。

孟子曰："子服尧之服，诵尧之言，行尧之行，是尧而已矣；子服桀之服，诵桀之言，行桀之行，是桀而已矣。"

《孟子集注》：详曹交之问，浅陋粗率，必其进见之时，礼貌衣冠言动之间，多不循理，故孟子告之如此两节云。①

朱熹推测孟子是因为见到曹交穿着打扮、言行举止不合礼仪规范而言说的。曹交浅陋粗率，孟子告诫他善恶皆在自己，要学会向圣人学习。

公孙丑曰："乐正子强乎？"曰："否。""有知虑乎？"曰："否。""多闻识乎？"曰："否。"

《孟子集注》：此三者，皆当世之所尚，而乐正子之所短，故丑疑而历问之。②

朱熹分析公孙丑反复询问孟子的原因是，当时世人都强调以一技之长治国，而这正是乐正子所不擅长的。孟子把喜于听取善言作为治国理政的基本才能，因为听取善言，就能拒绝那些善于逸谀面谀的小人。朱熹也认同孟子的观点，他说："为政，不在于用一己之长，而贵于有以来天下之善。"③

王子垫问曰："士何事？"

《孟子集注》：上则公卿大夫，下则农工商贾，皆有所事；而士居其间，独无所事，故王子问之也。④

朱熹补充分析王子垫所提问题的社会背景和历史文化背景。

桃应问曰："舜为天子，皋陶为士，瞽瞍杀人，则如之何？"

《孟子集注》：其意以为舜虽爱父，而不可以私害公；皋陶虽执法，而不可以刑天子之父。故设此问，以观圣贤用心之所极，非以为真有此事也。⑤

朱熹从舜爱父、皋陶执法角度分析桃应之问的缘由，其目的是观察圣

---

① 朱熹：《四书章句集注》，北京：中华书局2011年版，第317页。
② 朱熹：《四书章句集注》，北京：中华书局2011年版，第324页。
③ 朱熹：《四书章句集注》，北京：中华书局2011年版，第325页。
④⑤ 朱熹：《四书章句集注》，北京：中华书局2011年版，第336页。

贤在面临这种极端情况时，会如何思考和决策。

恭敬者，币之未将者也。恭敬而无实，君子不可虚拘。

《孟子集注》：此言当时诸侯之待贤者，特以币帛为恭敬，而无其实也。①

朱熹分析孟子之所以言"恭敬而无实"是因为当时诸侯流行以币帛代替恭敬的这种形式主义作风。

孟子曰："武王之伐殷也，革车三百两，虎贲三千人。王曰：'无畏！宁尔也，非敌百姓也。'若崩厥角稽首。"

孟子之意当云：王谓商人曰：无畏我也。我来伐纣，本为安宁汝，非敌商之百姓也。于是商人稽首至地，如角之崩也。②

朱熹阐发孟子所言的本意。

第二节 修辞与义理表达

朱熹重视语言修辞，就语篇而言，朱熹对引用、重言论说内容丰富，且作为理学家，他所论述的引用、重言旨在理学思想的义理表达，形成语篇修辞和义理表达的中和。

一、引用：征义、明理、达意

在中国修辞学史上，引用是一种重要的修辞方式。盛行于先秦时期的"明用稽疑"的占卜行为，实质上是言说作文引经据典的滥觞。《尚书》中出现的诸多以"圣有谟训""皇祖有训""训有之""古人有言曰"为标记的话语，亦是引用。《庄子》"三言"中的"重言"即是引用。刘勰以《事类》为篇专论写作中的用事引言问题，即类似于现代修辞学的"引

---

① 朱熹：《四书章句集注》，北京：中华书局2011年版，第337页。
② 朱熹：《四书章句集注》，北京：中华书局2011年版，第342页。

用",他说:"事类者,盖文章之外,据事以类义,援古以证今者也。"① 所谓"事类",是在文章原有的辞情之外,凭据事例来类比说明文义,援引古事、古语来验证今天之事理的。按刘勰所论,"事类"包括两个方面的内容:一是"略举人事以征义",② 即约略引用古人的事例,用以证明事理的含义;二是"全引成辞以明理",③ 即如实引用前人的说法,用以阐明道理。宋代王安石提出"借事以相发明"④ 说、苏轼提出"用事当以故为新、以俗为雅"⑤ 说,皆论及引用典故化故为新,化俗为雅;宋严有翼《艺苑雌黄》提出"反其意而用之者,非识学养高,超越寻常拘挛之见,不规然蹈袭前人陈迹者,何以致此",⑥ 主张要"反用"引用。后来各类文论中"引辞"等的论述,所言的都是引用。"可以说,引用是一种古与今、新与旧、传承与创新相结合的具有深厚文化底蕴的修辞现象。"⑦

引用是增强权威性和可信度的论证手法,具体而言,即引用权威性的文献、史料典籍、格言、成语、誓句、故事、寓言、歌谣、俗语等。从引用内容的类型而言,朱熹所引用的内容广泛,如《诗集传》,"朱熹既杂取毛、郑,也间采齐、鲁、韩三家,还吸取了不少当代学者的解说。其中有些学者,与朱熹解读《诗经》的思路很不一样,如吕祖谦,是尊《毛序》的,朱熹仍然引用了他的很多见解。这样,屏除了门户之见,就使得诗集传能够兼收并蓄,博采众长。"⑧

从引用功能或目的而言,一是引用以征义,即通过引用以佐证或支持自己的观点。

孟子曰:"鲁君之宋,呼于垤泽之门。守者曰:'此非吾君也,何其声之似我君也?'此无他,居相似也。"

---

① [南朝梁]刘勰著,[清]黄叔琳注:《文心雕龙》,上海:上海古籍出版社2015年版,第221页。
②③ [南朝梁]刘勰著,[清]黄叔琳注:《文心雕龙》,上海:上海古籍出版社2015年版,第221页。
④ 梁启超:《王荆公·荆公之文学(下)诗词》,北京:中华书局2015年版,第215页。
⑤ 曾枣庄主编:《宋代序跋全编》卷一〇七,济南:齐鲁书社2015年版,第2974页。
⑥ 刘学锴等编:《李商隐资料汇编·严有翼》,北京:中华书局2001年版,第55页。
⑦ 宗廷虎、李金苓:《引用辞格审美发展的社会文化动因》,《湖南科技大学学报》2015年第1期。
⑧ 朱熹:《诗集传·前言》,北京:中华书局2011年版,第2页。

《孟子集注》：孟子又引此事为证。①

引用鲁君之事以证明"居移气，养移体"之说。

"其君子实玄黄于匪以迎其君子，其小人箪食壶浆以迎其小人，救民于水火之中，取其残而已矣。《太誓》曰：'我武惟扬，侵于之疆，则取于残，杀伐用张，于汤有光。'"

《孟子集注》：言武王威武奋扬，侵彼纣之疆界，取其残贼，而杀伐之功因以张大，比于汤之伐桀又有光焉，引此以证上文取其残之义。②

朱熹认为引文是为了支持或证明前文所提到的"取其残"的论点。此类用法的语例还有：

孟子引以证伐夏救民之事也。③

引此以证上文能由是路之义。④

盖古书之辞，而孟子引以证源源而来之意，见其亲爱之无已如此也。⑤

二是通过引用阐释、说明道理。朱熹以"以明""以释"关键词来表达。

孟子曰："故苟得其养，无物不长；苟失其养，无物不消。孔子曰：'操则存，舍则亡；出入无时，莫知其乡。'惟心之谓与？"

《孟子集注》：孔子言心，操之则在此，舍之则失去，其出入无定时，亦无定处如此。孟子引之，以明心之神明不测，得失之易，而保守之难，不可顷刻失其养。⑥

朱熹认为孟子引用孔子之言是为了阐明前言所蕴含的修养内心的重要意义。

曾子曰："十目所视，十手所指，其严乎！"

---

① 朱熹：《四书章句集注》，北京：中华书局2011年版，第336页。
② 朱熹：《四书章句集注》，北京：中华书局2011年版，第250-251页。
③ 朱熹：《四书章句集注》，北京：中华书局2011年版，第290页。
④ 朱熹：《四书章句集注》，北京：中华书局2011年版，第302页。
⑤ 朱熹：《四书章句集注》，北京：中华书局2011年版，第285页。
⑥ 朱熹：《四书章句集注》，北京：中华书局2011年版，第310页。

朱熹注：引此以明上文之意。①

朱熹认为引文在后是为了说明前文之意。此类的语类较多，举例如下：

又引书及孔子之言以明之。②

此引汤之事以明之，解见前篇。③

此又引孔子之事，以明可见之节也。④

子思所引夫子之言，以明首章之义者止此。⑤

孟子引此以明道既不行，复受其禄，则无以异此矣。⑥

子思引《诗》及此语，以明行远自迩、登高自卑之意。⑦

孟子引此，以明君独乐而不恤其民，则民怨之而不能保其乐也。⑧

子思引此诗以明化育流行，上下昭著，莫非此理之用，所谓费也。⑨

又引孔子之事，以明世俗所尚，犹或可从，况受其赐，何为不可乎？⑩

子贡自以无谄无骄为至矣，闻夫子之言，又知义理之无穷，虽有得焉，而未可遽自足也，故引是诗以明之。⑪

从以上语例可知，引用是为了以圣人之言或经典之文证明或阐明道理，"明"是引用的目的，也就是说，引用的其目的是让人理解道理或领会义理。孟子引用孔子语言较多，这是因为孟子尊孔，视孔子语言为经典，朱熹亦非常推崇孔子语言，他说："圣人为万世立言。"⑫"圣人之言，大中至正之极，而万世之标准也。"⑬ 认为圣人语言即是天理大道，是万世标准。直至今日，

---

① 朱熹：《四书章句集注》，北京：中华书局2011年版，第8页。
② 朱熹：《四书章句集注》，北京：中华书局2011年版，第286页。
③ 朱熹：《四书章句集注》，北京：中华书局2011年版，第342页。
④ 朱熹：《四书章句集注》，北京：中华书局2011年版，第251－252页。
⑤⑨ 朱熹：《四书章句集注》，北京：中华书局2011年版，第24页。
⑥ 朱熹：《四书章句集注》，北京：中华书局2011年版，第231页。
⑦ 朱熹：《四书章句集注》，北京：中华书局2011年版，第26页。
⑧ 朱熹：《四书章句集注》，北京：中华书局2011年版，第189页。
⑩ 朱熹：《四书章句集注》，北京：中华书局2011年版，第298页。
⑪ 朱熹：《四书章句集注》，北京：中华书局2011年版，第54页。
⑫ 黎靖德编，王星贤点校：《朱子语类》卷三十二，北京：中华书局2020年版，第978页。
⑬ 朱熹撰，朱杰人、严佐之、刘永翔主编：《朱子全书》第24册，上海：上海古籍出版社，合肥：安徽教育出版社2010年版，第3615页。

孔子作为儒家创始人，其言语一直被奉为经典而广泛引用。

"以释"即通过引用阐释文义或词义。

所谓治国必先齐其家者，其家不可教而能教人者，无之。故君子不出家而成教于国：孝者，所以事君也；弟者，所以事长也；慈者，所以使众也。《康诰》曰"如保赤子"，心诚求之，虽不中不远矣。

朱熹注：此引《书》而释之，又明立教之本不假强为，在识其端而推广之耳。①

引用《尚书》语言的目的是对前文内容进行解释或阐述，又进一步指明教育的根本在于认识其基本精神并推而广之。

《志》，记也，引《志》之言而释其意。②

引《诗》而释之，以明明明德者之止于至善。③

此引《诗》而释之，以明贤者而后乐此之意。④

孟子引子思之言而释之，以明不可召之意。⑤

三是通过引用以阐发道理或表达思想，即引用是为了"达意"。朱熹以"而言""以言""而云"关键词来表达。

子曰："听讼，吾犹人也，必也使无讼乎！"无情者不得尽其辞。

朱熹注：引夫子之言，而言圣人能使无实之人不敢尽其虚诞之辞。⑥

朱熹认为引用的目的在于说明"无情者不得尽其辞"，即引用在于证明和支撑论点，增强说服力。此类的语例较多，列举如下：

故下文引诗言谨独之事。⑦

结所引书，皆言自明己德之意。⑧

引此而言圣人之止，无非至善。⑨

---

① 朱熹：《四书章句集注》，北京：中华书局2011年版，第10页。
② 朱熹：《四书章句集注》，北京：中华书局2011年版，第236页。
③⑥ 朱熹：《四书章句集注》，北京：中华书局2011年版，第7页。
④ 朱熹：《四书章句集注》，北京：中华书局2011年版，第188页。
⑤ 朱熹：《四书章句集注》，北京：中华书局2011年版，第301页。
⑦ 朱熹：《四书章句集注》，北京：中华书局2011年版，第40页。
⑧⑨ 朱熹：《四书章句集注》，北京：中华书局2011年版，第6页。

引此以言小役大弱役强之事也。①

孟子引此诗及孔子之言，以言文王之事。②

引夫子之言，而言圣人能使无实之人不敢尽其虚诞之辞。③

孔子引之，言如此，则是亦为政矣，何必居位乃为为政乎？④

故引《诗》言治屋之急如此者，盖以来春将复始播百谷，而不暇为此也。⑤

此《雍》诗之辞，孔子引之，言三家之堂非有此事，亦何取于此义而歌之乎？⑥

因引曾子之言，而云夫此岂是不义，而曾子肯以为言，是或别有一种道理也。⑦

孟子引此而言瞽瞍不能以不善及其子，而反见化于其子，则是所谓父不得而子者，而非如咸丘蒙之说也。⑧

四是通过引用以总结文意。

《诗》云："殷之未丧师，克配上帝；仪监于殷，峻命不易。"

朱熹注：引《诗》而言此，以结上文两节之意。⑨

引《诗》具有总结上文之功能。

《诗》云："桃之夭夭，其叶蓁蓁；之子于归，宜其家人。"宜其家人，而后可以教国人。《诗》云："宜兄宜弟。"宜兄宜弟，而后可以教国人。《诗》云："其仪不忒，正是四国。"其为父子兄弟足法，而后民法之也。

朱熹注：此三引《诗》，皆以咏叹上文之事，而又结之如此。其味深长，最宜潜玩。⑩

---

①② 朱熹：《四书章句集注》，北京：中华书局2011年版，第261页。
③ 朱熹：《四书章句集注》，北京：中华书局2011年版，第7页。
④ 朱熹：《四书章句集注》，北京：中华书局2011年版，第60页。
⑤ 朱熹：《四书章句集注》，北京：中华书局2011年版，第237页。
⑥ 朱熹：《四书章句集注》，北京：中华书局2011年版，第61页。
⑦ 朱熹：《四书章句集注》，北京：中华书局2011年版，第226页。
⑧ 朱熹：《四书章句集注》，北京：中华书局2011年版，第287页。
⑨ 朱熹：《四书章句集注》，北京：中华书局2011年版，第12页。
⑩ 朱熹：《四书章句集注》，北京：中华书局2011年版，第10-11页。

第五章　篇章要素与义理表达的中和

朱熹认为，三次引用《诗经》的内容，一是抒发咏叹之情，增强感染力和说服力；二是具有结尾作用。

子思引此孔子之言，以结上文之意。①

其下十章，盖子思引夫子之言，以终此章之义。②

五是引用具有特定的表达目的。如表达强调、叮嘱之意。

《康诰》曰："惟命不于常！"道善则得之，不善则失之矣。

因上文引文王《诗》之意而申言之，其丁宁反复之意益深切矣。③

引文和前文内容相同，表达强调和叮咛反复之意。

"名之曰'幽厉'，虽孝子慈孙，百世不能改也。《诗》云'殷鉴不远，在夏后之世'，此之谓也。"

《孟子集注》：言商纣之所当鉴者，近在夏桀之世，而孟子引之，又欲后人以幽厉为鉴也。④

朱熹认为孟子引《诗·大雅·荡》"殷鉴不远，在夏后之世"意在警示后人要以夏桀、周幽王和周厉王这些暴虐无道的君主为鉴，不要重蹈覆辙。此外，引用亦具有赞扬、传承、警示、拒绝、否定等特定的表达目的。

此《卫风》《雄雉》之诗，孔子引之，以美子路也。⑤

此引孔子之言，以继大舜、文、武、周公之绪，明其所传之一致，举而措之，亦犹是耳。⑥

又引孔子之言，以为声色乃化民之末务。⑦

夷子引之，盖欲援儒而入于墨，以拒孟子之非己。⑧

---

① 朱熹：《四书章句集注》，北京：中华书局2011年版，第26页。
② 朱熹：《四书章句集注》，北京：中华书局2011年版，第20页。
③ 朱熹：《四书章句集注》，北京：中华书局2011年版，第12页。
④ 朱熹：《四书章句集注》，北京：中华书局2011年版，第259页。
⑤ 朱熹：《四书章句集注》，北京：中华书局2011年版，第110页。
⑥ 朱熹：《四书章句集注》，北京：中华书局2011年版，第33页。
⑦ 朱熹：《四书章句集注》，北京：中华书局2011年版，第42页。
⑧ 朱熹：《四书章句集注》，北京：中华书局2011年版，第245页。

当时助法尽废，典籍不存，惟有此诗，可见周亦用助，故引之也。①
虎之言此，恐为仁之害于富也；孟子引之，恐为富之害于仁也。②
昔者以下，孟子不敢当丑之言，而引孔子、子贡问答之辞以告之也。③

《四书章句集注》中，朱熹关于引用与语义的关系阐释的内容比较丰富，概而言之，引用是表达的手段，是服务于语义的，具体而言，引用是为了征义、明理、达意、总结文意以及表达特殊的交流效果。

二、重言：强化传情达意

重言又称再言，是指词语连续反复使用或间隔反复使用的一种修辞方式。《四书章句集注》共出现15例"重言"，《诗集传》出现9例。朱熹在训诂中着重对重言的类型、意义作了分析，其类型有词语重复、句子重复和篇章重复，重言具有加强赞美、憎恶、想念、遗憾等感情、强调语意、呼应上下文的作用。

《孟子》："其志嘐嘐然，曰'古之人，古之人'。夷考其行而不掩焉者也。"

朱熹集注：重言古之人，见其动辄称之，不一称而已也。④

此语例"古之人"是词语重言。

子曰："贤哉，回也！一箪食，一瓢饮，在陋巷。人不堪其忧，回也不改其乐。贤哉，回也！"

朱熹集注：颜子之贫如此，而处之泰然，不以害其乐，故夫子再言"贤哉回也"以深叹美之。⑤

此语例"贤哉，回也"是句子重言，表达孔子对颜渊深切的赞美之情。

---

①② 朱熹：《四书章句集注》，北京：中华书局2011年版，第237页。
③ 朱熹：《四书章句集注》，北京：中华书局2011年版，第217页。
④ 朱熹：《四书章句集注》，北京：中华书局2011年版，第13-14页。
⑤ 朱熹：《四书章句集注》，北京：中华书局2011年版，第85页。

《诗经·东山》：我徂东山，慆慆不归。我来自东，零雨其濛。

朱熹集注：章首四句言其往来之劳，在外之久，故每章重言，见其感念之深。①

此语例"我徂东山"是篇章重言，表达人与人之间"感念之深"的深厚情谊。

表达感情强调的还有："再言焉用佞，所以深晓之"② "如其仁，言谁如其仁者，又再言以深许之"；③ 表达语意强调的，诸如："故重言以誓之，欲其姑信此而深思以得之也"④ "再言流火授衣者，将言女功之始。故又本于此"；⑤ 表示呼应上下文的有："重言之，以结上文两节之意"⑥ "盖承上章之意，而重言之，以警王也。"⑦

第三节 "关键处"与义理表达

篇首、篇尾在文章结构中具有重要意义，与语义的关系在文章的结构和读者理解中扮演着重要角色，而篇章中重要的字、词、句、段、章是文章思想表达的重点，它们皆是篇章的关键处。朱熹在评述经典经文和古人文章，对篇章的"关键处"与语义表达有丰富论述。

一、篇首、篇尾与义理主旨

朱熹关于《论语》首篇和终篇的内容安排的阐发：

《学而第一》，此为书之首篇，故所记多务本之意，乃入道之门、积德之基、学者之先务也。⑧

---

① 朱熹：《诗集传》，北京：中华书局2011年版，第123页。
② 朱熹：《四书章句集注》，北京：中华书局2011年版，第75页。
③ 朱熹：《四书章句集注》，北京：中华书局2011年版，第144页。
④ 朱熹：《四书章句集注》，北京：中华书局2011年版，第88页。
⑤⑥ 朱熹：《四书章句集注》，北京：中华书局2011年版，第188页。
⑦ 朱熹：《诗集传》，北京：中华书局2011年版，第293页。
⑧ 朱熹：《四书章句集注》，北京：中华书局2011年版，第49页。

文章首篇要统领全文，浓缩全文的中心思想和文章的主旨。《论语》首篇所记录的内容也是儒者为学的根本之道。而文章终篇具有总结全文、深化主题、首尾呼应、强化情感之功能。朱熹从两个方面阐发《论语》终篇的功能。一是终篇具有收尾呼应之功能。

尹氏曰："知斯三者，则君子之事备矣。弟子记此以终篇，得无意乎？学者少而读之，老而不知一言为可用，不几于侮圣言者乎？夫子之罪人也，可不念哉？"①

朱熹引用尹焞的观点，认为《论语》以"不知命、不知礼、不知言"为终篇，是为了呼应开篇《学而篇》，先后呼应，老少对比，强化对《论语》圣人之言的领会的重要意义。二是朱熹从"道统"论思想的阐发上论述终篇之功能。

杨氏曰："《论语》之书，皆圣人微言，而其徒传守之，以明斯道者也。故于终篇，具载尧、舜咨命之言，汤、武誓师之意，与夫施诸政事者。以明圣学之所传者，一于是而已。所以著明二十篇之大旨也。《孟子》于终篇，亦历叙尧、舜、汤、文、孔子相承之次，皆此意也。"②

朱熹引用杨时认为《论语》终篇记载尧、舜、汤、武之事迹和言语是为了阐发儒家思想是一脉相承的。朱熹在《中庸章句序》中系统阐述儒家道统思想，肯定道统史上中庸之道是一脉相承的，即尧传之舜、舜传之禹，"自是以来，圣圣相承：若成汤、文、武之为君，皋陶、伊、傅、周、召之为臣，既皆以此而接夫道统之传，若吾夫子，则虽不得其位，而所以继往圣、开来学，其功反有贤于尧舜者。然当是时，见而知之者，惟颜氏、曾氏之传得其宗。及曾氏之再传，而复得夫子之孙子思，则去圣远而异端起矣。"③孔子、颜子、曾子、子思在"不得其位"的情况下承接了中庸之道统。自子思之后，儒道受到佛老思想的冲击，日渐式微。直至北宋程颢、程颐，重新接续儒家道统。他在《四书章句集注》中表达传承儒道的愿望，由此构建起自尧、舜、禹、汤、文、武、孔子、颜子、曾子、子

---

①② 朱熹：《四书章句集注》，北京：中华书局2011年版，第180－181页。
③ 朱熹：《四书章句集注》，北京：中华书局2011年版，第17页。

思、二程、朱熹的道统谱系。

《孟子》终篇《尽心下》载有孟子的一段感慨：

> 由尧、舜至于汤，五百有余岁，若禹、皋陶，则见而知之；若汤，则闻而知之。由汤至于文王，五百有余岁，若伊尹、莱朱则见而知之；若文王，则闻而知之。由文王至于孔子，五百有余岁，若太公望、散宜生，则见而知之；若孔子，则闻而知之。由孔子而来至于今，百有余岁，去圣人之世，若此其未远也；近圣人之居，若此其甚也，然而无有乎尔，则亦无有乎尔。

孟子历数由尧、舜至于汤，由汤至于文王，由文王至于孔子，间隔均为五百余年，他们或见而知之，或闻而知之，但是却不断有后圣继起，而自孔子至孟子，已有百余年。孟子的感慨，显然是关注孔子之后能否有继之者的重要现实问题。朱熹从篇章结尾的功能视角对道统论作了解说。

> 此言，虽若不敢自谓已得其传，而忧后世遂失其传，然乃所以自见其有不得辞者，而又以见夫天理民彝不可泯灭，百世之下，必将有神会而心得之者耳。故于篇终，历序群圣之统，而终之以此，所以明其传之有在，而又以俟后圣于无穷也，其指深哉！①

朱熹阐发孟子"故于篇终，历序群圣之统"的感慨，显然是对孟子千年之后的道统，是否有继之者的现实问题的追问。"而他本人之所以会以毕生精力从事《四书》学的诠释与建构，就是传承孔子、曾子、子思、孟子以来的道统。事实上，朱熹对孔子以来的士人传道经典重视程度，显然已经超过三代先王传道经典。"②

二、"要紧处"与义理表达

"要紧处"指语篇中最为关键、核心的文字。语言文字之"要紧处"可以是段、章、句。

---

① 朱熹：《四书章句集注》，北京：中华书局2011年版，第352－353页。
② 朱汉民：《经典诠释与道统建构》，《北京大学学报》2018年第4期。

问:"'养气'一段,不知要紧在甚处?"曰:"从头至尾都要紧。"①

曰:"大纲要紧只是前面三两章。君子小人之分,却在'诚其意'处。诚于为善,便是君子,不诚底便是小人,更无别说。"②

《西铭》一篇,首三句却似人破义题。"天地之塞、帅"两句,恰似人做原题,乃一篇紧要处。③

亦可以是表达实在的义理或内容的实字或实词。

"与哀公言,亦未有引进后学意,要紧只在'不迁怒,不贰过'六字上。"④

要之,根本工夫都在'敬'字。若能敬,则下面许多事方照管得到。自古圣贤,自尧舜以来便说这个'敬'字。孔子曰:修己以敬。'此是最要紧处!"⑤

先生遂曰:"要紧只在'夫子循循然善诱人,博我以文,约我以礼'三句上。须看夫子'循循然善诱'底意思是如何。圣人教人,要紧只在'格物、致知','克己、复礼'。这个穷理,是开天聪明,是甚次第!"⑥

朱熹认为"不迁怒,不贰过""修己以敬""格物致知""克己复礼"是为学修身的关键功夫,所以是文章的关键字词。再如朱熹注释《孟子》"学问之道无他,求其放心而已矣"曰:"此乃孟子开示切要之言,程子又发明之,曲尽其指,学者宜服膺而勿失也。"⑦ 认为此语是孟子"开示切要之言",即是关键文字,需要学者体悟践行。实字或实词表达重要内容或义理,朱熹强调要在"实"字上下功夫。

《大学》中大抵虚字多。如所谓"欲""其""而后",皆虚字;"明明德、新民、止于至善","致知、格物、诚意、正心、修身、齐家、治国、

---

① 黎靖德编,王星贤点校:《朱子语类》卷一百一十八,北京:中华书局2020年版,第3493页。
② 黎靖德编,王星贤点校:《朱子语类》卷十六,北京:中华书局2020年版,第399页。
③ 黎靖德编,王星贤点校:《朱子语类》卷九十八,北京:中华书局2020年版,第3069页。
④ 黎靖德编,王星贤点校:《朱子语类》卷一百五,北京:中华书局2020年版,第3208页。
⑤ 黎靖德编,王星贤点校:《朱子语类》卷二十一,北京:中华书局2020年版,第605-606页。
⑥ 黎靖德编,王星贤点校:《朱子语类》卷三十六,北京:中华书局2020年版,第1168页。
⑦ 朱熹:《四书章句集注》,北京:中华书局2011年版,第275页。

平天下",是实字。今当就其紧要实处着工夫。①

然而在朱熹看来,某些虚词亦是表情达意的"要紧处"。他阐释《论语》"君子所贵乎道者三"曰:"看要紧处却在那'斯'字、'矣'字这般闲字上。"②"闲字"字面意义上指"空闲的字"或"无用的字",就语法功能而言指那些在句子中看似不直接承载主要信息,却对表达情感、语气、节奏或文体风格有重要作用的字词。这些字词往往不是句子的核心成分,如主语、谓语、宾语等,而是如助词、语气词、感叹词或是某些起连接、修饰作用的副词、形容词等。具体到"斯"字和"矣"字,它们是典型的"闲字",即是虚词。"斯"常作指示代词,但在某些语境下,具有连接前后文、加强语气或使句子更加流畅的作用,而非直接传达主要信息。而"矣"字则是一个语气词,用于句末,表示陈述或肯定的语气,它本身并不传达具体的内容,但却能增强句子的语感和表达效果。朱熹为何会认为此句话的关键在"斯""矣"上?

问:"'君子道者三'章,谢氏就'正、动、出'上用工。窃谓此三句,其要紧处皆是'斯'字上。盖斯者,便自然如此也。才动容貌,便自然远暴慢;非平昔涵养之熟,何以至此!此三句乃以效言,非指用功地步也。"曰:"是如此。"③

"斯"表示"便自然如此"之意,强调君子"动容貌,斯远暴慢矣;正颜色,斯近信矣;出辞气,斯远鄙倍矣"中的每一个行为或态度转变都是自然而然发生的,这种"自然如此"的状态,蕴含君子内在修养的深厚和外在表现的和谐统一,因此是理解或解读的关键之处。

与"斯"表自然如此之义类似的一个词是"能"字。

知止至能得,盖才知所止,则志有定向;才定,则自能静;静,则自能安;安,则自能虑;虑,则自能得。要紧在能字。盖滔滔而去,自然如此者。虑,谓会思量事。凡思天下之事,莫不各得其当,是也。④

---

① 黎靖德编,王星贤点校:《朱子语类》卷十五,北京:中华书局2020年版,第378页。
② 黎靖德编,王星贤点校:《朱子语类》卷三十五,北京:中华书局2020年版,第1110页。
③ 黎靖德编,王星贤点校:《朱子语类》卷三十五,北京:中华书局2020年版,第1117页。
④ 黎靖德编,王星贤点校:《朱子语类》卷十四,北京:中华书局2020年版,第339页。

"能"是一个副词,表示一种积极、主动、有效地实现内在修养目标可能性,具备足够的可能性,即自然而然地取得成功。

"苟日新"一句是为学入头处。而今为学,且要理会"苟"字。苟能日新如此,则下面两句工夫方能接续做去。而今学者只管要日新,却不去"苟"字上面着工夫。

苟,诚也。要紧在此一字。①

"苟"即"如果""苟且"之义,是副词。朱熹释其为"诚",即"确实",蕴含"真诚""坚定"之义。"苟"作为"诚"的释义,使得"苟日新"有了更深一层的含义:即真诚地、坚定地追求每日的自我更新和进步。

哀哉二字,最宜详味,令人惕然有深省处。②

读"用之则行,舍之则藏"章,曰:"专在'则'字上,如'可以仕则仕,可以久则久'之类是也。"③

"哀哉"是感叹词,具有"令人惕然有深省"之功能;"则"是连词,具有顺其自然之义。

从以上语例分析可以看出,朱熹所强调的"紧要处"是与其理学思想阐发以及儒者修身正心成圣成贤的修养思想密切相关的。

第四节 《四书章句集注》结构与义理的中和

"篇章语言学把大于句子的篇章作为研究对象,关心句子之间的关系,关心篇章的整体结构,关心语言使用者的交际意图以及语境对语篇形式和结构的影响。"④ 学界认为篇章一般要具备七个要素,即衔接、连贯、目的性、可接受性、信息性、情景性和互文。衔接指的是形式联系,是"表层

---

① 黎靖德编,王星贤点校:《朱子语类》卷十六,北京:中华书局2020年版,第389页。
② 朱熹:《四书章句集注》,北京:中华书局2011年版,第275页。
③ 黎靖德编,王星贤点校:《朱子语类》卷三十四,北京:中华书局2020年版,第1061页。
④ 刘辰诞、赵秀凤:《什么是篇章语言学》,上海:上海外语教育出版社2011年版,第4页。

篇章"成分之间有顺序的相互联系的方法。连贯指的是功能联系,或者说是有关"篇章世界"的各种概念相互依存和相互关联,包括因果关系、使能关系、理由关系、目的关系、时间关系、地点关系等。目的性即篇章的作者通过具有形式联系和功能联系的篇章,以达到思想情感表达的目的。可接受性是从篇章接受者的角度来看的,对接受者来说,他们从篇章中可以获取知识,并且这些知识是有用的,由此产生的一种合作态度。信息性指的是人们对某个篇章预测到的内容或没有预测到的内容,人们对某个篇章了解的程度的高低。情景性指文章的语境或环境。互文指的是对篇章中某些内容的理解,需依靠以前见过的某个或某些篇章。[1]

我国传统的语篇研究最早以文章学的形式出现。而章句之学是文章学的主要内容。章句之学起源于汉代,代表作是赵岐的《孟子章句》。朱熹传承发展了章句之学,其《四书章句集注》详细分析章、句、词间的关系及其章、句、词的含义与表达意图。

一、《大学》的结构与义理

朱熹传承训诂学注释原则,先注音,然后注解字词含义,再阐发句义,最后分析句子的结构关系。

朱熹开篇引用程颐语录指出《大学》初学者是进入圣人之域的门径,其学习秩序先于《论语》和《孟子》,告诫学者玩味体悟,涵养践行。具体如下:

> 子程子曰:"《大学》,孔氏之遗书,而初学入德之门也。"于今可见古人为学次第者,独赖此篇之存,而《论》、《孟》次之。学者必由是而学焉,则庶乎其不差矣。[2]

朱熹以章为单位,对《大学》的结构进行分析。对每章的内容来源、字数多少、意义地位进行分析总结。朱熹分析《大学》的结构如下:

> 右经一章,盖孔子之言,而曾子述之。凡二百五字。其传十章,则曾

---

[1] 参见徐赳赳:《现代汉语篇章语言学》,北京:商务印书馆2010年版,第8—14页。
[2] 朱熹:《四书章句集注》,北京:中华书局2011年版,第4页。

子之意而门人记之也。旧本颇有错简，今因程子所定，而更考经文，别为序次如左。凡千五百四十六字。凡传文，杂引经传，若无统纪，然文理接续，血脉贯通，深浅始终，至为精密。熟读详味，久当见之，今不尽释也。①

以上是朱熹对《大学》内容、结构、篇幅、意义的总体分析。朱熹认为《大学》包含"经""传"两部分。其中"经"是孔子所说的话，由曾子记录下来，总共 205 字。"传"是曾子对《大学》经文的阐释，然后由曾子的门人记录下来，总共 1546 字。朱熹还认为"传"虽然杂引了多种经传，看似无统一的体系，但实际上文章的文理是连贯的，各个部分之间血脉相通，由浅入深，始终如一，非常精密。总而言之，朱熹对"经""传"概念及其意义作了阐释和区别，并对其字数、错简、校改情况作了说明。

在此基础上，朱熹对《大学》每章的结构和语义的关系进行阐发。

右传之首章。释明明德。此通下三章至"止于信"，旧本误在"没世不忘"之下。②

右传之二章。释新民。③

右传之三章。释止于至善。此章内自引淇澳《诗》以下，旧本误在诚意章下。④

右传之四章。释本末。此章旧本误在"止于信"下。⑤

朱熹分析前四章阐释的内容及其旧本排序的错误。

右传之五章，盖释格物、致知之义，而今亡矣。此章旧本通下章，误在经文之下。闲尝窃取程子之意以补之曰："所谓致知在格物者，言欲致吾之知，在即物而穷其理也。盖人心之灵莫不有知，而天下之物莫不有理，惟于理有未穷，故其知有不尽也。是以《大学》始教，必使学者即凡天下之物，莫不因其已知之理而益穷之，以求至乎其极。至于用力之久，而一旦豁然贯通焉，则众物之表里精粗无不到，而吾心之全体大用无不明

---

① 朱熹：《四书章句集注》，北京：中华书局 2011 年版，第 5 页。
②③ 朱熹：《四书章句集注》，北京：中华书局 2011 年版，第 6 页。
④⑤ 朱熹：《四书章句集注》，北京：中华书局 2011 年版，第 7 页。

矣。此谓物格，此谓知之至也。"①

朱熹在此分析右传第五章"格物致知"的亡轶和错简情况。就此，朱熹传承程颐思想，创新"格物致知"新义。

右传之六章。释诚意。经曰："欲诚其意，先致其知。"又曰："知至而后意诚。"盖心体之明有所未尽，则其所发必有不能实用其力，而苟焉以自欺者。然或已明而不谨乎此，则其所明又非己有，而无以为进德之基。故此章之指，必承上章而通考之，然后有以见其用力之始终，其序不可乱而功不可阙如此云。②

与前文分析不同的是，朱熹在此特别引用《大学》前文"经"部分的内容，并对"诚意"与"格物致知"的关系进行阐发，认为此"诚意"是学者"进德之基"。由此可见朱熹对"诚意"的重视。

右传之七章。释正心修身。此亦承上章以起下章。盖意诚则真无恶而实有善矣，所以能存是心以检其身。然或但知诚意，而不能密察此心之存否，则又无以直内而修身也。自此以下，并以旧文为正。③

朱熹分析第五、第六、第七章所阐发的"格物致知""诚意""正心修身"是承上启下的关系，是一个不可乱、不可缺的紧密相连，逐步深入的逻辑链条。也就是朱熹在此所分析的是章句的内在逻辑顺序，并由章句语言的逻辑性体现"格物—致知—诚意—正心—修身"的儒家修养工夫的逻辑进程。

右传之八章。释修身齐家。④
右传之九章。释齐家治国。⑤
右传之十章。释治国平天下。此章之义，务在与民同好恶而不专其利，皆推广絜矩之意也。能如是，则亲贤乐利各得其所，而天下平矣。⑥

---

① 朱熹：《四书章句集注》，北京：中华书局2011年版，第8页。
②③ 朱熹：《四书章句集注》，北京：中华书局2011年版，第9页。
④ 朱熹：《四书章句集注》，北京：中华书局2011年版，第10页。
⑤ 朱熹：《四书章句集注》，北京：中华书局2011年版，第11页。
⑥ 朱熹：《四书章句集注》，北京：中华书局2011年版，第14页。

由此可知,朱熹对每章节的分析不是用力均等的,而是有所侧重。在第十章治国平天下,朱熹更强调的是"仁政"和"民本"思想。

> 凡传十章:前四章统论纲领指趣,后六章细论条目功夫。其第五章乃明善之要,第六章乃诚身之本,在初学尤为当务之急,读者不可以其近而忽之也。①

最后,朱熹对《大学》"传"十章的内容、意义、地位不同的概括,及其所应秉持的不同态度。朱熹对《大学》的章句分析,是按照总分结构开展的。在各章节内部分析,朱熹按照从字音、字词义、句义再至结构的秩序分析。

以上分析的是章与章的衔接,朱熹还分析句与句间的逻辑关系。

> 《大学》之道,在明明德,在亲民,在止于至善。
> 朱熹注:此三者,大学之纲领也。②
> 古之欲明明德于天下者,先治其国;欲治其国者,先齐其家;欲齐其家者,先修其身;欲修其身者,先正其心;欲正其心者,先诚其意;欲诚其意者,先致其知;致知在格物。
> 朱熹注:此八者,大学之条目也。③

朱熹指出《大学》"在明明德,在亲民,在止于至善"与"在明明德,在亲民,在止于至善……致知在格物"是"三纲领"和"八条目"的关系。

> 物有本末,事有终始,知所先后,则近道矣。
> 朱熹注:此结上文两节之意。④
> 其本乱而末治者否矣,其所厚者薄,而其所薄者厚,未之有也!
> 朱熹注:此两节结上文两节之意。⑤
> 此谓知之至也。

---

① 朱熹:《四书章句集注》,北京:中华书局2011年版,第14页。
②③ 朱熹:《四书章句集注》,北京:中华书局2011年版,第4页。
④ 朱熹:《四书章句集注》,北京:中华书局2011年版,第4-5页。
⑤ 朱熹:《四书章句集注》,北京:中华书局2011年版,第5页。

朱熹注：此句之上别有阙文，此特其结语耳。①

富润屋，德润身，心广体胖，故君子必诚其意。

朱熹注：盖善之实于中而形于外者如此，故又言此以结之。②

朱熹分析语句的功能，认为此两句是对前文内容的总结，即分析语句与语句是分总的逻辑关系。

物格而后知至，知至而后意诚，意诚而后心正，心正而后身修，身修而后家齐，家齐而后国治，国治而后天下平。

朱熹注：齐家以下，新民之事也。物格知至，则知所止矣。意诚以下，则皆得所止之序也。③

自天子以至于庶人，壹是皆以修身为本。

朱熹注：正心以上，皆所以修身也。齐家以下，则举此而措之耳。④

朱熹分析上下文结构和语义的逻辑的关系，如他认为"齐家"以下讲述的是"新民"的内容。此外，朱熹还分析上下文的承上启下的结构关系。

是故君子先慎乎德。有德此有人，有人此有土，有土此有财，有财此有用。

朱熹注：先慎乎德，承上文不可不慎而言。⑤

是故君子有大道，必忠信以得之，骄泰以失之。

朱熹注：此因上所引《文王》《康诰》之意而言。⑥

朱熹分析此言是承接上文而言，指出前后文的承接关系。朱熹也分析前后文语意一致的关系。

生财有大道，生之者众，食之者寡，为之者疾，用之者舒，则财恒足矣。

朱熹注：自此以至终篇，皆一意也。⑦

---

① 朱熹：《四书章句集注》，北京：中华书局2011年版，第8页。
② 朱熹：《四书章句集注》，北京：中华书局2011年版，第8-9页。
③④ 朱熹：《四书章句集注》，北京：中华书局2011年版，第5页。
⑤ 朱熹：《四书章句集注》，北京：中华书局2011年版，第12页。
⑥⑦ 朱熹：《四书章句集注》，北京：中华书局2011年版，第13页。

朱熹分析此言与下文的关系，其语义是一致的关系。

二、《中庸》的结构与义理

《中庸》章句结构与语义分析的方法和逻辑与《大学》类似，也是先总体分析各章结构和语义关系，后详细分析每章的内容，每章的分析按照先注音、后释义、再分析篇章结构的秩序进行。

朱熹关于《中庸》篇章的注疏体例基本和《大学》相似，如篇首：

子程子曰："不偏之谓中，不易之谓庸。中者，天下之正道；庸者，天下之定理。"此篇乃孔门传授心法，子思恐其久而差也，故笔之于书，以授孟子。其书始言一理，中散为万事，末复合为一理，"放之则弥六合，卷之则退藏于密"，其味无穷，皆实学也。善读者玩索而有得焉，则终身用之，有不能尽者矣。①

先引用程颐之言题解"中""庸"之义，认为"中庸"是孔门传授心法，是放之四海而皆准的天理，并提出研读此书的方法和意义。

就各章而言，朱熹总体阐发各章的旨意、内容、地位以及与上下章的逻辑关系，以及阙文、省文等内容。

右第一章。子思述所传之意以立言：首明道之本原出于天而不可易，其实体备于己而不可离，次言存养省察之要，终言圣神功化之极。盖欲学者于此反求诸身而自得之，以去夫外诱之私，而充其本然之善，杨氏所谓一篇之体要是也。其下十章，盖子思引夫子之言，以终此章之义。②

朱熹分析第一章在全书居于"体要"之地位，并分析此章与下文十章是总分的关系。

右第二章。此下十章，皆论中庸以释首章之义。③

分析第二章与下文十章都是阐释第一章"中庸"之义，即是总分结构关系。

---

①② 朱熹：《四书章句集注》，北京：中华书局2011年版，第20页。
③ 朱熹：《四书章句集注》，北京：中华书局2011年版，第21页。

右第五章。此章承上章而举其不行之端,以起下章之意。①

右第七章。承上章大知而言,又举不明之端,以起下章也。②

右第九章。亦承上章以起下章。③

朱熹分析章与章间的承上启下的衔接关系。

右第十一章。子思所引夫子之言,以明首章之义者止此。盖此篇大旨,以知仁勇三达德为入道之门。故于篇首,即以大舜、颜渊、子路之事明之。舜,知也;颜渊,仁也;子路,勇也:三者废其一,则无以造道而成德矣。余见第二十章。④

朱熹分析第十一章与第一章的关系,并分析此篇的主旨与首章以大舜、颜渊、子路之事的因果关系。

右第十二章。子思之言,盖以申明首章道不可离之意也。其下八章,杂引孔子之言以明之。⑤

朱熹分析此章子思之言和首章的关系,认为子思之言是为了阐发首章的含义。并分析下文八章与首章的关系。朱熹在此所分析的都是章与章间的总分或阐释的关系。

右第十六章。不见不闻,隐也。体物如在,则亦费矣。此前三章,以其费之小者而言。此后三章,以其费之大者而言。此一章,兼费隐、包大小而言。⑥

朱熹分析第十六章与前三章、与后三章的逻辑和视角关系。

右第十七章。此由庸行之常,推之以极其至,见道之用广也。而其所以然者,则为体微矣。后二章亦此意。⑦

朱熹认为右第十七章和第二章的意义相同,是并列的关系。

右第二十章。此引孔子之言,以继大舜、文、武、周公之绪,明其所

---

①② 朱熹:《四书章句集注》,北京:中华书局2011年版,第22页。
③ 朱熹:《四书章句集注》,北京:中华书局2011年版,第24页。
④⑤ 朱熹:《四书章句集注》,北京:中华书局2011年版,第24页。
⑥⑦ 朱熹:《四书章句集注》,北京:中华书局2011年版,第27页。

传之一致,举而措之,亦犹是耳。盖包费隐、兼小大,以终十二章之意。①

朱熹认为右第二十章是对前十二章的总结,类似于分总关系。

右第二十一章。子思承上章夫子天道、人道之意而立言也。
自此以下十二章,皆子思之言,以反复推明此章之意。②

分析第二十一章具有承上启下的意义,第二十一章与下文十二章是主旨与阐释即总分的关系,即以下十二章皆反复阐释人道、天道。

右第三十二章。承上章而言大德之敦化,亦天道也。前章言至圣之德,此章言至诚之道。然至诚之道,非至圣不能知;至圣之德,非至诚不能为,则亦非二物矣。此篇言圣人天道之极致,至此而无以加矣。③

分析此章与前章是不同视角的关系。

右第三十三章。子思因前章极致之言,反求其本,复自下学为己谨独之事,推而言之,以驯致乎笃恭而天下平之盛。又赞其妙,至于无声无臭而后已焉。盖举一篇之要而约言之,其反复丁宁示人之意,至深切矣,学者其可不尽心乎!④

分析此章与前章的因果关系,并指明此章在全篇的地位,即"举一篇之要而约言之",类似于总结全篇的功能。

语篇衔接理论强调语篇内部各成分之间的相互衔接,这包括词句之间、句句之间、句段之间、段段之间,以及段落与整体之间的关系。朱熹在阐释章与章、章与篇之间的关系外,也阐发章内句句、词句之间的关系,如句句之间包含分总、因果、承上启下等关系。

故于此合而言之,以结上文之意。⑤
此结上文两节,皆继志述事之意也。⑥

---

①② 朱熹:《四书章句集注》,北京:中华书局2011年版,第33页。
③ 朱熹:《四书章句集注》,北京:中华书局2011年版,第40页。
④ 朱熹:《四书章句集注》,北京:中华书局2011年版,第41页。
⑤ 朱熹:《四书章句集注》,北京:中华书局2011年版,第20页。
⑥ 朱熹:《四书章句集注》,北京:中华书局2011年版,第29页。

第五章　篇章要素与义理表达的中和

言此以结上文修身之意,起下文九经之端也。①

总结上两节。②

以上所举语例皆为朱熹分析语句的总结上文之功能,句句之间是分总关系。

宽柔以教,不报无道,南方之强也,君子居之。

朱熹注:南方风气柔弱,故以含忍之力胜人为强,君子之道也。③

朱熹分析南方风气和强者的因果关系。

征则悠远,悠远则博厚,博厚则高明。

朱熹注:悠远,故其积也广博而深厚;博厚,故其发也高大而光明。④

朱熹认为"征"和"悠远"、"悠远"和"博厚"、"博厚"和"高明"之间是因果关系。

武王、周公,其达孝矣乎!

朱熹注:承上章而言武王、周公之孝,乃天下之人通谓之孝,犹孟子之言达尊也。⑤

故为政在人,取人以身,修身以道,修道以仁。

朱熹注:此承上文人道敏政而言也。⑥

《诗》云:"相在尔室,尚不愧于屋漏。"故君子不动而敬,不言而信。

朱熹注:承上文又言君子之戒谨恐惧,无时不然,不待言动而后敬信,则其为己之功益加密矣。故下文引《诗》并言其效。⑦

朱熹分析句句之间的承上启下的关系。

就朱熹关于《大学》《中庸》各章的分析,可总结如下要点:

一是朱熹对《大学》内容从"经""传"两个层次作了总的划分,并

---

① 朱熹:《四书章句集注》,北京:中华书局2011年版,第31页。
② 朱熹:《四书章句集注》,北京:中华书局2011年版,第36页。
③ 朱熹:《四书章句集注》,北京:中华书局2011年版,第36页。
④ 朱熹:《四书章句集注》,北京:中华书局2011年版,第35页。
⑤ 朱熹:《四书章句集注》,北京:中华书局2011年版,第28页。
⑥ 朱熹:《四书章句集注》,北京:中华书局2011年版,第29页。
⑦ 朱熹:《四书章句集注》,北京:中华书局2011年版,第40页。

从"纲领指趣"和"条目功夫"两个层次对"传"作了划分。将《中庸》前10章认作是"体要",这种是篇章结构的宏观分析,然后细分各章的主要内容。

二是朱熹对各章句阐释的用力是不均等的,有详有略,甚至有些一笔带过,而对于有利于理学构建和儒者治学的内容则作了重点阐发和解释,甚至诸如"格物致知",进行新的定义。朱熹吸取汉学章句训诂的长处,又注重结合宋学敢于质疑和善于经典义理阐发的注疏优点,在著述中阐发和建构其儒学思想、理学思想。

三是朱熹注重分析各章间的逻辑关系,即承上启下、前后呼应、语义一致等关系。其分析章节的内在逻辑其所指向的是学者应遵循的修养功夫之道。此外,朱熹也注重分析各章句之间的总分、因果、并列、顺承等逻辑关系。

三、《论语》《孟子》结构与义理中和

朱熹关于《论语》和《孟子》章句的阐释和《大学》《中庸》却不同。朱熹于每卷标注数字,如"《论语集注》卷一""《孟子集注》卷一"。然后于每卷的第一章标注此章的总章数,于重要篇章总述内容要旨或篇章功能、地位等。

学而第一　此为书之首篇,故所记多务本之意,乃入道之门、积德之基、学者之先务也。凡十六章。①

公冶长第五　此篇皆论古今人物贤否得失,盖格物穷理之一端也。凡二十七章。②

述而第七　此篇多记圣人谦己诲人之辞及其容貌行事之实。凡三十七章。③

而大多数只标注篇章总数,尤其是《孟子集注》,皆只标注了篇章总数。

---

① 朱熹:《四书章句集注》,北京:中华书局2011年版,第49页。
② 朱熹:《四书章句集注》,北京:中华书局2011年版,第74页。
③ 朱熹:《四书章句集注》,北京:中华书局2011年版,第90页。

第五章 篇章要素与义理表达的中和

里仁第四　凡二十六章。①
尧曰第二十　凡三章。②
梁惠王章句上　凡七章。③
尽心章句下　凡三十八章。④

与《大学》《中庸》篇章结构分析类似的是，朱熹注重对《论语》《孟子》篇章与篇章的先后关系的分析。

此与前篇无隐之意相发，学者详之。⑤

此承前篇之末三章之意，言仁人之恩，自内及外；不仁之祸，由疏逮亲。⑥

朱熹在此分析篇与篇之间语义的联系。

八佾第三凡二十六章。通前篇末二章，皆论礼乐之事。⑦

愚谓此语亦犹前章所论父不得而子之意。⑧

朱熹分析章与章的关系，认为《八佾》与篇末二章的内容是相同的，皆论礼乐之事。

故上文既发其端，而于此请王度之也。⑨

此二句乃一章之大指，下文乃详言之。⑩

朱熹分析上下句的关系，认为"王请度之"是为了回应上文之问而言的，"仁者，心之德、爱之理。义者，心之制、事之宜也"，与下文是总分的关系。

朱熹还总结或揭示章句的语义。

---

① 朱熹：《四书章句集注》，北京：中华书局2011年版，第68页。
② 朱熹：《四书章句集注》，北京：中华书局2011年版，第180页。
③ 朱熹：《四书章句集注》，北京：中华书局2011年版，第187页。
④ 朱熹：《四书章句集注》，北京：中华书局2011年版，第341页。
⑤ 朱熹：《四书章句集注》，北京：中华书局2011年版，第168页。
⑥ 朱熹：《四书章句集注》，北京：中华书局2011年版，第341页。
⑦ 朱熹：《四书章句集注》，北京：中华书局2011年版，第61页。
⑧ 朱熹：《四书章句集注》，北京：中华书局2011年版，第290页。
⑨ 朱熹：《四书章句集注》，北京：中华书局2011年版，第195页。
⑩ 朱熹：《四书章句集注》，北京：中华书局2011年版，第187页。

此章言仁义根于人心之固有，天理之公也。①

此章言人君能惩小忿，则能恤小事大，以交邻国；能养大勇，则能除暴救民，以安天下。②

此为朱熹总结一章之内容。

孟子将问此而先设上二事以发之，及此而王不能答也。其惮于自责，耻于下问如此，不足与有为可知矣。③

朱熹认为孟子言"四境之内不治，则如之何"是以设问句启发齐宣王，而齐宣王却不能回答，朱熹通过分析句子结构与语义的关系揭示深层原因是惮于自责，耻于下问。

---

① 朱熹：《四书章句集注》，北京：中华书局2011年版，第188页。
② 朱熹：《四书章句集注》，北京：中华书局2011年版，第201页。
③ 朱熹：《四书章句集注》，北京：中华书局2011年版，第205页。

参 考 文 献

古今专著：

［战国］左丘明著，［晋］杜预注．左传［M］．上海：上海古籍出版社，2016．

［战国］韩非著，［清］王先慎集解．韩非子［M］．上海：上海古籍出版社，2015．

［战国］荀况，［唐］杨倞注，耿芸标校．荀子［M］．上海：上海古籍出版社，2014．

［西汉］刘向撰，程翔评注．说苑［M］．北京：商务印书馆，2018．

［西汉］毛公传，郑玄笺，［唐］孔颖达等正义．十三经注疏［M］．上海：上海古籍出版社，1990．

［西汉］司马迁．史记［M］．北京：中华书局，1982．

［东汉］班固．汉书［M］．北京：中华书局，1962．

［东汉］高诱注，［清］毕沅校，徐小蛮标点．吕氏春秋［M］．上海：上海古籍出版社，2014．

［东汉］赵岐注，［宋］孙奭疏．孟子注疏［M］．上海：上海古籍出版社，1990．

［魏］何晏集解，高华平校释．论语集解校释［M］．沈阳：辽海出版社，2007．

［魏］曹丕著，夏传才，唐绍忠校注．曹丕集校注［M］．石家庄：河北教育出版社，2013．

［魏］何晏注，［宋］邢昺疏．论语注疏［M］．北京：中国致公出版社，2016．

［魏］王弼．王弼集校释［M］．北京：中华书局，1980．

［魏］王弼，［晋］韩康伯注，［唐］孔颖达疏，于天宝校点．宋本周易注疏［M］．北京：中华书局，2018．

［魏］王弼注，楼宇烈校释．老子道德经校释［M］．北京：中华书局，2016．

［魏］徐干撰，孙启治解诂．中论解诂［M］．北京：中华书局，2014．

［晋］陈寿撰，［宋］裴松之注，陈乃乾校点．三国志［M］．北京：中华书局，1982．

［晋］郭象注，［唐］成玄英疏，曹础基，黄兰发点校．庄子注疏［M］．北京：中华书局，2011．

［南朝梁］顾野王撰，吕浩校点．大广益会玉篇［M］．北京：中华书局，2019．

［南朝梁］皇侃撰，高尚榘校点．论语义疏［M］．北京：中华书局，2013．

［南朝梁］钟嵘著，古直笺，曹旭导读．诗品［M］．上海：上海古籍出版社，2007．

［唐］韩愈．韩昌黎文集注释［M］．西安：三秦出版社，2004．

［唐］皎然著，李壮鹰校注．诗式校注［M］．北京：中华书局，2003．

［唐］刘知幾．史通［M］．上海：上海古籍出版社，2015．

［唐］柳宗元．柳宗元集［M］．北京：中华书局，1979．

［唐］释齐己．风骚旨格［M］．北京：中华书局，1985．

［宋］陈淳著，熊国祯、高流水点校．北溪字义［M］．北京：中华书局，1983．

［宋］陈骙著，王利器校点．文则［M］．北京：人民文学出版社，1998．

［宋］陈善．扪虱新话［M］．郑州：大象出版社，2019．

［宋］程颢，程颐著，王孝鱼校点．二程集［M］．北京：中华书局，1981．

［宋］程颢，程颐著，张旭辉整理．二程全集［M］．武汉：崇文书

局，2021.

［宋］道原．景德传灯录译注［M］．上海：上海书店出版社，2009.

［宋］范仲淹撰，李勇先，刘琳，王蓉贵校点．范仲淹全集［M］．北京：中华书局，2020.

［宋］黎靖德编，王星贤校点．朱子语类［M］．北京：中华书局，2020.

［宋］陆九渊．陆九渊全集［M］．上海：上海古籍出版社，2021.

［宋］陆九渊著，钟哲校点．陆九渊集［M］．北京：中华书局，1980.

［宋］吕祖谦著，邱江宁校点．古文关键［M］．杭州：浙江古籍出版社，2017.

［宋］邵雍著，卫绍生校注．皇极经世［M］．郑州：中州古籍出版社，2007.

［宋］司马光著，李之亮笺注．司马温公集编年笺注［M］．成都：巴蜀书社，2009.

［宋］王应麟．困学纪闻［M］．上海：上海古籍出版社，2015.

［宋］王应麟等著．三字经·百家姓·千字文·弟子规·千家诗［M］．北京：北京出版社，2006.

［宋］吴沆．环溪诗话［M］．北京：北京出版社，1988.

［宋］谢枋得．文章轨范［M］．郑州：中州古籍出版社，1991.

［宋］张栻撰，杨世文校点．南轩先生论语解［M］．北京：中华书局，2015.

［宋］张载．张子正蒙［M］．上海：上海古籍出版社，2000.

［宋］张载著，章锡琛校点．张载集［M］．北京：中华书局，1978.

［宋］周敦颐著，陈克明校点．周敦颐集［M］．北京：中华书局，1990.

［宋］朱熹集注，赵长征校点．诗集传［M］．北京：中华书局，2011.

［宋］朱熹集注．孟子［M］．上海：上海古籍出版社，2013.

［宋］朱熹著，顾志珊绘，方彦寿注解．朱子家训［M］．福州：福建教育出版社，2017.

［宋］朱熹著，张洪，齐熙编，刘天然译注．朱子读书［M］．北京：线装书局，2019.

[宋] 朱熹撰, 黄坤校点. 四书或问 [M]. 上海：上海古籍出版社, 2001.

[宋] 朱熹撰, 朱杰人, 严佐之, 刘永翔主编. 朱子全书 [M]. 上海：上海古籍出版社, 合肥：安徽教育出版社, 2010.

[元] 马端临. 文献通考 [M]. 北京：中华书局, 2011.

[元] 脱脱等撰. 宋史 [M]. 北京：中华书局, 1985.

[明] 来知德集注, 胡真校点. 周易 [M]. 上海：上海古籍出版社, 2013.

[明] 屠隆著, 汪超宏主编. 屠隆集 [M]. 杭州：浙江古籍出版社, 2012.

[明] 王守仁. 王阳明全集 M]. 上海：上海古籍出版社, 2018.

[明] 薛瑄撰, 孙浦桓校点. 读书续录 [M]. 南京：凤凰出版社, 2017.

[清] 戴凤仪. 松村诗文集 [M]. 北京：商务印书馆, 2018.

[清] 段玉裁. 说文解字注 [M]. 北京：中华书局, 2013.

[清] 洪亮吉. 春秋左传诂 [M]. 北京：中华书局, 1987.

[清] 黄宗羲原著, 全祖望补修. 宋元学案 [M]. 北京：中华书局, 1986.

[清] 焦循撰, 沈文倬校点. 孟子正义 [M]. 北京：中华书局, 1987.

[清] 刘宝楠撰, 高流水校点. 论语正义 [M]. 北京：中华书局, 1990.

[清] 刘大櫆. 论文偶记 [M], 北京：人民文学出版社, 1998.

[清] 刘熙载著, 叶子卿校点. 艺概 [M]. 杭州：浙江人民美术出版社, 2017.

[清] 牛运震撰, 宁宇校点. 诗志 [M]. 北京：中华书局, 2020.

[清] 皮锡瑞. 经学历史 [M]. 北京：中华书局, 1959.

[清] 阮元校刻. 十三经注疏清嘉庆刊本 [M]. 北京：中华书局, 2009.

[清] 阮元撰, 邓经元校点. 揅经室集 [M]. 北京：中华书局, 1993.

[清] 孙诒让撰, 孙启治校点. 墨子间诂 [M]. 北京：中华书局, 2017.

[清] 王夫之著, 戴鸿森笺注. 姜斋诗话笺注 [M]. 上海：上海古籍

出版社，2012.

［清］王鸣盛．十七史商榷［M］．北京：中华书局，2010.

［清］王聘珍撰，王文锦校点．大戴礼记解诂［M］．北京：中华书局，1983.

［清］吴淇撰，汪俊，黄进德校点．六朝选诗定论［M］．扬州：广陵书社，2009.

［清］严可均辑．全晋文［M］．北京：中华书局，1958.

［清］叶燮著，蒋寅笺注．原诗笺注［M］．上海：上海古籍出版社，2014.

［清末民初］徐世昌等编纂．清儒学案［M］．北京：中华书局，2008.

曾枣庄，刘琳主编．全宋文［M］．上海：上海辞书出版社，合肥：安徽教育出版社，2006.

陈广忠译注．淮南子［M］．北京：中华书局，2022.

陈来，朱汉民主编．传承与开拓：朱子学新论［M］．上海：华东师范大学出版社，2013.

陈桐生译注．国语［M］．北京：中华书局，2013.

陈荣捷．朱子门人［M］．上海：华东师范大学出版社，2007.

蔡方鹿．朱熹与中国文化［M］．贵阳：贵州人民出版社，2000.

陈曦译注．孙子兵法［M］．北京：中华书局，2022.

陈振．宋史［M］．上海：上海人民出版社，2020.

东方朔．朱子哲学与宋明理学［M］．上海：复旦大学出版社，2023.

董同龢．汉语音韵学［M］．北京：中华书局，2011.

方向东译注．新书［M］．北京：中华书局，2012.

方勇，李波译注．荀子［M］．北京：中华书局，2011.

方勇译注．孟子［M］．北京：中华书局，2010.

方勇译注．墨子［M］．北京：中华书局，2011.

方勇译注．庄子［M］．北京：中华书局，2010.

冯青．《朱子语类》词语研究［M］．北京：中国社会科学出版社，2014.

冯青．《朱子语类》学归［M］．南昌：江西人民出版社，2011.

冯青．朱熹语录文献语言研究［M］．北京：科学出版社，2017．

高令印，高秀华．朱子学通论［M］．厦门：厦门大学出版社，2007．

顾易生，蒋凡．先秦两汉文学批评史［M］．上海：上海古籍出版社，1990．

管锡华译注．尔雅［M］．北京：中华书局，2014．

郭齐，尹波校点．朱熹集［M］．成都：四川教育出版社，1996．

郭绍虞．郭绍虞说文论［M］．上海：上海古籍出版社，2000．

郭绍虞．中国文学批评［M］．天津：百花文艺出版社，2008．

郭英德等．中国古典文学研究史［M］．北京：中华书局，1995．

郭在贻．训诂学（修订本）［M］．北京：中华书局，2019．

韩敬译注．法言［M］．北京：中华书局，2012．

何九盈．中国古代语言学史［M］．北京：商务印书馆，2017．

胡裕树．现代汉语［M］．上海：上海教育出版社，2018．

黄侃著．文心雕龙札记［M］．北京：商务印书馆，2014．

黄克剑译注．公孙龙子［M］．北京：中华书局，2012．

黄铭，曾亦译注．春秋公羊传［M］．北京：中华书局，2016．

贾璐．朱熹训诂研究［M］．北京：中国社会科学出版社，2015．

姜广辉．中国经学思想史［M］．北京：中国社会科学出版社，2003．

蒋绍愚．汉语历史词汇学概要［M］．北京：商务印书馆，2019．

金岳霖．论道［M］．北京：商务印书馆，2015．

李葆嘉．中国语言文化史［M］．南京：江苏教育出版社，2003．

李红．朱熹《礼仪经传通解》语音研究［M］．厦门：厦门大学出版社，2011．

李建国．汉语训诂学史［M］．上海：上海辞书出版社，2002．

李清馥．闽中理学渊源考［M］．北京：商务印书馆，2018．

李山，轩新丽译注．管子［M］．北京：中华书局，2019．

李士金．朱熹文学思想研究［M］．北京：人民文学出版社，2013．

李文泽．宋代语言研究［M］．北京：线装书局，2001．

李焱，孟繁杰．《朱子语类》语法研究［M］．厦门：厦门大学出版社，2011．

李泽厚，刘纲纪．中国美学史［M］．北京：中国社会科学出版社，1984．

李泽厚．中国古代思想史论［M］．北京：生活·读书·新知三联书店，2017．

梁昆．宋词派别论［M］．太原：山西人民出版社，2014．

林家骊译注．楚辞［M］．北京：中华书局，2015．

刘丹青主编．新中国语言文字研究70年［M］．北京：中国社会科学出版社，2019．

刘贡南．道的传承——朱熹对孔子门人言行的诠释［M］．上海：华东师范大学出版社，2011．

刘坚．近代汉语虚词研究［M］．北京：语文出版社，1992．

刘韶军译注．宋论［M］．北京：中华书局，2022．

刘信芳．楚简帛通假汇释［M］．北京：高等教育出版社，2011．

刘振英．《朱子语类》文章学研究［M］．北京：社会科学文献出版社，2021．

刘子瑜．《朱子语类》述补结构研究［M］．北京：商务印书馆，2008．

龙潜庵．宋元语言词典［M］．上海：上海辞书出版社，1985．

柳诒徵．中国文化史［M］．北京：中华书局，2015．

龙文玲等编著．《朱子语类》选注［M］．桂林：广西师范大学出版社，1998．

陆宗达，王宁．训诂与训诂学［M］．太原：山西教育出版社，1994．

吕思勉．理学纲要［M］．北京：商务印书馆，2017．

莫砺锋．朱熹文学研究［M］．南京：南京大学出版社，2000．

庞朴．儒家辩证法研究［M］．北京：中华书局，1984．

彭林译注．仪礼［M］．北京：中华书局，2012．

钱冠连．语言：人类最后的家园［M］．北京：商务印书馆，2005．

钱穆．国史大纲［M］．北京：商务印书馆，1994．

钱穆．论语新解［M］．北京：生活·读书·新知三联书店，2002．

钱穆．朱子新学案［M］．北京：九州出版社，2011．

钱穆．朱子学提纲［M］．武汉：长江文艺出版社，2020．

钱钟书．管锥编［M］．北京：生活·读书·新知三联书店，2011．

阮国华．古代文学理论研究［M］．上海：上海古籍出版社，1984．

尚荣译注．坛经［M］．北京：中华书局，2013．

沈立言．先秦语言活动之形态观念及其文学意义［M］．北京：人民出版社，2005．

石磊译注．商君书［M］．北京：中华书局，2022．

束景南．朱子大传［M］．福州：福建教育出版社，1992．

谭学纯，濮侃，沈孟璎主编．汉语修辞格大辞典［M］．上海：上海辞书出版社，2010．

檀作文译注．曾国藩家训［M］．北京：中华书局，2020．

檀作文译注．颜氏家训［M］．北京：中华书局，2011．

汤化译注．晏子春秋［M］．北京：中华书局，2015．

汤一介．郭象与魏晋玄学［M］．北京：中国人民大学出版社，2015．

汤漳平，王朝华译注．老子［M］．北京：中华书局，2014．

唐君毅．中国哲学原论·导论篇［M］．北京：中国社会科学出版社，2005．

陶秀璈．姚小平主编．语言研究中的哲学问题［M］．北京：中央编译出版社，2010．

王国维．王国维讲国学［M］．北京：团结出版社，2019．

王国轩，王秀梅译注．孔子家语［M］．北京：中华书局，2022．

王健．在现实真实与价值真实之间——朱熹思想研究［M］．上海：华东师范大学出版社，2007．

王力．汉语音韵学［M］．北京：中华书局，2014．

王力．中国语言学史［M］．北京：中华书局，2020．

王世舜，王翠叶译注．尚书［M］．北京：中华书局，2012．

王文锦译解．礼记译解［M］．北京：中华书局，2016．

王希杰．汉语词汇学［M］．北京：商务印书馆，2017．

王希杰．修辞学导论［M］．杭州：浙江教育出版社，2000．

王秀梅译注．诗经［M］．北京：中华书局，2015．

王云路．中古汉语词汇史［M］．北京：商务印书馆，2010．

王志彬译注．文心雕龙［M］．北京：中华书局，2012．

吴福祥．《朱子语类》语法研究［M］．开封：河南大学出版社，2003．

吴长庚．朱熹文学思想论［M］．合肥：黄山书社，1994．

徐德明．朱熹著作版本源流考［M］．北京：中国文联出版公司，2000．

徐复观．徐复观论经学史二种［M］．上海：上海书店出版社，2006．

徐时仪．《朱子语类》词汇研究［M］．上海：上海古籍出版社，2013．

徐时仪．古白话词汇研究论稿［M］．上海：上海古籍出版社，2000．

徐时仪．汉语白话发展史［M］．北京：北京大学出版社，2007．

徐正英，常佩雨译注．周礼［M］．北京：中华书局，2014．

徐正英，邹皓译注．春秋穀梁传［M］．北京：中华书局，2016．

许富宏译注．鬼谷子［M］．北京：中华书局，2012．

许家星．经学与实理［M］．北京：中国社会科学出版社，2021．

杨伯峻译注．论语译注［M］．北京：中华书局，2015．

杨伯峻译注．孟子译注［M］．北京：中华书局，2016．

杨朝明，宋立林．孔子家语通解［M］．济南：齐鲁书社，2009．

杨朝明主编．论语诠解［M］．济南：山东友谊出版社，2013．

杨树达．论语疏证［M］．上海：上海古籍出版社，2007．

杨天才，张善文译注．周易［M］．北京：中华书局，2011．

杨永龙．《朱子语类》完成体研究［M］．开封：河南大学出版社，2001．

叶蓓卿译注．列子［M］．北京：中华书局，2011．

叶玉英．朱熹口语文献修辞研究［M］．厦门：厦门大学出版社，2011．

余英时．士与中国文化［M］．上海：上海人民出版社，2013．

袁宾．二十世纪的近代汉语研究［M］．太原：书海出版社，2001．

张伯伟撰．全唐五代诗格汇考［M］．南京：凤凰出版社，2002．

张岱年．中国古典哲学概念范畴要论［M］．北京：中华书局，2017．

张岱年．中国哲学大纲［M］．北京：中国社会科学出版社，1994．

张立文．宋明理学研究［M］．北京：人民出版社，2002．

张立文．朱熹思想研究［M］．北京：中国社会科学出版社，1981．

张清江．信仰、礼仪与生活——以朱熹祭孔为中心［M］．北京：中国人民出版社，2020．

张世亮，钟肇鹏，周桂钿译注．春秋繁露［M］．北京：中华书局，2012．

张松辉译注．抱朴子内篇［M］．北京：中华书局，2011．

赵振铎．训诂学史略［M］．郑州：中州古籍出版社，1988．

赵振铎．中国语言学史［M］．北京：商务印书馆，2017．

郑子瑜，宗廷虎．中国修辞学通史［M］．长春：吉林教育出版社，2001．

钟彩钧．明代程朱理学的演变［M］．台北：中央研究院中国文哲研究所，2018．

周振甫．中国修辞学史［M］．南京：江苏教育出版社，2005．

周之翔．朱子《大学》经解——"为己之学"的诠释与建构［M］．北京：中华书局，2020．

朱人求，苏费翔．朱子学与朱子后学［M］．北京：商务印书馆，2021．

朱义禄．《朱子语类》选评［M］．上海：上海古籍出版社，2006．

祝敏彻．《朱子语类》句法研究［M］．武汉：长江文艺出版社，1991．

期刊论文：

蔡方鹿．注经与哲学——朱熹经学对中国传统哲学的发展［J］．哲学研究，2003（3）．

陈保亚．论语言研究的泛时观念［J］．思想战线，1991（1）．

陈绂．《论语》郑注与朱注的比较研究［J］．古汉语研究，1996（1）．

陈广忠．朱熹《诗集传》叶音考辨（续）［J］．安徽大学学报，1993（3）．

陈鸿儒．《诗集传》叶音与朱熹古韵［J］．古汉语研究，2001（1）．

陈鹏程．从《国语》看春秋时人的语言观［J］．兰州大学学报，2013

(4).

陈松长.朱熹《诗集传》的训诂特色[J].古汉语研究,1989(3).

陈太明.语言何以存在?——论伽达默尔语言观中的三层统一及其诠释学意义[J].东岳论丛,2022(4).

程碧英.从《朱子语类》看朱熹的"俗语"观[J].成都大学学报,2012(1).

邓晓芒.庄子语言观的两个维度[J].湖北社会科学,2021(3).

刁宴斌.《朱子语类》中几种特殊的"被"字句[J].古汉语研究,1995(3).

丁秀菊.孟子"以意逆志"的语义学诠释[J].山东大学学报,2011(4).

冯青.《朱子语类》方言词考释[J].汉语史研究集刊,第十三辑.

冯舒冉.《朱子语类》"V定"及其兴衰成因考论[J].新疆大学学报,2020(1).

郭淑新.孟子"知言"说考析[J].中国哲学史,2013(2).

何洪峰.释《朱子语类》中的"撮""绰"——兼与袁庆述先生商榷[J].语文研究,1996(3).

何伟,王连柱.语言学流派及语言观的历史嬗变[J].外语学刊,2020(2).

黄鸿秋."以意逆志"辩证[J].文艺理论研究,2020(2).

黄前程.文质论:中国传统治道的一个视角[J].广东社会科学,2010(6).

贾璐.朱熹在训诂实践中的语音学思想述评[J].民俗典籍文字研究,2016(1).

贾璐.朱熹在训诂中体现出的语法观念概述[J].语言研究集刊,第十五辑,2015(2).

康宇.从朱熹对《孟子》的诠释看理学对传统儒学的改造[J].学术界,2022(3).

赖江基.再论朱熹音韵系[J].暨南学报,1997(1).

乐爱国.民国时期白寿彝对《朱子语类》的研究[J].齐鲁学刊,

2013（1）.

李春青. "经义"的生成——关于经学阐释学的目标与方法问题［J］. 中国社会科学, 2023（3）.

李开金.《诗集传》与毛传郑笺训诂相通说［J］. 武汉大学学报, 1987（3）.

李丽琴. 道之文——论经学信仰与儒士对文道关系的理解［J］. 东师范大学学报, 2007（4）.

李士金. 朱熹关于修辞本质的论述［J］. 修辞学习, 1999（2）.

李士金. 朱熹论"修辞立其诚"的深刻意蕴［J］. 修辞学习, 2004（2）.

李士金. 朱熹论明白平易的总体文风［J］. 修辞学习, 2002（4）.

李士金. 朱熹论修辞本质的实践意义［J］. 修辞学习, 2007（1）.

李士金. 朱熹修辞理论的时代精神［J］. 修辞学习, 2000（2）.

李士金. 朱熹修辞学说矛盾心理分析［J］. 修辞学习, 2009（2）.

李焱, 孟繁杰.《朱子语类》中的后标记比较结构［J］. 古汉语研究, 2014（3）.

李燕. 论朱熹辨《书》与其"既疑且信"［J］. 学术界, 2011（1）.

李宇明.《论语》之论语［J］. 语言教学与研究, 2009（4）.

刘锋杰. 两种文学原道观：朱熹与刘勰比较论［J］. 华东师范大学学报, 2022（3）.

刘晓南. 论朱熹诗骚叶音的语音根据及其价值［J］. 古汉语研究, 2003（4）.

刘晓南. 论朱熹音叶中平分阴阳的隐性取音倾向［J］. 安徽大学学报, 2018（5）.

刘晓南. 试论朱熹古音学的古韵部今型［J］. 古汉语研究, 2021（4）.

刘晓南. 朱熹的古音学［J］. 西南交通大学学报, 2020（2）.

刘晓南. 朱熹吴棫毛诗音叶异同考［J］. 语言研究, 2004（4）.

刘晓南. 朱熹音叶全浊清化再论［J］. 语文研究, 2019（1）.

刘晓南. 朱熹与闽方言［J］. 方言, 2001（1）.

刘学斌. 去圣化、去经化、去派化：中国优秀传统文化创新与转化的理念前提［J］. 福建师范大学学报，2020（3）.

刘雅倩，张丽娟. 道佛经典中的语言观比较研究［J］. 中州学刊，2017（12）.

刘真伦. 从明道到载道——论唐宋文道关系理论的变迁［J］. 文学遗产，2005（5）.

刘子瑜.《朱子语类》反复问句研究［J］. 长江学术，2011（3）.

刘子瑜.《朱子语类》中的"从"字介宾结构研究［J］. 语言学论丛，2013（1）.

陆月. 从"理一分殊"到"心统性情"——对朱熹文道观哲学基础的再探讨［J］. 文艺评论，2023（2）.

吕欣. 朱熹的"为文"论［J］. 现代哲学，2022（5）.

马光. 为文之魂——"文以载道"的当代意义［J］. 中国社会科学研究生院学报，1998（3）.

毛国民. 朱熹《家礼》以理格俗的有效阐释［J］. 学术研究，2022（2）.

闵泽平. 朱熹文章风格论［J］. 西南大学学报，2007（5）.

莫砺锋. 论朱熹关于作家人品的观点［J］. 文学遗产，2000（2）.

木霁弘.《朱子语类》中的时体助词"了"［J］. 中国语文，1986（4）.

潘德荣. 经典与诠释——论朱熹的诠释思想［J］. 中国社会科学，2002（1）.

潘牧天.《朱子语类》"烂"类词考释［J］. 汉语史研究集刊，第十五辑.

潘牧天. 朱子语录文献异文与文白演变［J］.《汉语史研究集刊》，第二十四辑.

瞿霭堂. 思维·思想和语言［J］. 民族语文，2004（3）.

邵明珍. 论朱熹的道德批评及其在文学史上的影响［J］. 上海大学学报，2023（1）.

尚永亮，王蕾. 论"以意逆志"说之内涵、价值及其对接受主体的遮蔽［J］. 文艺研究，2004（6）.

孙玉茜．"言"、"道"之辨——试论孔子语言观的道德维度［J］. 湖南社会科学，2015（5）.

唐贤清．《朱子语类》中的副词"大段"［J］. 湖南大学学报．2002（6）.

汪冬贺．矛盾与创构：从读书法看朱熹的经典诠释［J］. 理论月刊，2021（10）.

汪泓，赵勇．"文体"与"体格"——朱熹《诗经》文体论解读［J］. 江西师范大学学报，2014（5）.

王春林．"朱熹疑伪《古文尚书》"一说考辨［J］. 福建论坛，2009（8）.

王利民．《训蒙绝句》与朱子学的形成［J］. 朱子学刊，2000年第一辑．

王利民．朱熹诗文的文道一本论［J］. 浙江大学学报，2002（1）.

王培友．论两宋理学家处理文道关系的思维特性及其文化价值［J］. 孔子研究，2012（6）.

王齐洲．"修辞立其诚"本义探微［J］. 文史哲，2009（6）.

王薇．从现代语言学角度看荀子语言观［J］. 宁夏大学学报，2011（1）.

王秀臣．上古礼仪称谓的修辞学史意义［J］. 文学遗产，2011（3）.

王一鸣．名物之辩——论僧肇的语言世界观［J］. 中国哲学史，2023（1）.

王泽春．"信近于义，言可复也"再议［J］. 孔子研究，2017（2）.

魏逸暄．安大简《仲尼曰》所见孔子言行观［J］. 北方论丛，2023（2）.

吴子林．"语言在说话"——海德格尔存在论语言观探究［J］. 东南学术，2022（3）.

武振玉．《朱子语类》中的"十分"［J］. 古籍整理研究学刊，2004（2）.

肖翠云．朱光潜"言意合一"语言观的生成及意义［J］. 江淮论坛，

2021（6）.

谢刚．索绪尔社会语言观源考［J］．东北师大学报，2019（3）.

徐时仪，吴亦琦．《朱子语类》"性""情"词义系统考探［J］．汉语史研究集刊，第二十九辑.

徐时仪，吴亦琦．《朱子语类》理学核心词语考探［J］．上海师范大学学报，2020（6）.

徐时仪．《朱子语类》方俗口语词考［J］．古汉语研究，2013（1）.

徐时仪．略论《朱子语类》的语料价值［J］．励耘学刊（语言卷），2013（1）.

徐时仪．略论《朱子语类》的语料特征［J］．燕赵学术，2013年春之卷.

徐时仪．略论《朱子语类》的在近代汉语研究上的价值［J］．上海师范大学学报，2000（4）.

徐时仪．略论《朱子语类》中的白话语料探析［J］．汉语史研究集刊，第十四辑.

杨琳．中古词汇研究的坐标［J］．中国社会科学报，2014（2）.

杨永龙．《朱子语类》中"不成"的句法语义分析［J］．中州学刊，2000（2）.

姚遥．朱熹少儿教育思想及其对爱国主义教育的启示［J］．中国教育学刊，2021（5）.

姚振武．《朱子语类》语词札记［J］．古汉语研究，1992（2）.

余卫国．言意之辨的方法论意义与宋明理学的综合创新［J］．福建论坛，2005（11）.

俞允海．从《诗集传》考察朱熹的语法意识［J］．古汉语研究，2002（3）.

原新梅．简明平易：朱熹《诗集传》注释的修辞特色［J］．修辞学习，2003（6）.

张钊．论朱子《诗集传》"旧诂新说"的特点［J］．中国典籍与文化，2020（4）.

赵振兴，唐丽娟．毛传与朱熹《诗集传》异训比较研究［J］．长江学术，2008（1）.

郑荔. "语言资源观"与学前儿童语言教育［J］. 学前教育研究，2014（10）.

仲林林.《朱子语类》中"V得（O）"中"得"的性质［J］. 语言学论丛，第五十一辑.

周才庶. 孟子"以意逆志"论的阐释［J］. 孔子研究，2009（6）.

朱汉民，徐艳兰. "巧"在文道并进——吕祖谦重建文统的旨趣［J］. 湖南大学学报，2020（6）.

朱汉民.《四书》学与蒙学教［J］. 孔子研究，2019（3）.

朱军. 理学与宋元时期文道关系的演变［J］. 中国哲学史，2018（4）.

祝敏彻，尚春生. 论"毛传"、"郑笺"的异同［J］. 兰州大学学报，1983（1）.

祝敏彻.《朱子语类》中的"地""底"的语法作用［J］. 中国语文，1983（3）.

祝敏彻.《朱子语类》中的偏正复句［J］. 湖北大学学报，1991（1）.

祝敏彻.《朱子语类辑略》中的"便"与"就"［J］. 中国语文通讯，1983（6）.

吴建民. 中国古代"文势"论［J］. 学术论坛，2013（3）.

孙良明. 古籍译注树立语境观的重要性［J］. 古籍整理研究学刊，1992（5）.

博士学位论文

曹海东. 朱熹经典解释学研究［D］. 武汉：华中师范大学，2007.

陈良中. 朱子《尚书》学研究［D］. 上海：华东师范大学，2007.

戴从喜. 朱子与文献整理［D］. 上海：华东师范大学，2006.

甘小明. 概念场词汇系统及其演变研究［D］. 上海：上海师范大学，2012.

洪银香. 传道立学：南宋书院与理学研究［D］. 长沙：湖南大

学，2020.

黄云姬. 心与理合文与德一——朱熹写作思想学理性探要［D］. 福州：福建师范大学，2021.

李敏辞. 《朱子语类》的文献学研究［D］. 北京：北京大学，1998.

刘杰. 《朱子语类》文献语言研究［D］. 上海：上海师范大学，2010.

鲁进. 理学核心概念的认知模式［D］. 杭州：浙江大学，2015.

潘牧天. 朱熹语录文献语言研究［D］. 上海：上海师范大学，2016.

沈叶露. 《朱子语类》语言思想研究［D］. 上海：上海师范大学，2014.

唐贤清. 《朱子语类》副词研究［D］. 长沙：湖南师范大学，2003.

汪俐. 朱熹工夫论研究［D］. 长沙：湖南大学，2019. PH

王旭. 强朱子仁学研究［D］. 上海：华东师范大学，2023.

王建军. 朱熹孟学研究［D］. 扬州：扬州大学，2019.

王凯立. 追寻道德：朱子功夫世界中的道德哲学研究［D］. 厦门：厦门大学，2021.

王树瑛. 《朱子语类》问句系统研究［D］. 福州：福建师范大学，2006.

徐国明. "三纲九目"：朱子《小学》思想研究［D］. 杭州：浙江大学，2018.

延玥. 朱子的修养工夫论［D］. 南京：南京大学，2015.

张丽. 《朱子语类》中的"把"字句研究［D］. 长春：吉林大学，2023.

赵玫. "心法"即"心学"——朱子"心学"研究［D］. 济南：山东大学，2020.

周森. 朱熹大学观研究［D］. 重庆：西南大学，2020.

外国著作：

［奥地利］路德维希·维特根斯坦. 哲学研究［M］. 陈嘉映译，上海：上海人民出版社，2005.

［德］恩斯特·卡西尔. 语言与神话［M］. 于晓，等译，北京：北京生活·读书·新知三联书店，2017.

［德］黑格尔．美学［M］．朱光潜译，北京：商务印书馆，2011.

［德］伽达默尔．真理与方法［M］．洪汉鼎译，北京：商务印书馆，2010.

［德］马克思．马克思恩格斯文集（第8卷）［M］．北京：人民出版社，2009.

［德］马丁·海德格尔．诗·语言·思［M］．张月，石向骞，曹元勇译，郑州：黄河文艺出版社，1989.

［古希腊］亚理斯多德．修辞学［M］．罗念生译，上海：上海人民出版社，2005.

［韩］柳承国．韩国儒学史［M］．付济功译，台北：台湾商务印书馆股份有限公司，1989.

［韩］崔英辰．韩国儒学思想研究［M］．邢丽菊译，北京：东方出版社，2008.

［美］陈汉生．中国古代的语言和逻辑［M］．周云之等译，北京：社会科学文献出版社，1998.

［美］田浩．朱熹的思维世界［M］．南京：江苏人民出版社，2011.

［美］田浩．功利主义儒家［M］．姜长苏译，南京：江苏人民出版社，2011.

［美］巴里·布鲁迈特．风格修辞学［M］．冯月季译，北京：社会科学文献出版社，2021.

［美］约翰·塞尔．心灵、语言和社会［M］．李步楼译，上海：上海译文出版社，2006.

［日］盐见邦彦．朱子语类口语语汇索引（第5册）［M］．京都：中文出版社，1985.

［日］吾妻重二．朱熹《家礼》实证研究［M］．吴震，郭海良等译，上海：华东师范大学出版社，2012.

［日］吾妻重二．朱子学的新研究——近世士大夫思想的展开［M］．傅锡洪等译，北京：商务印书馆，2017.

［日］遍照金刚撰，卢盛江校笺．文镜秘府论校笺［M］．北京：中华书局，2019.

［日］土田健次郎. 道学之形成［M］. 朱刚译. 上海：上海古籍出版社，2010.

［日］井上哲次郎. 日本朱子学派之哲学［M］. 万丽莉译. 北京：中国社会科学出版社，2021.

［日］清水茂. 清水茂汉学论集［M］. 北京：中华书局，2003.

［瑞士］索绪尔. 普通语言学教程［M］. 高名凯译，北京：商务印书馆，1980.

［苏］斯大林. 斯大林选集［M］. 北京：人民出版社，1979.

［英］卜道成. 朱熹［M］. 张晓霞，张洪，译，北京：东方出版社，2014.

［英］黑尔. 道德语言［M］. 万俊人译，北京：商务印书馆，1999.

后 记

"东周出孔丘,南宋有朱熹,中国古文化,泰山与武夷。"自孔子开创儒学,颜回、曾参、子思、孟子、程颢、程颐,圣圣相承。然至南宋,受佛、老思想冲击,儒道日式衰微。朱熹以弘道为己任,博采众长,归之一趋,集儒学、理学集大成。可谓是自有朱子,儒学益臻光昌,几成独尊。八百年来,朱子儒学之道,浸润华夏,乃至远播四海,影响遍及寰宇。

朱子是理学大家,亦是语言学家。他是宋代训诂第一人,注释的书如《诗集传》等,是高水平的训诂学著作;他对音韵有深入的研究,其"叶音说"及其对古音理论和实践的探索代表了宋代古音研究的最高水平;他对修辞也有深入研究,是语言运用大师,比喻、比拟、夸张、摹状等修辞皆能信手拈来,栩栩如生。更为重要的是,朱熹对语言理论亦有诸多探究,其论述著作记载大量语言论说,内容丰富,思想精深,涉及语言本质、结构、功能、修辞、风格以及语言伦理、修养、教育、态度等诸多问题。并且他擅长以中和辩证的睿智,立身处世,言行举止,皆务求中道之行。他的语言论说,尤重中和之道,以为言辞之间,当以平正和谐为贵,不偏不倚,方为至善。其语言理论与语言实践皆蕴含"中和"之道。

在理学家或思想家的盛名之下,学术界聚焦朱熹的理学思想、哲学思想、教育思想的研究,然关于朱熹语言的研究则显得较为冷清。而就朱熹语言而言,目前学术界关注更多的是朱熹语言的本体研究和文献价值研究,对朱熹中和语言观的研究成果数量稀少,缺乏系统且深入的探讨和研究。因此有必要对其开展梳理、总结与研究,以建构朱熹语言中和观之体系。开展朱熹中和语言观研究,对于完善朱熹语言研究之不足、丰富朱子思想、传承发展中华优秀语言文化大有裨益。

本拙作的完成,多得各位师友的指导和帮助。感谢上海师范大学徐时仪教授,十年来,徐教授鼎力扶持,为我指点迷津不计其数,更是慷慨为本拙作赐予序言，其提携之恩，无以回报，只当以勤勉自励，不负所望。

感谢重庆工商大学马克思主义学院的领导和同仁的支持和帮助。感谢中国财政经济出版社杨合申先生付出的艰辛和努力。杨先生严谨细致，反复修改润色文稿，其敬业之心，令人钦佩。

感谢我的父母、兄弟姐妹和亲人的全力支持和默默付出，尤其是我的婆婆，虽年事已高，仍不辞辛劳地操持家务，帮我照顾年幼的孩子。感谢我先生于学业、工作、生活无微不至的照顾，感谢他以宽广胸怀，包容我诸多不是，感谢多年的相知相守，情深意笃。感谢我两个可爱的孩子，他们的健康成长、快乐成才是我努力奋斗的动力源泉。

拙著之梓行，得到重庆工商大学马克思主义学院思想政治理论课建设费资助。部分篇章内容，已刊发于《新疆大学学报》《朱子学研究》《青海师范大学学报》等期刊。其厚爱之情，一并致谢。

何其幸甚，我于硕士毕业后曾执教于武夷山，与朱子结下了不解之缘，自此开始潜心研读《朱子语类》《四书章句集注》《朱文公文集》等朱子文献，字斟句酌，考据字词，偶有心得，发表了几篇词汇考证的小论文，也获得几项课题资助。欣慰之余，亦坚定了研究的信心。经多年的日积月累，对朱子的体悟由当初的语言文字慢慢深入语言观、理学思想，偶尔仿佛跨越时空，与朱子似有神交。如今一日不读朱子之书，怅然若失。朱子之学，于我而言，如同饥渴之待饮啜，心灵之滋养，实乃不可或缺。诚愿与朱子之学相伴，寻求学术之诗与远方。

何其幸甚，恰逢盛世，党和国家崇儒重道，将优秀文化之传承与发展，置于国家发展之宏图大业之中，视为民族振兴之要务。孔子、朱子之儒道，是中华优秀传统文化之瑰宝，源远流长，博大精深。吾辈当以敬畏之心，弘道之志，致力于优秀传统文化的创造性转化和创新性发展，以时代精神激活其生命力，使古文化之光芒，照耀寰宇，泽被后世。

郑淑花